內容分析

方法學入門

Klaus Krippendorff 著

曹永強 譯

五南圖書出版公司 印行

Content Analysis

An Introduction to Its Methodology

(3RD EDITION)

Klaus Krippendorff

第三版序[＊]

　　內容分析極可能是社會科學中最重要的研究技術之一。內容分析者並不視數據爲物理事件，而是以給製造出來觀看、閱讀、詮釋及使用的文本、映象以及表達方式來看待，因而作出分析時務必謹記這點。把文本放諸於其使用的文脈中來作分析，令內容分析有別於其他研究方法。

　　自然科學的方法不涉意義、內容、意圖及指涉，自然科學家也少有反思他們對自然的概念的文本源頭，把它們摒除於研究範圍之外，只視它們爲主觀及不可透過抽離的觀察及客觀的測量而決定的事物。當社會研究者採用自然科學的方法時，這些方法的侷限令他們處理不了日常生活最重要的事：人類的傳播行爲、人們如何協調他們的生活、他們相互及爲達致理想世界作出的承諾、他們知道什麼，以至他們行爲的動機。誠然，內容分析並不是唯一專注於意義的研究方法，但它的額外好處是可以應用到大量數據上，以及本身並非是干擾性的，它解釋的東西存在於人與人之間——文本資料、象徵符號、訊息、資訊、大眾傳媒內容，以及靠科技進行的社會互動——而不干擾或影響處理文本資料的人。

　　在1980年出版的第一版中，我認爲內容分析正處於交叉點上。那時候的內容分析者有兩個選擇：他們可以繼續他們膚淺的點算遊戲，如報業從業員般對數字著迷，對科學理解有限，以爲可以量化的才算證據（Lasswell, 1949/1965b）；他們也可以把內容分析者的注意力放在由文本及映象產生復構成的社會現象上，這些現象因而需要透過其書寫及圖像的構成部分來理解。我很高興我在第一版中提出的邏輯及方法，證實禁得起當今社會因資訊革命而出現在文本宇宙的翻天覆地變化。這個社會的所有人與事，幾乎都有各類文本以電子及可供電腦閱讀的形式出現，令內容分析、特別是電腦輔助的文本分析變得無比重要。

[＊] 係指原文書版次。

1980年代，內容分析已進入心理學及社會科學，但使用者僅限新聞學及傳播學的研究人員。那時候，要以人工蒐集、抄謄及為文本數據編碼，令內容分析費時失事。今日，內容分析已成為民意研究以外的另一項有效率的工具，用來監察市場、政治取向和新興意念，也用來解決法律爭議及探索個人心理，更不用說內容分析者大大改良了對大眾媒體的傳統研究分析方法。進步雖然十分顯著，但內容分析者尚未克服新時代的所有挑戰，今天可以做到的尚未完全發揮內容分析的潛能，新的分析工具還在不斷研發中。

2004年第二版的《內容分析》，大綱雖與第一版在本質上沒有兩樣，但卻釐清了不少方法學上的問題，回應了當時新興技術的問題，每一章都有重大的改寫，針對1980年以還發展的情況，特別是有關電腦輔助文本分析的章節，以及融合了我所教授、參與學術及商業研究項目和提供顧問服務的經驗的實務指引。此外，有關知識學、邏輯及內容分析方法也有大幅修改。相較起來，第三版的改動只屬少數，特別是「電腦工具」一章，以及加進了專門詞彙。

我要多謝賓夕法尼亞大學Annenberg School for Communication我的學生，他們對這個題目感到無比興趣，並提出很多有用的意見。我也要多謝我的同事對我提出他們進行內容分析時遇到方法學上甚富挑戰性的問題。我更要多謝本書二版的讀者（學生和從事內容分析者）提出寶貴的意見與批評。還有，Sage出版社對內容分析研究專書的持續支持，也是令我心存感激的。Sage出版的《內容分析讀本》（*The Content Analysis Reader*）（Krippendorff & Bock, 2009），載錄了內容分析的經典個案及專文論述研究者如何克服不同的概念及方法學上的挑戰，應與本書一起參照。

《內容分析》第一版被翻譯成義大利文、日文、西班牙文及匈牙利文，出版三十三年來吸引無數讀者，在社會科學、人文學科及商科課程成

為教材，它為研究人員提供了大小內容分析設計和執行上的指引，更為支持和評價內容分析結果訂下標準。每當我參加國內外會議時，遇上各地來的研究者向我說此書對他們的研究如何有用，令我既興奮又欣慰。2004年國際傳播協會（ICA）頒予院士書獎，確認此書對傳播研究的深遠貢獻。最新這一版，也是為同一批研究者、社會科學家及學生寫的。

Gregory Bateson運籌學、語言及文化榮譽教授
賓夕法尼亞大學Annenberg School for Communication

Klaus Krippendorff

導　言

「內容分析」這個名詞已經有六十年的歷史。1961年版的《韋氏英語字典》（*Webster's Dictionary of the English Language*）便收錄了這個名詞，並把它定義為：「對一體系傳播材料（一本書或一部電影）的明顯及隱藏內容進行的分析，透過分類，表列及評價其主要象徵符號及主題，以求確定其意義及可能的效用。」但內容分析的根源其實可追溯至遠古人類開始有意識地使用象徵符號及聲音，尤其是文字時。人類有意識地使用象徵符號，是受哲學、修辭學及密碼學等古老學科影響，取代了語言的神祕效用，也帶來了統治集團進行的宗教審判及政治審查。今時今日，富象徵意義的現象已經在藝術、文學、教育及大眾傳播媒介包括網路中生根，學術科目如人類學、語言學、社會心理學、知識社會學及比較新近發展的傳理研究均可見理論及分析方面的關注，不少實用項目也從心理治療、廣告、政治、藝術等領域開展。幾乎所有人文及社會科學的學科，包括那些以改善人類政治及社會條件為目標的，都與象徵符號、意義及訊息的功能與效用有關。近年隨著資訊社會的冒起，傳播的每一個細節——文本、文脈、映象、介面，以及最重要的資訊——已經占據了研究者企圖瞭解自己的中心位置。

不論分析象徵性及文本資料的根源有多古老，今天的內容分析在目標及方法方面都跟以往大有不同。當代的內容分析有三個特點：

首先，內容分析是一套「建基於實證的方法」，其步驟是探索性的，以達到預測或推斷的目的。我們現時對語言所抱持的觀念大多來自古希臘，舉例來說，符號（sign）、涵義（significance）、象徵符號（symbol）及邏輯（logic）等字都有其古希臘字根，但其實古希臘人對語言的興趣，主要在其規範及分類的本質，而不在其實證的本質。亞里斯多德邏輯為清晰的表達方式定下標準，而修辭學理論大多是為具說服力的辯論手法提供一套規範性的概念，科學作為探討而非宣示性的工具還是比較近代

的事。一個世紀前，布爾（George Boole）和他同代的人相信人腦以布爾（Boolean）邏輯運作，而人類的行為是完全理性的，但以此邏輯建造的電腦作為思想機器來說卻非常令人失望。心理學的實證研究以「心理邏輯」取代亞里斯多德的類型，我們不再以傳達資訊的理想目標來衡量人類的傳播行為，反而是探究人們的交談如何影響他們之間的關係。

憑著新概念的打造及實證取向，當代的內容分析者與其他研究人員一樣，尋求的是行動及批判的確鑿知識或實際證明，但與利用其他實證方法的研究者不同，內容分析者檢視數據、印刷物、影像或聲音──文本──以求明白它們的意義，它們可以促成或阻止什麼，及它們所傳達的資訊可以做什麼。對這些問題，自然科學家大都感到束手無策，其方法也派不上用場。

其次，當代內容分析「超越了對象徵符號、內容及意圖的傳統認識」。這可從傳播這個概念的演進、媒體科技的發展如何塑造我們對傳播的關注，以及文化如何賦予意義給被分析的事物看到。我認為，近年我們對傳播的認識經歷了以下四個觀念性的革命，而且可能正在經歷第五個：

- **訊息的觀念**：早期對語言論述不單止化為文字可以傳遞，而且文字有可預測的效能的意識。這個意識出現於古希臘，在那個時代，信差傳達重要訊息、歷史記錄成文字、國家法律以文書頒布，而書面指引則建立組織結構、催辦活動及影響（也可能誤導）受眾或公眾。訊息的觀念開啟了語言的修辭學探討，轉義、演繹推理及意義被看成是演說、書信或文件的內在特質。但訊息被比喻成是裝載所有這些的容器，一個「內容的容器」，把意義從某地載到另一地的工具──正如我們在電話錄音中留下訊息，或說某資訊滿有意思（滿載意義）或無甚意思（不載任何意義）。

- **管道的觀念**：對人類的傳播行為受媒介所規限的意識。這個意識來自對不同傳播媒介愈來愈大的依賴，也解釋每一種媒介的侷限性：字母限制了我們可以用文字表達的東西；電話把傳播侷限在聲音媒介；而電視臺只可播送不受其他電臺干擾、受大眾歡迎及被贊助商認為是有利可圖的節目。管道的比喻，令人想起以有限容量運送特

定形式及數量的資訊（及其內容）的運河及管道等形象。

- 　**傳播的觀念**：對送者與受者之間的相對空間，以及對協調人際關係、構成社會結構及人們相互瞭解的過程的意識，由大眾傳播媒介的發展衍生出來。大眾傳播媒介對每一個人生產及傳達相同訊息——新聞及娛樂，因而有望成為分享、建立社群關係及理論上全球民主化的媒介。建基於大量生產的模式，大眾傳媒也令我們意識到這個單向模型的不足之處在人際交談、點對點電話傳播、公開辯論及對話等。在美國文化中，大眾媒體科技已經成為進步的同義詞，而傳播亦被認為是解決大部分社會問題的靈丹妙藥——當出現人際及國際衝突時，我們都會視之為溝通出了問題。

- 　**系統的觀念**：對全球的、動態的及由科技支撐的相互依存關係的意識。此觀念隨著傳播網絡——電話網絡、電訊服務、大眾媒體系統及新近的網路——的發展而出現，改變了商業、政治及人際關係，也創造出令人至今尚未理出個所以然來的網絡。跟單向的大眾媒體有異，系統的特點是大規模平行傳播的互動性和共時性，並有著接近全民參與的可能。

- 　**演算的觀念**：對某些日常認知及社會過程皆可透過演算來解釋的意識，以及藉著高效能電腦進行愈來愈複雜的演算。數碼傳播的處理取代了印刷、視覺媒體及被觀察的社會實踐，以及把這類數據變成視像及文本形式以供閱讀、重述，以及理想地可以由每個人傳至每個人的能力，引出了一種全新的文化水準，削弱了包括國家界線在內的傳統組織結構。演算為幾乎每一個生活層面帶來的流動性及極端複雜性，大大增加了科學探討的可能，也提出對集體理解史無前例的挑戰。

　　從以上簡略的傳播史，可以看到研究文本的人不再可以只集中研究象徵符號或表述，也不能侷限在「誰說些什麼、透過何種管道、向誰說，以及有何效用」（Lasswell, 1960）等問題。大眾對「內容」的膚淺理解，證實比其解釋能力更持久：內容，傳播的東西，作者認為他們放進訊息中，然後運送給遠處的受眾，後者又原封不動地取來與別人分享的東西。　　007

這個古怪的觀念令作者成為他們放進訊息中的東西的權威，也令「內容分析者」成為客觀地解釋訊息「意圖傳達或實際裝載什麼」的專家。

電子媒體的虛擬性令訊息的接收時間非常短，在不為訊息作者察覺的情況下，信任需要有一個新的科技基礎。它協調著很多人的生活、超越了傳播管道的舊有區別、令物理距離消失，也把人類參與者的能力推到極限。傳統的傳播理論受到衝擊，同一時間電腦系統在這一個新環境中得以蓬勃發展，模擬及協調著研究者希望理解的部分社會過程。這是一個變化極大的世界，當中文本扮演了獨特的新角色。報章報導、民意調查、企業報告、政府機關檔案、信貸資料、銀行交易，還有最重要的龐大的文本數據庫──所有這些現在都連結成一個可以從多方角度分析的網絡。事實上，我們構思出來藉以解釋社會的社會系統，其實已退入電腦中。因著這個發展，內容分析需要有一個新的定義，新定義應把內容──研究的目標──與當代社會如何運作及如何透過其文本理解自己結合起來。

容器的比喻變得無用之後，或許「內容分析」這個名詞便不再符合當代社會的現實。不論是好是壞，我將在此書繼續使用這個名詞，可是我必須提醒讀者堅定地抗拒那個天真和充滿誤導成分，但卻深入人心的容器比喻。

第三，當代的內容分析不得不發展出一套自己的方法學，一套令研究者能夠計畫、執行、傳達、複製及無視特別結果地嚴格評價自己的分析的方法學。內容分析者必須發展一套這樣的方法學，原因有三：

- 內容分析者現在面對更大的文脈。從對小量印刷訊息的興趣，轉變為對系統乃至內容分析者世界中流傳的電子文本及映象的興趣，其實並非與文本數據的本質有關，而是因為產生及反過來依賴這些數據持續運作的世界日益複雜，這個轉變需要的理論及概念是早期內容分析者不需要的。雖然內容分析者經常慨嘆沒有普遍理論可以證明他們工作的價值，但實施更具體或微觀層面理論的進展則相當令人鼓舞，當內容分析在那些以前並不關注文本數據的學科如認知科學及人工智慧生根，此情況尤為顯著。
- 更多研究人員需要在進行大型內容分析方面合作。這與文本的樣本

日益龐大有關，對龐大樣本進行分析並非個別分析者的能力所及，所以，內容分析者必須以團隊形式合作。但團隊合作需要可靠的組織動員，採用一套可令研究員釐清其使用的分析程序、協調參與者個別的責任、保證分析類別一致，以及評定團隊成員的表現的語言，有助解決如何調配研究者的社會問題，及保證可重複的方法學問題。

・現存的大量電子數據需要本質不同的研究技術，需要電腦輔助工具。這些輔助工具把龐大的電子文本體系轉化成表述，甚至是內容分析者需要找出的研究問題的答案。但先進的文本分析軟體究竟可以做到什麼——除了進行處理文本數據所需比較勞力密集的文書工作外——通常都難以考究，令一般的內容分析者不明所以。這些電腦輔助工具和人類分析者一樣參與內容分析，變成其方法學的一部分，而透明度也相當關鍵。

　　清楚點說，「方法學」本身並非目的。方法學的目的是令研究者可以計畫及嚴謹地檢視研究方法的邏輯、構成及方案，評定個別技術的表現，以及估計特定研究設計可否解決問題。每一位研究者都必須有能力在一位持懷疑態度的朋友或同僚面前，解說一項分析及為所採取的分析步驟辯護，方法學提供的是一套討論研究過程而非研究對象的語言。在科學研究的歷史上，方法學的發展每每是項重要成就。譬如說，數千年來人類藉重述或吟唱故事來保存歷史，《伊利亞德》（*Iliad*）雖早已成書，但直至一個世紀前，歷史學家Leopold von Ranke才奠定這份「文件」現今在學院的史學研究中方法學上的地位。同樣地，學者在Berelson & Lazarsfeld（1948）首次整理這一方法前早已進行「內容分析」。雖然不少觀察者都認為每一個內容分析都是獨特而主要針對其分析對象，但我認為所有內容分析都有一個共通的程序邏輯，並需要透過社會接受的準則來證明。這些共通之處便是本書要討論的東西。

　　我不贊成有人說內容分析「不過是一個人在閱報時所做的事，差別在規模大得多而已」。內容分析在早期，特別是在其新聞學階段可能是這樣，而其方法學並不排除這類閱讀方式，但到了今天，這個狹隘的定義並

不足夠。身為報章讀者，我們絕對有權把自己的世界觀加諸於文本，以及做文本令我們感到有意義的事；其實，我們亦只可以這樣做。但身為內容分析研究者，我們需盡力解釋我們所做之事及描述我們如何得出我們的判斷，使其他人——特別是批評我們的人——可以重複我們的結果。

這本書向讀者介紹如何分析有意義的東西、文本、映象及聲音——即是那些客觀型態較其對特定社群的意義為次要的數據。本書分成三部分，第一部分「構思內容分析」，以一章內容分析的簡史開始。在第二章，我會為內容分析下一個定義，說明它如何有別於其他的研究方法。在第三章，我將討論幾種應用內容分析的方法。第二部分「內容分析的組成部分」中的各章，簡述內容分析採用的步驟，由其程序邏輯開始，從單元化談到抽樣、記錄／編碼、數據語言及分析建構。第三部分「分析途徑與評價技術」中的各章，勾畫出內容分析方案的幾條途徑。在本書這部分，我討論的是令研究人員能夠從數據中作出推論的分析建構、電腦及演算技術的使用，以及評價內容分析的兩個主要準則：信度和效度。在最後一章，我將提出一套實務指引，以行家的角度總結之前的討論。

從未進行過內容分析的讀者，可從第一章內容分析的歷史及第三章這項技術的使用開始，先看看是否適合他們的研究興趣。如果適合的話，他們應該閱讀第二章，進一步認識內容分析的概念基礎。初學內容分析的人宜以一個小小試點計畫開始，從中領略一下進行大型研究的滋味，不付諸實踐的方法學不過是空論罷了。第十四章的指引雖然是以總結形式寫出，但其實也可作為一個起步點，在這章中，讀者會找到很多對本書相關文章有用的參考，可以解答引申出來的問題及把答案置於更大的方法學議題來看。剛起步的研究者很快便會發現分析文本與設計一個內容分析均非機械性的作業，兩者都需要創意及能耐。

有一定編碼經驗的讀者將可拓展他們現有工作的眼界。從目錄所見，編碼只不過是內容分析的一小部分——雖然一般人的理解並非如此。其實，只有第七章集中討論編碼或記錄，兩件只有當研究者手頭上的數據或文本不易處理時才需做的事情。當我們為文本資料進行編碼／記錄時，我們便會體驗到把分析類別加諸於一般的文本閱讀上的概念性問題，以及稱

職的研究者如何解決這些問題，但設計一個內容分析則是另一回事。我建議對編碼有經驗的讀者細讀本書關於內容分析其他組成部分的文章，吸納進自己的概念架構，開拓自己的經驗。這些讀者應看看關於電腦輔助工具的第十一章，以便從另一個角度看看以人手進行單元化及編碼。

　　已經進行過內容分析或類似以文本爲基礎的研究的讀者，會在本書發現另類途徑及一套他們可以用來討論分析文本的語言——文本並非自然現象的觀察，而是因閱讀而產生意義的數據。認爲他們已經知道內容分析是怎麼一回事的讀者，應從第二章內容分析的概念基礎開始，這一章是關於研究者如何討論內容，及向讀者介紹他們要構思內容分析，或嚴謹地評價他人進行的內容分析所需的較大視野。作爲發表條件之一，學術期刊每每要求解釋內容分析值得認眞看待的原因。在過去，內容分析者如前述般非常依賴內容給「裝載」在訊息中，或「內存」於文本這類觀念，這一下子解決了多重文本詮釋的棘手問題，但卻弄不清研究者的步驟。好幾個研究傳統，例如：詮釋研究、論述分析、文學研究及修辭學，也受困於類似觀念。我認爲這些傳統出身的研究者將因弄清楚他們的取向、以其他人的研究驗證自己的結果，以及在他們的學說以外評價其發現有什麼社會影響而大大受益。

　　對於內容分析的專家來說，本書提出幾個少有行家提出的知識學上的問題，把它們轉變爲方法學上的問題，並爲實際問題提出新答案。

　　對於那些要決定是否信納內容分析及其他以文本爲基礎的研究結果的讀者，例如：法院法官、公關及廣告從業員，以及審核資助研究計畫或科學期刊文章的人，他們會發覺就釐清內容分析及在方法學上評價其發現以作出建議這兩方面，本書的術語十分有用。這些讀者會發覺第二章（關於概念基礎）、十二章及十三章（分別關於信度及效度），對必須的評價工作特別有用。

　　本書可作爲不同行家的手冊，它是我累積教授內容分析的課程及研討會的經驗而成，我主要視之爲高年級本科生及研究生的課本。老師與學生未必想從第一章開始逐章入手；譬如說，意圖使用電腦的讀者，會發覺第十一章比第七章（記錄／編碼）重要，更可放棄第十二章（信度對軟體應

用來說不成為問題），但也應考慮使用電腦上容易為人忽略的效度問題（在第十三章中討論）。心目中有具體研究計畫的學生可跳過對他們的研究計畫無用的章節，但讀者不應在未瞭解每一章所提供的可能性之前就輕言放棄該章。

最後，對我來說，如果本書可以令系統性分析應用到新近出現的大量電子文本上，如果它增進了人文及社會科學研究的社會重要性，以及如果它把探討方法的發展進一步拓展至我們在人類傳播行為過程中建構起來的現實的話，本書的目的便已達到。

目　錄

Part I　構思內容分析

Part II 內容分析的組成部分

Part III 分析途徑與評價技術

Part **I**

構思內容分析

歷史

　　對傳播意義的實證研究，可追溯至十七世紀後期的神學研究，當時教廷發覺非宗教性的出版物對其權威構成威脅。這類實證研究自此非常蓬勃，並擴散至多個領域，成為傳播研究的骨幹。本章討論內容分析歷史中的幾個階段：報業的量化研究；第二次世界大戰時的統戰分析；社會科學在政治象徵符號、歷史文獻、人類學數據及心理治療交談的研究中使用這項技術；電腦文本分析及新媒體；以及內容分析的質化挑戰。

1.1　一些先驅者

　　內容分析指對一體系文本、映像及具象徵意義的東西的系統性閱讀，但卻不一定從作者或使用者的角度出發。雖然「內容分析」一詞直至1941年才出現在英語中（Waples & Berelson, 1941, p.2；引自Berelson & Lazarsfeld, 1948），但對文本的系統性分析其實可追溯至十七世紀教廷進行的審判活動。宗教通常都迷眩於書寫文字，現知最早關於報章的學術論文分別出現於1690年、1695年及1699年，作者均是念神學學位的人，這點絕不令人感到意外。在印刷機出現之後，教廷憂慮非宗教的出版物擴散，於是對報章內容採取說教態度（Groth, 1948, p.26）。很意外地，雖然古希臘的修辭傳統屬規範性及口頭形式，但十七世紀對內容分析的方法學貢獻卻不大。

　　最早對印刷品的量化分析大概出現在十八世紀的瑞典，按Dovring（1954-1955；也見Krippendorff & Bock, 2009, 第1.1章）所記，這些分析全因一本集九十首原作者不詳的詩歌集《錫安歌集》（*Songs of Zion*）

的出版而起。歌集雖然經瑞典皇家審查官批准出版，但不久便被認為挑戰瑞典教會的正統教派。歌集開始流行即被認為具「傳染性」，並助長了一個分離組織。這事件最特出的地方是享譽盛名的文學研究者也參與這場辯論，辯論的核心圍繞在詩歌有否孕育危險思想；如果有的話，又究竟是以何形式。辯論的一方學者因在詩歌中找到一系列的宗教象徵符號而感到擔憂，另一方卻在主流的歌集中找到相同的象徵符號而堅稱沒有分別，接著有些學者留意到，集中的象徵符號在不同文脈產生的意義與正統教會所賦予的不同，雙方就意義應該據實解釋還是視作隱喻解釋再起辯論，這些詮釋又被用來與一份研究莫拉維亞兄弟會（Moravian Brethren，一個宗教派系，成員後來多移居美國）的德文報告比較。這個情況──因應批評而修正方法──持續至辯論雙方都看到《錫安歌集》的象徵符號如何與官方歌集的象徵符號不同，以及這個（最終是政治的）現象可以如何解釋為止。這場辯論產生了很多現在成為內容分析一部分的意念，也刺激了對方法學的討論，影響至今。

1903年，Eugen Löbl以德文出版了一套繁複的分類系統，按報章的社會功能分析「內容的內在結構」。他的這本書在新聞界相當出名，也創造了Publizistik或新聞科學這個概念，開啟了以後的功能主義，但卻對實證調查影響不大。

在1910年德國社會學學會（German Sociological Society）的第一次會議上，韋伯（1911；也見Krippendorff & Bock, 2009, 第1.2章）建議對報業進行大規模的內容分析，但基於種種原因，計畫始終未有落實。同一時期，正在研究象徵符號鏈理論的Andrei Markov（1913），出版了對普希金詩歌體小說《尤金・奧涅金》（Eugene Onegin）的一個樣本的統計學分析。這些研究到最近才被發現，其對內容分析文獻的影響也是間接的。譬如說，韋伯被認為是偉大的社會科學家之一，但他對內容分析作為理解大眾媒體的方法的提倡卻少為人知，而Markov的或然率理論只因Shannon對傳播學的數學理論（見Shannon & Weaver, 1949）而進入內容分析的文獻中，後者又影響了Osgood（1959）的列聯分析及 cloze程式。

1.2 量化報章分析

　　二十世紀初葉，新聞紙的大量生產顯著增加。在美國，報章的興起造成了大眾市場和對民意調查的興趣，新聞學院開始出現，帶來對操守水平及報章現象的實證研究的需求。爲了回應這些需求，加上社會上流行科學客觀論，出現了當時所謂的「量化報章分析」。

　　發表於1893年，可能是最早的一份量化報章分析煞有介事地提出一個問題：「報章現在還報導新聞嗎？」（Speed, 1893）作者指出在1881年至1893年間，紐約報章如何捨宗教、科學及文藝的新聞而報導閒話、體育及醜聞。在1910年發表的另一份類似但卻更簡化的研究中，Mathews嘗試點出一份紐約報章如何以過分篇幅報導「墜落」、「不健康」及「瑣碎」的新聞，而不是「值得報導」的新聞事件。二十世紀初的新聞工作者企圖以量度報章對特定題材的篇幅尺寸去揭露「報章的本色」（Street, 1909）。有人相信他們已經證明了純粹追求營利目標的後果是「低俗的小報」（Wilcox, 1900）；其他人也開始相信他們已證實了「報章報導影響了罪案的增加與其他反社會活動」（Fenton, 1910），至少有一個人得出「四分一世紀以來對新聞內容的調查，發現事實嚴重不足」的結論（White, 1924）。

　　量化報章分析似乎爲新聞學論據提供了所需的科學根據。對數字的重視由來已久，可量化的事實被認爲是不可質疑的。Berelson & Lazarsfeld（1948）引述一段超過兩百年前的文字：

　　　關於應否追認的爭論重點，或許最明顯反映於爭論各方諷刺地認爲另一方所持的信念上。要寫一篇反聯邦主義（Anti-Federalist）的論文，一下子暴露出那些反對《美國憲法》的人的階級歧見，公式如下：「出身良好，九次——貴族，十八次——新聞自由，重複十三次——良心自由，一次——黑奴制度，提及一次——陪審員審判，七次——偉人，重複六次——威爾遜先生，四十次……把這些字眼放在一起，隨興之所至說得娓娓動聽。」〔p.9；摘自《新罕布什爾間諜》

〔*New Hampshire Spy*〕，1787年11月30日〕

　　無論如何，不少寶貴的意念都來自量化報章分析。1912年，Tenney（也見Krippendorff & Bock, 2009, 第1.4章）提出一項影響深遠的建議，就新聞內容作大規模及持續的調查，以建立一套「社會氣候」的記錄系統，「其準確度比得上美國氣候局的統計數字」（p.896）。他以他對幾份針對不同族群的紐約報章的分析說明他的構思，但他的建議超出了當時實際可行的範圍。量化報章分析到了社會學家Malcolm M. Willey於1926年出版的《地區報章》（*The Country Newspaper*）達到頂峰，在這個模範研究中，Willey追溯了康乃狄克州地區週報的出現，檢視其銷售數字、題材的改變，以及這些報章因要與大型都市日報競爭而扮演的社會角色。

　　當其他大眾媒體開始崛起，研究者便把最初分析報章的方法──量度不同題材類別所占的篇幅──首先推廣至電臺廣播（Albig, 1938），接著是電影和電視。依題材類別進行的內容分析持續到今天，應用範圍也擴至多種印刷品，例如：課本、漫畫、演辭及印刷廣告。

1.3　早期的內容分析

　　在1930及1940年代出現內容分析作為一門學科的第二階段的發展，起碼涉及四個因素：

- ‧在1929年經濟危機之後的一段期間，美國出現了無數社會及政治問題，不少美國人相信大眾傳媒對庸俗新聞、犯罪率急升及傳統價值的崩潰，都應負起部分責任。
- ‧首先是電臺，接著是電視等新興及愈來愈具影響力的電子傳播媒介，挑戰報章的文化霸權。研究者不再可以視這些新媒體為報章的延伸，因為它們與印刷媒體十分不同，例如：電臺及電視的用戶不需要識字。
- ‧民主的大敵與新媒體沾上關係，例如：當時尚未被廣為理解的電臺廣播便被視為助長了法西斯主義的興起。
- ‧也許最重要的是行為及社會科學在這段時期出現，以及與之有關的

理論假設及研究實證方法漸爲大眾接受。

1930年代，社會學家開始廣泛使用問卷研究及民意調查，他們分析民意的經驗，導致Woodward在1934年的一篇題爲〈量化報章分析作爲民意研究的一項技術〉（"Quantitative Newspaper Analysis as a Technique of Opinion Research"）的文章中，首次嚴肅地探討內容分析的方法學問題。從關於民意的著作中，對社會成見（Lippmann, 1922）的興趣以不同形式進入了傳播學的分析中。研究者開始關注表述的問題，研究題材包括費城報章如何描述黑人（Simpson, 1934）；相對於曾是美國敵對國的教科書，美國的教科書如何描述美國參與的戰爭（Walworth, 1938）；以及美國、英國及其他歐洲國家的兒童讀物如何表達國家主義（Martin, 1936）。

在這段時期，心理學界出現最重要的概念之一是「態度」，它爲內容分析加入評價的成分，例如：量化報章分析的粗略分類所照顧不到的「正－反」或「支持－反對」等。態度的量度重新界定了新聞業對公平及平衡的標準，復開啓了對偏見的系統性分析之門。在發展出的眾多明確標準中，Janis & Fadner（1943/1968）的「不平衡係數」（coefficient of imbalance）頗值得一提。對謠言散播的心理實驗驅使Allport和Faden以全新角度研究報章的內容，在他們1940年的文章〈報章心理學：五條暫定法則〉（"The Psychology of Newspapers: Five Tentative Laws"）中，他們嘗試解釋資訊在一個體制中流傳至最後見報其間所出現的轉變。

對政治象徵符號的興趣，爲公共訊息的分析添加另一個層面，例如：McDiarmid（1937）檢視三十篇美國總統就職演辭中關於國家身分、歷史重要性、政府、事實和期望的象徵符號。最重要的是，Lasswell（1938）以其政治學的心理分析理論看待公共傳播，把象徵符號分類成「自我」（self）及「他者」（others），還有「放縱」（indulgence）與「匱乏」（deprivation）等形式，他對象徵符號的分析，令他發展出「世界專注調查」（World Attention Survey），比較數個國家的大報使用國家象徵符號的頻度趨勢（Lasswell, 1941；也見Krippendorff & Bock, 2009, 第5.3章）。

來自幾個學科的研究者，從有代表性的學術期刊所發表的論文題目中審視學術的潮流，Rainoff（1929）關於俄國物理學的研究，可能是同類研究中最早的一個，但最全面的研究則是在社會學（Becker, 1930, 1932; Shanas, 1945）和後來的新聞學（Tannenbaum & Greenberg, 1961）。

由動力主要來自新聞學的量化報章分析過渡到內容分析，背後的因素包括：

· 著名的社會科學家參與這些辯論並提出新問題。

· 這批社會科學家發展出來的概念是由理論策動、按操作程序界定，並且是相當具體的。對成見、風格、象徵符號、價值及統戰工具的興趣，開始取代對題材類別的興趣。

· 分析者開始採用從別的學科（特別是問卷調查和實驗心理學）借來新的統計工具。

· 內容分析的數據成為大型研究工作的一部分（例子有Lazarsfeld, Berelson, & Gaudet, 1948），因此，內容分析不再自立於其他研究方法之外。

第一次以「內容分析」這個新的概括性名詞，簡明地闡述這些概念上及方法學上的發展的，要算是Berelson和Lazarsfeld在1948年發表的一篇題為〈傳播內容的分析〉（"The Analysis of Communication Content"）的油印論文，其後Berelson以《傳播研究中的內容分析》（*Content Analysis in Communications Research*）（1952）專書出版。這破天荒第一次的系統性陳述為這門學問整理出以後多年的發展。

1.4　統戰分析

Berelson視內容分析為使用大眾傳播以作驗證科學假設及評價新聞作業的數據，但內容分析面對最重要和最大型的挑戰發生在第二次世界大戰，當時有人用它從統戰中擷取情報。在大戰之前，研究者分析文本是為了找出「統戰者」，以指摘那些企圖透過不當手段影響別人的個人。對這種影響的恐懼來自幾方面，統戰在第一次世界大戰中被廣泛使用（Lasswell, 1927），在兩次大戰期間，歐洲有反民主政客有效地利用統戰。再

者，美國人一向猜疑宗教狂熱分子，而且無人知道新的大眾媒體（電臺、電影和電視）被廣泛應用在人身上會有什麼效果，這亦都加深了人們的憂慮。根據統戰分析研究所（Institute for Propaganda Analysis, 1937）的說法，統戰者的技倆包括：「扣帽子」（name calling）、「甜言蜜語」（glittering generalities）、「打親民牌」（plain folks）、「隱惡揚善」（card stacking）、「人云亦云」（bandwagon）等，這些技倆在很多宗教及政治演說，甚至學術演講中都不難找到，這種對統戰分析的取向，在美國造成了對統戰者的聲討，與下意識訊息有關的理論，特別是廣告，也引起廣泛的猜疑。

1940年代，當美國人的注意力愈來愈集中在戰事上，找出統戰者已經變得無意義，研究者亦不再特別對暴露大眾媒體塑造公眾意見的力量有興趣；軍事及政治情報反而更為重要。在這個氛圍下，兩個專門分析統戰的中心成立：曾發表過政治象徵的著作的Harold D. Lasswell和他的同事，與美國國會圖書館的戰時傳播研究實驗部（Experimental Division for the Study of Wartime Communications）合作研究；曾在紐約的社會研究新學院（New School for Social Research）研究過極權傳播的Hans Speier，在美國聯邦傳播委員會（Federal Communications Commissions，簡稱FCC）的外國廣播情報處（Foreign Broadcast Intelligence Service）也組織了一支團隊。國會圖書館那一組人集中分析外國的報章和電訊，並延續著早期對大眾傳播的量化分析傳統，針對抽樣、測量的難處，以及內容類別的信度和效度等基本課題（Lasswell, Leites, & Associates, 1965）。

FCC那一組人分析的主要是敵國的國內廣播和周遭環境，以瞭解及預測納粹德國和其他軸心國的情形，並且估計盟軍的軍事行動對敵國國民的情緒影響。日以繼夜的報告壓力，令這批研究者沒有時間總結他們的方法，Berelson（1952）於是對FCC這組人的貢獻著墨不多。但在戰事結束之後，Alexander L. George從這些戰時下的工夫所產生的大堆報告中，比較當時已公開的納粹檔案，理出過程中產生出來的方法，證明研究者的推論有效，並據此寫出《統戰分析》（*Propaganda Analysis*）（1959a；也

見Krippendorff & Bock, 2009，第1.5章）一書，對內容分析的目標及步驟的概念化作出重大貢獻。

　　FCC那一組研究者，假設統戰者是理性的，即他們依從自己的統戰理論去選擇傳播方式，以及假設統戰者傳播的意義因人而異，因而把「內容是分享的」（Berelson後來會說「顯露的」）這個概念，修正為可以解釋個別傳播者的動機及利益的條件的概念。「預備性統戰」（preparatory propaganda）的意念，對他們推斷有政治內容的廣播的目的特別有用。為了確保大眾支持擬進行的軍事行動，軸心國的領袖必須知會、搧動及以其他方式令他們的國民不論是男是女都接受這些行動；FCC的分析者發現他們可以在敵國的報章及廣播中，辨認那些預備工夫，從而推測出敵國策畫的行動，他們能夠預測幾項重要的軍事及政治行動，以及評估納粹高層對他們的形勢的看法、納粹統治集團內的政治轉變，還有軸心國之間關係的變化。英國分析者作出比較出色的預測中，包括德國對英國使用V型武器的日期，分析者監察納粹宣傳者Joseph Goebbels的演說，從其內容推斷出武器的生產出現什麼問題及出現時間，接著以此預測推出武器的日期，準確度在幾個星期以內。

　　前述內容分析的應用帶給我們幾點啟示，包括以下：

‧內容並非內在於傳播本身。每個人閱讀文本都有所不同，傳送廣播訊息的人的意圖，與受眾怎樣收到訊息可能毫無關係。時序、個人需要與期望、個人選擇的論述，以及訊息進入的社會狀況，在在都決定著傳播的意義。所有參與傳播的人都一致同意的詮釋甚少出現，有的話，其作用通常也微不足道。

‧內容分析者必須預測或推斷一些他們無法直接觀察的現象。採用內容分析主要是因為無法觀察有關現象，不論是因為被分析的對象有理由隱藏研究者想知道的事（像戰時的敵對國或因要留下良好印象的人），或有關現象本身基本上無法接觸（例如：一個人的態度或心態，又或是歷史事件），抑或根本以其他方法是很難接觸得到的（例如：大眾媒體的觀眾可從觀看電視學到什麼），分析者尋求的答案都是在文本之外。誠然，內容分析者企圖找出答案的問題均是

分析者的問題，也正因如此，其他人是否可以和怎樣回答，便與之有所衝突。量化報章分析者在作出推斷之時，並沒有意識到他們把自己的看法帶到他們所發現但實際上卻是推斷出來的事。問題不在內容本身；問題在於從現有文本可以合理地推斷出什麼。

· 為了詮釋特定文本或對截到或蒐集到的訊息理出個所以然來，內容分析者需要掌握出現那些訊息的系統的詳細模型，二次大戰時的統戰分析者多多少少都明確地建構這類模型。早期的內容分析者把大量生產的訊息視作本身充滿意義及可以一個一個單元地分析，但統戰分析者卻只可把他們分析的訊息，置於使用訊息的人群的文脈中看待才可成功。

· 對於那些尋求具體政治情報的分析者來說，量化指標非常不敏銳及膚淺，就算有了統計分析所需的大量量化數據，也不一定能得出如政治學專家可從文本數據的質化詮釋中得出「最明顯」的結論來。質化分析可以是有系統、可靠而有效的。

戰後不少作者如Kracauer（1947, 1952-53）與George（1959a）都相信內容分析並不比無系統的傳播探討遜色，因而質疑內容分析者過分簡單地依靠質化數據。Smythe（1954）把對點算的依賴稱為「幼稚的科學觀」，認為它混淆了客觀性和量化數據。無論如何，提倡量化研究的人每每忽視這類批評，在1949年一篇題為〈為什麼要量化？〉（"Why Be Quantitative?"）的論文中，Lasswell（1949/1965b）繼續堅持象徵符號的量化是科學知識的唯一基礎，他在統戰分析方面的取向產生了幾份底稿，但比起FCC那一組學者的成績來說，實質成果不多。今天依然可見到量化的研究工作，但卻不再獨領風騷。

1.5　內容分析的普及

二次大戰之後，也許是由於Berelson（1952）給了內容分析第一幅綜合圖的緣故，這項技術開始擴散至其他不同領域。這並不是說內容分析是自大眾傳播研究輸出的，事實上，持續「大量」的傳播活動繼續吸引學者從新的角度去看大眾媒體。舉例來說，Lasswell（1941）在一個法國、德

國、英國、俄羅斯及美國菁英報刊社論和主要政策演說中出現的政治符號的大規模研究中，實現了他早期「世界專注調查」的意念，他希望測試「世界革命」已經開展了一段時間這個假設（Lasswell, Lerner, & Pool, 1952）。Gerbner和他的同事繼續致力發展 Gerbner（1969）的「文化指標」（cultural indicators），二十年來每年分析一個星期的虛構電視節目，主要為了得出不同電視臺的「暴力側影」（violence profiles）、記錄走勢，和看看美國電視如何描述不同群體（例如：婦女、兒童和老人）（見如Gerbner, Gross, Signorielli, Morgan, & Jackson-Beeck, 1979）。

　　心理學家開始在四個主要範圍內應用內容分析，首先是透過分析話語記錄推斷出動機、思想或性格特徵。這種應用首見於 Allport（1942）討論私人文件的專著、Baldwin（1942）把「個人結構分析」（personal structure analysis）應用在認知結構上，以及White（1947）的價值研究。這些研究肯定了書面資料、私人文件，以及個人觀察現象的記錄，在當時占主流的實驗方法之外提供了多一種選擇。其次是使用從開放性問題的答案、焦點小組會談及不同測試，包括Thematic Apperception Test（主題能力測驗，TAT）故事的反應所蒐集到的話語數據。放諸於TAT故事中，內容分析變成一種輔助技術，容許研究者蒐集及利用數據，而不需在對象身上加諸太多結構，以及核證從不同技術取得的發現。心理學研究者對內容分析的第三種應用，與不可把內容分割開來的傳播過程有關，例如：Bales（1950）在其對小組行為的「互動過程分析」（interaction process analysis）中，透過以話語交談為數據來檢視小組的互動過程。第四種應用形式，是把意義的測定普及至多種情況及文化中（由個人主義觀念下的意義或內容而來）。Osgood（1974a, 1974b）與他的學生發現Osgood, Suci, & Tannenbaum（1957）的語意分析標尺（semantic differential scales）有多樣用途，並進行全球性文化異同的比較。

　　最初應用內容分析來研究神話、民間傳說和謎團的人類學家，對內容分析作出甚多貢獻，包括親屬術語的元素性分析（Goodenough, 1972）。民族學脫胎自人類學，雖然民族學者不像內容分析者般與作者或讀者有段距離，而每每可接觸其研究對象，但民族學者在錄下田野筆記

之後，便會開始採用類似內容分析者的方法。

歷史學家很自然地要以系統方法去分析歷史文件，他們於是很快便接受了內容分析，特別是面對大量數據和統計學解釋顯得有用時。社會科學家也發現長期爲研究焦點的教育資料有用，這些資料爲閱讀的過程（Flesch, 1948, 1951）和一個社會較大規模的政治、態度與價值趨勢提供了豐富的數據。此外，文學研究者也開始應用新出現的內容分析技術去辨識匿名作品的作者。

一方面，內容分析在眾多學科間的迅速擴散導致了焦點不夠集中的弊端：任何東西的內容好像都可以分析，而每一個象徵現象的分析也變成了內容分析。另一方面，這個趨勢也拓展了此項技術的範圍，涵蓋了可能是人類行爲的本質：說話、會談和透過媒介進行的傳播行爲。

1955年，隨著對這個題目興趣的增加，社會科學研究院（Social Science Research Council）的語言學及心理學委員會（Committee on Linguistics and Psychology）贊助了一次內容分析的會議，與會者來自心理學、政治學、文學、歷史、人類學和語言學，與會人士發表的論文收錄於一本題爲《內容分析的趨勢》（*Trends in Content Analysis*）的書，編者是Ithiel de Sola Pool（1959a）。雖然不同作者有不同的興趣及取向，但Pool（1959a, p.2）觀察到在兩方面他們有著相當多而且令人意外的共通點：一是由分析傳播的「內容」轉移到推斷傳播的先設條件；二是由量度題材的數量轉移到點算符號的簡單頻度，再轉移至對偶發性（共同出現）的依賴。

1.6　電腦文本分析

1950年代後期，研究者之間出現了對機器翻譯、機器撮寫及資料檢索系統的莫大興趣。適合處理字面數據的電腦語言出現，學術期刊開始關注心理學、人文學科及社會科學中電腦的應用。內容分析要處理的大量書寫文件及重複編碼的需要，令電腦很自然成爲內容分析者的盟友，但其實兩者相處殊不容易。

處理字面（相對於數字）數據軟體的發展，刺激了新領域的探索，例

如：資料檢索、資訊系統、演算文體學（Sedelow & Sedelow, 1966）、演算語言學、文字處理技術及演算內容分析。新軟體也為繁瑣的文研工作如編索引和語詞索引帶來改革。第一次使用電腦進行內容分析的可能是Sebeok & Zeps（1958），他們以簡單的資料檢索程式去分析四千宗切列米斯（Cheremis）民間傳說。在一份題為〈自動內容分析〉（"Automatic Content Analysis"）的蘭德公司（Rand Corporation）的報告中，Hays（1960）探討設計一個分析政治文件的電腦系統的可能性。完全不知道以上兩項研究，而正在研究面對面互動小組中的主題的Stone和Bales，設計及編寫了早期的一般查詢系統（General Inquirer System），後來累積成Stone, Dunphy, Smith, & Ogilvie（1966）的突破性巨著，展示了這個系統的一個先進版本，並示範從政治學以至廣告、從心理治療以至文學分析等多個範圍中的應用。

其他學科的發展也刺激了電腦在內容分析中的應用。心理學者有興趣模擬人類的認知（Abelson, 1963; Schank & Abelson, 1977），Newell & Simon（1963）研究以電腦來理解（人類的）解決難題方法，語言學研究者亦發展出不少方法來分析句法和語意，人工智慧方面的研究者則著眼設計會理解自然語言的機器（雖然不怎麼成功）。

1967年，Annenberg School of Communications（後來改名Annenberg School for Communication）舉辦了一次重要的內容分析會議。會上討論的焦點有多個——記錄非話語（視覺、聲音及音樂）傳播的困難、把類別標準化的需要、作出推論涉及的難題、理論及分析建構的角色、內容分析者可期望不久的將來出現的發展——但在內容分析中應用電腦的主題貫穿大會。Stone et al.（1966）關於一般查詢系統的書剛剛出版，令內容分析者充滿希望。1967年那次會議的論文，後來收錄在1969年由Gerbner, Holsti, Krippendorff, Paisley, & Stone所編的書中，同年還有Holsti（1969）綜述這一門學科的書。

1974年，參與在義大利比薩舉行的社會科學中的內容分析工作坊（Workshop on Content Analysis in the Social Sciences）的人，看到提升內容分析技術的唯一阻礙，來自發展合適的電腦內容分析算法（Stone,

1975），自那時開始，演算取向朝多個方向發展，其中一個是量身訂做的內容分析配套，當中以一般查詢系統為最重要的先驅。把一般查詢系統應用在德文文本的嘗試，顯露了這套軟體的英文本位，後來發展出這個查詢系統一個更普及的版本如TextPack。一般查詢系統與TextPack的基本組成部分是有關文字的字典。在1980年代，Sedelow（1989）建議以辭典代之，因為辭典可能比字典更準確地反映「社會的集體聯想記憶」（p.4；也見Sedelow & Sedelow, 1986）。在1990年代，George Miller以一套可藉電腦追尋稱為WordNet的網絡，開展制定文字意義的一項大型研究（見Miller et al., 1993）。在1980年代，有些作者觀察到1960年代對大型系統的興趣已經減退（見Namenwirth & Weber, 1987），但今天文本分析的軟體發展仍相當蓬勃，原因主要是有史無前例大量的電子及數位文本可供內容分析之用。後來Diefenback（2001）集中在大眾傳播研究、政治學、心理學及文學四個範疇，回顧了內容分析的歷史。

很自然地，許多研究者把以電腦為本的內容分析與以人為本的內容分析放在一起比較，例如：Schnurr, Rosenberg, & Ozman（1992, 1993）便為TAT（Murray, 1943）與一個開放性自由談的電腦內容分析作一比較，令人洩氣地發現兩者之間關係不大，但Zeldow & McAdams（1993）挑戰Schnurr等人的結論。Nacos et al.（1991）把政治新聞報導的人手編碼與Fan（1988）對同樣報導的電腦編碼所得來的數據比較，發現兩者之間有明顯相關，Nacos等人於是認為內容分析者最適宜以電腦作為分析的輔助工具，而非以之代替人類閱讀、謄寫及翻譯書寫材料。一如所料，今天的學者對以電腦為本的內容分析的未來持有多種不同意見。

另一影響內容分析者如何在研究中使用電腦的發展，是文字處理軟體的日益普及，提供多種功能，如拼寫檢查程序、單字或詞語的搜尋或取代，甚至可讀性指標等。雖然軟體原先並不為此而開發，而且也頗費周章，但普通的文字處理軟體令研究者可以進行基本的字數點算和關鍵字脈一覽表（KWIC）分析。

文字處理軟體的本質是互動的，它是由使用者閱讀文本資料所策動，而非一成不變的。在缺乏文本詮釋的演算理論下，內容分析者發覺人類理

解和詮釋書寫文件的能力，和電腦可以有系統及可靠地掃描大量文本的能力，兩者之間相輔相成的關係愈來愈吸引。假如兩者合作，人類編碼者不需要在文本的層面扮演內容分析者的角色；他們反而扮演翻譯者的角色，依閱讀過程中出現的類別，把文本或其部分分類，然後再化成一套（保存相關意義的）數據語言，令不同的（對意義無動於衷的）算法可以進行整理及總結工夫。新一批為質化文本分析而設的軟體應運而生，包括NVivo和ATLAS.ti兩種，這類互動－解釋性（interactive-interpretive）的文本分析軟體愈來愈普遍，甚至遍及學生層面。

在演算內容分析的發展中最重要的貢獻，其實是愈來愈多的文本以數位形式出現。要把書寫文件如訪問的錄音記錄謄本、焦點小組的規程、商業會議紀錄及政治演說輸入電腦，費用相當高昂。掃描器近年來大有改良，但如不輔以人手編輯，其可靠性仍然有限。1970年代出現的數據聯盟，令社會科學家可以分享昂貴的數據，但這些聯盟的運作並無統一的標準，數據也通常高度專門。到了1977年，DeWease建議並落實繞過昂貴的謄抄過程，而直接把一份底特律報章的打字稿輸入電腦，以分析前一天的報章內容。自那時開始，文字處理軟體已成了幾乎所有社會組織內部運作不可或缺的一部分；辦公室人員先是建立數位文本然後才打印出來、使用電子郵件系統，及上網下載與工作有關的資料。

到了今日，代表社會科學家感興趣的每一個題目的原始文本數據，每一天都以數位形式大量產生。所有美國大報、很多社會科學及法律期刊和企業，都把其出版的東西放進電子全文文本數據庫，數據庫的數據以幾何級數增加，在網路上可以輕易且廉價地使用。再加上電子刊物、網路的研究潛力、從網路多用者討論區（MUD）及新聞群組，以及在線問卷系統（在某些實證範圍內可能已經取代了焦點小組和調查）取得的資料等，可以清楚看到社會如何表述自己的風貌已經大大改變。隨著愈來愈多人對這麼豐富的數位資料感到興趣，對更強大的搜尋器、適合的演算工具、文本管理軟體、加密系統、監察電子數據流程的裝置及翻譯軟體等的需求也愈來愈大，這一切最終會幫助以電腦為本的內容分析的發展。現在的演算文化令內容分析的前途更光明。

1.7　質化取向

也許因爲一個世紀前的「量化報章分析」現已過時，或是爲了補償六十年前內容分析者的膚淺報告，新近出現很多不同的研究取向都自稱「質化」。我懷疑把量化與質化的內容分析分開是否有效及有用，因爲就算文本的某些特徵都化成數字，所有文本的閱讀最終都是質化的。電腦可以在短時間內處理大量文本，並以人們理解的形式呈現出來，但這並不表示被分析的文本及應用的算法不屬質化：在最基本的層面，電腦分辨出0與1，並按指示一步一步地改變這些數字。但無論如何，提倡質化內容分析取向的人，提供了有系統地探討文本的另類方案。

「論述分析」是其中一種這樣的取向。一般來說，「論述」指比句子高一層次的文本，論述分析者關心的是如何呈現某些現象，例如：Van Dijk（1991）研究在報章中顯露的種族歧視：少數民族的模樣、種族衝突的描述，以及成見如何滲透體育盛事的廣告（Wonsek, 1992）。其他的論述分析者，曾檢視過美國電視新聞及其他節目如何顯露出美國經濟的一個特定意識型態面貌（Jensen, 2006）、在「The Golden Girls」這套電視劇的喜劇環境中「年齡標籤」的元素（Harwood & Giles, 1992），以及在波斯灣戰爭中新聞社論如何描繪和平行動（Hackett & Zhao, 1994）。

進行「社會建構分析」（social constructivist analyses）的研究者也關注論述，但不是爲了批判（錯誤的）呈現，而是爲了理解人類的互動及語言（包括書寫文本）如何構成現實（Gergen, 1985）。這些分析者會研究情感是如何被概念化（Averill, 1985）或事實是如何被建構出來的（Fleck, 1935 / 1979; Latour & Woolgar, 1986），他們也會探討自我（Gergen, 1991）或性慾（Katz, 1995）等概念的轉變。

相比起來，「修辭分析」關注的是訊息如何傳達，以及有哪些效能（意圖或眞實的）。這個取向的研究者，需要找出結構性的元素、轉義、辯論風格、說話行爲等；Kathleen Hall Jamieson的書《包裝總統》（*Packaging the Presidency*）（1984）是這類分析的佼佼者。研究談判（Harris, 1996），什麼決定成功或失敗，都可視作修辭分析。

　　Altheide（1987）倡議的「民俗內容分析」取向，並不避開量化的問題，但鼓勵內容分析的解說要從文本的閱讀做起。這個取向依賴類別及敘事描述，但集中在情景、布景、風格、意象、意義及主角／說話者應可察覺到的細微差別。

　　「會談分析」是另一個被認為是質化的取向。這方面的研究者以記錄在自然境況中的話語交談開始，目標是分析記錄會談的謄本，看會談各方如何協力建構起會談。Harvey Sacks在這個傳統上應記一功，他研究了無數互動的現象，包括交談者如何協力促成笑話（Sacks, 1974）。Goodwin（1977, 1981）在他突破性的關於交替發言的研究中引用視像數據，改良了會談分析。

　　內容分析的質化取向源自文藝理論、社會科學（象徵互動主義、民俗方法學）和批判學說（馬克斯理論、英國文化研究、婦解理論），有時候也被稱為「詮釋性」，共通點如下：

- ・必須對小量文本資料進行仔細閱讀。
- ・牽涉到把特定文本再闡明（詮釋），化成特定學術圈子接受的新敘述（分析性、解構性、解放性或批判性），與實證傳統的研究方法背道而馳。
- ・分析者承認置身在詮釋循環中，並受其自身社會或文化決定的理解積極參與其中（因此，我稱這個取向為「互動─解釋性」，以說明其參與文本詮釋過程的本質）。

　　總結來說，可以說內容分析已經演化成對所有語言、圖像、象徵及傳播數據均可作出推斷的一系列研究方法。超越了早期的新聞學根源，上個世紀見證了內容分析流入不同學科及澄清了不少方法學上的問題。在1970年代經過一段短暫的停滯不前後，內容分析今日以幾何級數發展，主要原因是以電腦處理文本的普及。於2011年2月以Google搜尋器在網路上搜尋「內容分析」，會找到1,650,000份文件，相比起來，「問卷調查」只得275,000份，「心理測驗」894,000份。自1941年這個名詞首次不經意地出現──即七十年前僅有一次──起，內容分析研究所引起的公眾關注已經達到驚人程度。

CHAPTER 2

概念基礎

內容分析要處理的數據，主要來自如何構思分析的對象——內容，內容分析對此有自己的一套處理方法。本章提出一個建基於知識論的內容分析定義，為本書其餘各章開路。我們將討論這個定義與其他定義的關係、其他的社會研究方法，以及定義與它們的分別。我將發展出一個概念架構，令內容分析的目的及過程都更易理解，這個架構包括研究者、研究者需要知道什麼，以及證明內容分析有用的準則，也令我們看到以後各章所討論的各種方法的功能。本章結尾，我們將看到現時資訊科技出現的變化，如何令內容分析成為愈來愈受歡迎的一個理解社會現象的方法。

2.1　定義

內容分析是一種研究技術，可以從文本（或其他有意義的東西）作出可重複及有效的關於使用文本的文脈的推論。

作為一種「技術」，內容分析涉及特殊步驟，可以學習得來，又與研究者的個人權威分得開。作為一種研究技術，內容分析提供新見地、增加研究者對特定現象的理解，或滲透實際的行動。內容分析是一個科學工具。

技術應該是「可靠的」，更具體地說，研究技術應該產生「可以重複」的發現，即是說，不同時間及甚至在不同情況下進行研究的研究者以同樣技術應用於同樣的數據上，都應該得出同樣的結果，重複性是最重要的信度形式。

　　科學研究也必須產生「有效」的結果，意思是研究工夫需禁得起仔細驗證，得出來的結論也可以在獨立證據前站得住腳。方法學上的信度與效度並不是內容分析所獨有，但卻對它有特別要求。

　　上述定義中的「文本」並不把內容分析侷限在書寫材料上，括號中的「或其他有意義的東西」意指藝術品、映像、地圖、聲音、符號、象徵，甚至數字記錄也可成為內容分析中的數據──即是說它們可被視為文本──只要它們對某些人的意義是關乎可以意識或觀察到的現象以外的。文本與其他研究方法的起步點主要不同之處，在於文本對某人有某種意義、它是由某人產生向其他人傳達某些意義，這些意義因而不可被忽視，也不可違反文本原來存在的原因。文本──文本的閱讀、在一個社會文脈中使用文本，以及文本的分析──在內容分析中是一個很有用的比喻。

　　從內容分析的文獻中，可以見到學者基本上為這個研究方法提供了三類定義：

1. 視內容為「內存」於文本的定義。
2. 視內容為文本「源頭的一個特性」的定義。
3. 視內容為出現於研究者就一個特定文脈「分析文本的過程中」的定義。

　　根據以上定義的不同，如何看待內容分析也會不同，進行分析的步驟當然也不一樣。

　　Berelson（1952）對內容分析的原本定義屬第一類，他把內容分析界定為「對傳播的顯露內容作出客觀、有系統及量化描述的一項研究技術」（p.18）。他對內容分析要求「客觀」及「有系統」，包含在我們定義內對重複性及效度的雙重要求。要過程可以重複，便先要有一套明確並同等適用於所有分析單元的規則。Berelson 要求「有系統」，因為知道人容易有選擇性地閱讀文本資料，以符合自己的期望而不令期望落空。我們對效度的要求更進一步，要求研究者抽樣、閱讀及分析訊息的過程最終都要符合外在的準則。重複性可以量度，信度可以測試，但客觀性則兩者都不可以。

　　我們對內容分析的定義並不包括 Berelson 的三個額外條件，其一是

他堅持內容分析一定要「量化」。雖然量化對很多科學活動都很重要，但質化方法已證明同樣成功，尤其是外國統戰的政治分析、心理治療評核、民俗學研究、論述分析及電腦文本分析。人人都知道電腦既可輸入數字也可輸入文字，在利用電腦程式來分析文字時，決定程式運作的算式必包含關於人類如何閱讀、如何再闡述文本，或如何以文本的閱讀來支持行動等理論。就算閱讀可以化成數字記錄，但它基本上是一個質化的過程。Berelson的定義加入了「顯露」，是意圖確保內容分析數據的編碼是可靠的：這個條件明顯避免「在字裡行間尋找意義」，但其實高手才懂得在字裡行間尋找意義，而且不同高手意見經常一致（我將在本章稍後再討論此點）。

　　我反對Berelson的定義，以及無數由此衍生出來的定義，主要原因是它裡面關於「傳播的顯露內容的描述」的說法，亦即內容是明顯地「顯露」於訊息之中，等待著脫離形式的軀殼而被描述的。Berelson認為沒有必要解釋其定義中的主要概念「內容」，因為當時對他及同時期的人來說，內容的性質無從置疑——人人都相信內容確實存在於文本之內。

　　Berelson對「顯露」這個屬性的使用相當有啓發性。如果源頭、受者及內容分析者對同一個訊息有不同的詮釋，一件經常出現的事，那麼Berelson的定義便會把內容侷限在「所有這些詮釋的共通之處」，即每個人都一致同意的東西。當Gerbner（1985）堅持大眾媒體的訊息載有其工業生產者的「印記」時，他的出發點其實也是基於類似假設。對他來說，內容也是待在那裡等待被描述的。但Gerbner超越了Berelson一步，他認為大眾媒體的訊息顯露在其內容的統計學敘述中，他認為大眾媒體的觀眾受大量製造的訊息的一些統計學上的特質影響，而大眾生產者或觀眾都意識不到這些特質，內容分析者的解釋因此更勝觀眾的閱讀。Shapiro & Markoff（1997）的定義也把內容分析等同於科學測量，特別是等同於「任何文本（或其他象徵符號）被有系統地簡約成一套統計學上可操控的象徵符號的系列，代表著與社會科學有關的一些特徵的存在、強度或頻度」（p.14）。這裡隱藏著的表述主義在多個內容分析的定義中都可以找到，譬如說，Riffe, Lacy, & Fico（1998）在他們的教科書中，開宗明義

便說內容是傳播研究的中心，但接著卻說內容分析的目的是描述「它」，使「它」可與其他（非內容）的變數相關起來——就好像內容是一個內存於大眾媒體訊息之內的變數或物件。這些例子顯示意義的載體比喻仍然廣泛存在於傳播研究的文獻中（Krippendorff, 1993），這個比喻代表不少人仍相信訊息是意義的載體，通常是一個訊息裝載著一個意義，因此，分析任何富意義的東西都可稱為內容分析，不論是點算文字或是提出深入的詮釋。很明顯地，這方法不足以捕捉到內容分析的真義。

上面提到的第二類定義，把文本的內容分析連結上關於「被分析文本的源頭的狀態或特性的推論」（Krippendorff, 1969a, p.70; Osgood, 1959, p.35），這些定義多把心理測試的目標概括為顯露個人的內心世界：情緒、認知、意圖、態度及偏見。包括Shapiro & Markoff（1997）在內的學者曾批評這類定義太過狹隘，Holsti（1969, p.25）為了闡述這個意念，把內容分析塑造成一個編碼／解碼的範式，根據這個範式，訊息源頭透過編碼、傳達管道及解碼過程連結上受者。Holsti希望內容分析者以「什麼」、「如何」及「給誰」等來描述訊息的特徵，以推斷出「誰」及「為什麼」等前因和「有何效用」的後果。如果源頭及受者可以被觀察，或對分析者的問題從實招來，答案便很直截了當。當前因和後果都不可直接觀察時，分析者便需作出推論。我理解Holsti的邏輯，但以源頭——送者及／或受者——決定推論的效度，可能並非內容分析者捕捉傳播者所有情況及意圖的最佳方法。再者，以「什麼」、「如何」及「給誰」來描述訊息的特徵，會忽略了分析者其實會影響怎樣閱讀被分析的文本才算妥當，和該閱讀是否與研究問題有關。

研究者對閱讀文本的概念性影響，特別易見於對「民俗學內容分析」的倡議（Altheide, 1987）；但不幸地，倡議並未喚來具體的分析方法。提倡民俗學內容分析的人反對傳統內容分析的順序性質，反而認為分析者應該彈性地把在他們處理文本期間出現的新概念也考慮在內。這個取向承認內容分析由理論驅動，但亦堅持分析過程與被研究的對象兩者密不可分。民俗學內容分析的意圖是主位（emic）而非客位（etic）的；即是說，它嘗試依賴真實的概念而非受分析者理論擺布的概念。雖然以研究對

象的思想為先，令民俗學內容分析似乎與上述第二類定義有關，但因為這個取向促使研究者反省他們自身牽涉其中，所以它承認研究者的理論有可能在分析中扮演一個角色，這與內容分析的第三類定義關係更加密切，我們馬上便展開探討。

2.2 知識學的闡述

本章開頭提出內容分析的定義屬於第三類，其焦點在內容分析的過程，也沒有忽視分析者對內容的影響，定義的核心是界定內容分析數據性質的運作。大多數內容分析者可能會認識到他們分析的起點「文本」（印刷品、演說錄音、視像傳播、藝術作品、網址和文物），與物理事件不同，因文本不只對分析者而且也對其他人有意義。研究者捨其他調查方法而取內容分析，無非為了要辨識出意義。內容分析者必須承認所有文本均是由其他人生產出來和閱讀的，不只對分析者，而是對其他人也充滿意義。鑑於有語言本事的傳播者可以超越他們訊息的物理表面而就那些訊息對他們有意義的東西作出回應，內容分析者切不可受制於分析文本的物理性——媒介、特徵、像素或形狀。相反地，他們必須看穿這些特徵去檢視人們如何在他們各自的世界中使用不同的文本。因此，出自機械工程學，並且廣泛應用在自然科學及行為研究上用來構想內容分析的測量模型雖然普遍，卻是有誤導成分的；這些模型假設意義和內容內存於文本之內，可以不需透過任何稱職的作者、讀者、使用者的詮釋而作出量度，但內容分析卻必須在測量過程中加入文化上稱職的分析者、讀者或編碼者。以下我將闡述與我們的內容分析定義有關的六種文本特點。

一、文本並無客觀特質，即它並不獨立存在於讀者之外。視某些東西為文本，其實已準備甚至決定閱讀它。視某些東西為訊息，代表有人想理解它。接受某些符標為數據，表示無條件接受它們作為往後發展概念的基礎。因此，文本、訊息以及數據，全因有人動它們的主意而出現。文本如果沒有讀者便不存在，訊息如果沒有詮釋者便不存在，而數據如果沒有觀察者也不存在。進行內容分析的，正正是熟悉文本、受過方法學訓練的研究者，他們設計分析、指示編碼者如何描述文本

的成分、最後把結果詮釋——很多時候把其他人的理解也預計在內。根本沒有任何東西內存於文本之中；文本的意義永遠是由人賦予的，普通的讀者和內容分析者的分別，只不過在閱讀方式不同而已。

二、文本並無一個一個的意義可供「發現」、「識別」及「描述」，或用來找出其源頭的狀態。正如文本可從眾多角度閱讀一樣，符號也可有數個指涉，而數據也可用作不同分析。我們可以點算一個文本的字體、單字或句子，可以把語辭分類、分析比喻、描述其邏輯結構，以及確定其聯想、涵義、本義與指令，也可以提出對文本的精神病學、社會學、政治學或詩意的詮釋，所有這些解釋都可能站得住腳但卻不盡相同，未經訓練的分析者可能會目眩於這麼多的選擇。根據以上第一個定義進行內容分析的研究者，會誤以為一個訊息只有一個內容，其他的意義都是歧義、錯誤或主觀因而需要否定的。這天真的想法來自未經反省而使用那個容器的比喻，也許「內容分析」這個名詞選得有點不當，任何文本均可作多重閱讀，一些研究者經常在發表的文章中表示已經分析出特定文本體系的內容，根據我們的（第三種）定義，這說法是站不住腳的。

三、由文本喚起的意義並不一定可以分享。如果對作者意圖或特定文本的意義容易有共識，內容分析便簡單得多，但其實這種共識很少在現實中出現。要求分析者找出「共通點」，會把內容分析的實證範圍侷限在最瑣碎或「傳播過程最顯而易見的地方」（即是Berelson定義所堅持的），或把其侷限在一小撮以同一角度看世界的訊息生產者、受者和分析者的小圈子內。如果內容分析者不可以以有別於其他讀者的方法閱讀文本，那麼內容分析便變得沒有意義。其實，心理治療師正是要以有別於病人的方式去詮釋病人說的故事，人類學家對文物的分析不需依從其訪問對象對那些文物的看法，會談分析者有理由以會談者看不到的方法看待會談過程。正如Gerbner及其同事以內容分析證明，大眾媒體的觀眾不會留意到電視節目中受歡迎英雄的特質、描繪暴力的種類及少數族裔的代表性等統計學趨勢。如果不可超越每個人都接受為真理的東西，富批判意味的學術研究便會萎縮。只有在專家

解釋未有顧及指定讀者或演員使用文本的多樣性的情況下，內容分析才會出現問題，尤其是當內容分析者未能說出驗證其結果的準則時。

四、雖然一般認為訊息是「裝載」著意義或者文本是「擁有」意義的，但其實「意義（內容）指向文本以外的東西」。傳播行為最獨特的地方可能就是受者得到資訊、觸動感情或行為受影響而改變。文本可以就遙遠地方的事件、不再存在的物事、人們腦裡想些什麼、可採取的行動等提供資訊，就如象徵符號代表不在場的事物、故事令聆聽者經歷想像世界一樣。文本也可引起不同的反應，所有這些現象把文本的閱讀與另外一些東西聯繫起來，不論這些現象是否與純粹空想、過去或未來的經驗，或潛在的原因有關，分析者必須可以想像它們並宣之於口，內容分析者的目光因而必須置於物理的文本以外——例如：分析者以外的其他人如何使用這些文本、文本告訴他們什麼、文本鼓勵什麼意念及行動。這項要求對理解電腦文本分析的先天性侷限尤為重要，電腦能以異常複雜的方式處理一串串的字體，但其運作仍決定於程式員的構思。如果沒有人類及人類閱讀及從文本推斷的本領，電腦文本分析便不能超越其處理的東西。電腦並不懂得構築起自己的環境；它們在使用者世界的文脈中運作，卻不理解這些文脈。

五、文本的意義是相對於特定文脈、論述或目的的。雖然文本通常不會只有一種閱讀方式，但內容分析者的工作並不是完全絕望的。訊息通常都是出現在特定的情況中，文本的閱讀是有目的的，而數據的資訊性是相對於特定的問題。統計學家、語言學家、人類學家、精神病學家及政治分析家都有其專業理由對特定主張作出不同的詮釋。一位治療師與一位會談分析者會對同一番會談有不同的詮釋。一場經濟學的演說可從其政治涵義、論據的鋪陳、撰稿人對經濟學的認識或挑起的情緒等角度來分析，我們以分析者選擇來聽演說的「文脈」來解釋其不同之處，卻不代表在特定文脈下不可能得出相同的意見。其實，只要內容分析者選擇了用來分析某一文本的文脈，詮釋的多樣性就會大大減少，甚至只有一個。

每一個內容分析都需要一個文脈，以便檢視其中的文本。分析者實際

上必須建構起一個世界去賦予文本意義並解答其研究問題。文脈令感官數據變成可閱讀的文本，並為合理的詮釋包括內容分析的結果提供概念上的支持。很多時候，分析者根據其對自身學科的信念假設特定的文脈，如上引關於經濟學演說的例子。特定學科如政治科學、修辭學、經濟學及心理學的分析者，對於如何處理文本都有特定的理論；即是說，他們只願意接受某一個文脈。上述Holsti的編碼／解碼範式，在傳播研究中的作用是一個主要的分析文脈，但卻並非唯一一個。精神病學家願意建構的文脈，跟政治科學家可能會接受的或是文學批評家願意選用的文脈不同。當分析者為特定文本體系選擇了一個文脈並清楚明白它時，某類問題的答案便呼之欲出，其他的則會變得沒有意義。

正如內容分析者必須採用的分析文脈可能因分析不同而有異，這些文脈也會因普通聽眾、觀眾或讀者對感官數據、文本中的人物以及收到的訊息有不同詮釋系統而不同。同一文本體系因分析者及讀者群不同，得出來的發現也不盡一樣。要重複一個內容分析，分析者必須闡明主導他們推論的文脈，不然的話便無從判斷成效。

六、文本的本質，是內容分析者必須由一個文本體系中得出他們所選擇文脈的具體推論——由刊印文字中推斷出印刷品對特定用者的意義，由分析者如何看待一個文本體系推斷出觀眾如何受文本影響，由現有數據推斷出未被觀察的現象。文本、訊息及象徵符號的意義永遠不在本身，而是向人提供資訊，資訊令讀者可以在眾多可能性中作出選擇，它把詮釋的可能性大大降低。對內容分析者來說，對一個文本體系有系統的閱讀，大大縮窄了對未被觀察的事實、意圖、心理狀態、效果、偏見、計畫中的行動和之前或之後的情況等可以作出推論的範圍。內容分析者從文本中推斷出特定研究問題的答案，他們的推論只不過（理想地）比普通讀者的閱讀稍為有系統，理據稍為清晰及可以驗證。明白到這個普遍原則，根據我們對內容分析所下的定義，這項研究技術的靈魂便是推論。

「作出推論」也不是在其他內容分析的定義中完全找不到。Stone,

Dunphy, Smith, & Ogilvie（1966）便把內容分析界定爲「有系統及客觀地識別文本中的特徵以作出推論的一門研究技術」（p.5）。雖然「文本中」一詞會令人想到意義的「內在」概念，但Stone et al.仍然見到文本資料的編碼及分類（他們使用電腦）過程中的推論成分，他們那部關於字義的固定語言學分類的字典，令文本的一般讀法在語意上變得簡單。其他作者視推論等同統計學上的普遍定律（如Roberts, 1997），後者其實並不進入文本材料的文脈。早於1943年，Janis（1943/1965）已經指出，研究者需把研究發現與觀眾感覺及行爲後果聯繫起來，以驗證大眾傳播的內容分析結果。根據我們的定義，內容分析者也需驗證他們的結果，不論那些結果是用來預測、幫助決定，還是用來構想某些個人或團體的現實，但只有當推論是具體因而可以證實失敗時，驗證才有意義。

就作出推論而言，Merten（1991）以「內容分析是一套從顯露的文本特徵中推斷出不顯露的文脈特徵的研究社會現實的方法」（p.15），點出了我對內容分析下的定義的重點（Krippendorff, 1980b）。所有閱讀的理論（詮釋學）及象徵形式的理論（符號學），包括訊息意義的理論（傳播／會談理論），都可視作從文本出發到達使用文本的文脈的過程。我認爲文脈永遠是由人（即內容分析者）所建構的，不論他們如何努力地追求文脈的客觀性。就連認爲他們可以把文脈的定義放回到其訪問對象的世界觀的民俗學家也不例外，而正正是民俗學家要爲他們作出的報告負責。我們不可否認分析顯示了內容分析者的利益及他們思想上的參與，分析者的文脈是否與其他人的眾多世界一致，不是一個容易解答的問題。分析者的世界對他們的科學同行是否有意義，視乎分析者表達該世界是否有說服力。

2.3　例子

在這一節中，我將舉例說明我們如何應用內容分析的定義於實際情況中。

【例一】讓我們看看在戰時分析敵方廣播的人，如何評估敵國統治階層在國內受支持的程度。在和平的日子，研究者可以直接取得此等資料，譬如透過民意調查或實地觀察。在戰時，這些資料就算不是被故意隱

瞞，也不容易取得，分析者被逼著要採用非直接的方法。不可直接觀察，內容分析很自然地派上用場。在這個例子中，分析者通常對敵方廣播的字面意義、政治領袖使用的修辭技巧，或判斷個別市民有否被刻意誤導都不感興趣。事實上，戰時的統戰分析者有理由略過表面內容，不談它們是否真確。要從敵方本土廣播中推斷出統治階層的政策是否得到支持，分析者必須明白那些廣播只不過是一個複雜傳播網絡的一部分，目的是透過大眾傳媒和政治系統與民眾的接觸令新聞變得可以接受。統戰分析者必須對統治階層及軍隊的人物、他們可介入的媒體，以及其他對時局有影響的體制都有認識，他們也必須對維繫一個國家的政經過程，以及公眾會對透過媒體傳達的訊息如何反應有所認識。他們繪畫出來的圖畫，便是他們分析的文脈，把截聽到的廣播聯繫上研究的現象，不論是關於統治階層政策的公眾支持度、擬進行的軍事行動，還是厭戰情緒的跡象。

【例二】　歷史學家並非只懂蒐集文件，他們會就他們認為符合所有現存文件證據的閱讀重構過去的事件。歷史學家與他們希望闡明的世界相距很遠，他們不能訪問凱撒大帝，問荷馬《伊利亞德》的出處，有殖民美洲大陸輸入非洲奴隸的經驗，或聽到畢卡索與馬蒂斯的談話。歷史人物活在我們對現存文件的閱讀中，他們並不真實存在。雖然有人遺下文字給我們，但他們應該不會預計到會被現在的歷史學家閱讀。過去的事件，只會透過由遺留至今的文件作出的推論而對我們產生意義（Dibble, 1963）。歷史學家從現存文本中推斷出過往事件，根據我們的定義，便是與內容分析有關，所以，歷史學家很重視把被分析的文件放置在其他相關文件的文脈中。沒有適當的文脈，一份文件便沒有多大意義；一份放置在錯誤文脈的文件會產生不正確的意義，或至少意義不大。史學方法把現存文件組織成最終可解答歷史學家問題的推論關係網絡。

【例三】　心理學研究者擅長以重複實驗得出普遍定律來建立理論，但心理學研究的對象必須是活生生的，所以，研究者很難研究與人格發展有關的題目和只遺下文字的個人。Allport（1942）為適合作心理研究的文件類別加入了私人文件、證人口供及書信，拓展了心理學的研究方法，他提倡的研究符合我們對內容分析的定義：文本可以私人文件、日記、書

信及演講錄音等形式出現，研究者以關於人們的說話與多種心理學變數（例如：認知過程、態度、情緒騷動、性格類型、世界觀或精神病態）之間關係的現存理論，建構分析這些文本的文脈。不同的心理學學派引導研究者面向不同的問題，但他們都關注從作者留下的文本中推斷出他們的心理學變數。在分析私人文件的過程中，有心理學取向的內容分析者，發展出多種推斷技術（例如：主要概念的種類／代表比例、不適／舒緩指數、筆跡學詮釋、可讀性尺度、TAT及個人結構分析）。在個人心理學方面，自Allport（1965）的開山之作起，內容分析便已成為廣被接受的一種研究方法。

【例四】 訪問及焦點小組的數據通常都可用來作內容分析，這點絕不令人感到意外。預先組織好的訪問會產生早經界定的問題答案組合，研究者接著便可分析它們的分布。研究者把自己的想法加諸於被訪者身上，後者不能解釋他們為什麼選擇預先設定的答案，而他們自己的想法也沒有人留意。相比起來，在開放性的訪問及焦點小組中，參與者可暢所欲言。要探討會談中顯露的想法，研究者需要對這些會談的謄本進行相當於內容分析的工作。譬如說在一項乳癌的研究中，病人被問及她們接受治療之後的生活（Samarel et al., 1998），回應一如所料般相當放任，令研究者可以把他們的「適應」理論套用到手中的謄本上，研究者重塑的理論於是為跟著進行的內容分析提供了文脈。有了從研究者理論得出的問題，編碼者在謄本中尋求及找出答案，研究者表列這些資料，得出研究贊助人需要的頻度及統計學解釋。在這項研究中，編碼程序尚未完成便已有質化推論出現，這些推論並非由得出的頻度而來，後者只不過是總結這些推論而已。

【例五】 大眾傳媒可說是內容分析的主戰場。傳播研究者比較感興趣的有傳播者的構思、媒體偏見及效果、制度性侷限、新科技的涵義、觀眾感覺、民意及某些價值、偏見、文化優越和現實建構在社會的分布，他們視大眾傳媒的訊息造成或表達這些現象。要閱讀大眾傳媒的資料，一般都非個人力量可以做到，要進行分析於是少不了一個架構、理論、術語及分析焦點，令研究者可以建構一個適當的分析文脈，並與其他研究者合作。當然，不同的文脈回答的是不同的研究問題。

　　一般人以為大眾媒體的內容分析，目標是找出在一個特定文類中一個富爭議性的議題是如何被「描繪」的。描述媒體如何「報導」、「繪畫」或「表述」某事物，令人把內容想像成一幅圖畫，這個取向把被分析文本的文脈去掉，因而返回上述內容分析的第一類定義，它隱藏了研究者在分析之中的角色，天真地以為意義可以客觀地描述，而他們的結果無法被相反的證據推翻，但說穿了其實只不過是推論而已。試把政治偏見、種族偏見和電視壓抑少數民族等普遍發現看成是這些課題，雖然這些現象的明顯出現次數會予人客觀的感覺，但它們只在接受某些社會規範，如給予爭辯雙方平等發言機會、報導中立或保障少數利益的代表制的前提下才有意義，不把這些規範說個清楚，研究者需訂明的文脈便也見不到。除非分析者說明使用的是哪些人的規範、推斷的是哪些人的態度、什麼人暴露在什麼大眾媒體，以及最重要的，現象可於何處觀察得到，否則他們的發現便不可被驗證。Berelson & Lazarsfeld（1948, p.6）很久以前便說過，除非從頻度可推斷出被點算對象周遭的情況，否則便不值得去點算。舉例來說，若純粹點算一段時間內《紐約時報》中提及「微軟」或「愛滋病」或「公路暴力」的出現，而觀察到的頻度不與其他東西如政治、文化或經濟趨勢有關，則點算便毫無意義，那些其他的東西，便是賦予量化發現意義的文脈。

　　【例六】內容分析有很多商業用途，例如：字詞聯想數據庫（蒐集了經字詞聯想實驗從消費者得來大量一對一對的字）可以供廣告研究者為新產品、服務或品牌推斷出一串一串聯想的文脈。另一個不同的應用是，筆者與Michael Eleey研究公共廣播服務（PBS）關於其節目所產生的公眾關注最終如何呈現在報章報導中（Krippendorff & Eleey, 1986），這個研究目的是令PBS分析者可以推斷出美國不同地區的報章編輯如何看待PBS及評估其宣傳活動是否有效。這個研究的文脈很簡單，它包括我們對報章編輯如何取得電訊服務及新聞稿的認識，他們的報章如何報導PBS節目，以及兩者之間差異的一些理論及假設，我們藉此推斷出PBS推廣活動的說服力（可以控制的）和新聞工作者的態度與能力（不可控制的），並按區域和報章規模細分。

從以上所述，可知純粹描述的意圖，見諸於已分析出「報章的內容」，已量化了「傳媒對事件的報導」或已「找出一個族裔團體如何被描繪」等聲稱，並未述明研究者選擇分析文本的文脈。內容分析者需知道在哪些情況下他們取得文本，但更重要的是，他們也需弄清楚他們說的是「哪些人的」閱讀、他們應用的是「哪些過程或規範」來得出他們的結論，以及其他內容分析者明白他們的分析、他們自己的閱讀，以至他們閱讀他人的閱讀的「世界是怎麼樣的一個世界」。明確點出他們分析工作的文脈，也是令其他分析者就發表的推論提出驗證證據的方法之一，從而不斷提升內容分析這項研究技術，在下一節提出的架構，旨在幫助內容分析者構想分析過程，使他們的成果更站得住腳。

2.4 架構

本章開首提出並以上述各例說明的內容分析定義，強調的是作出某類推論，並給予內容分析者相對於他們的研究對象一個特定的角色，秉承以上所述及以往的工作（Krippendorff, 1969b, pp.7-13; 1980b），我在這裡提出的內容分析的概念架構，其中可以更清楚看到他們扮演的角色，也可找到特殊的方法。這個架構有三個作用：它的「規範」作用指導實際內容分析研究觀念的形成及設計；它的「分析」作用幫助審閱及比較內容分析的報告；而其「方法學」上的作用，則提供了研究者可以用來評估進行中的內容分析的表現準則及預防性標準。使用這個架構，長遠來說會帶來這個方法的系統性改良。

圖2.1所示的架構（將在關於內容分析設計邏輯的第四章中再詳論）簡單而普遍，只用上幾個概念性元素：

- ·一個文本體系，令內容分析者可以開展分析工作的數據。
- ·分析者可藉檢視文本體系從而尋求答案的一個研究問題。
- ·一個由分析者選擇用以瞭解這個文本體系的文脈。
- ·一個依賴分析者對文本體系的文脈的認識來運作的分析建構。
- ·意圖解答研究問題的推論，也是內容分析最起碼的成果。
- ·驗證的證據，也是評價內容分析的最終標準。

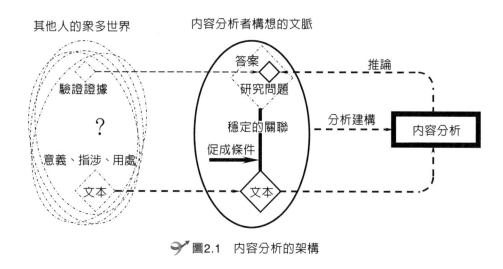

圖2.1　內容分析的架構

2.4.1　文本

　　任何實證研究的起步點是數據。數據是「已知的事實」——即是說，研究者不會懷疑它們是什麼。在調查、焦點小組及心理實驗中，研究者致力控制數據的產生，從而確保他們理解數據的意義，就算不是完全也是主要以他們自己的方式來瞭解。大部分的內容分析，以當時並非為解答具體研究問題而設的數據開始，它們之為「文本」，因為它們是「由分析者以外的人來閱讀、詮釋及理解」。讀者可將它們分解成有意義的單元，從中辨識出不容置疑的結構，有步驟或整體地重新闡明他們的理解，並作出合理行動。當我們有能力作出這類重新闡明時，我們便為所見的寫作、圖像、手勢、網頁、錄像、樂章，甚至行為步驟賦予文本性。文本因閱讀與重新闡明而生。

　　我們可以說象徵特質而不說文本，但在不明白有誰會視之為象徵特質之前，最好不要假設這類特質的存在。研究者的閱讀——對分析者構成文本的單元、句法及敘事結構等——自然與普通讀者（包括文本作者）的閱讀不同，因此，研究者的閱讀一定不可被視為唯一合法的閱讀，內容分析者也不應是唯一決定文本形式的人，因為那樣他們審視的只會是自己。

我們假設所有作者都期望被自己及其他人明白，而正因著有其他人牽涉在內，一個文本才有其社會意義。雖然內容分析者並不限於以文本作者的看法或目標觀眾出發分析他們的數據，但他們起碼必須考慮文本可能以這類人為目標。我們知道，當被訪者知道研究發現會影響他們時，他們的回答便會有所不同，因此，我們在閱讀訪問結果時，需要把可能出現的自身利益考慮在內。我們知道政治家在演說時，會預期公眾會仔細審視他們的演辭，所以，我們不可只看演說的表面。內容分析者需要承認他們依賴的文本性並不是唯一有效可行的。

為了不讓文本受其源頭污染，內容分析者最可以做的是集中注意力在文本源頭最不自覺的部分，或應用文本源頭慣常採用或不能控制的類別。最明顯是當文本源頭屬於過去（歷史的），當他們無法預知文本將如何被分析，或當傳播是單向地向著分析者時。無論如何，因為大部分內容分析的結果都會發表，而且分析者使用的類別有機會被文本源頭知悉，內容分析者有理由使用不尋常的類別，即是以有別於其他人的方式看待文本性。正如圖2.1所顯示，文本雖存在於分析者的世界，但卻源自其他人的世界。

2.4.2 研究問題

研究問題是分析者從現存文本作出推論的目標。一般來說，這些問題勾畫出幾個可能而起初不肯定的答案，在這方面看，一個研究問題相等於一套假設，但比起針對直接觀察證據的科學假設來說，內容分析的研究問題必須透過從文本得出的推論來解答。測試科學假設與選擇一個研究問題的答案的分別相當關鍵，一方面，觀察本身可被記錄或測量，而對可作出觀察的現象的假設可以成為從觀察得到的普遍定律；另一方面，文本令分析者接觸到文本以外的現象、意義、後果或特別用途。科學假設之被接納與否，視乎證據大幅度地支持哪一個假設，由有最大量的觀察支持的一個假設去否定其他的假設；相比起來，文本的推論（雖然數量大也有關係）關乎內容分析中未被觀察到的現象，此等現象屬文本以外，因而在未被驗證之前仍屬假設性。

　　內容分析者以研究問題開展研究，而且應在作出任何查證之前，原因有二：「效率」與「實證基礎」。在閱讀文本中，我們可以根據推論的引導探討心中出現的意義，也可以漫無目的地亂撞。閱讀的詮釋學、詮釋性及民俗學取向很重視這種開放性，但當研究源自具體問題時，分析者可以抽取相關文本的樣本以解答特定問題，從而更快捷地展開研究。心中已有研究問題的內容分析者，閱讀文本便有了目的，想法不會受作者牽引，也不會目眩於文本的空泛言詞。

　　為了尋求研究問題的答案，內容分析不得不走上實證之路。所有研究問題的答案都包含可以驗證的真實陳述，就算不是以直接觀察的方式，也起碼是以相關觀察作出具說服力的論證來驗證。根據我們的架構，內容分析可對分析者觀察不到他們關心的現象作出彌補，不論現象是否與作者或讀者的特徵、與資訊受到故意阻撓的事情，又或是與久遠的過去或未來的事件有關。

　　針對答案可在原則上被證實而制定研究問題，令內容分析者可免於陷入抽象或自圓其說的類別中。舉例來說，某個特定的字在文本中出現的頻度可以點算出來，分析者要做的便是點算，點算並不由獨立證據證實；要保證點算準確，分析者必須重複點算，也許要聘用不同的人去做。我們是否可分類、量度或分析某些東西，原理也一樣，答案在研究者能否可靠地執行這些步驟，這些問題不可藉研究來解答。有關從樣本歸納出總體的文本特徵或「內容」（按以上所討論過內容分析的第一類定義）的統計學問題，也不是合適的內容分析研究問題，但原因卻不一樣。雖然這些答案也視乎實證證據而不用對被分析文本以外的現象作出不明式推論，但普遍定律是歸納性的，不能解答任何內容分析的研究問題。因此，內容分析的研究問題有以下特徵：

- ·人們相信可以藉檢視文本體系作出不明推論來解答研究問題（在圖2.1中，以粗虛線箭頭表示）。
- ·它們列出一組可能的（假設性）答案供分析者選擇（在圖2.1中，答案以無說明的菱形表示）。
- ·它們與即時無法接觸的現象有關。

・起碼在原則上，可以另一種觀察或證實被推斷現象的方法來確認或否定研究問題（在圖2.1中，這以從其他人的世界到研究問題的答案的細虛線箭頭表示）。

2.4.3 文脈

在前文中我曾主張文本的涵義（意義、內容、象徵特質及詮釋）來自使用文本的文脈。雖然數據從外進入內容分析，它們在分析者選擇閱讀它們的文脈中變成文本——即是說，來自分析之內。文脈永遠是人的產物、文本的概念環境、文本扮演角色的情況。在內容分析中，文脈解釋分析者如何處理文本；它可被理解為分析者對文本如何變成文本、有什麼意義及可以說明或做出什麼的最佳假設。在內容分析的過程中，文脈包括了分析者用諸於特定文本的所有知識，不論形式是科學理論、站得住腳的命題、實證證據、有依據的預感或對閱讀習慣的認識。

文脈點出一個文本與研究者的研究問題接軌的世界，這個世界只是眾多可能的世界之一。政治分析家建構的世界與政客的不同，通常都兼顧其他角度，但那些世界也與心理學家、新聞工作者、歷史學家、心理治療師、文學學者及傳播學研究者的不同，每個人都有本身的研究議程，和以本身的問題、概念、模型及分析工具接觸文本。不同學科的學者會置同一文本於不同的文脈中，但卻鮮有不承認特定文本也適用於其他的閱讀、文脈、世界，例如：作者、觀眾、使用者及受益者。在圖2.1中，這些世界以包含文本及其多重意義的橢圓形表示。

對進行特定文本內容分析的文脈的認識，大致可分成兩類：

・相信是令現存文本與特定研究問題的可能答案接軌的穩定相關網絡，不論這些相關是由實證建立，或是從適用的理論得出，還是只是為了分析而作出的假設。

・促成條件，包括已知以可預見的方式影響那個穩定相關網絡的所有因素。

在圖2.1中，這些關係以粗線及粗箭頭表示。

讓我們看看一個殊不簡單的例子：在一般的會談中，任何一刻可被觀

察及聽到的說話（數據），只會放在之前說過些什麼、誰人說給誰聽、聽到的人反應如何，以及它如何支配會談的文脈中才有意義。這是一個外在觀察者對會談的描述，對參與者來說，他們並不一定同意所發生的事（有其他參與者在內的文脈）。事實上，如果所有參與者看世界的方法一致，思想及說法又一致的話，則根本沒有交談的理由。會談分析者會以另一套方法把會談的謄本（文本）處理，做法是建構起一個參與者好像以分析者熟悉的分析術語「說話」的世界（分析者的文脈）。不論會談分析者是想推斷出參與者的意圖以展開某些行動（如接過話題），或聽者會對一連串「他說－她說」（一個話題的產生）作什麼反應，分析者依靠的都是對這些語言行為之間的實證關係（聯繫兩者的相關）及個別發言的強度（言語表達力度）的知識，這個可能把文本指向研究問題答案的關聯網絡。

會談並非機械操作，參與者在過程中隨時改變他們參與的規則，這令處身其外的觀察者不能肯定參與者所指、他們如何理解發生的事，以及在任何一刻會談是由哪些規矩所控制。由於會談分析者通常都不會參與他們所分析的會談，無法問參與者如何看待自己的處境，所以，分析者得接受其他具決定性的變數（促成條件），以及設法確定它們對用來得出推論的相關有什麼影響。

鑑於文脈代替了當時無法直接作出觀察的事物，就每一特定分析而言，可選用的文脈數目可謂無限。除非說個清楚，否則閱讀內容分析結論的人不會知道分析者所用的文脈，因而有可能會得出非常錯誤的詮釋。因此，內容分析者需把其選擇的文脈清楚述明，令同行及研究結果的受益人清楚明白分析結果。若不述明文脈，讀者便不會明白內容分析者的步驟，得出的結果便也不可以其他方法驗證了。

2.4.4　分析建構

分析建構把內容分析者對文脈的認識化成可以運作的東西，特別是那些被假定可以解釋現存文本怎樣與分析者問題答案接軌的相關網絡，以及這些相關發生改變的條件。分析建構代表了這個網絡的可演算形式，由已知或被假設的文脈而來，分析建構「確保特定文本的分析展示了文本使用

的文脈的模型」，也就是說，分析並不在破壞所知文本周圍的條件下進行。在程序上，分析建構以電腦程式用的「如果－因此」陳述句形式出現，這些「如果－因此」陳述句等同逐步帶領分析者從文本到研究問題答案的「推論規則」，它們也令文脈的知識從這個內容分析「轉移到類似文脈的其他內容分析上」，令學生和評論者可以檢視內容分析者採用的步驟。在這方面而言，分析建構的作用就好像可以測試文脈的小理論，但它們必須按現存文本的編碼特質來演算。

舉例來說，一個以電腦進行的內容分析可能使用一套標籤字典來模仿人們如何把意義相近的字分類，這套字典假設語言的穩定性，雖然後者毫無保證，但它至少展示了語言使用的一個標準能耐。另一個做法是分析者採用一套文脈的演算理論——比方說一個神經網絡模型——去解釋人們如何把一起出現的字歸入同一類別。當然，把一個分析建構標籤為一個「模型」，並不保證它準確反映與讀者和作者有關的關係網絡，內容分析者更多時候是依賴被觀察及當下觀察不到的變數間的以實證方法取得的相關，相關量度的是變數之間——如談話被打擾的頻度與焦慮之間——的直線關係的幅度。假若有足夠普遍性，更可以被應用在個別個案中，從而預測講者的焦慮。無論如何，因語言變數不容易按時段描述，而直線迴歸方程式（linear regression equations）又只在有限制條件下才管用，故分析者在採用這類建構時也需額外知道建構可以預測該行為的情況。同樣地，知道媒體對相關事件的報導可以影響公眾議題，也可令內容分析者想出一個分析建構來分析媒體報導，以取代民意調查。這類已經出現過的研究，需要對語言或圖像元素影響特定公眾會談的條件有仔細的掌握。

分析建構當然不必完美，但不幸地，不少文本分析者使用的演算程序，與特定文本可以被理解的任何文脈都無明顯關係。點算文本的單元或應用先進的統計技術通常都會得出某些結果，但這並不保證結果會告訴我們什麼。內容分析者必須肯定他們的分析建構展示出他們選擇的文脈的模型，所有分析建構的目的都是「確保文本是根據它們已知的用處來處理的」。

2.4.5 推論

內容分析的推論性質至此應該很明顯，內容分析的推論可以隱藏在人手編碼的過程中，它們可被安插在分析程序中，如電腦輔助文本分析中的字典或被廣泛使用的索引。有時候，特別是在應用了複雜的統計程序之後，推論出現在分析者對統計結果的詮釋中。圖2.1以粗虛線表示推論走過的途徑，推論則由代表被選上的文脈並進入分析的一個分析建構產生或解釋。

由於「推論」這個字本身有幾個不同的意義，因此有必要把與這裡的討論有關的意義與其他讀者可能更熟悉的意義區分開來。在邏輯學中，推論最低限度有三類：

- 歸納性（deductive）推論由其前提引申出來。舉例來說，如果所有人均會說一種語言，則約翰作為一個人也會說一種語言。歸納性推論是邏輯上的定論，先有普遍定律，然後才有特殊個案。

- 演繹性（inductive）推論是同類物事的普遍定律。舉例來說，我可能會由我所有鄰居都說英語這個事實推斷出所有人都說英語，這個推論在邏輯上並非定論，但它有一定機率的準確性。由少數樣本得出總體統計學上的普遍定律（典型的社會研究），以及量度科學假設在統計學上的顯著度，都牽涉這類推論，先有特殊個案，然後才有普遍定律。

- 不明式（abductive）推論在不同邏輯領域間遊走，從一個領域的特殊個案到另一領域的特殊個案（這類從文本到分析者問題答案的推論對內容分析至為重要）。讓我們看看語言能力和年齡，在邏輯上，兩者全無關係，但如果你對幼兒學習語言有實際經驗，你會從兒童所發的聲音或他們所用的字推斷出他們的年紀。當然，這些推論只可能猜中大概，但其機率會因一併考慮別的變數（促成條件）而增加。

歸納性和演繹性推論對內容分析不重要，以下所舉內容分析使用的推論例子均屬不明式：

- 我們可從一份文件的用字推斷出其年分。

・我們可從政治領袖演說中使用的比喻推斷出他們的宗教信仰。

・我們可從量度一篇議論文的複雜性推斷出它的可讀性。

・我們可從一個人的非話語（面部）行為推斷出他／她是否在說謊。

・我們可從致市長辦公室的信中表達的關注推斷出一個城市的問題。

・我們可從經常被採用的文本中文字的接近程度，推斷出作者與讀者的流行想法。

・我們可從比較不同報章的社論推斷出編輯的偏見。

・我們可從一位作者文章中的意象推斷出她的精神機能障礙。

・我們可從一份匿名文件與其他已知出處的文件在統計學上的相似度，推斷出匿名文件作者的身分。

・我們可從市民選擇收看的電視節目推斷出他們所屬的政黨。

・我們可從一個人在日常說話中使用的種族術語推斷出他參與歧視罪行的機會。

・我們可從鄰國菁英報紙對國際事務的報導推斷出戰爭的可能性。

Eco（1994）說過：

> 詮釋的邏輯便是皮爾斯式（Peircean）的不明式邏輯。要參透一個謎團，即是要想出一條解釋結果的法則，一份文本的「密碼」就是這樣的一條法則……自然科學的猜測只需嘗試找到那條法則，因為結果人人皆見，但在文本詮釋中，只有發現一條「好」的法則才會令人接受結果。（p.59）

對Josephson & Josephson（1994, p.5）來說，不明式推論以一個數據體系（事實、觀察、基本事物）──我們的文本──開始。真的假設──我們的分析建構──會解釋這些數據，其他的假設則做不到。因此，那個假設有極大可能是真的，而且可以用來推斷出其他要素──即是說，解答我們的研究問題。

不明式推論也是福爾摩斯的推理邏輯（Bonfantini & Proni, 1988; Truzzi, 1988），創作福爾摩斯的柯南·道爾爵士，經常讓他找到實證關

聯，把少許常識應用在已知的事實上，從而靈巧地扣上一個推論網絡，從已知的事實帶出始作俑者的一連串原先不可辨識的邏輯步驟。內容分析者身處同樣觀察不到現象但需作出推論的情況，而他們通常都同樣機靈，以統計學知識、理論、經驗及直覺，從現存文本中找到他們的研究問題的答案。

在這方面來說，內容分析大概可看成是支持分析者的不明式推論的理據。根據不只適用於不明式推論的Toulmin（1958）的論據理論，從數據（D）過渡到結論或聲稱（C）的過程，必須有一合適的保證（W）支持。在他所舉的例子中，當知道「X是一名瑞典人」時，「X極可能是一名基督徒」的推論，是以「大部分瑞典人都是基督徒」來保證。因為這個推斷並非絕對，它包含了一個結論（C）的注腳（Q）（即是「極可能」），那個保證是數據與結論之間的邏輯橋梁。Toulmin也提出了另一個要素：支持保證的理據（B）。在圖2.1中，我們可找出Toulmin（p.104）用來表示上述眾多論據之間關係的圖表：

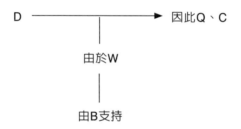

如圖2.1所示，從文本得出一個研究問題的答案，富假設性的分析建構加上確保已可靠地進行分析，保證了推論有效，推論又由分析者對文本出現或被詮釋的文脈的認識來支持：

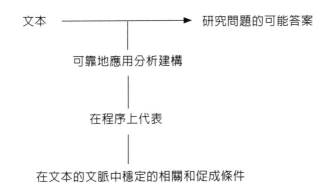

文本 ──────────────▶ 研究問題的可能答案

可靠地應用分析建構

在程序上代表

在文本的文脈中穩定的相關和促成條件

2.4.6 驗證證據

任何內容分析在原則上都應該是可被驗證的。由於內容分析的存在理由是缺少可直接觀察的證據,因此,實際上驗證工作可能很困難或甚至不可行。在沒有直接觀察證據下要跟進內容分析是不可行的,例子包括戰時從國內的統戰中分析擬進行的軍事行動,或評估一名政客是否在說謊。研究問題如果涉及過去或未來的事件也是不可能的,正如從遺留下來的文件中推斷出歷史事實,從過世作者的作品中推斷出他們的意圖,或從心理測驗中推斷一個人是否適合某一份工作。要求內容分析「可在原則上被驗證」,是因為要避免分析者探討一些無法經實證驗證,又或是除了研究者的權威之外結果無法獲支持的研究問題。舉例來說,從分析虛構電視節目得出美國享樂主義冒起的結論,除非得出該結論的人可以證明這個結論並非由電視節目憑空作出,而是也有著其他獨立可觀察的事實支持——即是說,除非他們可以證明享樂主義的冒起也在電視以外出現,否則意義不大。

內容分析的事後驗證並不純為滿足好奇心,它可令人對將來在類以文脈中對類似的文本進行內容分析的結果更有信心,但分析的類別和分析建構都必須重複使用,令成功和失敗都可以互相加權及在長遠來說用來改良技術。很多時候,研究者臨時設計內容分析的研究,進行時並沒有考慮進行驗證;這些研究對內容分析的貢獻有限。

事後驗證的一個好例子是George（1959a）（第一章曾提及）審視第二次世界大戰後獲得的文件，以決定它們與FCC的統戰分析者在戰時作出的推論是否吻合，也評價FCC研究人員的技術供將來的內容分析者使用。1943年，Janis（1943/1965）提出一項非直接的驗證方法，建議大眾媒體的內容分析結果應起碼與觀眾的口頭報告或觀察行為（例如：民意調查、投票、消費或侵略性）相關。因此，Gerbner 和他的同事嘗試從電視上看到暴力的多少，與觀眾認為他們的世界「事實上」有多少暴力，這兩者的調查數據中找出相關（見如 Gerbner, Gross, Signorielli, Morgan, & Jackson-Beeck, 1979; Gerbner, Gross, Morgan, & Signorielli, 1994）。

如上所述，我們的架構只需要內容分析在「原則上」可被驗證。舉例來說，如果內容分析者推斷出某群投票人士從電視廣告知道一名競選人的事，那麼理論上對看到廣告的人作出調查便可驗證或推翻該推論；但若內容分析者堅持該電視廣告載有某些內容，則其他人便無從驗證這個「發現」。重複這個內容分析只會指出原本的分析有多可靠。同樣地，找出某一個字以某一個頻度出現並不是一個不明式推論，再點算一次並不可驗證任何以頻度推斷出來的東西。

2.5　對比與比較

每一項研究技術都有強有弱，內容分析也不例外。研究者可以錯誤地應用一項技術，或在不曉得有更佳技術的情況下使用一項不太合適的技術。在這一節中，我將以內容分析對比其他社會研究使用的技術，特別注重內容分析四個主要的特點。

「內容分析是一項不帶干擾性的技術」。正如海森堡的不肯定定律告訴我們，測量的行為介入被測量的現象導致觀察受污染；觀察者愈是挖得深，污染程度便愈嚴重。就社會科學而言，Webb, Campbell, Schwartz, & Sechrest（1966）列出一些實驗對象因介入研究程序而作出的反應，以及解釋這些反應如何會令分析數據出錯的情況：

‧透過實驗對象意識到自己被觀察或被測試
‧透過任務的虛浮或實驗對象對任務缺乏經驗

- 透過實驗對象對被訪者或回應者角色的期望
- 透過測量過程對實驗對象的影響
- 透過實驗對象抱持的成見及實驗對象作出某些反應的傾向
- 透過實驗者／訪問者接觸實驗對象造成的影響

對照實驗、訪問、焦點小組、調查及投射測驗特別容易出現以上的錯誤。相比起來，內容分析、電腦模擬、利用已經存在統計數字的研究，以及詮釋研究（如文化研究）均是非干擾性及不會引起反應的。使用民俗學方法的研究者追求的也是非干擾性的方法，但在進行田野研究時，就算最小心的民俗學者也無可避免地會影響他們的對象。

社會研究者想避免引起反應，理由有二，首先是對產生數據的情況有不當的影響，會令數據扭曲，損害研究的效度。因此，民俗學方法學者寧願在自然環境中蒐集數據，精神病學家會避免向患者提出可能引起假記憶的問題，而經濟學者寧願鑽研數學模型也不會拿真實的經濟來做實驗。第二個理由是研究者需要隱藏他們對數據的興趣，以免被他們的對象擺布。工具性的主張很難作出分析（Mahl, 1959），如果納粹時代的統戰部長Goebbels知道美國分析者會如何、用什麼方法及為了什麼目的審視他在二次大戰時的廣播，他便會想出瞞騙對方的方法。一般人會學到如何在能力測驗中取得高分，而那些相信高分可令他們事業成功的人會積極追求適當的教育。預習指導可令學生在測驗中取得高分，但也令測驗的有效性大大減低。作為一項非干擾性的技術，內容分析可以完全避免這些偏差。

「內容分析可以處理毫無結構的事物作為數據。」為效率計，研究者如能組織起製造數據的過程使結果可以馬上被分析的話，便會有很大好處。調查、郵寄問卷以及系統訪問一般都向受訪者提供擬定好的選擇，方便製表、編碼或以電腦處理，但壞處是聽不到受訪者的個別聲音。在實驗室中，實驗對象很多時候學會的是一套人手的數據語言：按鈕、以數值表達意見、辨識他們從來未見過的形狀或型態，或對其他實驗對象施以電擊，以代替不那麼容易被測量到的表達暴力方式。這些技術之成功，全因為它們令研究者按下那些難以駕馭的差異不理，而這些差異正是因為一般人的看法、談話方式及行為模式均各有很大的差別。

內容分析者通常只在數據產生後才對數據產生興趣，他們需要面對用途迥異而格式不一的文本，經常找不到他們要找的東西，和未能完全預見文本源頭所使用的術語及類別。這令內容分析者處於一個不太有利的分析位置，一個與民俗方法學者、進行田野工作的人類學者、歷史學研究者，以及有詮釋學取向的研究者（例如：政治學、心理治療、女性主義及社會建構主義）相同的處境。內容分析數據缺乏系統，主要好處是「可以保存數據源頭的想法」，這點有系統的方法通常都照顧不到。

「內容分析對文脈敏感，因此容許研究者以數據看待對其他人重要、有意義、富資訊，甚至看待有代表性的文本。」對文脈不敏感的方法，如對照實驗室實驗、調查、有系統的訪問及統計分析，並不參照原本的文脈來產生數據，因而令觀察支離破碎，把複雜及相鄰的事件放在一塊，以及把個別字從其語境中抽離作為分析者理論空間中的數據點。在這些方法中，數據如何產生、數據不同部分之間的關係、其他人如何理解數據，或數據對它們源頭的意義等都不再重要。文脈敏感的方法相對地接受數據的文本性——即是說，接受數據是由人閱讀並向人傳達意義的，這些方法並根據自己的文脈運作。以這些方法得出的推論，更大機會對被分析文本的使用者有用。

內容分析者質化的程度可能不及政治分析者，後者活在他們分析的過程中。內容分析者也不如文化研究者與會談分析者般自由，此兩者以一套別人不太明白的術語把文本放在一個文脈中。最後，內容分析者也不如投射測驗的使用者般眼界狹窄，後者只著重與個人心理特徵有關的推論（就像在以上討論第二類定義的內容分析中）。

「內容分析可處理大量數據。」大部分民俗方法學以及個案研究的取向、歷史學方法及詮釋研究依賴的都是文本的少量樣本；數據的多少主要受研究者有多可靠地閱讀而不錯過相關細節所限。雖然內容分析可用來分析少量文本樣本（這其實是很普遍的，尤其在資助不足及牽涉利益不及政治、商業或醫學般大的學術圈子裡），但這卻發揮不到這項技術的最大潛能。內容分析可以處理大量文本，只要步驟夠清晰，可以由很多編碼者或電腦軟體不斷重複。上面提過，Berelson & Lazarsfeld（1948）很久以前

便已經說過，內容分析者一定要有系統地閱讀文本，他們並建議發明可以公平及無遺漏地應用到文本每一單元的類別方案。明確的術語令內容分析者可以聘用很多編碼者並集合他們的閱讀，從而處理比個別人士可以可靠地分析爲多的文本數目。看看下面早期沒有電腦輔助的內容分析處理過的分析單元數目：

- 481次私人談話（Landis & Burtt, 1924）
- 427本學校課本（Pierce, 1930）
- 4,022句廣告標語（Shuman, 1937；引自Berelson, 1952）
- 8,039篇報章社論（Foster, 1938）
- 800則外語電臺的新聞（Arnheim & Bayne, 1941）
- 19,553篇社論（Pool, 1952a）
- 1,000小時電視虛構節目中的15,000個角色（Gerbner et al., 1979）

誠然，這些數字在當年《內容分析》初版年分的1980年來說相當驚人，但自此出現的電子足本數據庫已令其大大失色。在寫這本書的時候，美國一個教育及社會科學著作的交流中心ERIC，其數據庫已有超過800,000篇文章。NewsBank, Inc.爲很多圖書館在網上提供超過2,000份報章的即時及歸檔文本。由道瓊斯和路透社攜手建立的Factiva，從全世界接近28,000個來源蒐集文件，涵蓋23種語言，包括600個不斷發放消息的新聞機構及另外超過2,300個來源。LexisNexis在網上提供無數可搜尋的文件，還有來自超過45,000個法律、新聞及商業來源的紀錄，有些自1980年代後期便開始累積。EBSCO MegaFILE是一個專爲學術機構設計的文本數據庫，經由它可向超過4,600份期刊作全文本搜尋，亦可搜尋到眾多學科雙倍數字的摘要。范德比爾特新聞檔案（Vanderbilt News Archive）專門蒐集電視新聞及影像，包括自1968年美國ABC、CBS和NBC三家電視臺的晚間新聞節目，自1995年每天一小時的CNN，以及自2004年的Fox電視臺新聞。Google開始了掃描世界上大約1億2,900萬本書的計畫，至2010年6月止，已經掃描超過1,200萬冊。

除了傳統印刷媒體之外，以幾何速度增長的網誌空間（由個人的互聯網誌及其聯繫組成），是一個超乎想像大的內容分析數據來源。網誌空

間是一個「文本的社區」，包括了社交網站（Twitter和Facebook）以及其他形式的交流。Rogers, Jansen, Stevenson, & Weltevrede（2010）蒐集了在2009年6月10日至30日這段期間，伊朗人互傳的653,883條被標籤成「iranelections RT」的tweets訊息，用來分析伊朗問題多多的選舉後備受關注議題的轉變歷程，這些數字都大得驚人。據估計，網誌空間每六個月便增大一倍，社交網站無遠弗屆，加上電子文本可以同步出現，令內容分析愈來愈接近大型的調查──成本低、全面、短時間有結果，而且干擾程度少。處理這類文本體系的軟體開發緩慢，也把內容分析的瓶頸從使用成本及繁瑣的人手編碼，移到需要好理論、可靠方法學及可以處理如許大量資料的軟體上。這方面的先驅工作十分迫切，也正在展開。

CHAPTER 3

用處與推論

本章回顧內容分析的應用範圍，著眼點並不在題材或使用此技術的學科，而是在何種推論可令內容分析者完成任務。我們將區分幾類能把數據聯上它們的文脈的邏輯：系統、標準、指標、表述、會談及體制。這裡勾畫出的理論架構，可供內容分析者使用或發展。

3.1　傳統概述

在眾多研究工具中，內容分析占著很重要的地位。如第二章所述，鑑於數據具有的意義、象徵性質和表達的內容，以及在數據源頭的日常生活中扮演的傳播角色，內容分析是一項容許研究者分析這些沒有結構的數據的非干擾性技術，這些特徵在其他研究方法中並不多見。由於幾乎所有社會過程都透過對參與者有意義的東西——象徵符號、訊息、影像、表演及組織性現象，甚至非論述性做法——發生，內容分析最廣泛的用處是在社會科學及人文學科，雖然法律、政治及商業方面的用處也正在增加。研究內容分析的學者，曾經用多個類別來描述以內容分析之名而進行的愈來愈多樣化的研究技術。Janis（1943/1965）提出以下的分類：

(1) **實際內容分析**——根據符號可能出現的因或果把符號分類的程序（例如：點算說出某些東西的次數，說出的東西很可能令一群特定觀眾對德國產生好感）。

(2) **語意內容分析**——根據符號的意義把符號分類的程序（例如：點算提及德國的次數，不論以哪些特別文字提及）。

    (a) 「稱謂分析」提供提及某些事物（人、物、團體或概念）的頻度，大概等於題材分析（例如：德國的外交政策）。

    (b) 「屬性分析」提供提及某些特性的頻度（例如：不誠實）。

    (c) 「斷言分析」提供以特定形式提及某些事物的頻度，大概等於主題分析（例如：德國外交政策是不誠實的）。

  (3) **符號─載體分析**──根據符號的心理物理性把內容分類的程序（例如：點算「德國」這個字出現的次數）。（p.57）

    Leites & Pool（1942；引自 Berelson & Lazarsfeld, 1984）說內容分析有四項功能：

    ‧證實已被相信的事

    ‧更正專家的「幻覺」

    ‧解決專家之間的爭議

    ‧制定及測試關於象徵符號的假設

    Berelson（1952）列出十七個用處：

    ‧描述傳播內容的趨勢

    ‧追尋學術的發展

    ‧披露國與國之間在傳播內容上的差別

    ‧比較媒體或傳播的層次

    ‧針對目標核證傳播內容

    ‧建構及應用傳播標準

    ‧輔助技術性的研究運作（在調查訪問中為開放式問題編碼）

    ‧揭露統戰技巧

    ‧量度傳播資料的可讀性

    ‧發現文體特徵

    ‧找出傳播者的意圖及其他特徵

    ‧決定個人或團體的心理狀態

    ‧探測統戰是否存在（以達法律目的）

    ‧索取政治及軍事情報

‧反映群體的態度、興趣及價值（文化模式）

‧顯露注意力所在

‧描述傳播引起態度上及行為上的反應

Stone, Dunphy, Smith, & Ogilvie（1966）說內容分析雖然源自新聞學及大眾傳播，但他們發現其技術卻被應用到以下的實證範疇：

‧精神病學

‧心理學

‧歷史

‧人類學

‧教育

‧文字學及文學分析

‧語言學

我提及過Holsti（1969）對編碼／解碼典範的鍾情，跟Janis的方法一樣，這個典範置訊息內容於送者與受者之間的傳播文脈中。由此，Holsti以三個主要目的來看內容分析：

‧描述傳播的「顯露特徵」——即是說些什麼、如何說法，以及向誰說。

‧對傳播的「先決條件」作出推論——即是問「為何」說某些話。

‧對傳播的「後果」作出推論——即是問說出的話「有何後果」。

我在這章討論內容分析的分類方法，跟上述作者很不一樣，我將著眼於研究者如何「利用」內容分析的技術，以及他們接著如何為作出的「推論」護航。我要討論的類別為：

‧推知

‧標準

‧指標及徵狀

‧語言的再表達

‧會談

‧體制性過程

這裡審視的內容分析者，不是每一位都把自己的推斷邏輯說個清楚，　049

他們有些的邏輯是混在所信奉的意義理論裡面，有些則可從他們對其數據的文脈所作的假設中找到。邏輯通常都不明顯，因為研究者以為他們所知的對其他人來說是不言而喻的，我提過Berelson（1952）甚至不覺得需要為內容下定義。分析者需要提供其假設及所用的邏輯予人檢視，特別的辯理形式是否適當，當然是一個實證而非邏輯的問題，而分析者也需就每個個案分別判斷他們的推論是否適當。我選擇這些著眼點來審視內容分析，因為可以順理成章瞭解分析建構是怎麼一回事——不過這已是另一章的事了。

3.2 推知

在作出觀察（數據點）之間或之後的期間，對未被觀察的事件作出推論，是為推知。推知的著名種類有內推、預測、延伸、從其他定理衍生出的定理，以及系統。讓我們以系統來舉個例，系統是一個概念上的工具，一個「複雜的變數」。以一個系統的術語來描述的現實，並不是該系統定義的一部分，雖然其建構極可能由此而來。系統建基於數學，其公理是數學而非實證的。一個系統最低限度包括以下：

- 狀態各異的「一組組成部分」
- 限制組成部分的狀態共同出現所顯現出來的「關係」
- 決定一些關係在時間或空間內隱含其他關係的「轉換」

系統的一個例子是我們的太陽系，其中各個天體相互運動，星球之間的排列按照一定時序，若然有人瞭解系統的轉換法則，某一排列的數據隱含所有之後的排列，這是一個經典的牛頓系統。親屬稱謂也構成一個系統，就算它並非完全先決，跟動態的太陽系相去甚遠。這個系統按個人之間的特定關係界定親屬關係——對英國人來說以性別、血統及婚姻——並訂下親屬之間的權利、義務、稱謂等等。這個系統也可進行「推知」，意思是把這套稱謂推廣至進入系統的人，不論是配偶、子女或被收養人士，並終其一生改變了他們在系統內的角色。舉另一個例子，Ferdinand de Saussure視語言為一個符號的系統，語言的成分（文字和聲音）可以根據文法規則組成更大的單元（句子和話語），認識這個系統，令人可以產生

出新的一串串正確的文字，如英文句子。要注意文法並非一種「天然」的系統，它其實是由語言學家在語言自成一個體系的假設上建構起來的。

有些系統，特別是社會系統，可以相當複雜。社會學的內容分析者感興趣的推論，都是建基於社會轉變的認識上，這樣的認識令分析者可以超越現存文本的時空而推知系統的特性——但通常都在系統的描述範圍內。正如文法一樣，一個社會系統運作的「法則」並非天然，而是社會學的建構；雖然比起其他種類的推論來說，系統可以很繁複，但推知其實相對地是簡單的。

內容分析研究系統的意念，可以追溯到Tenney（1912），他提出一個問題：

> 爲什麼社會不應建立[a]……一個仔細的記錄系統，去研究它製造出不同的思維方式的方法？……需要做的是不斷分析大量期刊……這些記錄本身可成爲對「社會氣候」的一系列觀察，準確度直如美國氣象局的統計數字。（p.896）

Tenney描述報章主題類別之間的系統關係，留意到它們的分布會隨時間變化，並特別探討了這些刊物的種族特徵。他把整個國家新聞報導的動態等同於該國人民的思維，但卻缺乏足以爲建構這樣一個系統而處理的大量數據的方法。Tenney的建議不單出現在電腦之前，而且也在系統理論發展起來之前。

Rapoport（1969）在尋求諸如「描述一個龐大的語言數據在運作、變化及演進究竟是什麼意思？這些話語集中什麼才是適當的組成部分、關係及互動法則？」等問題的答案中，打下了「話語集」的系統理論的基礎。雖然他意識到我們的象徵世界既反映也構成了我們的存在，而且它也會因說話而變得豐富和受體制政策污染，但他認爲研究者進行大型話語集的研究好處頗多，起碼最初是如此。研究不包括講者、符號使用者和意義——即是說，純作爲一個有內在自動調節機制的系統。從這個角度看，內容分析可說是有選擇性地探討Vernadsky（1945）所稱的「知識層」

（noosphere），一個人類知識的空間，有別於人類作爲生物活存的「生物層」。

3.2.1 趨勢

內容分析的系統取向的原型是對趨勢作出的推知。在其中一個最早進行的內容分析中，Speed（1893）比較幾份1881年出版的紐約日報與十二年後的相同日報，觀察到主題類別頻度的改變。誠然，只從兩個不同時間蒐集數據，不容易作出實在的預測，但Speed慨嘆報章對文藝事件的報導持續下降，而是非、體育與虛構故事的報導則與日俱增，除顯示他對報業的前景充滿質疑外，也清楚顯示他希望預測報章的出版會如何改變。Lasswell（1941）建議研究在不同全國性報刊中提及不同國家的頻度趨勢，並提出初步結果。Loeventhal（1944）研究流行雜誌中英雄定義的轉變，發現英雄從專業人士及生意人轉變爲演藝人（這個趨勢到今天還持續著）。

其他趨勢研究涉及啓發性文學作品中的價值、廣告主題、政治口號，以及在教育研究的數個次類別中*mainstreaming*（主流化）這個字被使用的頻度（Miller, Fullmer, & Walls, 1996）。研究者也進行過無數次學術文獻的趨勢分析，由社會學（Shanas, 1975）到內容分析（Barcus, 1959），以確定特定科目的發展方向。比方說，Shanas（1945）藉審視五十年間《美國社會學期刊》（*American Journal of Sociology*）的文章分布來分析美國社會學界中湧現的題目。不少學科中的學者會不時回顧學科的文獻，以衡量其學科的發展方向及尋找新領域。到目前爲止，採用時間序列分析方法進行比較大規模的內容分析，有Namenwirth（1973）對一百二十年內美國政黨政綱中價值改變的分析。Namenwirth & Weber（1987）也把時間序列分析應用於1689年至1972年間英國國君所有的演說分析中（也見Krippendorff & Bock, 2009，第3.8章）。這兩項研究顯露了數據中兩個價值變化的獨立循環，一個短期、一個長期（見圖10.5）。這些發現相等於對一個自主系統動態的描述。Thome & Rahlf（1996）不以時間序列分析，卻以一個「過濾」的方法分析同樣數據，

但這兩種方法的大前提，都是一個令分析者可以在數據點之間作出推知並外推其起跌至未來的系統。

政黨政綱、政策定位及宣傳材料都是這類內容分析的常客，皆因它們定期出現而人們都有興趣知道下一次會是什麼。在1979年成立的歐洲政治研究組合（European Consortium for Political Research），曾經就不同政治系統在不同時間、不同層面及涉及不同題材的表現作出不少趨勢研究（見如Budge, Robertson, & Hearl, 1987）。有超過二十年時間，組合的研究者以一套基於五十六個類別的單一編碼方案，為差不多兩千篇政黨宣言進行編碼，並作出過無數次趨勢分析；他們現正試著如何把這個方法電腦化（Pennings & Keman, 2002）。

3.2.2 模式

另一類內容分析涉及模式的外推使用。譬如說，民間傳說的研究者，曾對謎團、諺語、民間故事及敘述作出結構性分析，目的是找出不論內容而與文類有著高度共同性，因而可被視為產生出那些文類的模式（Armstrong, 1959）。這類分析者首先在一體系的文獻中找出組成元素，接著嘗試描述聯繫這些元素的邏輯。因此，在分析切列米斯（Cheremis）的符咒中，Sebeok & Orzack（1953）發現在這些符咒中「一個極度不可能發生的後果的母題」隨著「一個純粹事實的陳述」出現。Labov（1972）在他找到的敘事中，發現了一套解釋敘事的元素，並認為這些元素是建構敘事的普遍單元。

另一個模式外推的例子，是透過援引模式對一體系文獻進行族譜分析。學術論文習慣引用先前發表過的學術論文，先前發表的又習慣引用再先前發表的，如此類推。從現在被引用的論文追溯過去，或從某一特定的源頭追溯至現在，可以顯露學科中的不同貢獻是如何互相連結起來的，例如：一個意念經不同學者論釋之後會出現什麼變化。Garfield（1979）以這個簡單意念，發展他的「援引指標」（citation index），為以關鍵字檢索資料以外提供另一個選擇。傳播研究者探索過作為送者和受者的組織成員間的分析傳播管道，並以組織產生的典型網絡特徵分析該等聯繫。對句

子或段落中文字的共同出現的研究，也顯露了具網絡性可以貫穿一個文類的「有關聯」模式。

結合對趨勢和模式的興趣，造就了不少有趣的內容分析。Bales（1950）的「互動過程分析」（interaction process analysis），產生出傳播、評價、控制、決策、減壓及重納的模式，所有這些都可在小組的十二種基本交談類別中找到。Holsti, Brody, & North（1965）研究在1962年古巴導彈危機中美國與蘇聯主要決策者的公開陳辭，在一篇篇的陳辭中區分觀感和表達，並以Osgood的語意分析層次描述：評價、力量與活動。藉著一個動態的相互依靠模式，Holsti et al.發現這些數據對每一組決策者對另一組決策者作出的情緒反應模式，有中度的預測性。

3.2.3　差異

差異對所有系統方法來說至為重要。這裡所說的差異，源於一個系統的可變元素之間的比較，並可外推至其他地方相近元素之間的差異。舉例來說，分析者可以審視兩類傳播者產生訊息內容的差異，或同一源頭在不同社會環境下對不同觀眾說話的差異，又或是當源頭以不同期望或不同資訊運作時。報章對政治運動報導的差異，原來與編輯的取態有關（Klein & Maccoby, 1954）。報章對民權事件報導的差異，則與不同報章的特徵，如地理位置、擁有權及政治取向有關（Broom & Reece, 1955）。報章內容的差異，也與報章在地區有無競爭對手有關（Nixon & Jones, 1956）。

Gerbner（1964）示範了在報導政治中立的罪案中，法國媒體的訊息流如何反映出不同的意識型態及階級定向。研究者也藉比較John Foster Dulles對不同群體作出的政治演說，說明出自一個源頭的訊息，如何隨它們面對的觀眾而轉變（Cohen, 1957; Holsti, 1962）。有研究指出電視報導男子及女子田徑的差異與主流文化價值有關（Tuggle, 1997），也有研究點出針對上流、中產及低下階級讀者而寫的小說的差異（Albrecht, 1956），和讀者分別主要為黑人及白人的雜誌廣告的差異（Berkman, 1963）。對傳播中輸入與輸出的研究，表表者為Allport & Faden

（1940），他們檢視報章的資訊源頭的數目與最終出現的報導之關係，還有Asheim（1950）對一本書被改寫成電影劇本的分析，以及比較科學發現與媒體如何發放這些資料的研究。

胡佛研究所（Hoover Institution）一項名為「革命與國際關係的發展」（RADIR）的研究計畫，揉合了媒體間差異的分析與趨勢分析，RADIR的研究人員在1890年至1949年間出現在美國、英國、法國、德國及俄國有影響力報章的19,553篇社論中，分辨出「民主、平等、權利及自由」等所謂主要符號。分析這些數據，令Pool（1951）得出他認為可以引申成普遍定律的相關，譬如他觀察到無產階級的信條取代了自由傳統，戰爭威脅的增加與軍國主義及國粹主義的崛起有關，以及對其他國家的敵意與不安全的感覺有關。雖然這些符號關乎政治現實的各個層面，而研究者毫無疑問地知道符號所屬的文脈，但他們其實不需要這些資料去進行分析。分析者嘗試找出哪些差異長時期出現，哪些差異相對於其他差異有所增加或減少，以及它們如何互相補足或壯大。舉例來說，Pool（1952b）觀察到當一個有代表性的政府被接納而非受爭議纏繞時，民主符號的出現便會較少。應注意的是，一個政府是否被接受或受爭議纏繞的知識，是來自RADIR研究員研究的符號系統之外。只要外來變數以圖2.1示範的促成條件的形式來解釋一個系統的行為，那個系統便不是完全自主的，但無人可以禁止研究這些系統的內容分析者加進異議、抗拒及鬥爭的符號，令系統更一目瞭然。

Gerbner和他的同事採用截然不同的手法，累積了一個電視劇暴力的龐大數據庫，使他們可以向決策者作出相關的外推（建議）（見如Gerbner, Gross, Morgan, & Signorielli, 1994; Gerbner, Gross, Signorielli, & Jackson-Beeck, 1979）。Gerbner（1969）的「訊息系統分析」（message systems analysis），試圖以一個包含四類量度內容（元素）的系統，去追蹤大眾媒體文化在一段期間內的動向：

‧一個系統的元素出現的頻度，即「是什麼」。

‧那些元素的優先次序，即「什麼是重要的」。

‧與元素有關的情感質素，即「什麼是對的」。

‧特定元素之間位置或邏輯上的聯繫，即「什麼與什麼有關」。

我們可以質疑Gerbner把頻度等同「是什麼」、這些量化量數究竟有多穩定，以及系統是否足夠自主，但重要的是，任何量數的系統如果被觀察一段足夠長的時間，將可令分析者以系統本身的術語作出預測。

Simonton（1994）使用差異系統的內容分析去分析旋律的樂性轉調，便相當有趣和罕見。Simonton分析了不同時期479位古典作曲家的作品中15,618個旋律主題，他感興趣的是原創性與成功之間的關係，而他從個別作品及作曲家中的不尋常轉調推斷出原創性。舉個例，他發現海頓交響樂第94首採用主題庫中4%的轉調，而莫札特的〈不協調四重奏初介〉（"Introduction to Dissonant Quartet"）則採用主題庫少於1%的轉調。

不幸地，內容分析實際上使用系統概念的，大部分缺點都是過於簡單。話語集的系統，比簡單的變數集，例如：那些大部分研究者都用來作爲他們分析起步點的，都需要更複雜的分析建構。趨勢研究是最典型的外推，通常每次只集中在一個變數，因而令分析者沒有機會橫向地追蹤數個變數的互動。被研究的模式多限於某一類關係如文字聯想，這會產生視覺工整的模式，不過卻犧牲了可能連結上同時運作的不同模式種類。譬如說在一個組織中，「誰跟誰說了些什麼」，不難從多份報告中勾畫出一個網絡來，但這些網絡只代表簡單的雙邊關係，並不能代表更複雜的模式如友誼、權力、年齡，或有共同目標的合作，這些影響著人們交談的東西。組織傳播研究者希望有足夠文本記錄組織內發生的事，令他們可以瞭解或預測該組織的運作，但從社會系統中外推出未來，挑戰看來相當艱鉅。

一個問題是，研究者需要龐大數據才可以找出足夠的不變轉換，正因如此，大部分涉及模式的內容分析，多是質化和處理小量數據的。隨著大量文本以電子形式出現，把大型文本體系作爲系統來處理的理論和算式卻發展遲滯，成爲內容分析的瓶頸。我們需要的理論和算式不太可能來自牛頓力學或生物系統概念，而它們必須能反映文本動態豐富的互動及生態性質（Krippendorff, 2005）。

3.3　標準

　　人類以標準來測量被觀察的現象，以設定(a)現象的種類（鑑定），
(b)現象是好是壞（評價），及(c)現象離期望多遠（判斷）。以下我將討
論這三類標準的用法。事物的本質不會自己顯露出來（它們需要有人去鑑
定）、評價並非客觀或自然的（而是某人的價值產物），以及評核本身是
沒有後果的（除非有人喚起體制性的後果），這些事實顯示標準幫助我們
作出某一類的推論。內容分析中的標準多是隱含的，人們很快便接受或反
對某事，但卻不明白爲何這樣做。正如第二章所述，內容分析者應該表明
他們爲何作出某些推論，這包括界定他們應用在研究中的標準。

3.3.1　鑑定

　　鑑定是關於「一些東西是什麼」、以何名之，或它所屬何種類別。鑑
定是「……或……」的推論——即是說，有些事一是屬於、一是不屬於某
一類別。最基本的是，所有電腦文本分析都是以鑑定一串串字體而非意義
開始的，任何兩串字體一是相同、一是不同。在上面引述過對內容分析的
歸類法中，Janis（1943/1965）稱其中一類爲「符號－載體分析」。在
這類分析中，研究者使用的程序，根據符號的心理物理屬性來把內容歸類
（例如：找出「德國」這個字，然後點算其出現的次數）。分析歷史學家
慣常在著作中作出的推論種類的Dibble（1963），把「作爲直接指標的
文件」也算作推論的一種。舉例來說，假設一位歷史學家想知道在第一次
世界大戰爆發前夕，英國駐柏林領使曾否與英國外交部接觸過；外交部檔
案中如果有該領使的一封信，那便是最直接的證據。因爲鑑定通常都很明
顯，所以很容易忽略其推論的性質。內容分析中最簡單的工作，需要爲是
否有事情發生過、說過或出版過作個決定。譬如說，當FCC的官員收到有
公眾頻道播出粗言穢語的消息時，他們在考慮是否吊銷有關電臺的廣播執
照前，需要見到那些粗話播出了的確鑿證據。但鑑定很少是這般簡單的。

　　法律制度利用內容分析作舉證技術，這樣鑑定的例子很多（見《內容
分析》，1948；Lashner, 1990）。爲證明某一份出版物是否涉及誹謗、

某一政治廣告是否有事實依據、某一簽名是否眞確，及某一幅油畫是否出自某一畫家之手等測試，都牽涉身分或類屬的「……或……」式推論，然而並非所有這些都是簡單而明顯的。舉例來說，在法律程序中要決定一個陳述是否涉及誹謗，分析者必須證明適用的誹謗法律定義中所有的元素都存在。

3.3.2　評價

在「內容分析」這個名詞出現之前，當媒體研究尙等同於源自新聞學的量化新聞分析的前提時，評價新聞業的表現是很重要的事，至今亦然。早期對報章出版轉變的關注（Speed, 1983），見諸於公衆批評報導的內容不再是「有價值」的資訊，而是「瑣碎、不道德和不健康」的東西（Mathews, 1910），肯定是源自主要未受質疑的理想、評價標準及以似乎客觀的頻度量數制定的準則。今天有些文化評論員可能會與這批早期論者有同感，但新聞業已經面目全非，證明本身可隨演變的文化氣候及不斷轉移的政經環境改變。

對新聞報導的評價研究，主要集中在兩類偏差上：對報導準確性（眞相）的偏差和偏袒爭議某一方的偏差。舉例來說，Ash（1948）嘗試找出美國民衆是否有公平機會認識《他夫—赫利勞工法案》（*Taft-Hartley Labor Act*）兩方的爭議，但要分開報導的準確性與中立性可以相當困難，例如：大部分政客在競選期間會指稱部分傳媒在報導選舉時有所偏頗，較多受傳媒關注的受歡迎候選人，每多投訴報導不準確；努力爭取曝光的那些不那麼受歡迎的候選人，則多投訴不受注意。因爲新聞工作者致力在報導中對每一方公平，他們若被指偏袒某方，便會顯得相當緊張，因而會很嚴肅地對待偏差的測量。

實際上，新聞業作業的評價研究，並未解決缺乏無可置疑的準則的老問題。Janis & Fadner（1943/1965）企圖以他們發表的不平衡係數（coefficient of imbalance）來塡補這方面的不足。這個係數中，

f = 正面單元的數目，

u = 負面單元的數目，

r = 相關單元的數目 = $f + u$ + 中立單元的數目，以及

t = 單元的總數目 = r + 不相關單元的數目

Janis & Fadner從十條意圖捕捉關於報導的（不）平衡的主流印象的命題中得出「不平衡係數C」，測量的是相對於評估文本數量的兩種方式r與f，正面陳述f比負面陳述u多出的程度：

$$C = \begin{cases} \dfrac{f^2 - fu}{rt} & （當 f \geq u） \\ \dfrac{fu - u^2}{rt} & （當 f < u） \end{cases}$$

這個係數由-1至+1，是令我們不用多想便作出推論的評價標準的一個好例子：它提出一個理想（正面與負面評價之間的平衡），並以度數測量跟理想的差距（正面或負面）。但評價標準的現實卻不是那麼清楚的，舉例來說，新聞工作者是否可以經常保持中立，眾說莫衷一是；有人說在某些情況下他們不需要中立，或中立根本不可能。譬如說，在尼克遜任內最後一段日子，新聞工作者很難不站在公眾那一方。戰時也一樣，愛國比公正更重要，要對敵國做到公正，可能在理性上甚具挑戰，但在現實中卻非常不得人心。在1960年代初期，Merrill（1962）嘗試為新聞作業細分出評價標準的不同層次，他提出應用在新聞報導的一系列評價準則（歸因偏差、形容詞偏差、副詞偏差、文脈偏差、圖片偏差，以及純粹意見），但他的目錄並不完整。

要衡量報導的準確性，我們必須先有一套標準去判斷表述。鑑於我們所知的現實通常都是經過描述的，準確性是否與被認為是真確的來源等同吻合。在一項著名的研究中，Berelson & Salter（1946）把雜誌中虛構人物的種族構成與美國的人口比較，他們以統計學把「代表性」操作化的方法，也被很多後來的評價研究採用（Berkman, 1963）。但究竟雜誌、戲

劇或電視節目中的虛構人物的種族、年齡、職業以及藝術細胞，應否在統計上有其代表性，則仍然甚富爭議。1970年代的社區電視計畫之沒落，正正由於觀眾並不特別對他們的鄰居感興趣；今天的「真人騷」電視節目，可能令人以為是真實的生活，但其實只是由小心挑選出來的人進行細心設計的遊戲而已。比較少爭議的是敘事內容與其他敘事內容的比較，跨種族兒童書議會（Council on Interracial Books for Children）（1977）提出並示範了一套以比較美國歷史教科書中的資料與所知的歷史事實來評價那些教科書的方法。雖則如此，事實並不如所見般簡單，在陳述歷史的時候，往往免不了要作出一些選擇；這些評價工作應旨在發現系統性的排斥及誇大，而非環繞一個最終是隨意的標準的變異。在新聞工作中，沒有人會質疑據實報導這個標準，但這往往與新聞工作者為報導後果所負的責任有衝突，例如：阻礙公平審訊，引起公眾恐慌，煽動民眾行動及製造謠言。

3.3.3　判斷

　　跟鑑定與評價一樣，判斷也建基於標準，但另外它們也須是規定及經制度賦予認受性的，採用這些標準的研究一般都有體制性的涵義。舉例來說，獲FCC發牌的電視臺，有義務維持新聞、社會及公共服務節目的一定比重；即是說，FCC定下廣播機構必須遵守的明確準則。內容分析者測量過一些電臺的節目比重，也實際影響了FCC就電臺廣播牌照的決定。

　　社會科學家一直以來都關注社會上的偏常行為，更提出對罪行、色情物品、淫穢的理論，從而影響社團同仁及公眾意見；但內容分析若要有體制性的涵義，其結果必須從目標體制的角度陳述，否則便毫無效用。內容分析者可以研究如抄襲、歧視性傳播作業及虛構節目對個別罪行類型的影響等社會問題，但除非研究者使用適用於與這些問題有關的體制性的概念、類別及法律語言、可執行的協議或其他體制性標準，否則其發現多數不會支持有後果的判斷。舉例來說，組織傳播研究者常常都會被要求對工業或商業組織進行所謂的傳播核證，他們問的問題不外乎說的是什麼、如何說法、向誰說及有何功用等。進行核證通常都不是因為對科學的好奇或

公共關注，而是組織內部期望結果有用、可解決問題或可採取有效行動。早期的傳播核證多以失敗告終，因為進行的學者用以衡量其發現的傳播理論，與組織需要如何運作沒多大關係。如果要組織傳播研究的結果有用，那麼它們必須從被研究的組織的角度來陳述，並根據已知成功的傳播結構來衡量。

3.4　指標與症候

「指標是一個變數，其重要性視乎它與其他現象的相關。」根據符號學家C. S. Peirce所說，一個指標必須與其所指涉的事件有因果關係，如有煙便有火一樣。這個說法假設了一個潛在機制，令指標與其指涉之間的關係是必然的，而非約定俗成的（符號）或類同的（指號）。醫學對指標的假設正是如此，稱為「症候」。醫生在診斷時，要找出疾病可見或可測量的表徵；然而就算在醫學中，症候也有其歷史，醫護人員必須學會辨別它們，這令症候成為醫學體制的一項屬性，正如它們是它們所指涉現象的一項屬性一樣。在社會範疇裡，物理系統（因果關係）並不存在，指標的觀察者本位性質更明顯。正如Rapoport（1969）指出：「一個指標……與產生它的物理個體或事件並無依存關係（或不應與其混淆）。」（p.21）

在內容分析中，不可觀察或只可間接接觸到的現象的指標最是普遍。一般來說，分析者以測量文本（話語及語言以外的）、視覺（手勢及圖像）和傳播特徵來處理文本以外的現象。舉例來說，困擾與正常說話的比率（語言─困擾比率）可以作為在心理輔導會談中一位病人的焦慮指標（Mahl, 1959）；一個與行動、目標和進度有關的斷言或形象類別的頻度，可以顯示有關人士的成就動機（McClelland, 1958）；對某一事件表示關注的頻度和它在一個媒體中所占的版面位置（例如：報章中頭條的大小、頭版或內頁、故事的首段或僅僅提及）被視為公眾對事件關注的指標（如Budd, 1964）。基於電視劇中暴力場面的數目，Gerbner et al.（1979）制定了一個電視暴力指數。Krendal（1970）基於市議會收到的投訴信發展出一個市民不滿指數。Flesch（1948, 1951, 1974）的「可

讀性量尺」，是根據一條屢經修改後視乎句子平均長度（字數）及字均音節的程式作出的。Danielson, Lasorsa, & Im（1992）使用Flesch的準則來比較報章與小說的可讀性；政府承辦商在敲定軍事人員的指示前，規定要應用Flesch的量尺；保險公司也以此來評估合約。Hawk（1997）把Flesch的可讀性準則延伸至評估電視新聞的「可聽性」。Jamieson（1998）打造了一個競選行為指數，針對美國人對以下事件表達的關注：政客花多少錢在競選活動上、候選人要說些什麼來贏得競選、候選人的道德與操守，以及政治運動中負面廣告的比例。Broder（1940）的形容詞－動詞比率，被用作人格分裂的指標（Mann, 1944），以高過或然率共同出現的名詞，被詮釋成講者與受眾心理聯繫的指標（Osgood, 1959）。

在大眾傳播研究中，有五個指標的使用歷史悠久：

· 一個指涉或概念的「存在與否」，被視為是源頭對所指或構想的事物的「意識」或「認識」的指標。

· 一個符號、意念、指涉或題材出現在訊息流中的「頻度」，被視為該符號、意念、指涉或題材在訊息中所占的「重要性、注意力或重點」的指標。

· 歸因於一個符號、意念或指涉的「正面和負面特徵的數目」，被視為作者、讀者或他們的文化對所述或所指事物所持「態度」的指標。

· 關於一個符號、意念或指涉的陳述中「修飾句」的種類——形容詞或保險詞——被視為與該符號、意念或指涉所指的「看法、信念及動機」有關的「深刻、強度或不肯定性」的指標。

· 兩個概念共同出現的頻度（但不包括那些基於文法或配搭理由而共同出現的），被視為在作者、讀者或觀眾心目中該兩個概念之間「關聯強度」的指標。

以如此容易演算的數量作為指標並非沒有問題，Chomsky（1959）質疑Skinner認為即時反應、重複及聲量皆為動機強烈度的自然指標，以及在文字與它們所指的事物同時出現下，意義變得容易找到，他留意到

大部分說話都出現在其所指不存在的情況下。Rapoport（1969）比較兩位虛構的女士，兩位都剛剛收到一大束鮮花，第一位女士見到花便放聲大叫：「真美麗！真美麗！真美麗！真美麗！」以Skinner的準則來說，見證了產生反應的強烈動機。第二位女士見到花之後有十秒鐘沒說話，接著輕聲說道：「真美麗。」頻度與聲量並非那束花的重要性或Skinner所說的反應動機的好指標。

內容分析跟很多社會科學研究一樣，其研究員通常只不過是「宣示」指標，而不會示範它們的實證效度，特別是當有關現象是抽象和數據不容易被核實的情況下。明顯地，一名研究者的聲稱如果不太可能說服其他研究者（即是沒有表面效度）的話，他／她便不會稱其量數為指標。但簡單的宣稱並不等同以上界定的指標，宣稱的性質是論述性的，不應與指標和其聲稱所表示的東西兩者之間的相關混淆。一個相關需被示範或起碼被假設，以便原則上可以測試，讓我們看看研究者宣稱電視劇的暴力頻度是在現實生活中對暴力關注的指標。要作出這個聲稱，研究者必須首先澄清頻度顯示的是誰的關注，作者的還是編輯的？實際觀看暴力的觀眾，或監製心目中要吸引的觀眾、公眾，還是這類大眾傳播廣泛流通的文化？研究者也需說明這份關注如何顯露出來——直接（觀察與電視有關的暴力）或間接（與其他可觀察現象的相關，例如：對他者容忍或不容忍、家庭／懲處暴力或犯罪率）。點算、強調、注意、對某事表示關注，是四件完全不同的事，它們之間的相關是一個實證問題。

量化本身並非一個目的，研究者必須區分哪種量化可驗證一個統計學假設，哪種量化指向點算以外的東西。在早期的內容分析文獻中，這兩種用法通常都被混淆。舉例來說，Lasswell（1949／1965b）在其著名的論文〈為何要量化？〉（"Why Be Quantitative?"）中，高舉量化是達到科學知識的唯一途徑，他所指的是統計學假設的測試；但Lasswell在他大部分的內容分析中，則多採用頻度量數作為傳播以外現象的指標。

在一項關於提及頻度的指標性研究中，我的一位學生使用一本由一位我們大學的學者撰寫關於美國總統的書，這位學生仔細研究這本書，點算不同總統被提及的次數，每位總統被提及的章數、頁數及段數，以及每位

總統所占的句子數目。他接著要求作者按每位總統的重要性及對美國歷史的貢獻排名，他也問作者，其他作者及公眾會如何把總統排名。最後，那位學生甚至問作者認為自己在書中給予每位總統多少關注。意外地，所有得出的相關都很低，低至無一個量數可以用來作為作者關注或強調的有效指標。從這個探討性研究中，我們可以得出暫時的結論，就是頻度並非概念性變數（例如：重要性或在複雜的政治爭議中偏袒某一方）的可靠指標。頻度量數作為與頻度有關的現象的指標比較可靠，例子是提及犯罪的次數，以及相信犯罪是問題的人的數目（不要與實際犯罪數字混淆，後者可以十分詳盡而與公眾關注完全無關），或有關一位候選人的正面報導次數及其可能得到的票數（不要與他／她為選民做過多少事混淆），或市議會收到批評信的比重（Krendel, 1970）及市長不獲連任的機會。

Dollard & Mowrer（1947）的不適─舒緩商數（comfort-relief quotient）的使用，說明了建立指標的困難。Dollard & Mowrer應用學習理論得出這個簡單商數，作為講者焦慮的指標，商數以「不適」（discomfort）或「驅策」（drive）等字的數目和這個數字與「舒服」（comfort）或「舒緩」（relief）等字的數目總和的比重來計算。雖然Dollard & Mowrer的論據扎實，對兩類字的定義又清楚，但測試這個商數作為指標的結果不一，有發現與手心流汗有重要相關，但與其他焦慮量數的相關則不多。Murray, Auld, & White（1954）將不適─舒緩商數與其他幾個心理治療常用的動機性及衝突性量數作比較，發現該商數並不適合用來找出治療進展的改變，該商數所顯示的一點也不清楚或簡單。

可讀性指標的實證證據較有說服力。明顯地，載有外來語、長而複合的文字、複雜文法結構及有很多標點符號的句子，比簡單句子更難閱讀。Flesch的可讀性方程式之所以成功，原因可能有二：(1)對一篇文章可讀性的整體判斷是累積的，每一次遇到困難都會減低其可讀性評分；及(2)指標由讀者群的判斷核證。這兩個因素都與頻度有關（Krippendorff & Bock, 2009，第3.9章），現在很多文字處理程式不單可點算字體、文字、段落及書頁的數目，更可提供一個可讀性評分，可用作有趣的相關研究。

　　研究者也曾成功地應用指標來決定作品的出處。1940年代保險統計師Yule（1944），重新研究《模仿基督》（*The Imitation of Christ*）究竟是出自Thomas à Kempis、Jean Gerson，還是其他作者之手。他以每位可能作者的著作中名詞的頻度，發展出區分每位作者身分的指標，接著應用在有關著作中（推論指向Thomas à Kempis）。認為名詞對內容比作者身分更實在的Mosteller & Wallace（1964），發現以功能字區分十二本《聯邦論》（*Federalist Papers*）的作者身分更有效。來自他們分析的證據，傾向支持Madison是《聯邦論》作者的說法，這項發現也愈來愈得到史學家的支持。

　　當然，宣示性的定義並不足夠。頻度作為量度注意力的一種方法，並不使其成為以其他方法量度注意力的指標。就算指標與被認為是其所指之事之間真的發現有相關，剩下來尚有可否得出普遍定律的問題。舉例來說，Morton & Levinson（1966）分析已知作者的希臘文本，得出七種區分風格的指標，他們認為這些指標可歸納出任何人的獨特寫作要素：句子長短、定冠詞的頻度、第三身代名詞的頻度、動詞*to be*所有形式的總體，以及如*and*、*but*、*in*等字的頻度。Morton（1963）對《聖經》中相傳來自聖保祿的十四封使徒書信的分析，令他得出該批信是出自六個不同的作者而聖保祿只寫了四封的結論。Ellison（1965）採用Morton的建構，推斷出James Joyce的小說《Ulysses》其實是出自五位不同的作者之手，而其中沒有一位是《A Portrait of the Artist as a Young Man》的作者，Ellison更發現Morton的論文有幾種不同風格，這項研究大大質疑Morton的風格指標是否有普遍性。

　　但說到底，低度相關不應令分析者減少使用量化技術，研究者可以加進獨立變數以加強這些技術的指標能力，或長時間觀察這些量數，然後建構出可以外推至尚未被觀察範圍的經常性的做法。此外，研究者可使這些量數與其他本來不在考慮之列的現象成功產生相關（相關效度），從而證實建構這些量數是有效的。無論如何，使用指標應該十分謹慎。

　　Berelson（1952）曾經自問，如果火星人從現代地球上的大眾媒體看到大量的愛情與性，會得出什麼結論：一個濫交還是一個壓抑的社會？如

上所述，Pool（1952b）留意到民主的符號，在事事經過民主過程的地方較沒有民主的地方少出現，因此，它們代表民主被接受程度以外的一些東西。雖然大部分的學習理論指出，重複會強化看法，但重複也會造成語意飽滿──不單是興趣流失，而且是意義流失。故此，要決定頻度量數表示什麼並不簡單，但肯定不是一樁以宣稱便可解決的事。

3.5 語言的再陳述

語言中指標的代名詞是「命名」，兩者都是建立一種一對一的關係──在指標來說是兩類變數的關係，在命名來說則是文字與個別人、物、概念或經驗之間的關係。一個名字令人想起所命名的人或物，雖然敘事使用名字，但命名並不足以令我們瞭解敘事。敘事塑造、引出及體現（在被重讀的過程中重新被陳述稱為「再陳述」）了充滿人物關係、促使事情發生的東西，以及引導觀察的意念、道德和角度的豐富世界。敘事是可以想像的，在環境許可下還可以透過行動實現，文本因此不全是勾畫、述及或指出現存世界的輪廓，它們也能為一套語言的使用者「建構」起一個可見、可做及可活在其中的「世界」。「把文本作為再陳述地」分析──不可與圖像陳述混為一談──就是「分析文本在特定讀者中引起的概念結構」，那些他們可以想像、據為己有及當作真實的世界。

書面文本並不只是一堆文字；它其實是一個順序的論述，一個可以不同方式閱讀的敘事網絡。Hays（1969）提供以下一些社會學家或政治學家可能有興趣瞭解的典型文本的例子：

- **社論系列**：報章員工在經歷了重大事件後，推出一系列文章，捕捉當天發生的事，並把文章放在歷史趨勢、理論及信條中。文章對不完全被瞭解的情況本質表達意見和作出回應。
- **官方的國際交流**：這類報導與上述報章社論系列相似，除了牽涉各自遵行本身政策的兩個或以上的政黨。
- **私人文件**：可以是書信、日記或其他種類的書面資料，因其內容的獨特性與報章社論或政府官方交流不同。
- **訪問謄本**：訪問通常有兩方，一方無經驗，另一方經驗豐富，訪問

的性質可以是治療性或診斷性。

· **社會交往**：兩名或以上人士參與，討論一特定的任務或任何被認爲
適合的題目。

這些文本流，可以延伸至文學、民謠、科學發現報告及企業報告，它
們有著幾處相同的特徵，譬如它們都是有時序的。敘事互相呼應，並非獨
立事件。結構並不表現在詞彙或句子結構上，而是在更大的文本單元，在
文本的互涉上。把文本看作再陳述來分析，需承認這些更高層次的文本單
元之間互有關聯。影響早期構思內容分析的貨櫃比喻，繼續影響著不少內
容分析者，令他們較容易接受忽視語言或敘事結構的內容和指標分類。由
於這些文本數據多來自多位敘述者而非一位，分析者不能假定敘述者與敘
述者之間有連貫性。然而，不連貫有鼓勵互動、幫助演進之用。再陳述其
實提供了「可被構想的世界」，人們可以構想現實、自身及他人的空間。
這些再陳述，可按指定讀者、主角及行動可否想像，以及每一個數據如何
造成數據流進行分析。

這類內容分析的一個簡單但原型的例子是地圖的發展。地圖並非僅是
描述性的，地圖的使用者需要瞭解地圖，以便能參與地圖所展現的所謂現
實。一張道路圖幫助駕駛者看見實現自己選擇目標的可能性，沒有地圖，
駕駛者到達目的地便需靠運氣。但地圖不只促成，它也限制思考並強制性
地協調著眾多使用者，從地圖得出的推論應與其使用者所做或能夠做的有
關。身爲建築師的Lynch（1965）把實驗對象就他們在城市走動所見而作
出的話語陳述，放置於城中居民所看到的合成地圖上，他想推斷出城市規
劃者應該做些什麼來向市民提供方向，但卻同時發現當人們心目中有特
定目的時，他們會去哪裡和怎樣去。在他寫的《珍尼的來信》（*Letters
from Jenny*）中，Allport（1965）分析私人通信，展示寫信人的世界，
以及人們可從她建構的現實中得出什麼心理洞見。Gerbner & Marvanyi
（1977）基於他們對美國、東歐、西歐、蘇聯及一些第三世界報章的報
導，發展出多張世界地圖；他們扭曲了地圖上區域的大小，以遷就有關
區域報導的數量。So（1995）基於數屆國際傳理學會（International
Communication Association）的週年會議上發表論文的標題，以及論文

援引的文獻，發展出多個關於傳理學研究這門學科的地圖，爲了推斷出這門學科的「健康狀況」。雖然我這裡所用作例子的所有研究，均沒有好好探討複雜的語言結構，但各位研究者均提供豐富的詮釋以作補償。

質化內容分析者明顯認識到要把文本看作有關聯的論述，這些研究者已審視過的題材，包括在日常說話中情緒的社會建構（Averill, 1985），科學論述中對事實的比喻性概念（Salmond, 1982），醫學著作中愛滋病成因爲體制接受所走過充滿偏見的途徑（Treichler, 1988），在出現心理治療師的文學作品中心理治療師的角色（Szykiersky & Raviv, 1995），美國兒童圖書中對非洲裔美國人的描寫（Pescosolido, Grauerholz, & Milkie, 1996），美國印刷媒體如何塑造天然災害（Ploughman, 1995），以及媒體如何描述女性。明顯地，這些質化研究不少都欠缺形式化，其結果因此很難再重複或核證，很多研究都開宗明義地以描述爲目的；研究者表明要揭示再陳述的偏頗。例如：Gerbner & Marvanyi（1997）創出上述的地圖，用意是喚起人們對同等注意力的公平標準的關注。使用內容分析來描述特定媒體如何描繪某行業的人、某國人民，或某些社會問題或政治人物，通常都會發展出見到有關概念處於特定位置的地圖。

分析再陳述的人企圖再細述文本的相關部分，使讀者意識到其他閱讀的可能性。舉例來說，批判論述分析者解釋社會在（再）生產優勢及不平等的過程中，語言、語言運用及（不）連貫性以及文本的傳播用途等的角色（見Van Dijk, 1993）。批判論述分析也包括了一點自我反省，可以應用到自身的文本上——質疑何爲批判分析，分析人員對文本做些什麼等，這類分析被描繪爲對社會認知及公共心理的探討。無論如何，如果沒有再陳述所帶出的現實，適用於分析再陳述的準則會是究竟它們可否解答讀者的問題，它們可否承受得起熟悉數據文脈的人的批判，以及它們再細述的世界是否跟分析文本內指定讀者或其他內容分析者的世界相同或豐富了後者。

從複雜度的另一端出發對再陳述分析的例子，包括認知過程的模擬（Abelson, 1968）及應用這類模擬去協助政治運動（Pool, Abelson, & Popkin, 1964）。在這些研究中，分析者使用大量文法簡單的命題、目

標，以及人們懂得遵從的文稿——例如：如何按菜單點菜、如何駕駛汽車，或親屬系統如何運作（Wallace, 1961）——並從它們語意上組合的方法計算包含度。在當時電腦尚未出現的情況下，Allen（1963）提出一個法律文件的邏輯內容分析，以一套形式步驟，示範一份限制售武協議的簽署人可以有什麼選擇（漏洞）。Allen因而推斷出協議各方可以及可能在適合的誘因下走哪些方向，以及預期會有哪些衝突出現。著眼點是限制而非選擇的Newell & Simon（1956），提出一個「邏輯理論機器」，展示從現存證據（前提、公理）得出一連串的邏輯涵義（證明），可能令人在未知的問題領域裡作出決定（數論的效度）。Denowski（1993）使用從一個語意網絡分析中取得的數據，為應如何建構具說服力的訊息提出建議。語意網絡分析之於內容分析者，正如人工智慧研究者有在不同實證範疇內建立的專家系統。

Hays（1969）預見這類內容分析會出現，並稱之為「交談者」，它會接收一連串語言數據，例如對話、外交對話、條約商議等。它知道要瞭解任何語言，背景知識絕不能少，包括對信念及假設的知識，並容許把這些知識加進語言數據中。如果分析文脈出現幾位交談者，一個常常出現的情況，分析便需接受他們的背景知識有別，而且也要知道意義會隨時間改變，因此把之前的說話也考慮在內。Hays的交談者，一個再陳述的內容分析，會向分析者解答並不真實存在於文本中的問題，Hays的交談者計算的是回答問題的文本涵義。

以第二章所述我們的架構所採用的術語來說，這類內容分析的文脈是現存文本帶給一指定讀者群的現實，其穩定的關係表現在讀者群會接受用來回答指定文本的指定問題，向選定目標尋求這些數據的邏輯推論的理由。雖然很多再陳述的內容分析對其目標並不清楚，而且甚少會追根究柢，但這個主意在某種程度上在第五代電腦，即所謂專家系統中得到實現。對專家系統的討論一直被網路搜尋器、電腦連線及相輔系統等熱門話題掩蓋，但我們現正坐擁大量電腦可讀的文本數據，再陳述的內容分析變得愈來愈有可能而且充滿挑戰。

上面2.4.5節提到福爾摩斯的偵探工作，提供了一個使用語言再陳述

的文學例子。內容分析者只不過是處理更大量的文本材料，謀求解決不同類型的問題，和需要透明地行事，好讓過程得以被檢視或重複。

3.6　會談

　　當富裕家庭的孩子說肚子餓時，他們可能是想吃東西，但也可能想逃避上床、得到關注、阻止父母做某些事等。由於與孩子有共同生活的文脈（例如：知道孩子何時吃過東西），父母大多曉得如何應付聲稱肚子餓的孩子。在這種情況下，一句說話的內容，便較說話本身在持續互動中扮演的角色次要。嘗試從語言中推斷出焦慮的Mahl（1959），面對要分析語言工具性的困難，但最終都避開這個問題，退而發展出焦慮的非話語指標，他的經歷說明了被表述觀念牽著鼻子走的內容分析的侷限。早在1950年代，Bateson（1972; Ruesch & Bateson, 1951）已經提出所有訊息不只傳遞內容，也傳遞關係資料（這個觀念自此引起不少研究者的興趣，由Watzlawick, Beavin, & Jackson, 1967，至Baxter & Montgomery, 1996）。當我們視說話僅為表述時，我們其實忽略了其關係或會談的功能，「會談互動」的主要特徵，是它們出現在並製造出人際關係並為自己制定延續那個過程的條件。我們責難別人說謊時所引用的表述性真相的標準，實際只不過是談話者可以採用的眾多會談架構之一，而且令會談的持續比其正確性次要。在會談的內容分析中，推論所關注的是過程的延續，指標性和再陳述性（內容的意義是傳播過程中傳遞的東西）最多只不過是達致目的的手段。

　　會談分析成為研究自然環境中的交談的一個取向（Atkinson & Heritage, 1984; Goodwin, 1981; Hopper, Koch, & Mandelbaum, 1986; Jefferson, 1978; Sacks, 1974; ten Have, 1999）。會談分析者跟論述分析者不同，後者從書面文本著手（Van Dijk, 1977, 1993），把論述視為一連串的句子，並致力於找出論述（再）表述些什麼，以及如何及因何作出（再）表述。會談分析者則多從聲音或自然發生的說話的錄像入手，然後以高度專業的謄寫慣例把會談互動謄寫出來，不單只捕捉文字和說話的人，而且也包括聲調、重疊、疏漏、非話語行為如眼神，特別是沉默和說

話次序。廣義來說，會談分析者致力瞭解自然發生的語言的結構，此中不免涉及兩個或以上的參與者，他們的研究方法原意是盡量保留人類傳播的豐富性，一個典型的分析策略是把語言行為，又或是可引致事情發生的說話，如問題、要求、答允、宣布，以及維繫交談者關係的感情表白等區分開來。

雖然會談分析者開始關注其研究中的信度問題（如Carletta et al., 1997; Patterson, Neupauer, Burant, Koehn, & Reed, 1996），但對什麼才是有力的證據則莫衷一是，令建立會談分析效度的努力不彰。大部分發表過的會談分析研究報告，感覺是「有話直說」。研究者在這些報告中複述具代表性的對話謄本部分，以解釋「究竟真的發生什麼事」。要會談者證實會談分析者所言一般都是徒勞無功的，因為任何人和別人交談都是「即興和無心」的，並無也不瞭解會談分析者的工具去仔細謄寫及檢視語言的互動。無論如何，鑑於會談牽涉多個參與者，每個人的發言是回應先前的發言和預計之後的發言而作出的（這個過程因而發自會談中），研究者有機會以協作出現的結構來理解會談，在會談過程中每一點，這些結構不斷回應過去的互動和預期將會出現的舉動。視會談為數據的內容分析，可以涉及(1)從記錄的互動歷史的任何一刻推斷出接下來的舉動範圍，(2)從實際接著出現的舉動中再詮釋該歷史，以及(3)有系統地應用這個解釋策略在所有自然發生的會談上。

這種分析方法不只可應用在日常會談中，而且也可應用在有角色扮演的組織成員或政府代表之間的交談上。經理與雇員之間的交流，正如精神病學家與病人或教授與學生的一樣，因著談話者所選擇、接受或拒絕的語言行為而出現權力問題。權力關係在會談分析者間已變成一項熱門的學術研究課題，社會組織可被視為複製其成員對維持組織形式的承諾，承諾需要被作出、聽到、相信和執行，組織因而存在於某些語言行為中，也存在於成員如何回應其他人的講話中，這使得組織可被看成是某類會談網絡來分析。分析國家代表之間的交流並非新鮮事物，但對這類交流進行會談分析，則是國際關係的一個新取向，談判的內容分析令人更明白這個過程（Harris, 1996）。當分析顯示會談的侷限或限制時，傳播的病態便

得到更多關注。有些學者呼籲把互動量化（如Hopper et al., 1986），這在醫生和病人的互動方面已經做到了（Ford, Fallowfield, & Lewis, 1996; Katz, Gurevitch, Peled, & Danet, 1969）。

3.7　體制過程

　　上述的討論在兩重意義上已經超越了對內容的傳統瞭解：內容分析可以應用在任何數據——文本、映像、聲音、音樂、文物、任何人類為了效果或不自覺地改動的東西——以及分析者可從數據推斷出任何可指定文脈的特徵。在這一部分，我將討論把內容分析的範圍擴展到包含少為體制成員所留意到關於體制現象的推論。體制內發生的傳播多是重複程序、與關係有關和協調性的，並在沒有解釋的必要下被評價甚至執行。再者，體制存在於特定的傳播質素之中。正因為體制中的傳播往往超乎普通讀者的理解之外，探討體制屬性的內容分析便需要有像顯微鏡、望遠鏡和電腦監測儀一樣的分析工具和理論，來為複雜至不易以其他方法瞭解的社會現實作出推論。

　　Berger & Luckmann（1966）勾畫出這類內容分析的文脈。首先，他們建議體制化的一個重要先決條件是「習慣化」：

　　　　任何經常重複的行為都會變成一個模式，接著便可較省氣力地去重複，並被人視為當然模式。習慣化更意味該行為可以同樣或以更少氣力再做一次……。習慣化在心理上有個好處，便是選擇少了。（p.53）

　　一個例子是少為我們意識到但影響著我們思想及行為的文法模式。舉例來說，英文只有兩種性別詞，說英語的人因而會覺得男與女的區別是最自然及明顯不過的。再者，英語社會很多體制都是建基於這個區別上的，由於這是一個演變緩慢的文法和詞彙的產物而非事實，所以既非此亦非彼的東西便無處容身，由此產生很多問題，例如：對同性戀者的詆毀、對易服癖者的迴避，以及雙性人生活中遇到的困難。來自其他文化的人作出的

區別又有不同，正好說明了這些文法類別的體制性質。

我們日常打招呼的方式，我們已經習以爲常重複而絕對可以預測的電視節目和新聞報導，政治的禮儀性，日常生活中無處不在的權力氣候——所有這些模式，在表面成功中歷經磨練，形成人類行爲體制化的骨幹。這類習慣化雖令人安心，但也壓抑了我們看見其他可能性的能力。研究體制的內容分析者可從重複中推斷出習慣化，從沒有提及另類存在或做事的方式中推斷出選擇有限。令人意外地，Shannon對重複（把另類選擇置之不用的程度）和資訊（在現有訊息的環境中令人感到意外的程度）的資訊理論概念，可以有體制性的詮釋（見Shannon & Weaver, 1949）。

關於習慣「模式」，只要人們關注，他們的談論不單只把構成這些模式的「行動」而是連涉及的「主角／參與者」也分類（典型化）。教師在學生面前做的是教學工作，表演者在觀眾面前做的是娛樂表演，這些明顯而語意重疊的命題所涉及的類別，不只給予人們占據或適應的空間，更是以這些類別的角度來「看其他人」。Berger & Luckmann（1966, p.54）以這些「交替分類法」來識別體制，譬如說，知道銀行是什麼會令身處銀行的人可以各自的身分類別——顧客、櫃檯人員、守衛、銀行主席，甚至劫匪——與其他人互動，不理他們本身是誰，也不理銀行究竟是在費城還是在香港。同一原理也適用在理解何爲正確的說法。交替分類法提供了理解體制如何構成的一道法門，這些分類法很容易在體制產生出來的文本中找到——雇員手冊、僱用守則備忘錄、會議記要、股東報告，特別是那些由大眾媒體娛樂產生高度體制化的文本。

Berger & Luckmann留意到我們生在一個已經由其他人構成的世界，我們不知道其他東西的來由。對體制的歷史缺乏認識，導致「世間事物都是這樣美好，因爲它們一向都是這樣」的看法，這看法並不鼓勵，甚至懲罰，任何背離既定模式的事，我們缺乏歷史知識，因而助長了體制性的控制。再者，我們輕輕略過人類的參與（其實體制沒有人便不成爲體制），往往爲團體賦予主體性，所以我們會說「根據科學的說法……」、「媒體顯示……」或「軍方歧視……」。我們認爲體制會維護自己，所以我們會說「政府的利益」。體制其實並不控制背離其體制模式的東西，也不賦權

073

力予有角色扮演的人們，做這些事的是個別的參與者。體制內容分析所針對的，是阻止人們意識到他們在維持體制性做法所扮演的角色的說法。

體制一般都隱藏在習慣性做法後面，直至問題出現和肯定性崩潰為止。家庭、官僚架構和國家都不可以沒有經常性的傳播形式，家庭治療師的存在，說明家庭體制的運作可為真實家庭帶來問題。國際衝突很少是有意的，沒有人會喜歡參與其中，特別是可能有致命後果，但國際衝突仍然出現，證明了人們可以在不知道的情況下被牽涉其中。體制性結構因此好像有自己頑強的生命力，我們似乎不常親眼見到體制，反而多在其崩潰時才見到，如當參與者見到有問題出現需要修補，或是當有人嘗試走出體制而受到阻止時。體制的內容分析多是集中在崩潰時候的傳播，例如：Berelson（1949）對「沒有報章的日子」的研究，他在紐約報刊罷工時進行研究，發現報章有無數不為人知的用途，和沒有報章如何令人們意識到報章的體制化。

在出現困難或對背離正常的後果感到恐懼時，組成體制的人們便會創造、訴諸及應用體制性的行為規則，這些規則每多發展成體制性的解釋系統，這些解釋系統因著製造出它們的傳播而令人可以理解。研究體制過程的大眾傳播學者，致力尋求這些過程的法律、經濟、政治和技術性結構解釋。

「法律解釋」強調傳播者在一定法律條件下運作；舉例來說，他們可能要取得牌照或需遵守或避免破壞合約安排。傳播者可以官方身分為特定社會組織發言，或質疑某些做法是否有認受性。在受法律管制的情況下取得的文本，反映了身為研究對象的體制性傳播者運作的法律限制。

「經濟解釋」強調當傳播（生產、傳遞和消費）產生成本時，有人需以某種形式支付，因而產生了與傳播有經濟利害關係的持份者網絡。舉例來說，在美國，傳統的大眾媒體多依賴廣告收入，因此，播出的東西必須是有利可圖而且不能得罪廣告商的。媒體擁有權──特別是壟斷及某些商業利益帶來的後果──對傳播造成的影響一直是內容分析的對象。

當傳播廣泛流傳並為各方公眾利益關注時，「政治解釋」便會出現。

道德標準的體制，可能產自對明顯問題如攝影師（狗仔隊）侵犯個人隱私

或記者追求煽情資料的討論而來。被視為「骯髒」、「帶誹謗性」或「不公平」的新聞及競選廣告，如作出故意誤導，可能會惹上官司。報章出版人、電視臺及其他組織，如果希望可以持續，便不能冒犯公眾，不論是執政菁英還是老百姓，傳播因而反映並促成話語權力的現有組合。要對權力關係進行內容分析，研究者便需小心避免墜入以為其他人會如他們一樣看待權力的陷阱，反而要留意權力如何促成、接收或消失（Krippendorff, 1995b）。

體制性過程的「技術性結構解釋」，強調所有傳播都必須是可以透過不同科技生產、記錄、發放和接觸的，以及傳播不單只在這個過程中成型，而且也塑造了處理它們的體制。電影與電視行業採用的大量生產技術，有別於報章行業所採用的，這並非故意，而是由科技與依靠科技發跡的體制之間的連結做成，報章與電腦媒體（如網路）所可以提供的東西，分別更大。內容分析幫助瞭解當書本變成電影（Asheim, 1950）、新聞流轉中把關者的角色（如富爭議性的內容：White, 1964）、新聞被製造而非被報導（Gieber, 1964）、以分銷管道看雜誌封面女郎的社會角色（Gerbner, 1958），以及對體制的期望如何塑造向體制發出的呈請（Katz, Gurevitch, Danet, & Peled, 1969）等情況下，內容出現的系統性變化。除此之外，Adorno（1960）從一個技術結構性觀點對大眾媒體進行研究，認為大量生產訊息的體制性重複，不但不曾糾正社會成見、偏見和意識型態等，反而保存及鞏固了它們。

要說明體制性文本的內容分析，可從以下幾個基本普遍定律出發：一是任何說出、寫出、聽到或讀到的東西——每一次傳播——不僅向接收者說出一些東西，還進一步鞏固了體制。舉例來說，在銀行兌現支票的人，不單只在進行一項對雙方都有利的活動，他／她的行為也表現出對貨幣的信心和支持銀行這個體制。假如人們不定期到銀行交易，銀行工業便不能存在。銀行是建基於我們對貨幣的信心，相信存款在銀行是安全的，和我們應從存款中賺取利息等。當人們打開電視收看某些節目時，他們不僅尋找娛樂，也是支持那些節目令其收視率上升，他們的行為也認許了大眾媒體作為提供娛樂的一個體制。如果有陣子沒有人看電視，大眾媒體便不可

如常存在。使用種族類別──不論在電視、日常談話或在調查問卷中──顯示它們是重要和受人關注的，而這些類別的使用必會強化民族偏見使之成為現實。人們對交替分類模式的參與，對體制的持續性有決定性影響，種族問題也是一樣。因此，對這類傳播現象的分析，不能停留在所說所聽到的東西，重要的是傳播這行為本身已鞏固了該行為，容許重複，並吸引人們注意。對體制性文本（大部分大眾傳播均屬此類）進行內容分析的研究者，需觀察傳播是否構成新的模式，是否透過重複加強所說的東西，或因沒有傳播或以其他選擇削弱了模式。

　　構成體制的傳播媒介的屬性對該體制的發展有深遠影響。Innis（1951）比較口頭傳播和文字傳播，得出結論是文字可把傳統凍結，令體制更加長久及可靠，文字傳播因此可支持帝國擴展地理版圖。收音機和電視因為可即時傳播至遠距離外，對分散多地的組織發展有很大幫助，但由於這類媒體沒有留下文字紀錄，這些組織遠不及文字媒體支持的組織穩定，口頭和視聽媒體也比文字的更難控制。成功推翻伊朗國王，主要因為錄音帶不像其他媒介般受到政府嚴密監控，可以分發到人民手上促使其支持革命。中國短暫的民主運動主要靠不受國界限制的傳真來動員，現在網路向大量身處各地的用家提供差不多即時接觸電腦傳播的機會；而且它不僅可發放數據，更可讓商議各方討論和令企業和虛擬社團增加，取代傳統的體制。傳播媒介的屬性，有空間上的，有與記憶有關的，也有協調性的，都對體制的動態有深遠影響，集中在單一訊息或個別用家的閱讀的研究，不可能顯現這些效果。置於體制文脈中的內容分析，可以得出某些體制沒落或強大的推論，而頻度在這些推論中扮演了重要的角色。

　　最後，傳播會加強製造和發放它們的體制性解釋和規則。舉一個例，符合單向傳播理論的傳統大眾媒體，產生的傳播示範出這套理論的運作，一方面會令其更廣泛流傳，另一方面會減少構想其他人類傳播的可能性，因此，自有傳播研究以來，所有研究基本上採納一個包括傳者、訊息和接收者的模型，就好像沒有別的模式可以想像或值得注意一樣。單向傳播科技曾經造就極權政權，但也造就了廣告這門學問和說服理論這些概念。互動媒體的出現，對這個範式或多或少造成挑戰；但就算到了今天，很多嘗

試瞭解已經相當成熟的電腦傳播的研究者，還是從大眾傳播模型出發。為了推斷出體制性控制，內容分析者需觀察沒有說出來的東西，體制受到挑戰或崩潰時會出現什麼，和敢於背離體制性做法的人會受到怎樣的對待等。針對這些現象進行文本數據的內容分析，可以增加我們對體制性思維和行為模式的瞭解，透過語言使用的分析可以瞭解所有這些現象。

Lasswell（1960）為釐清傳播的體制性角色而區分出三種功能：

‧監察環境

‧因應環境變化把社會各部分相連起來（協調）

‧把社會遺產留給下一代（文化）

Wright（1964）多加入一種功能：

‧娛樂

回應Parson（1951）的社會學系統理論，Lasswell與Wright兩人均認為任何社會都需要發展出專責執行這些功能的體制。在美國，新聞業被認為負有監察功能，因為新聞工作者公開報導發生的事件；政治被認為負有相連功能，因為它動員個人去服務整體社會，並協調資源的分配（Lasswell, 1963）。這個分類方法來自對體制的功能主義解釋，但功能主義的解釋並非唯一的解釋，也不可被照單全收，因為它們保留了社會學理論者對社會的願景。內容分析者不是要從外面或由一個權威的角度強加理論類別，而是要透過參與者之間如何對話、如何談論他們參與體制、如何透過交談和寫作參與維持這些體制，以及如何判斷體制行為的合法性和適合性來瞭解體制。體制是透過語言的使用和透過特定傳播媒體的敘事分布來構成、建構和重建的，這類內容分析因而變得有需要。Lasswell的分類最低限度承認了體制顯露在所有傳播行為中，維繫社會團結。

3.8 有望成功的範圍

上面已回顧了內容分析可能適用的範圍，我現在擬以內容分析在哪裡使用最見成效來結束這一章。為此，我將採用第二章討論過的概念問題，包括我反對使用的貨櫃比喻，這個比喻把內容看成是可觸摸的東西，被包裝在訊息中從一處地方運到另一處，供研究者透過客觀（即獨立於觀察者

以外）的技術來分析。我提出的反而是閱讀的比喻，這個比喻著眼點不在內容，而在讀者可對文本做些什麼，他們如何把文本與其使用的文脈（個別的、政治的、社會的和文化的）聯繫起來，以及對不同現象有什麼意義。在這個轉變中，讀者及他們的群體成為焦點，不論他們是作者、使用者、旁觀者或是內容分析者。內容分析者必須把自己也算在讀者群內，雖然他們的閱讀是小心和有系統的。

要決定如何運用內容分析才最見成效，我們必須視文本為會談的副產品。我們必須承認人類只在學會說話之後才學讀和寫一種語言，文本建基於說話的經驗，也可以代替說話，就如當人們寫信的時候；它們可以擴展說話的範圍，如使用傳播科技（大眾及電腦傳播），而它們一般會被閱讀、詮釋、談論、接受、否定或選擇性執行而回歸到說話。文本比說話持久，它們可被重讀和被多位研究者多番分析，這解釋了為什麼會談分析者在分析或討論談話前先作記錄及謄寫。書寫文本也是單向道的，因為它們之所以是它們的原因，和它們得到什麼回應和如何被使用，都在其身上看不出來。閱讀的比喻帶出一個語言群體的成員都識字或有處理文本的能力。在這重意義上，文本永遠都植基於會談的對話性文脈上。

學者已對閱讀和寫作的效果，以及大眾媒體的用途研究了一段日子，雖然研究始終落後於科技發展（如資訊科技）。如上所述，典型的研究課題包括欺騙、態度轉變、訊息效應、用途與滿足、科技偏頗、理性決策、體制化及文本與非文本現象之間的因果聯繫。

關於犯罪、失業和經濟等評估，有研究重複顯示大眾媒體所報導的（我們廣義所指的文本）和民意調查發現或人們表達的關注之間的相關，比這兩者任何其一與犯罪、失業和經濟的實際統計數字之間的相關為高。這表示內容分析愈接近語言，其成功率便愈高。說到底，公眾和個人意見涉及的是語言而非物理量數。另一個例子是已被多番研究的大眾媒體製造社會議題的現象（McCombs & Shaw, 1972; McCombs, Shaw, & Weaver, 1997），即是大眾媒體藉印刷、演說和映像發布的議題，有極大機會成為公眾的談話題目，進而影響公民行為、政治決定和刺激藝術性的再探討。這個現象的簡單解釋是廣泛流傳的文本進入會談和在會談中變得生

動,而會談者不限於訪問者與被訪者,更包括由露天咖啡室以至政治示威等公共地方的會談。如果新的文字和表達方式與讀者或聽眾的語言習慣相呼應,它們可能會留在公眾想像中,成為很多人詞彙的一部分。

最成功的內容分析,著眼點必是透過語言,和透過正在分析的文本的使用構成的事實,這些透過語言構成的事實可分成四類:

- **因由**:概念、態度、看法、意圖、情緒、心理狀態和認知過程,最終都會在行為的語言因由中表現出來,它們都不可直接觀察。令它們變成現實的字是學習得來的,主要透過會談但也透過閱讀和對不同傳播媒介的注意。把特定類別人士視為有能力、有性格、富道德感、成功和有歸屬感,會促成或阻礙行動,成就或毀滅一位政客的事業,製造英雄和醜化反派,發掘領袖人才和把少數分子邊緣化,這些事實都有賴語言,而且因文本是發布和製造這些因由的工具,所以它們是成功的內容分析的自然目標。

- **社會關係**:Bateson留意到陳述或問題有低聲下氣與威嚴之分,於是把人類傳播區分出內容和關係兩方面(Ruesch & Bateson, 1951, pp.179-181)。關係可靜悄悄地建立,或在傳播中被視作理所當然。舉例來說,科學觀察者提及被觀察者時用第三身眾數稱呼被觀察者,把自己和其對象分隔起來並占據一個超然的位置,這可從說話或寫作的文法看出來。但關係也可以是經商議、單方面界定和明確地接受或拒絕的。權威、權力(Hillman, 1995; Krippendorff, 1995b)、協議和不平等,主要透過「如何」運用語言構成,其次才是透過說些「什麼」。內容分析如果著眼於語言如何被運用,參考講者或作者都可能不完全意識到的談話記錄或文字傳播的社會文法,則成功機會很高。

- **公共行為**:個人的價值、性情、對世界的看法和生活的信念,可在反覆確認的會談中見到。沒有這些重複,人們便變得疏離;他們的行為不再協調,他們會有困難明白大家。正由於行為是公共的,可以被其他人觀察和判斷,因而進入了語言的範疇。敘事在本質上也是公共的,可以振奮人心,但卻一定是由某人說給某人聽,振奮人

心，因而是一項社會經驗。閱讀報章可能是一項個人行為，但報章不單刊登編輯認為是公眾感興趣的事，報章的讀者也互相談論他們讀到的東西，所以，閱報也是一項公共活動。我們使用的詞彙，完全是從使用過這些字眼的其他人處得來，鑑於詞彙代表了一個人可以談論和思維的範疇，可想像的事由上一代傳至下一代，由講者傳至聽者，和由作者傳至讀者。所有語言的運用最終都是公共的——不是共有而是公開。當內容分析的對象是公共、社會或政治的現象，或是關於個人參與公共、社會或政治事件的現象時，它成功的機會便很大。舉個例，被認為是個人主義高峰的認知，從來都不是一個純粹個人的現象，而是如文本一樣反映了其他人的文脈。

· **體制性現實**：我們常常忽略了社會現實（婚姻、金錢、政府、歷史、疾病、甚至科學探討）的體制性質。舉例來說，民意是一個十分依靠社會科學的語言，特別是統計學的建構，但它也十分依靠人們視它為政治現實並作出相應行動。沒有了言論自由的體制、新聞的權威性和憲法民主，民意研究便成不了氣候。精神病也有其體制的現實，由精神健康專業人士和保險公司因應其目的而發展出的類別，加在被診斷為病人的人身上，這些現象的現實性，來自某些體制性文本，如精神病專業團體美國精神病學學會（American Psychiatric Association）出版的《精神病的診斷和統計手冊》（*Diagnostic and Statistical Manual of Mental Disorders*，簡稱DSM-IV-R）（2000），這些文本為不少治療方法賦予認受性。再多舉一個例子，試想一個社會團體如家庭或企業是如何構成的。組織的成員透過傳播協調他們之間的活動，並繼續確認其歸屬感，經常令內部運作不至於暴露在外人面前，當組織內的交流以書面形式進行，它們會把組織的記憶、身分和做法穩定下來。擾亂組織的傳播網絡會令組織瓦解。組織傳播研究對組織如何建立成員間的傳播，以及組織文化的發展等都有不俗的研究成果。研究組織內部的說話和文件，提供了瞭解組織現實的方法，但如果它審視的是構成組織的更穩定的類別，則成功機會更大。

　　總括來說，當分析者處理透過語言構成的社會現實，是植基於產生被分析文本的會談時，內容分析便有很大的成功機會。重複、因循、公共和體制性現象，比罕見和不尋常的現象較易作出推斷。再者，由於內容分析假設對被分析文本的語言有一定程度的熟悉，如果內容分析者對詞彙和婉約的說話慣例（包括自己的）愈熟悉，則成功的機會便愈大。

Part **II**

內容分析的組成部分

CHAPTER 4

內容分析設計的邏輯

　　以一項技術來說，內容分析依靠幾種處理文本的特殊步驟，這些步驟可被視為設計合適分析的工具。本章勾畫出內容分析的主要組成部分和區分出幾種研究設計，特別是用來籌備內容分析和作為大型研究一部分的內容分析的設計。

4.1 內容分析設計

　　「研究」（*research*）這個字本身——在數據中「重複（repeated）搜尋（search）」出明顯的模式——便假設方法學一定要清晰。除非研究者清楚解釋他們做了什麼，否則他們怎可期望重複分析或處理多過一個人可以閱讀的文本？進一步說，他們怎可說服其他人他們的研究是站得住腳，因而其結果是應被接受的？

　　一個「數據」是記錄在恆久媒介上的一個資訊單元，與其他數據有別，但可作比較、可經清楚訂明的步驟分析，並針對某一特定問題。數據通常被認為代表觀察或閱讀，但其實是所採取步驟的產物和針對特定目的的——以內容分析來說，數據是研究者為解答文本現象的具體問題而選擇採取的步驟的產物，數據因此是人製造出來而非天上掉下來的，研究者有責任說出他們如何製造出數據。

　　研究者為進行研究計畫而採取的一連串步驟，稱為「研究設計」。而把每一步驟連結成一個連貫的研究設計的，就是設計的「邏輯」。一般來說，這邏輯有兩個特點：步驟的效率（防止「噪音」進入分析的同時也避免出現結構上的多餘訊息）和數據處理上不偏不倚（防止偏袒某一種結

果），這邏輯令分析者可以向其學術圈子交待研究如何進行。一個研究設計要做到不單令人明白而且可以重複，研究者對分析的描述必須完整到可以成爲對編碼者、其他研究人員和評論者的一套「指引」，就好像一套電腦程式決定機器做些什麼一樣。雖然電腦程式的鉅細靡遺在科學上可作爲一個理想目標，但在社會研究上我們最多只能希望儘量接近這個目標，特別是內容分析者要面對的是指引中經常有不明確的地方。（我將在之後的章節中回到這個題目。）

　　研究方法的傳統指南，多堅持所有科學研究測試的假設，都與可否從數據看出模式有關，但內容分析需針對更早的問題，如現有文本爲何出現，它們對什麼人有什麼意義，它們如何承傳之前及之後出現的條件，以及最終它們能否令分析者就關於它們的文脈的問題選出有效的答案。內容分析設計的邏輯，因此並不單以處理科學數據的標準（效率和不偏不倚），而是也按與分析文本有關的文脈來評定。

　　圖2.1代表內容分析者必須作出觀察的情況，從中可見它包含了代表最簡單的內容分析設計的圖4.1。在這裡，分析者完全依賴現有文本來解答一個研究問題。雖然此圖把文本和結果——分析的輸入和輸出——放在一個特定的文脈中，但它並無提及證明分析有用的文脈的性質（在第三章中討論過）或所需分析步驟的網絡，我在下面將討論後者。

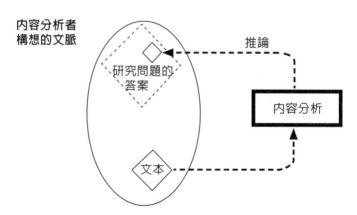

圖4.1　內容分析：解答關於文本文脈的問題

4.1.1　組成部分

　　讓我們打開圖4.1內「內容分析」的箱子，看看分析者從文本得出結果所需的組成部分。把這些部分列出來，只是方便一步步地劃分、構想、談論和評價內容分析的設計。由於交待每一部分的作用，也必成為在其他地方重複它們的指示，因此，每一部分都有一個描述性和一個操作性的狀態：

- ・**單元化**：端視乎有關單元的定義。
- ・**抽樣**：端視乎抽樣計畫。
- ・**記錄／編碼**：端視乎編碼指示。
- ・**「簡化」數據成可管理的表述**：端視乎既有的統計技術或其他方法來總結或簡化數據。
- ・**以不明式邏輯「推斷」文脈現象**：以既有的分析建構或被選上文脈的假定模型作為保證。
- ・**「敘述」研究問題的答案**：端視乎敘述的傳統或內容分析者學科內已建立的論述慣例。

　　前四個部分構成所謂「數據製造」——從原始或未經編輯的文本中製造出可演算的數據。自然科學的測量工具包含了這四個部分，社會科學則較少使用機械設計（通常都不可能），而數據製造通常始自觀察。第五個組成部分，以不明式邏輯推斷文脈現象，是內容分析所獨有的，超越了數據的表述屬性。我將逐一談談每一個部分。

　　「單元化」是把成為分析對象的文本——文件、映像、聲音、網站及其他可以觀察的——有系統地區分開來，並在不影響意義之下剔除不相關的東西。在第五章中，我將討論不同的分析單元——抽樣單元、記錄單元、文脈單元、測量單元、列舉單元，以及它們不同的分析用途。基於這些不同之處，單元化可在一個內容分析設計的不同地方出現。內容分析者必須證明其單元化方法有效，要做到這點，他們必須顯示出他們所需的資料可在單元整體中找到，而非在單元化剔除的東西或單元之間的關係找到。

　　「抽樣」容許分析者把觀察侷限在一個易於處理，在統計學或概念上

都足以代表所有可能單元的一個子集內，從而減輕研究功夫。理想地，對一個總體作出分析，和對一個有代表性的樣本作出分析，結論都應該一樣。如果總體顯現重複的屬性，不需在樣本中找到，這個理想才有機會達到；但文本樣本之於內容分析者所感興趣的題目，跟個人樣本之於民意調查針對的大眾總體不一樣。文本有多個閱讀的層次──文字、句子、段落、章回或整份刊物；作爲文學作品或論述；或作爲概念、架構、議題、情節、文類──因而需要按層次適當地抽取樣本。因此爲內容分析抽取具代表性的樣本，比爲如心理實驗或消費者研究抽取樣本更爲複雜，後者的焦點只在某一個單元的層次，通常是具某些特質的個人回應者（我將在第六章詳細討論爲内容分析抽樣涉及的事宜）。在質化研究中，樣本或不依統計學指引抽取，但質化研究者對讀者展現的引述和例子，作用跟使用樣本沒有兩樣。引述典型例子來支持一個普遍觀點，意味它代表其他類同的個案。

「記錄／編碼」把文本和某些人對它們的閱讀、個別映像和人們從中見到的事物，或個別觀察和它們在特定情況下引起的詮釋之間的距離縫合。這個分析組成部分的出現，是因爲研究者需要替稍縱即逝的現象，如說過的話和逝去的映像製造耐久的紀錄。只要這些現象被記錄下來，分析者便可於稍後時間比較它們，應用不同方法，和重複其他不同研究者的分析。在這重意義上來說，書面文本永遠是已經被記錄下來的，因而也可以再次閱讀，它有其物質基礎──正如可以重複播放的聲帶一樣──但其存在形式卻不一定可以作出分析。記錄／編碼的第二個存在理由是內容分析者需要把未經編纂的文本、原本的映像、及／或未經組織過的聲音轉化成可供分析的表述。文本的編碼主要由人做出，我將在第七章討論記錄和編碼的過程，然後在第八章討論用來表述其結果的數據語言。從愈來愈多以電腦進行文本分析這件事上，可以看到內容分析側重機械性測量的科學取向（在第十一章中討論），但要編寫能閱讀文本意義的電腦程式殊不容易。

「還原」數據令分析者的表述更有效率，特別是牽涉大量的數據。例如：一個種類／代表的統計數字（一張種類與相關代表頻度的清單），比

把所有個案表列出來更具表述效率，而以頻度表示，避免了累贅的複述。由於一個表述來自另一個，沒有東西會被遺漏，但很多集結分析單元的統計學技術——相聯係數、分布參數、指標和測試假設——都會遺漏資料。在質化研究中，再闡釋和總結都有類似效果：它們把文本的多樣性簡化為有用的東西。

從文本中以不明式邏輯「推斷」出文脈現象令分析超越了數據，填補了文本的描述和它的意義、所指、包含、引起或導致的事之間的鴻溝，它帶出了分析者感興趣的文脈內未被觀察的現象。正如我在第二章提到，不明式推論不似演繹或歸納式般，需要有保證，保證又以證據來支持。對內容分析來說，這些保證來自分析建構（在第九章中討論），分析建構又由對文脈的認識來支持。不明式推論使內容分析有別於其他主要是演繹性的研究方法。

「敘述」內容分析者問題的答案，等於研究者向其他人解釋他們的結果，有時候解釋的是發現的實際重要性或其對現有文獻的貢獻，有時候則是提倡採用內容分析而非直接觀察的技術，也可包含建議採取行動——法律上、實際上或為進一步的研究。敘述一項內容分析結果的過程，充滿分析者認為他們與觀眾或研究的受益人（如客戶）有著共同傳統的色彩。自然地，這些傳統主要都潛在於社會科學家的行為中。學術期刊可刊印正式指引，供研究者在敘述其結果時遵守，並使評論者決定某一項內容分析是否穩妥、有趣和有價值。

內容分析的六個組成部分之間的關係，並非如圖4.2所示般呈現直線，一項內容分析設計可以包括重複圈——不斷重複特定過程直至達到某一狀態為止，或者各部分可以不同面貌重現。譬如說，單元化可能出現在為完整文件抽樣之前，但也可被用來描述文件的細節，因此，編碼指示大可包括單元化的方案。再者，一項內容分析可以有圖4.2中沒有特別點明的組成部分，進行分析中要做的決定，往往把內容分析者指向一條迂迴的推論之路，朝向研究問題的某一個答案，在這裡，決定是推論的一個組成部分。最後要注意的是，要表達研究設計的流程，並無一個「客觀」的方法。

　　分析者儘量仔細訂明各組成部分的書面指示（在圖4.2中以粗字體表示），包括了分析者為了讓其他分析者可以重複或評價設計而傳遞的所有資料，但卻不包括分析者的學科傳統（圖4.2的細字體），大部分科學研究都不當這些傳統為一回事。

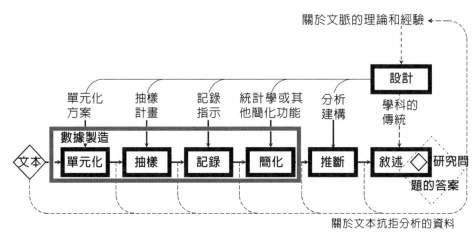

關於文脈的理論和經驗

設計
學科的
傳統

單元化
方案

抽樣
計畫

記錄
指示

統計學或其
他簡化功能

分析
建構

數據製造

文本　單元化　抽樣　記錄　簡化　推斷　敘述　研究問
題的答案

關於文本抗拒分析的資料

🛫 圖4.2　內容分析的組成部分

　　要注意的是，任何一套指示都會把一個架構加諸於現存文本上。理想地，這個架構應令人覺得理所當然，但也可以令人覺得與分析者熟悉的文本的文脈不太適合或牽強，甚至格格不入。就以單元化做一個例子，文本可以任意分成任何種類的單元，由單一字母至整份刊物都有。單元化基本上是隨意的，但對某一項內容分析來說則不然。譬如說，如果分析者想從報章報導中推斷出民意，一個個的故事可能比報導中充滿價值觀的字眼對剖析讀者所想所談更適合。使用不妥當的單元會令分析者在概念上碰壁，分析者也會在應用了某一抽樣計畫之後才發現不單止抽取的文件缺乏代表性，而且該抽樣計畫原來不包括最重要的文件。最後，閱讀特定文本時，分析者可能遇上編碼指示沒有提供適當類別的重要概念；這發現會令記錄／編碼工作變得隨意或不肯定。在發展內容分析設計的過程中，一位稱職的分析者會「抵抗」不良指示對文本造成的「暴力」，並嘗試按需要重訂指示，令其更適合手頭上的文本。這個合理的方法在圖4.2中以虛線代

表,虛線部分顯示的是分析者因不接受分析步驟而出現的另一資訊流通路線,好的內容分析設計的指示,一定會把這些資料也考慮在內。

關於圖4.2還有一點:第二章提過,文本永遠是一個選定文脈可以被觀察的部分。文脈影響一個文本如何被分析,分析的結果又導致文脈的(再)構想,從而再影響分析,如此類推。設計內容分析的過程在本質上是遞歸的,與本質上把現存文本單向地轉化成分析者研究問題的答案的內容分析設計截然不同,我們因而必須分清楚何謂「發展」一項內容分析,何謂「執行」一項內容分析,前者產生出一個具文脈敏感特性的設計,後者的設計則相對地穩定,而且不論文本告訴分析者什麼,設計都可以重複。有趣的是,內容分析者因發展設計而經過的文脈敏感途徑,在把設計應用於大量的文本及/或在別處重複時,會變得面目全非。

4.1.2 量化與質化內容分析

在第二章中,我提過量化並非內容分析的必然準則。文本開始時通常都是質化的,把文本單元分類是最基本的測量形式(Stevens, 1946),而內容分析就研究問題提供的極可能是話語形式的答案。使用數字而非話語類別,或點算而非列出引述的文字,只是為圖方便,而非就研究問題取得有效答案的一項規定。在第一章中,我說過量化與質化的分野,是錯誤地把內容分析設計的兩類存在理由視為對立的兩個極端:一面是科學數據處理的清晰和客觀,一面是相對於一個特定文脈而採用的步驟是否適當。要分析文本,兩者皆不可缺,我的這個觀點一直以來都受到爭議。提倡量化的人——以Berelson & Lazarsfeld(1948)開始,其中尤以Lasswell(1949/1965b)為表表者——把量化視為嚴肅的科學,質化分析則當作文學創作。這個把內容分析侷限在數字點算遊戲和盲目接受自然科學的測量理論的觀點,已受到應得的批評(George, 1959b)。提倡質化方法的人多來自政治分析、文學批評、民俗學和文化研究(Bernard & Ryan, 1998),他們受到的批評是沒有系統地利用文本和詮釋流於印象式。雖然質化研究者有力地指出每一個文本體系均是獨特的和可以作出多種詮釋,因而需要個別處理,但毫無疑問的是提倡哪一種方法的人,都必為文

本抽樣（選擇相關的文本）；把文本化成單元（把文字、命題或更大的敘述單元區分並使用引述或例子）；根據他們對文本周圍情況的認識置文本於一個文脈內；以及有具體的研究問題。因此，圖4.2中的內容分析組成部分也必出現在質化研究中，雖然不會那麼明顯。我認為我們可以這麼說：

- 旗幟鮮明的質化學者會發現自己身陷詮釋之環中，他們以既知文獻作為閱讀文本的文脈，根據假設的文脈重新闡釋文本的意義，並在自己介入特定文本的過程中容許研究問題和答案同時出現。重組文脈、再詮釋和再次界定研究問題這個過程會一路繼續，直至得出令人滿意的詮釋為止（見圖4.3）。師承這個詮釋研究傳統的學者，會接受文本的詮釋是開放和永遠是暫時的，比較沒有那麼極端的內容分析者，則多只會在設計研究的階段才進行這類詮釋探索。

- 質化學者抗拒遵從如圖4.2所示某一特定的分析步驟。他們接受文本的整體性，因而覺得應該在閱讀過程中走回頭路並修訂之前的詮釋；他們未得出整個文本體系的合理詮釋之前誓不罷休。由於這種閱讀方式不易統一，所以這個過程大大限制了一位研究者可以貫切地及以統一標準分析的文本數量。由於不容易描述及轉述這個過程，所以，質化研究通常都由獨自工作的分析者進行，是否可重複往往不是焦點所在。相比起來，內容分析者面對大量文本及以團隊形式進行研究工作，需要把文本分成方便的單元，分配分析工作予團隊成員，並盡力確保貫切地使用分析步驟和標準。正因如此，內容分析者需要比質化學者更清晰地描述他們採取的步驟。

- 質化研究者考慮不同的聲音（讀者）、另類觀點（不同意識型態）、相反閱讀（批判），或（不同群體）檢視文本的不同用途，以尋找多重詮釋。這一切在圖2.1中以其他多個世界來表示。這與自然科學的測量模型——為個別事物指定一個獨特的量數、單一量值，通常是數字——相悖，但卻接近內容分析者以多過一個的文脈來證明從文本得出的多重推論的能力。

- 質化內容分析者在其結論中引入來自被分析文本中的引述，還有關

於這些文本文脈的文獻，此外又建構類比、反覆驗證和仔細分析他們找得到的比喻，用以支持其詮釋。對被分析文本的文脈感興趣的讀者來說，這些研究成果相當吸引人。量化內容分析者也認為他們的設計對文脈敏感（或視之為理所當然），他們向讀者保證設計執行嚴謹，以說服讀者接受他們的結論。

· 熱心的質化研究者應用於其研究成果的準則，多不是信度或效度，但原因不知是因為要透過不同人核實這些詮釋是萬分困難，還是因為他們提出的準則真的與不明式推論相悖。根據Denzin & Lincoln（2000, p.13），質化學者提出的多個另類準則包括信任度、可信性、轉換度、包容性、解釋性、自省性和解放能力。

換言之，文本詮釋的質化取向與內容分析並不相悖。圖4.2顯示的遞歸性（詮釋之環）在圖4.3也可見到，雖然前者較仔細，而且只限於內容分析的設計階段。多重詮釋也非質化研究的專利，內容分析者可採用多重文脈和探索多重研究問題。研究者的自我反省──在自然研究中較在質化研究中少見──令他們意識到內容分析者為了分析而建構出文脈，並承認其他世界的存在，探討他們本身的研究問題，和採用基於現存文獻或對特定文本文脈的事前認識的分析建構。究竟是仔細但難以肯定地閱讀少量文本好，還是對龐大的文本體系進行有系統的內容分析好，很難抽象地決定。

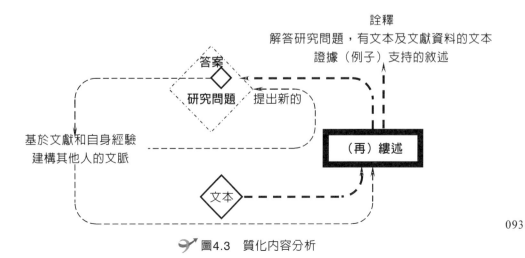

🖎 圖4.3 質化內容分析

4.2　內容分析的前期設計

　　製造數據（描述所見所聞所讀的事）相對容易；但內容分析的成敗，決定於影響其推論的分析建構是否有效。一旦有了分析建構，便可以應用到多種文本上，也可由一位分析者傳給另一位，情況有如關於一個文脈的穩定特徵的一套演算理論。我將在下面討論建立分析建構的三個方法。

4.2.1　把現有文脈的知識操作化

　　因其閱讀能力和對特定文本的興趣，內容分析者起碼承認對文本的源頭有一個粗略的認識：誰寫、誰讀、誰欣賞或使用文本；文本的意義是什麼及對誰有這個意義；文本的產生牽涉哪些體制性的過程；以及什麼令文本凝聚在一起。最初可能模模糊糊，但這類知識與文本周圍的穩定特徵息息相關。圖4.4指出這些知識需要被重新納入一個推論機制中。不釐清我們如何構思特定文本的文脈，我們採用的程序便不能算是一個「設計」。我將在第九章中進一步討論這個過程，但由於這三個籌備階段的設計都帶出同一個結果，即是一個分析建構，所以我在此先作一比較。

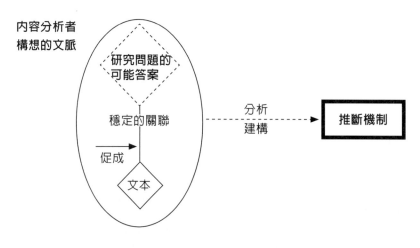

🛩 圖4.4　專門知識操作化

把現存知識操作化，並不如把兩個文本類別共同出現的頻度與作者心目中兩個概念類別的關聯強度等同起來這麼簡單。其他例子包括：為電腦程式建構加簽條字典（需要對語言使用有廣泛認識）；制定一個算法，把在訊息效果文獻中見到的命題系統化；和編寫一套在文本體系中追尋特定政治口號的電腦程式。把這些知識操作化，當然要站得住腳，也可諮詢現存理論、文獻或公認的專家，但最終目的是必須得出有效的推論。

4.2.2　測試作為假設的分析建構

要得出一個有效的分析建構，最傳統的做法是把建構作為假設，作為文本與文脈變數之間彼此互斥的關係建構來測試，看實證證據以得出最具預測性的一個。研究者便是這樣建立心理測驗、核實行為指標和發展出訊息效果的預測性模型。只要知道文本與文本以外的特徵之間的相關，內容分析者便可藉著這些相關從特定文本中推斷出文脈的相關——這些相關當然要夠明確和可以普及至現有文脈，所以，我們要的是特定文脈中穩定或相對地持久的關係。舉例來說，Osgood（1959）為研究對象進行文字聯想實驗，然後才在其列聯分析中建立他發現共同出現在文本的文字與記憶模式之間的相關（也見Krippendorff & Bock, 2009, 第3.1章）。Phillips（1978）在一個進行得一絲不苟的研究中，在名人自殺報導與私人飛機失事死亡率之間建立了相關，他發現這類自殺報導的流傳可以預測飛機失事的增加（也見Krippendorff & Bock, 2009, 第2.4章）。至於這個指標是否有實際影響則又另當別論。

要測試這些統計學假設，我們一定要有足夠大的樣本，並確定得出來的普遍定律在眼下的內容分析文脈中也適用。這個設計因而只適用於經常提出研究問題，以及文本與這些問題的答案之間的關係不是獨特而是穩定的情況（見圖4.5）。

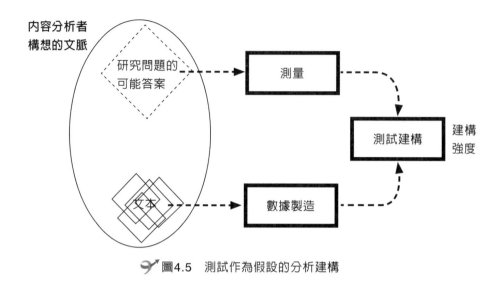

🛩 圖4.5　測試作為假設的分析建構

4.2.3　發展一個區別函數

這個設計以不斷反覆的形式進行：分析者比較內容分析的推論和對文脈的相關觀察，並以找到的差異來逐步更改分析的相關部分，通常是其分析建構。透過這個過程，設計漸漸匯聚成一個「最佳效果」。聰明的內容分析者便是如許從失敗中學習，就如二戰時FCC的統戰分析員一樣，他們只不過隨時間不斷進步而已（George, 1959a）。

其實，過程中的步驟更加有趣。譬如說，為幫助需為大量試卷評分的教師，有人開發出軟體，可以辨認學生手寫答案中和教師評分之間有相關的特別文字和語句；漸漸地，軟體可以不經人手而作出評分。Houle（2002）以所謂支持向量機器（Support Vector Machines，簡稱SVM）來形容人工智慧的實驗，SVM可在數秒內處理三萬份文件，並得出簡單的規則以識別相近文件是否有著某一特性。根據他的報告，SVM在大約三十個類別中區別《聯合報》（*Associated Press*）的電訊，準確度高達90%；在超過一千個類別中區別醫學報告則低至60%。在現今的內容分析中，區別函數來自那些可以「學習」文本與文脈變數間最成功的聯繫的

神經網絡（見第十一章11.4.2節），和那些以揉合最適合用作區別作用的文本特徵以增加答案準備性的傳統區別分析。連嘗試以找出文本（及獨立）因素來預測文本外（及非獨立）變數的迴歸分析，也可算作一個一站式過程（見第十一章11.4.1節對LIWC的討論；以及Krippendorff & Bock, 2009，第7.7章）。漸漸匯聚成區別函數的程序是重複和循環的，如圖4.6所示。建議答案和核證證據（觀察）之間的測量差別，令區別函數（內容分析的分析建構）漸次把差別減少。

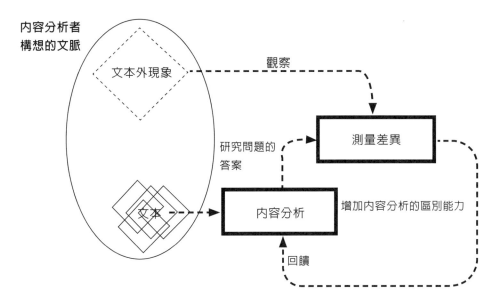

內容分析者
構想的文脈

文本外現象

觀察

測量差異

研究問題的
答案

文本

內容分析

增加內容分析的區別能力

回饋

✈ 圖4.6　發展一個區別函數

4.3　超越內容分析的設計

　　不幸地，自Berelson（1952）開始，內容分析的文獻資料便充滿內容分析目標是測試科學假設的影射，使我們重新回到內容是內存於文本，是其不可分割之一部分的這個我們已經放棄的老路（見第二章）。根據這本書對內容分析下的定義，內容分析者依賴的假設性定律以分析架構理論形式出現，但這些定律要以其效果來測試，在內容分析者已經解答了他們的

研究問題，作出了他們的不明式推論，或有系統地詮釋了他們的文本之後。舉例來說，要測試了一個有關焦慮的行為關聯的假設，我們一定要知道焦慮的程度和分別觀察有關的行為關聯。從一個人的說話──感情的交待、悲傷字彙或語言困擾（Mahl, 1959）──推斷出焦慮程度，內容分析變成一項大型研究計畫的一部分。與圖4.1所示不同，內容分析並不一定要獨立進行，而且也實在很少獨立進行。以下我將扼要地討論三個內容分析占重要角色的研究設計。

4.3.1　比較從不同文本體系中推斷出的相近現象

在這個設計中，研究者有需要在一個文本體系中作出區分，並應用同一的內容分析於每一部分（見圖4.7）。舉例來說，為了研究一個事件或趨勢之前、其間和之後的演說，分析者必須根據時期把文本區分開來；要比較一件事在不同媒體的處理手法，分析者需以源頭來區分文本；要知道競逐公職的人如何因應不同觀眾而調整其承諾，分析者需要以觀眾的人口特徵來區分文本；而要測試報章之間的競爭對報章新聞質素影響的假設，分析者需以文本源頭所占的位置來區分文本。內容分析者在這個設計中比較的──他們測試的假設──與文本屬性的不同無關，而是從文本作出推論的不同，後者並不可直接觀察，而是由假設的文脈決定。

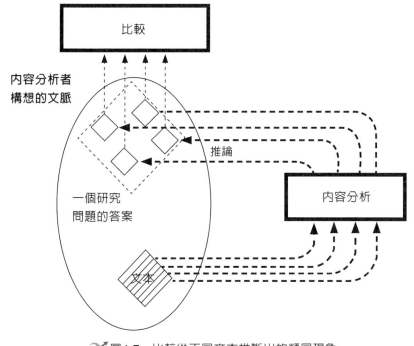

圖4.7　比較從不同文本推斷出的類同現象

4.3.2　測試從一個文本體系推斷出的現象之間的關係

在這個設計中,研究者從不同角度、根據不同文脈、透過不同分析建構,或針對意義的不同層次來分析一個文本體系,然後把結果作出相關(見圖4.8)。在行為研究中,這些分開推斷出來的現象多以不同變數形式出現,因而可以作出比較、相關或進行假設測試。在微觀層面,這類設計的例子可見於屬性分析(修飾名詞的多個形容詞)、概念的共同出現(從文字的共同出現推斷出來)、KWIC清單(文本文脈中的關鍵字眼)、偶發性(Osgood, 1959),以及會談行動(相鄰的一對或三個)。在宏觀層面,例子包括企圖瞭解公眾的關注——罪案、環境、健康、失業率及政治——在大眾媒體中如何互相競爭或互相激發。這些設計也令分析者可以比較不同性別或不同社會經濟、教育、種族或意識型態背景的讀者

對同一文本的閱讀。在這裡，內容分析者會根據閱讀及分析的是哪些文本來界定不同文脈。

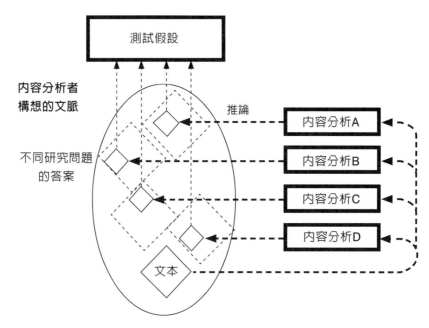

🛫圖4.8　測試來自一個文本體系不同推論之間關係的假設

4.3.3　測試內容分析的結果與其他變數的關係之假設

這類設計通常集傳播或象徵和行為變數於一身。舉例來說，斷定傳媒報導與受眾認知之間有相關的灌溉假設（cultivation hypothesis），需要把大眾媒體的內容分析結果和受眾對日常生活現實的認知的訪問數據作比較。Gerbner和他的同僚曾探討過「電視暴力世界」與電視觀眾如何感知電視以外世界的關係（見例如Gerbner, Gross, Morgan, & Signorielli, 1995；以及Krippendorff & Bock, 2009，第6.6章中所引述的爭論）。Zucker（1978）比較報章對犯罪的報導和犯罪數字與民意，發現媒體對犯罪的報導頻度與民意的相關比和官方犯罪數字的相關更高。會談分析者通常都滿意他們對自然發生的會談的謄本中見到的事之敘述，因此，他們

的方法與圖4.8所示的設計不謀而合。但如果他們想把其詮釋與參與者對推斷現象的意識聯繫起來的話，他們會把文本的推論和其他解釋比較。

這些設計有三個基本目的：

· 提供關於傳播性質的變數，以測試與原因、相關和這些傳播效果有關的假設。

· 藉增加與這些現象的意義有關的量數（多重操作主義），豐富被觀察行為現象的指標，特別是與不可觀察的個人認知或社會現象的詮釋有關的。

· 以更經濟的量數取代笨拙的量數（例如：以電視新聞的內容分析取代公眾所知的調查）。

圖4.9顯示這個設計。

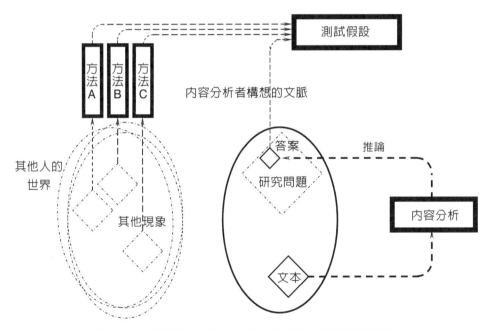

➤ 圖4.9　測試觀察和從文本作出的推論之間關係的假設

　　我想在這裡強調，真實的研究設計並不一定屬於以上任何一種。研究者可以結合不同設計，以達到更複雜的形式去涵蓋更多變數，他們更可以與其他技術一起使用任何設計。在大型的社會研究計畫中，內容分析的使用在方法學上是沒有任何限制的。

CHAPTER **5**

單元化

這一章討論在內容分析中採用的分析單元：抽樣單元、記錄單元和文脈單元，也談談單元化的目的和五種界定單元的方法，以增加內容分析研究的生產力、效率和信度。

5.1　單元

任何實證研究的第一步，是決定觀察什麼、如何記錄觀察，和之後觀察如何成為數據。實證研究需要作出多番觀察，來集體支持一個統計學上的假設或結論，或單獨個案無法顯示出的模式。在單元化的過程中，研究者在一個觀察領域內得出相關的區別，製造出一大堆觀察、充滿資料的個案，統稱為單元，供以後分析。

一般來說，單元是分析者區分出來作為獨立元素看待的整體。舉例來說，進行點算時，被點算的事物必須是個別的──就算不是物理上，也是概念上或邏輯上──否則得出來的數字不會有用。因此，我們只可點算錢幣，而不是水；我們可以點算文字或句子，但不是文本。點算意義很難，除非可以把意義區分開來並確保它們之間並不互相依賴。一個分析單元的整體性，意味在分析過程或在任何階段，它不可再被分割。單元的物理定義，規定它們的邊界不可重疊。單元的統計學定義強調「（單元內）沒有太多變化的空間，但在其邊界則有很多」（Pool, 1959b, p.203）。無論如何，內容分析用的單元，並不一定是物理或統計學上的──這只不過是其中兩個選擇而已。

一篇政治演說可作為一個例子，普通聽眾會視演說為一個整體經驗，

受其鼓舞或覺其枯燥，又或覺得講者具有或欠缺信服力；但政治分析家可能在演說中看到幾個不同的公眾議題，他們因而會把演說分成不同部分，而且會不理各部分之間的關聯，然後逐一探討這些議題如何界定，政治家提出什麼解決方法，以及演說中對議題的討論究竟是用來作出攻擊、誇耀還是辯護（Benoit, Blaney, & Pier, 1998）。語言學家則會把演說分成句子，由於沒有文法規則規定一個句子必須依賴另一個句子，因此不需要考慮比句子更大的單元。另一方面，從一串串字體中辨認文字的電腦文本分析軟體，會產生完全不同大小及種類的單元。語言學家對一張文字的清單興趣不大，正如政治分析家會覺得一大堆句子不足以令他們瞭解一篇演說的重要性。內容分析者不會只蒐集一篇演說，而是會在一場政治運動中蒐集多篇演說，從中找出不同種類的單元，以比較它們或看看它們與其他數據的關係。

雖然文本最終由字體組成，因而顯得很容易將之單元化，但要對文本進行單元化，牽涉到很多我不能在這裡一一討論的知識學上的問題，我只能說單元不應被視為天賜的，它們出現在閱讀的過程中，因此極需分析者作為讀者的經驗促成。人們通常以為單元關乎被觀察事物的實證強度，但其實是由單元化的行為製造它們，並把它們作為單元般看待。這行為端視乎分析者能否在連綿不斷的閱讀經驗中看到有意義的概念突破，所選擇研究計畫的目的，以及當時分析技術的要求。

5.2　單元的種類

在內容分析中，有三類單元需要區分：抽樣單元、記錄／編碼單元，和文脈單元。以下我會詳述每一種單元的分析目的和用途，然後會討論界定單元的五種不同方法。

5.2.1　抽樣單元

抽樣單元是「區分出來給選擇性地放到一項分析的單元」。聲稱分析過某份報章一定期數的人所指的是抽樣單元，這些單元可能抽自該報章一個包含更多期數的總體，也可能包括出版過的每一期。我將在第六章中更

詳盡地討論抽樣;這裡我僅打算談談抽樣單元相對於其他單元的作用。在調查研究中,由於單元通常是能夠回答問題的個人,抽取樣本比較簡單,所以,抽樣單元和記錄單元之間的分別會消失,而文脈單元則不相干。在內容分析中,這三類單元作用並不一樣。

使用推論統計(從數據得出的「歸納」性推論,而非不明式推論)來測試統計學假設等,是建基於抽樣單元的互相獨立存在上。頻度、機會率及計算出來樣本的代表性,全部依賴這種互相獨立的存在。因此,調查研究者非常小心,以確保被訪者並不知道其他被訪者的答案;實驗者確保他們操控的刺激之間並無關係;而尋找原因的社會學家則確保區分清楚他們的獨立和非獨立變數。如果不小心的話,得出來的統計學相關可能有錯並很難作出詮釋。

內容分析者感興趣的數據並不可如此處理。人們很容易在任何一堆事物之間看出有意義的關聯,包括內容分析者抽取作為樣本的單元。例如:當分析者抽取報章作為樣本,一期期的報章可說並非真正獨立,因為大部分新聞都不會只出現一天,而是會累積發展,分多天發表,因而每一期的報章並不完全獨立於其他期數。其實只讀一期報章(例如:五十年前的一期),會令人發覺今日之所知,很大程度依靠昨日之所知。同樣地,在選舉期間候選人所作的演說,多會提及或回應其他人的演說,有些更是多位講者結成戰策聯盟的產物。如果這些關聯對分析有用,從不同演說分別抽取樣本不只會令研究者看不到數據之間的關聯,更會令結果變得非常難明白。內容分析者必須界定抽樣單元,令(1)抽樣單元之間的關聯(假如存在的話)不會令分析有所偏差;和(2)所有相關資料都可在個別抽樣單元中找到,或如果不可的話也不會影響分析。要把高度互相關聯的訊息流化整為零,得出個別的抽樣單元殊不容易。

5.2.2 記錄／編碼單元

記錄／編碼單元是「被區分來作分開描述、謄寫、記錄或編碼的單元」。抽樣單元是被區分來放進分析之中或排除於分析之外的,而且最好是依自然邊界來區分;記錄單元則被區分來作分開描述或分類。記錄單元

因此通常都可在樣本單元中找到，最多是大小如一，但不會超越它們。Holsti（1969）以分類的形象，把一個記錄單元界定為「內容的一個特別部分，特徵是被置於一個特定的類別中」（p.116）。

任何一個記錄單元中的文本都不需要對等。假設分析者為了研究虛構的敘事體而從敘事體的總體中抽取角色樣本，敘事體有明確的開場和結局，因此自然成為一個抽樣單元，分析者就算未閱讀過，也可輕易決定是否收進樣本之中或排除於樣本之外。但在一個典型的敘事體中，角色很少個別出現，又或是每一段都有一個角色，他們多互有接觸並在敘事過程中成長，有關他們的資料點點滴滴地出現，愈到結尾便愈清楚。為對敘事體公平起見，分析者不可能以一個角色作為一個單元，因此，關於一個記錄單元的資料可能分散於文本之中。分析者一旦描述了記錄單元，其後要比較、分析、總結及用作推論基礎的，便是這些描述，這些指定的類別。

選擇比抽樣單元小很多的記錄單元，主要是因為抽樣單元通常都過於豐富和複雜，難以作出準確描述。舉例來說，電影可分為「紀錄片」、「劇情片」、「喜劇」、「悲劇」、「商業片」、「甲級（或乙級或丙級）」、「R級（成人級）」等，這些類別相當表面，對於每一類電影對觀眾及其他人的生活有什麼意義說得不多。要捕捉電影之間的異同，分析者一定要擁有豐富的描述詞彙。影評人也一樣，他們之間就算在細節上的意見不可能一樣，但也聲稱可以描述電影。要準確掌握較大文本的單元，內容分析者發覺可以先描述較小可容易達到共識的單元，然後才以分析程序去描述較大的單元。為確保不同分析者可以在描述一個內容分析的編碼／記錄單元達到一致，這些描述的單元最好是載有分析所需所有資料的最小單元，文本最小而有意義的單元可能就是文字。

記錄單元也可在幾個「納入層次」作出區分和描述。例如在記錄報章數據中，分析者可能有一套類別去描述納入在樣本內的報章，如城市或本地，或發行數量若干；第二套類別針對納入樣本中實際的報章期數：平日版或星期日版，或一定頁數的；第三套類別是關於該期某一篇報導，作者或來源、版內位置（前、中或最後一頁）及長度；第四套是關於報導中個別的議題。這些多層次的記錄單元形成納入等級，報章出版很多期，每一

期有很多篇報導，每一篇報導由一定數量的句子或命題組成，有技巧地界定記錄單元，可以開啓內容分析很多有趣的門。

5.2.3 文脈單元

文脈單元是「那些限制了爲描述記錄單元而需考慮的資料的文本單元」。在以上描述敘事體角色的例子中，一個很自然的文脈單元會是整個敘事，但當分析者嘗試確定個別角色的成長──角色在何處登場、做些什麼、有什麼事發生在他們身上，則章回可能更適合作爲文脈單元，因爲章回容許角色在敘事體中改變。更廣泛地說，一個字的意義通常都視乎它在句子之中的句法角色，要從字典的一大堆解釋中知道哪一個最適用於一個字上，我們一定要看看出現該字的句子；否則，我們怎會知道go這個字指的是圍棋、一個動作，還是一個命令？在這裡，句子是文脈單元，文字是記錄單元。句子是個別文字的最小文脈單元，但句子可能還不足夠。譬如說要找出一個代名詞所指何人，分析者可能需要看看代名詞出現之前的幾個句子。要判斷一篇政治評論對一名候選人來說是正面的還是負面的，分析者可能需要考慮更大的文脈單元，如段落或整篇演說。

跟抽樣單元和記錄單元不同，文脈單元是不用點算、不需獨立於其他文脈單元、可以重疊，以及可爲了描述數個記錄單元而作出參照。雖然文脈單元一般都出現在它們協助找出的記錄單元周圍，但它們也可以出現在一個記錄單元之前（如代名詞那個例子所示），或出現在其他地方如注腳、索引、詞彙、標題或序言中。文脈單元的大小沒有限制，一般來說，大的文脈單元比小的文脈單元產生關於記錄單元更具體及語意上更足夠的解釋，但分析者也需花更大氣力。

Geller, Kaplan, & Lasswell（1942）示範過一個記錄單元（以及最終研究的結果）的表達方式端視乎文脈單元的大小。他們令受試者分別以一個句子、一個段落、三個句子以及整篇文章作爲文脈單元，去判斷一篇文章有多正面或負面地表達「民主」。雖然以這四種方法得出來的結果，大體上與偏差的方向吻合（有利、中立、不利），但程度卻有所不同。隨著文脈的大小增加，中立評價的次數顯著減少。明顯地，一個符號的文脈擁

有大量資料,特別是與情感有關的。

　　文脈單元的大小也影響著描述的信度和效率。要描述整部小說中虛構角色的處理,分析者首先需把全本小說看一遍,然後把每一個角色編配到適當的類別,這個過程不只花時間,而且也極不可靠,因為不同人會以不同方式處理小說,而分析者在作出判斷時需考慮所有有關事物。逐句去看一份文件,或逐幕去看虛構的節目(甚至或許以慢鏡觀看),或現場記錄戲劇情節,或在一個不大於一個段落的文脈中尋找一個概念的表達形式,都可能更可靠和更有效率,只要失去的不太重要便可。最好的內容分析界定的文脈單元,大與有意義的一樣大(以增加效度),小則與實際可行的一樣小(以增加信度)。

　　可以想像得到,文脈單元可被界定來使原來的文本得以完整地重組,這需要在每一個記錄單元的描述中保留所有與文本組織有關的資料,就如全像素(hologram)一樣。一本原汁原味地保留了所有字詞位置,包括功能字和標點符號(大部分索引都不載)的完整語詞索引,會是一個好例子。有些電腦文本分析軟體以這種方式儲存文本。無論如何,當愈來愈少及愈來愈概念化的記錄單元被應用在一個文本上,而分析者把對分析文脈的觀念加進其描述中,這個目標便變得難以達到。可重組性就算不完整,也可令分析數據繼續有可能地以不同方法在不同層面進行。

　　其他內容分析的作者(如Holsti, 1969)也提及「列舉單元」,這些單元的重要性主要來自早期的內容分析定義中的量化規定(Berelson, 1952; Lasswell, 1949/1965b)。簡言之,文本單元最終需被分類或以數值測量。內容分析的量數種類和用處,大致有三:

- 外在於抽樣單元但與之有關的量數,如報章的發行量、電視節目收視率或電影票房。這些數字是「描述性」的,描述的是與抽樣單元重疊的「記錄單元」。在方法學上,以數字或以類別來描述單元的分別並不大。

- 測量一個記錄單元的量數,如相片的大小、報導的篇幅或演說的長短;或列舉出記錄單元內的某些東西,如在一段時間內演說被打斷的次數。這些量值或點算也是「描述性」的,明確地描述「記錄單

元」，也不需任何特別處理。

· 以點算記錄單元得出的量數，特別是在指定類別以內的。這些量數
表達了「單元類別的大小」，不論是相對於一個樣本、在記錄單元
的一個級別內，還是以疊合表列的形式來表達。這些數字指向分析
過程中出現的類別，並不描述文本的單元。

在早期的內容分析中，這些不同種類的量數時常會引起混亂。研究者
嘗試不理會不同量數的功能去滿足Berelson（1952）和Lasswell（1949 /
1965b）的量化要求。舉例來說，第一種量數通常在分析者要決定採納哪
些報章為樣本，或如何衡量電視節目的重要性時出現，我將在第六章中再
作討論。第二種量數是與把記錄單元編碼成數字類別沒有兩樣的量數，使
用一條準則而非質化的判斷，或記錄點算而非類別。編碼者需要指示，而
這些量數是數據語言的一部分，我將在第七及第八章中再作討論。相比起
來，第三種量數對編碼者來說關係不大，它們在分析者把記錄單元分成類
別或作出測量後出現，方便總結數據或應用適當的統計學技術：頻度的表
列、相關、變異分析、因素分析等等。這些數字是有用的演算產物，我將
在第十章中討論一些利用它們的統計學技術。

上面區分的三種主要單元種類，各自有不同的分析功用。抽樣單元是
選擇的單元，可向分析者提供一個判斷數據在統計學上代表性的基礎。記
錄單元是描述的單元，集體承擔內容分析者處理的資料，並提供統計學解
釋的基礎。文脈單元則是列出編碼者需要在描繪記錄單元時參考的資料範
圍的單元。

5.3　界定單元的方法

內容分析者以下列其中一項或多項的區分方法識辨單元：物理的、句
法的、類別的、命題的和主題的，以下我將逐一討論。

5.3.1　物理區別

物理區別「使用一些機制把一個物理媒介分割開來」。機制不會明
白，也對意義無動於衷，但卻可以重複和有系統地，以其結構加諸於被單

元化的資料上使之成為單元。由這個過程產生出來的單元，很少會與普通讀者在一個物理媒介見到的不連貫相同。一個日常的例子是相片影像的數碼化，如果一幅數碼相片的解析度很高，觀者會清楚分出背景與前景，以及物件、人物或形狀。報章影像的質素不高，但也不會令人分不清所見之物；但如果相片解析度非常低，觀者只可見到一格格的有色方格，他會明白方格與原來影像之間沒有關係。對角線凹凸不平、色彩均一、不依方格橫直的細節消失。一個不懂識辨整體或形狀，但卻強加上自己的區分方法的機制，會得出數碼化的結果。

內容分析中，物理區別以時間、長度、大小或容量但不以它可以提供給分析者的資料來把一個媒介分割。Osgood（1959）從Goebbels的日記中抽取樣本；Ekman & Friesen（1968）以電影的一格格膠片作為其最小的記錄單元；Dale（1937）逐吶分析新聞片；而Albig（1938）給他的觀察者一個手表，要求他們總結每一分鐘的廣播。Cappella, Turow, & Jamieson（1996）以三十秒的段落為公眾電臺的廣播編碼。在人際行為的研究中，時間單元也很普遍（Weick, 1968）。同樣地，在我的研究中，我曾把一個方塊加諸於一群人的相片上，並點算出每一小格內出現的人數。

5.3.2 句法區別

相對於數據的媒介文法，句法區別顯得「自然」，它們不需要對意義作出判斷。正由於它們「自然」，所以不容置疑：書籍、報章、信件、詩歌、海報、戲劇表演、電視節目。它們顯得自然，因為內容分析者與數據源頭來自同一文化，熟悉其文法，可以多種方法把它們區別出來。舉例來說，電視節目在《電視指南》中刊登、製作獨立、被選擇性地收看、個別命名，諸如此類。這些區分重複出現在多個文脈中，分析者很難錯過。

文字是最小的單元，而且就信度而言是書面文件最安全的記錄單元。Lasswell（1941; Lasswell, Lerner, & Pool, 1952）的世界注意力調查、不少文學搜尋功夫（如Mosteller & Wallace, 1964; Yule, 1944）、風格分析（Herdan, 1960; Miles, 1951）、心理診斷推論的分析（Dollard & Mowrer, 1947），以及可讀性的研究（Flesch, 1948, 1951; Taylor, 1953），全部依賴文字或符號。對電腦來說，文字很容易識辨，因此通常都是電腦分析的第一步（見第十一章）。但文本中尚有其他易於識辨的句法單元：句子、引述、段落、章回、期刊論文、單行本或書本、系列、全集等等。在非話語媒體中，我們有戲劇表演的場景、電視廣播的新聞條目和電影的剪接鏡頭等單元。在會談分析中，我們有交替出現的說話。

文本搜尋中所謂查詢的相鄰運作器（見第十一章），也依賴排版慣例來界定「自然」的單元。文字因此可被當為兩個空位或標點符號夾著的一串字體，句子可被當為一串以大楷字母開頭並以句號作結的文字，段落可被當為以兩個分段電腦鍵（¶）分隔開的文本片段，還有章回可被當為以一部作品的標題或結局分隔開的文本。這些排版定義並不常與讀者所作的區分吻合，但它們明顯地依賴被研究的媒體的慣例。

Kracauer（1947）對統戰電影的分析，為視覺媒體的單元化提供了一個好例子。Kracauer提出充分理由，不依循傳統做法把電影以場景和鏡頭來區分，而是採用下列三類分析的單元：

- ・評解：分得開的話語陳述與字幕。
- ・影像：一個或多個鏡頭組成的影像單元，代表主題、地點、時間或動作的象徵性統一。
- ・配音：不論是聲音效果、音樂母題或是歌曲的聲音單元。

這三類單元因媒體而異；Kracauer以表列形式引述及描述它們，得以保存它們的共同出現，他的分析涉及它們在時間上的相關（見Krippendorff & Bock, 2009，第2.6章）。

5.3.3 類別區別

類別區別以「單元是否屬於一個級別或類別──它們之間的相同之處」來界定單元，通常都有一個共同指向的東西：指向一個特定物件、事件、人物、動作、國家或意念的一串字體。舉例來說，除了「第一位訪問中國的美國總統」、「李察M.尼克遜」、「狡猾李察」或「1969年至1974年間白宮的主人」外，「美國第三十七任總統」也可以「他」這個

111

代名詞來代表，所有這些一串串的字體指向的都是同一個人。如果內容分析的目標是美國總統的話，那麼單元便可以由字體的所有可能意義界定。不論是直接還是間接、使用何種文法形式，或包含什麼政治角度，比起單元的定義來說都會變得次要。除了近義詞之外，類別區分也常依賴分類學，編碼者在識辨政治家、國家、英雄或動物時會忽略任何次類別。

　　類別區別也會出自一套用作分析的理論。在精神病學的專業內，各類精神病的定義來自《精神疾病診斷與統計手冊》（*Diagnostic and Statistical Manual of Mental Disorders*）（美國精神病學學會，2000年）的第四個修訂版，這部手冊向精神病學家提供了在保險索賠及證明治療方法恰當時使用的官方記錄單元。社會學家可能會把家庭界定為一個成員是透過婚姻或世襲聯繫的組織，這定義可能跟家庭成員如何界定他們的家庭有異，但對要記錄家庭如何在文本出現的分析者來說卻相當有用。早期的內容分析者以象徵符號（通常是單字）的指涉來界定它們，但卻以其價值、屬性和性質把它們歸類（如Pool, 1959a）。對他們來說，類別區別不單需要一個由理論驅策的指涉，更需要形容詞（否則我們便不能適當地描述它們）。一項研究非醫學文獻如何描述醫生的內容分析（Posen, 1997; Turow, 1989），要依賴載有關於醫生資料的記錄單元，可能捨制度性的「醫生」定義而取大眾的定義。研究小組互動的Bale（1950），界定出十二個互動類別，指示編碼者按其定義找出最小的相鄰部分作為單元。當網路搜尋器根據查詢而檢索出文章時，它其實已經識辨出符合一個或多個搜尋準則的單元，準則實已包含了一個意義類別的相關準則。McMillan（2000）指出了把全球資訊網單元化的挑戰。

5.3.4　命題區別

　　命題區別根據「特定建構」描繪單元，例如那些有「特定命題形式」或展示概念成分之間特定「語意關係」的。舉例來說，在一項語言內容分析的議案中，Roberts（1989）提出以子句（clauses）作為單元，他把子句界定為包括一個變奏動詞和可包含一個主語、賓語和相關修飾語的句子。編碼者可從四類子句中選擇：感知（perception）、承認（recognition）、證實（justification）和評價（evaluation）。感知子句描述一項活動（如：「生意人大部分都投共和黨一票」）。承認子句把一個現象分類為屬於或不屬於某一個類別（如：「他是政治家」或「這不是一個科學陳述」）。證實子句聲稱一項行為是合理或不合理的，評價子句則決定一個現象是否適合歸入某一特定類別。

另一個例子來自我會在第九章進一步討論的Osgood, Saporta, & Nunnally（1956）的評價斷言分析（evaluative assertion analysis），這個分析採用的所有話語資料，都必須化成一對這樣的命題：

態度對象／話語聯繫字／共通（評價）意義詞
態度對象$_1$／話語聯繫字／態度對象$_2$

由於真實的言談不會以此形式出現，Osgood等人覺得有需要訂出明確的規則，以供分析者把複合句化為這些基本核心句。根據這些規則，「他患有愛滋病，擔心不能完成他唯一的小說」（He had AIDS and lived in fear of not being able to finish his only novel.）這一句會變成四個單元：

He / has / AIDS
He / is writing / (his only) novel
(the) novel / is / desirable
(the) novel / may not be / completed

留意「恐懼」（fear）這個字並不在以上出現，但恐懼的意念卻可在後兩句中找到。分析者在這個過程中有多少自由，包括可否加進隱含的命題，沒有慣例可循。上面句中的代名詞*he*代表什麼，需從句子的語言環境中尋求。*He*、*AIDS*和*novel*都是態度對象；*Has*、*is writing*、*is*和*may not be*是話語聯繫字，頭三個有連結性，最後一個有分斷性；*Desirable*和*completed*是常見的正面意義詞。

同樣地，在人類互動的分析，包括會談分析中，研究者常常把長長的話語交流，三句三句地分拆開來。舉例來說，在A與B的交談中，一組互動的三句說話包含以下：

A的說話

B對A說話的反應

A接受或拒絕B對自己說話的反應

兩個人（A與B）之間的互動次序，假定可以分析成一連串以上的三句，從中可以毫無流失地重構原來的次序。雖然重構並非內容分析的目的或要求，但值得留意的是純粹蒐集A或B所說的話會失去互動的資料，也不能重構互動的次序。

命題是可以用*and*或*or*連結起來的基本陳述──尚未分析的基本句子、完整主張、完整設定，就好像文本可以透過排列個別句子而構成一樣。相反地，一句複合陳述可被分拆成基本命題或核心單元。

5.3.5　主題區別

根據Smith（1992a）的說法，「『主題』這個詞意味分析有故事性的話語材料，和使用較全面的分析單元，如*themas*（Murray, 1943）、*themes*（Holsti, 1969）、……類別的組合（Aron, 1950）」（p.4）、母題（Thompson, 1932）、意象和思想。透過主題能力測驗（Thematic Apperception Tests）方面的工作，Smith和他的同事瞭解到，對隨意製造出來的敘述體進行主題性的單元化，以及朝著與那些測驗接近的目的分析它們的好處。

舉個例，為了得出受試者的成就動力，McClelland, Atkinson, Clark, & Lowell（1992）根據他們的優劣標準，開始在故事中尋找有關目標的陳述，和在與別人競爭中成功或未能成功的主張。這批研究者接著把故事人物形容為懷有「需要」或「動機」，為預期達到「目的」或因未能達到目標而感到沮喪，和為達到目的而參與「必須的行動」，因而遇上「阻

礙」或受其他情況或人的「幫助」，從而產生負面或正面的情緒。以這個方式重述故事的任何一部分，便構成一個主題單元。Clelland等人接著為主題單元打分數，推斷出受試者的成就動力——但為它們進行記錄／編碼卻又是另一回事。

使用主題單元的另一例子是Katz, Gurevitch, Danet, & Peled（1969），他們分析上訴信件以瞭解移民如何利用以色列的行政服務，他們把主題單元界定為向政府申請批准或豁免，其中包括申請人的個人履歷和批准應該獲得申請的理由。

民族學材料的主題單元化最早見於Thompson（1932），他列出和描述的母題填滿六大冊，目的是要得出一個詳盡的編碼系統。Armstrong（1959）回顧了在民族學使用主題單元的一些問題。差不多二十年之後，視歷史書寫為一種民間傳說的跨種族兒童圖書議會（Council on Interracial Books for Children, 1977），發表了其研究員應用在美國歷史課本上有關性別和種族歧視的主題清單——從這些主題可見到不斷重複出現的成見、扭曲和遺漏。

Holsti（引自North, Holsti, Zaninovich, & Zinnes, 1963, p.137）指示編碼者以包括下述元素的一個行動架構來編輯及改寫政治文件：

1. 感知者和加入的修飾語
2. 除文件作者以外的感知者和加入的修飾語
3. 被感知的物事和加入的修飾語
4. 動作和加入的修飾語
5. 動作對象的物事（非演員─目標）和加入的修飾語
6. 助動詞修飾語
7. 目標和加入的修飾語[譯者註]

譯者註：感知者（perceivers）指那些就他們所見到的世界說東西的人。被感知物事（the perceived）指感知者眼前所見到的東西。物事（object）指演員控制的東西，如一個鐵鎚。目標（target）指動作的後果，如鐵釘釘進木頭裡。

根據Holsti的動作架構，以下一句：

(Kennedy) Premier Khruschev announced that, "The Soviet Union may withdraw the offensive missiles from Cuba."

他的演員—動作—目標主題因而有多至七個元素，述明這些單元的文本材料可以分布在幾個句子中。政治報導的讀者的思路離不開這個模式。（演員—動作—目標單元的其他操作化例子，見Heise, 1995; Kleinnijenhuis, 1990; Kleinnijenhuis, De Ridder, & Rietbery, 1997；也見第十一章11.5.3節。）

雖然如何選擇單元通常都要視乎分析的目的而定，但因為主題單元描述豐富，與讀者的瞭解有直接關係，不少以表述為目標的內容分析者都歡迎單元的主題定義。但由於主題單元可能涉及遍布文本的文本特質，連受過嚴格訓練的編碼者都很容易迷失方向，令信度大打折扣。就算是比較形式化或範圍有限的主題，分析起來也不會如較簡單的單元般容易。

5.4 生產力、效率、信度

以上所述的五種單元的界定方法，分別之處主要在編碼者要以不同的認知運作去分辨出文本中的單元。一般來說，運作愈簡單愈「自然」，單元化便愈有效率和愈可靠，分析者也更容易制定可靠的指示和電腦程式來幫助分析。但簡單的單元可能對分析的貢獻不是最大的，內容分析研究者需要適當地擴大生產力而不影響效率和信度。

如上所述，「物理區別」出自完全機械性的運作。機械性設備本質上很可靠，因此當我們從物理角度尋找單元時，誤差主要是在遵從規則上出現疏忽所致。但以物理區別區分出來的單元是完全不理意義的，當要進行單元化的資料需要進行複雜的閱讀而有關的意義橫跨幾個單元時，物理區別會忽略了相關的資料，影響了其後編碼的信度。舉例來說，負責每三十

會分成：

1. Kennedy
2. Premier Khruschev
3. The Soviet Union
4. withdraw
5. the offensive missiles
6. may
7. from Cuba

秒爲電臺談話節目編碼的人，可能編出不完整的說話，或發覺問題的答案出現在其他的三十秒時段中，因爲兩個時段屬不同單元，所以，問題與答案之間就算有任何關係也不被考慮。談話的秒數不是一個自然的單元，如印刷文本的行目或電影的定格。以物理屬性區分的單元可能較適合抽樣單元的定義：例如以年計算的期間、載有關鍵字的文章、每五份日報抽取一個樣本等等。這些做法不會對閱讀意義造成多大干擾。

「句法區別」既有效率又可靠，但對其後的分析的貢獻卻不一定大，特別是當源頭在不同的納入層次使用單元而分析者只在一個層次運作。舉例來說，如果如一般的語言學分析地一句一句進行分析，便會看不到句法單元的等級：陳述看法的段落、詳述一個題目的章回，以及針對一個議題的書。把句子定爲文本的單元作用可能不大，最低限度以源頭或其他讀者想法的標準來看。使用比記錄單元較大的文脈單元，可以解決這個問題，因它容許起碼兩個層次的資料進入單元其後的描述：來自記錄單元的資料和來自周圍的資料，兩者都經編碼成爲記錄單元。但記錄單元和文脈單元之間的區別，可能捕捉不到源頭如何組織其內容及普通讀者如何理解文本。究竟分析是否主要靠文本源頭或特定的讀者，則要視乎內容分析的分析文脈是如何界定的。

要作出「類別區別」，我們一定要熟悉一串串字體的意義、名字的指涉、符號的涵義、簡短表達形式的內容等。由於這些單元的定義視乎詮釋，當詮釋有可能是多重時，識辨單元便變得不可靠。一段文本不會是一個單元又同時不是一個單元，文脈單元可以增加單元化的信度。（我並不排除記錄單元的多重描述，但我在這裡關注的是區分單元、決定抽取什麼樣本、參照文脈的大小，以及要作出描述的記錄單元。）在內容分析中，單元之間的類別區別最常用來界定樣本，而且特別是用來界定記錄單元。

「命題區別」對分析的形式有相當清晰的要求，如上面關於從複雜或複合句中抽取具體命題形式的例子所示，它們需對源頭語言的邏輯句法和語意很熟悉，而且要掌握簡化和重新闡釋這些表達方式的規則。除非後者符合源頭的話語生產或思維過程，否則就算集中在分析者的目的，命題單元也會顯得人爲和造作。雖然命題區別令內容分析變得豐富和有趣，但使　　117

用這個區別的過程效率不高，主要因為識辨這些單元會很瑣碎，就算編碼者遵從的指引編寫得很好。

「主題區別」資料豐富，有很大潛質，如果合理信度不難達到，其實比其他所有區別優勝。在成員經常合作和不斷改良方法的研究界，每每發現主題區別的信度頗高。以McClelland於1940年代的研究開始，多年來一直分析成就動力的一組學者便屬這一類（見Smith, 1992b）。新手每每被主題內容分析吸引，因為它好像保存了文本詮釋的豐富性，但他們也經常因達不到信度要求而放棄。

分析者進行單元化的目標，是要選出實證上最有意義和資訊豐富，不單可有效及可靠地識辨，而且也符合現存分析技術要求的單元。要達到這些時有衝突的目標，分析者必須準備作出妥協，通常是放棄不可靠的資料，以命題區別代替主題區別，以類別區別代替命題區別來進行單元化，或重新界定推論的目標以掌握數據。

計算單元化的信度並不是一件簡單的事（見第十二章12.4節），但困難並不表示應該放棄。如果選擇放棄，採用物理定義可能會較方便，但卻犧牲了得出有意義的單元，最終只會減低效度。

這一章介紹的區別，旨在保證內容分析之效度的同時，也達致生產力、效率和信度的最佳平衡。

抽　樣

　　現存文本浩瀚如海，根本無法全面檢視，內容分析者只可針對可控制範圍內的文本體系。雖然從有限數據企圖找出研究問題的答案，免不了會造成樣本偏差，但以儘量減少偏差的抽樣計畫來蒐集數據還是可行的。這一章把抽取樣本的理論從個人伸展至文本，討論現有抽樣技術，並建議分析者應如何決定樣本大小。

6.1　抽樣理論

　　印刷、錄音與錄像、影印、文字和映像處理、數碼儲存媒介——由磁碟至整間圖書館，以及文本以電子形式的全球性發放，大大增加了可供作內容分析的材料數量，因此當傳播研究者提出可從現存文本中找到答案的問題時，他們很容易會被有關數據淹沒。這個情況對研究者來說是挑戰：如何從小量文本體系中找出研究問題的答案。就算當研究者自己製造數據，如錄影演說或話語交流，要仔細謄寫和分析這些數據，隨時會花上比錄影多十倍、甚至一百倍的時間。不熟悉抽樣理論和技術的研究者，在分析數據期間會發現現有資源不足以完成他們的工作，還可能要提早結束數據分析，令其結果不完整或受到其侷限所影響。

　　當研究者開始處理測量民意時遇到的問題，「統計學抽樣理論」便應運而生。民調研究者企圖以觀察或向一小部分人發問來估計總體人口的意向。極端點說，如果所有人都是一樣的，抽取一個人的樣本便已足夠，很多工程及消費研究都採用這個假設，生產線上一件產品的品質測試，其結果假定對同一生產線上所有產品都適用。從另一個極端來看，如果每個人

都是獨一無二的，那麼便沒有樣本可以代表所有人，研究者必須研究每一個個人。抽樣的挑戰即來自這兩個極端之間。一般來說，任何人口總體都有異有同，而研究的發現只需在一定範圍內準確。只要研究一個樣本得出的結論大致與研究整體人口一樣，那個樣本便算有代表性。因此，抽樣理論基本上是關於如何從樣本的屬性中得出總體的普遍性，它依靠大數法則（the law of large numbers）去預測因樣本不足而出現的偏差，和支持減低這些偏差的幾種抽樣技術。

但以上勾畫的抽樣理論並不足以描述內容分析者面對的抽樣問題，有四個假設令它不可全盤應用於「文本的抽樣」：

· 在上面勾畫的抽樣理論中，「抽樣單元是一個個的人」——真實的或比喻的，即是一個個不可分割而獨立的個體，因而個別有其屬性、意見或行為。文本則可以不同形式去構想和單元化。舉例來說，文本單元可以被構想成一層包著一層的結構（電影類型、電影、場面、場景、相遇、鏡頭、主張／動作、定格等；見第五章），它們可被閱讀為一連串發生的事件，一起構成敘事體，但會隨著元素的組合改變而失去整體性，或以文本互涉的網絡形式出現（共同出現、互相援指、建基其上或互相抵銷），點算文本是沒有一個「自然」方法的。

· 在以上的抽樣理論中，「被抽出作為樣本的單元便是被點算的單元」，這在內容分析中並不常見。內容分析者可以抽取信件、報章的期數或電影的製作時期作樣本，但卻以細列句子、把指涉分類或詮釋映像的細節來找出研究問題的答案。在第五章中，我把抽樣單元和編碼／記錄單元區分開來，樣本單元的抽樣工作，限制了通常是點算單元的記錄單元的抽樣。

· 調查研究者控制了對他們訪問對象所問的問題，並決定其答案是否有認受性。基於他們屬於研究總體的一分子，所有被抽樣的個人都被視為對調查問題「具同等資訊價值」。相對地，內容分析者利用的文本，一般都不是為了被分析而產生的，不同的文本單元很少會對內容分析者的研究問題有同樣價值。

·傳統的抽樣理論是表述的理論，意思是從總體抽取出來的樣本與總體有著相同的分布屬性，「總體每一個成員都有同等機會被抽進樣本中」。相比之下，內容分析者需同時考慮最少兩個總體：對一個研究問題的答案的總體，和含有或帶出該答案的文本的總體。內容分析者因此很少會對文本宇宙的準確表述有興趣；他們反而關注有關文本是否與研究問題有關，以及能否得出公平的答案。文本必須根據它們的意義、所容許作出的詮釋和含有的資訊而抽樣，內容分析者因而「必須對文本進行抽樣，使有機會得出研究問題的準確答案」。為了另一個總體而從一個總體中抽樣，這個問題跟統計學抽樣理論所針對的問題大不相同。

6.2　適用於文本的抽樣技術

所有內容分析都（應該）是受研究問題引導的，如果分析者可以靠檢視所有文本來解答其研究問題（如：一位作家的所有著作、一段期間內每天的報章、一椿官司產生的所有文件、一名病人的完整病歷，或一間辦公室在特定期間內就某一件事所收發的所有電郵），那麼便沒有抽樣問題。當研究者對一個樣本而非更大量的文本總體進行分析，他們便需要一個「抽樣計畫」來確保抽取作為樣本的文本單元，對研究問題的答案並不造成偏差。

從網路上進行抽樣，有一定的困難。如果我們的抽樣準則不是來自線上的來源（URL清單、政府部門指南或字典條目），抽樣的問題不會太大，傳統的抽樣方法已經足夠。但非線上的資料多已過時，線上的資料不斷更新，但卻很少以易於抽樣的清單形式出現，那我們便要動用搜索引擎了。使用由研究問題得出來的準則，我們面對的困難是要找出載有大量不同文本及圖片、被超連結連接上其他網站，以及不斷更新的網站。線上文本稍縱即逝，與很多曇花一現的社會現象、演說和政治事件相似，後者的抽樣可從留下來的記錄入手，但要從互相連結的網站中進行抽樣，是幾乎不可能的事，網絡世界中文本更替迅速，令抽樣計畫的時間框架變得很窄。McMillan（2000）發現使用網上文本的內容分析者，抽樣和編碼是

121

以日至多是月計。Rogers（2002, 2004, 2010）的網表分析（見第十一章11.3.4節），抽樣連結網站所需的時間以小時計（不包含編碼）。花時間抽取這類文本會導致不可靠的詮釋，原因不單在編碼者之間不易達至一致性外，也因為在編碼過程中，網站內容不停地改變；搜尋器很快又搜出新的文本；連結也會有所改變（社交網絡），所有這些都會令一個網上文本的樣本很難看出究竟是代表哪一個總體。此外，網站、網誌和電郵，在數量、形式和相關性等都不統一。

只有當所有抽樣單元就一個研究問題都具「同等資訊價值」時，內容分析的抽樣工夫才跟調查研究的抽樣工夫一樣。在這類情況下，統計學抽樣理論提供了三項統稱「或然率抽樣」的抽樣技術，這是因為它們的設計是確保所有抽樣單元都有同等機會被抽到。以下我將首先描述這些抽樣技術。當抽樣單元並「不具同等資訊價值」時（這情況在內容分析較諸調查研究更常出現），文本的抽樣便視乎文本宇宙中所知的資訊（內容）分布。以下我將描述因應這個情況而出現的四項抽樣技術。

除了抽樣單元可以有同等或不同等資訊價值的區別外，有時候研究者也會對他們的文本總體有「足夠的認識」，以至可以「列舉」（指派數字）或「以清單列出」所有成員。舉例來說，定期出版物的先後出版日期在抽樣前已公開，不少機構以不同形式保存文本，包括圖書館目錄；刊印書目；學術期刊的專業指引；法律交易記錄；種種記錄日誌、日記、事件錄、歷史和年鑑；參考書如字典和百科全書；還有按字母索引的指南。現行被普遍採用的文本歸檔系統有出版界的ISBN（國際標準書號）、網路的URL、電話號碼、產品目錄中的產品編號，到書本頁數、段落和命題都有。以下回顧的首四個抽樣技術，依靠的即是這類系統。（列舉系統質素不一，例子是大部分URL並不登列運作中的網頁，有些日報也不一定連續出版。）

一個更富挑戰的情況，是當文本總體有一個概念上的界線，但卻無可列舉的成員，例子是研究者感興趣的課題資料，可從不同的文本總體中找到。下述第五種抽樣技術──集群抽樣，在抽樣單元可以出現在較大範圍或集群的情況下有用，也可用於抽樣單元和記錄單元在種類及／或數量都

不同的情況下。在討論過集群抽樣之後，我將介紹三種抽樣技術，離從總體抽取具代表性樣本的意念更遠。最後討論的技術——利便抽樣，更完全違反了統計學抽樣理論的最重要特性。

6.2.1　隨機抽樣

　　要得出一個簡單的隨機抽樣樣本，研究者必須列舉分析所必須包括或省略的抽樣單元（期刊、作者、網頁、演說、談話次序、句子），研究者接著應用一個隨機方法——令每一個單元都有同等機會被收進樣本中——於被列舉的單元，以決定哪些單元會被分析。擲骰子是隨機選擇單元的一種方法，但一個隨機數字表更有用。一個包括所有可能的抽樣單元的總體是不存在的，要列舉所有單元也是不可能的。

6.2.2　系統抽樣

　　在系統抽樣中，研究者在隨機決定了步驟的起點後，從名單中選出每隔k個單元的單元。內容分析較多用於系統抽樣，如果文本來自定期出現的刊物、報章、電視連續劇、人際互動，或其他重複或持續的事件。k是一個常數，因此如果它在一系列的單元中與其自然韻律有著相關，如季節性變化或其他循環的規律，得出的樣本便會有所偏差。舉例來說，如果一名研究者選擇每隔七天便在星期二抽取報章樣本，那麼逢星期二出版的《紐約時報》科學版的代表性便會超過真實的；相反地，如果不是逢星期二抽樣，則科學版的代表性便完全沒有。正因如此，研究者應小心不要選擇每日出版刊物的第七期，或在兩人的談話中選擇雙數（而非單數）的發言次序。Hatch & Hatch（1947）關於《紐約時報》星期日版的結婚啟示的研究，恰好示範了這類偏差，他們有系統地抽取了1932年至1942年間所有六月出版的期數，發現沒有猶太教堂舉行婚禮的告示；但其實他們忽略了所有作為樣本的期數均發行於猶太傳統禁止婚禮的期間（Cahnman, 1948）。

　　系統抽樣可以應用到任何種類的清單上；單元不一定需要是連續事件。

6.2.3 分層抽樣

分層抽樣針對總體內個別的次總體（分層），每一個抽樣單元都只屬於一個分層，研究者為每一個分層分別進行隨機或系統抽樣，因此，分層抽樣是代表同等數量的所有分層（即相比起它們真實的大小），或是根據其他先驗定義代表所有分層，但每一個分層的屬性則並不靠先驗知識來作出抽樣，好像報章可以根據發行地區、出版頻度、讀者幅員或從讀者調查得出的觀眾屬性作出分層。

有一段長時間，Gerbner和他的同事每年都分析一週典型的美國電視節目，以分層抽樣從三大電視臺全年的節目中建構出典型的一週（見如Gerbner, Gross, Morgan, & Signorielli, 1995；或Krippendorff & Bock, 2009，第6.6章）。那些分層是電視臺的節目表，就如《電視指南》所列一樣。每一年，研究者從全年播放的五十二個節目中，就平日每一個時段隨機抽出一個，如是者得出「典型的一週」。這「一週」並無空檔或重複，而根據這個抽樣方法，電視臺播出的每一個節目都有同等被抽到的機會。

6.2.4 變動或然率抽樣

變動或然率抽樣的假設是文本單元對研究問題的答案資訊價值不一，因此為每一個抽樣單元指定一個解答問題的或然率。舉例來說，在尋求民意的研究中，分析者可能根據銷量抽取報章樣本，在這個樣本中，銷量大、影響廣的報章，為了內容能與民意的變數有關聯，其代表性會相對於銷量小的報章超乎正常。因此當Maccoby, Sabghir, & Cushing（1950）研究報章讀者可以接觸到的資訊時，他們依銷量從大至小列出九個人口普查地區（分層）的日報，並按其總銷量所占的比重指派一個或然率。在這個例子中，讀者量決定了一份報章是否會被抽作樣本。

分析者可能不易針對文本來源的重要性、影響力或資訊性來指派或然率，其中一個辦法是用專家來排列來源。舉例來說，為了研究心理學的文獻，Bruner & Allport（1940）請來專業心理學家按其對行業的重要性將刊物排列；Stempel（1961）則依賴新聞工作者來進行報章報導的研究。

分析者爲了在不平等或然率下作出抽樣可能參考的，還包括暢銷書榜、著名期刊的（書、戲劇或電影）評論、圖書獎和顯示援引頻度的清單。

研究者也可使用變動或然率抽樣方法，來改變已知的統計學偏差。舉例來說，大眾媒體傾向播出公眾人物的聲音，而壓抑可能不符合它們對報導事件的想像的無關聲音，要推斷出這種選擇性報導以外可能存在的東西，分析者可能需要給予平常得不到播放機會的聲音更大的比重，而不只是重複主流意見。如何更正現存抽樣單元的偏差，見第十三章13.2.1節關於抽樣效度的討論。

6.2.5 集群抽樣

當分析者不能列舉所有分析單元，而只能找到這些單元較大的組合或集群的清單時，集群抽樣便成爲可選用的技術。分析者首先列出現存集群，接著隨機、有系統或分層地選出集群，並把裡面所有的單元帶進分析中。其實，只要當抽樣單元和記錄單元（見第五章）不同，集群抽樣便會出現。因爲抽出的集群含有種類與數量皆未知的單元，一個單元被包括在分析中的或然率便視乎選出集群的大小。內容分析使用集群抽樣的機會比一般人以爲的要多。

自早期的量化報章分析開始，傳播學者已經抽取報章樣本，然後測量、進行編碼和分析選出報章的每一篇報導、段落或命題。如果樣本取得正確，每一份報章被抽中作爲樣本的或然率便會均等，而如果樣本夠大，它更應準確地代表報章的總體，但它不會代表報章所載單元的總體，因爲特定單元進入分析的或然率，要視乎報章在何處出版、哪些報章刊登哪類報導等因素，後者多反映出角度、論述或態度。在內容分析中，集群抽樣較爲便利，因爲文本的組織多以較大單元形式出現——刊載文章的期刊、充滿各式人物的電視節目、發表議題的新聞廣播、參與者之間出現的會談。分析者以整體看待這些大單元（每一個單元載有以整體印刷、記錄或廣播的資料）；他們爲單元冠名，或以日期、關鍵字眼、頭條、作者名或文類標籤，又爲方便檢索而將它們歸類。通常是分析焦點所在的文本組成部分，因此變得次要，又或是隱含於處理大文本單元即集群的方法中。

　　由統計學抽樣理論的角度出發，集群樣本內的變異極可能被誇大，抽樣誤差不受控制。在內容分析中，研究者是根據文本是否能對較具體的研究問題作出貢獻來選擇文本，進行集群抽樣比從所有存在的記錄單元中進行抽樣來得省力。如果記錄單元在抽取的集群的分布不均，研究者要證明這些單元的統計學普遍定律便有相當困難。但由於普遍定律對內容分析來說並非十分重要，研究者通常只要採取措施避免記錄單元分布不均便已足夠。

6.2.6　雪球抽樣

　　雪球抽樣是一項多階段的技術，分析者先以初期單元樣本開始，不斷應用一套特定的抽樣準則，這個遞歸過程產生了一系列的額外抽樣單元，令樣本大小增加，直至達到了一個符合結束準則的階段。一個好的例子是對某一題材的文獻進行抽樣，研究者可以一個近期的文本開始，記下其援引、檢視援引所提及的作品等等。如果該領域異常專門，研究者會找到一個非常稠密的反覆援引網絡，雪球抽樣會在無新援引出現的情況下自然結束。至於研究內容分析的文獻，可上溯至*Publizistic*（德語「報刊科學」）的一名歷史學家Otto Groth（1948）引述1690年一份少為人知的論文。我們還可以加進額外的條件，如「內容分析」這個名詞一定要出現，這樣便會發現最早使用這個名詞是在1941年（Waples & Berelson, 1941），這個例子顯示雪球抽樣依靠作品間的互相援引。《科學援引指標》（*Science Citation Index*）（Garfield, 1979）不斷產生援引別的作品的文章清單，把學術文獻的雪球抽樣擴展至其他領域。

　　另一個雪球抽樣的例子是從網路上搜尋政治議題，我們可從數個著名、政治立場相反的網站──民主黨和共和黨、反墮胎和支持墮胎，或支持戰爭和反戰──的URL入手，列出前者所有的URL，再加上後者的URL（或許只限有互相連結的網站），直至樣本夠大，甚至抽盡為止，然後便可分析網站所支持或反對的議題了。

　　雪球抽樣的理論建基於文本互涉（intertextuality）的意念，即文本單元是互相關聯，自然地組成真實或虛擬的網絡。科學援引的網絡只不過

是一個例子，隨時間發展的新聞故事，每一篇報導與前一篇不可分割；新聞廣播服務以至公共談話再產生的資訊；文學關係網絡內意念以及抄襲的擴散；接上不同文本及不同網站的超文本連結——這些都可作為雪球抽樣的基礎。社會學家曾經研究社會網絡的效果，例如：機構內的山頭主義如何影響升職、受試者如何透過熟人網絡把訊息傳到名人手上，以及謠言如何擴散，分析者可以利用這些文本互涉自然地抽出相關文本作為樣本。

如我所述，雪球抽樣以一套初期抽樣單元開展——研究者能聰明地選擇這些單元至為重要。雪球抽樣在達到自然極限後停止，如某一課題的全部文獻。當達到極限後，初期樣本的重要性會減少，不斷為抽樣界定界線的準則重要性增加（例如：所有謠言都源自某處，但它的快速擴散令來源變得無關痛癢。謠言的極限與其擴散網絡及它們在人群中的作用有很大關係）。但雪球抽樣也可以像滾雪球般把樣本大小無限擴大，在這個情況下，研究者需接受某些限制（例如：要求選中的樣本必須符合更嚴格的入圍準則——援引需出現多次，而非偶然——或樣本不可超過一定大小）。

6.2.7 相稱抽樣

在上述的抽樣技術中，文本依其源頭、情況、時期、文類及文本互涉抽樣，全部都不需對抽樣文本作重點閱讀或分析。相較下，相稱抽樣的目標是選出所有有助解答特定研究問題的文本單元。因為得出的樣本由分析問題界定，相稱抽樣也稱為「有目的抽樣」（見如Riffe, Lacy, & Fico, 1998, p.86）。

要記著，採用隨機抽樣，即是假設不明瞭總體是什麼或應向何處尋找所需資料，但內容分析很少會這樣，集群抽樣已經假設文本的宇宙被分成大的集群，並在這個認識基礎上進行；雪球抽樣假設這個文本宇宙有一個網絡般的結構；在進行相稱抽樣時，分析者實際檢視要分析的文本，雖然只能表面地，而且多是分階段地進行。假設研究者想研究美國的酗酒情況，更具體點說，他們想找出是什麼造成校園酗酒、為何這會是一個問題，以及對誰會是問題等。從人們所讀、所寫及所講隨機抽樣當會包含這些研究問題的答案，但要在充斥著大部分不相關記錄的樣本中搜索，會

是一件非常艱鉅的工作。研究者要省工夫的第一步，或許是想清楚他們可從何處找到相關文件，及從那些文件中會找到什麼東西。在網路上以Google搜尋器搜尋*alcohol*這個字時，研究者會找到7,230,000次對這個字的提及，他們接著會把搜尋範圍縮窄，搜尋與校園酒精飲用有關的文件：「*alcohol + students*」得出1,140,000次；「*alcoholism*」658,000次；「*alcoholism + students*」131,000次；「*alcoholism + students + academic*」40,000次；「*alcoholism + students + academic + rehabilitation*」10,500次，諸如此類。文本的宇宙便這樣被縮小成載有可處理相關文本數量的樣本。當然，相稱抽樣並不限於網路搜尋，也不需要電子文本及它們載有關鍵字眼作為相稱的準則。以研究校園酗酒來說，最相稱的數據可能是學生對學生做的訪問記錄、學生輔導員的報告、宿舍派對的描述，以及醫生和警察報告。

相稱抽樣並不依靠或然率，採用這個抽樣方法時，分析者依從一個概念等級，有系統地降低需要被考慮分析的單元數目，得出來的文本單元對文本總體並無代表性；它們反而是相關文本的總體，不包括不含相關資料的文本單元。只有在依據排斥準則把相關文本的總體儘量縮至一個可以處理的大小時，分析者才可應用其他抽樣技術。這時，準確代表性的問題才會出現，但只相對於抽出樣本的相關單元，而非可能文本的總體。

相稱抽樣看似理所當然，所以很少被視作一個獨立類別來討論，自Lasswell（1941）的「世界注意力調查」（World Attention Survey）比較幾個國家的政治氣候以來，相稱抽樣便一直是政治科學家的靈感來源；Lasswell把他的分析侷限在幾個國家的「菁英」報章（忽略了「較少影響力」的地方報章）。在他們對1990年美國參議院選舉期間國際事務報導的研究中，Wells & King（1994）依同樣邏輯把他們的內容分析侷限在《紐約時報》、《華盛頓郵報》、《洛杉機時報》及《芝加哥論壇》，他們的理由是這些報章的國際報導廣泛、有自己的採訪能力，以及對美國政界及其他報章來說是主要的外國知識管道。大部分研究者都採用一些相稱準則來界定抽樣的總體。

　隨著異常龐大的電子文本庫，和充斥大量不相關文本的網路愈來愈被

廣泛使用，伴隨相稱抽樣出現的問題也愈顯重要。相稱抽樣以統計學抽樣理論尚未照顧到的方法選取相關的數據。

6.2.8　統計記錄

一個包括了所有文本類別的文本體系，稱為「統計記錄」。要研究一位作者的全集並不需要進行抽樣，分析者可能需要花些工夫找齊所有作品，但這只不過是文員的工作，分析者並不需作出選擇。再舉一例，如果內容分析者想知道某一事件的媒體報導，並蒐集了關於事件的所有報章報導，這一套完整的文本集便是統計記錄了。因為完整，分析者無須以雪球技術把文本數目增加，而如果文本集的大小是適中的，他們便無須以相稱或隨機抽樣把它縮小。

6.2.9　利便抽樣

利便抽樣的出現，是由於要進行分析的文本體系，並不包括分析者感興趣的文本總體，分析者不想花太多功夫，或覺得從整體抽取樣本會有很大困難，因而得名。由於沒有一個清晰的抽樣計畫，數據的代表性便沒有保證，哪些文本會被選用作分析，視乎它們如何喚起分析者的注意。換言之，樣本由分析者控制範圍以外的因素，如傳播管道的特徵或源頭的興趣決定。當源頭知道他們會被抽樣，會令樣本出現有利於他們的偏差。

抽樣的概念涉及納入或排斥數據的選擇，而且要對數據公平。利便抽樣不涉及這樣的選擇，也不搞清楚分析的文本是否對分析者想推斷出的現象有代表性。利便抽樣會有偏差，或更糟的是，分析者會被騙或被他人利用。舉例來說，人們可以為了很多目的寫日記，如為後世保留作者的意念、為感動一個特定的社群，或依作者自己的觀點重寫歷史。在缺乏其他佐證的文本及明白作者寫日記的動機的情況下，日記的分析者可能不知不覺地成為作者計畫的一部分，如確保作者在歷史中占有一席之地。

利便抽樣的例子很多：為統戰目的製作的敵方廣播；只含有那些治療師與病人均認為與治療有關的心理治療談話；以及內容不會觸及那些競選人相信會令其輸掉競選的議題、意圖和知識的競選演說。歷史很少會是真

實事件的公平再表述（Dibble, 1963），我們藉以推斷過去事件的所有文件，都是有特別的物理、個人、政治和制度的原因而流傳下來，試看看納粹對猶太人的大屠殺、拿破崙攻打俄羅斯的受害人或美國黑奴留下多少目擊者證供便知。

考慮到製造這些文本並把其放到分析者手上可能別有用心，利便抽樣為內容分析者帶來要消除或補償數據偏差的挑戰。

6.3　樣本大小

分析者決定了一個抽樣計畫之後，下一個問題是樣本要多大才足以解答研究問題。這個問題沒有既定答案，但分析者可以透過三個途徑得出一個適當的樣本大小：簡化研究問題令其可按抽樣理論得到答案；試驗不同抽樣技術和樣本大小的準確性；或應用分半技術。

6.3.1　統計學抽樣理論

如上所述，文本的抽樣並不一定跟統計學抽樣理論吻合，抽樣單元和記錄單元傾向南轅北轍，文本自有其連接性，記錄單元可能不會依理論所要求般獨立，文本單元之間的資訊性大有不同，而研究者必須抽取樣本令研究問題得到解答。無論如何，有一條實在的普遍定律可以同樣應用在統計學抽樣理論和內容分析上：對解答研究問題有幫助的文本單元不易獲得時，樣本的大小便必須比單元較易找到時為大。

表6.1　樣本大小：最不可能的單元和顯著度（所有抽樣單元具同等資訊）

總體中最不可能單元的或然率

	.1	.01	.001	.0001	.00001
.5	7	69	693	6,931	69,307
.2	16	161	1,609	16,094	160,942
.1	22	230	2,302	23,025	230,256
.05	29	390	3,911	39,118	391,198
.02	37	390	3,911	39,118	391,198
.01	44	459	4,603	46,049	460,512
.005	51	528	5,296	52,980	529,823
.002	59	619	6,212	62,143	612,453
.001	66	689	6,905	60,074	690,767

（左側縱標：理想顯著度）

表6.1列出在不同顯著度要「捕捉」罕有單元的不同樣本大小。舉個例，假設最罕有的相稱事例的或然率是千分之一，即0.001，而希望達到研究問題答案的顯著度為0.05，一個有2,995個單元的樣本，會令分析者可以95%肯定會最少包括一個事例，這個邏輯不只適用在罕有事例的抽樣，也適用於重要決定上。當選舉結束而結果視乎少數投票人士時，政治民意調查員需要大一些的樣本來準確預測結果，比起他們在競選人受歡迎程度差異極大的情況要更大。雖然這個普遍定律站得住腳，但依賴這個表的實際數字的研究者應明白數字是來自統計學抽樣理論，特別是二項式分布（binomial distribution），因此，分析者只應在其假設並不違反研究的實況下才信任這些數字。

6.3.2　抽樣實驗

分析者可選擇試驗不同樣本大小和抽樣技術，以找出最適合解答他們的研究問題的組合。例如：Stempel（1952）比較6、12、18、24及48期

的報章樣本與整年的報章，發現當他測量每一個樣本的主題平均比例時，把樣本大小增至超過12，結果的準備度增長便沒有那麼顯著。Riffe等人（1998, pp.97-103）記述他重複這些早期研究，以及使用不同抽樣技術如何影響樣本對總體的代表性的實驗結果，在其中一項研究中，Riffe等人以六個月內一份流通量39,000份的日報內的本地故事，作為最接近總體的實際估算，他們接著為三個方法的每一個抽出二十個樣本，以隨機（隨機抽樣）、在特定期間（系統抽樣），和以「7、14、21及28日樣本」為一週的期間（分層抽樣）來選擇議題，他們把一項技術是否足夠界定為：

　　當準確抽樣平均值的百分比處於正常分布的一等和二等誤差的百分比之間時，一項抽樣技術便是足夠。換句話說，如果二十個樣本的平均值的68%是在總體平均值加減一個標準誤差之內，而樣本平均值的95%則在平均值加減兩個標準誤差之內，這個抽樣技術便已足夠。（p.98）

　　Riffe等人發現不同方法之間的差異很大：

　　要令簡單的隨機抽樣足夠，需要二十八日的編彙工作，而連續每日抽樣不足以代表總體的平均值。一個建構的星期足夠預測總體的平均值，兩個則更好……一個建構的星期跟四個一樣有效率，它作出的估計比或然率理論預期的更佳。（p.98）

　　不同的抽樣技術得出效率不同的樣本，但無論如何要留意未經審核的普遍定律。不同媒體可能有不同的屬性，Stempel及Riffe等人的結果，其實反映了內容類別的測量頻度，得出的普遍定律或許只可在一個文類中適用。如果報章改變其報導風格和特色，譬如說增加圖片和更多欄目、減少故事篇幅（現代小報常見），或如果內容分析採用題材的比例或頻度以外的測量方法，那便未必可從以上的發現得出普遍定律。

　　為了決定樣本大小是否足夠，研究者通常都會採取以下三個步驟：

· 建立一套衡量樣本準確性的基準，通常是對一個很大的文本單元樣本進行分析，然後視之為文本總體，以其標準誤差作為基準。

· 一步步抽取逐漸大的樣本，適當的話，也使用不同的抽樣技術，並以比較其量數及基準的置信區間來測試其準確性。

· 直至樣本大小與抽樣技術這個組合，持續地穩定在方法的標準區間內為止（見以上Riffe等人的準則）。

這樣的實驗需要一個基準，即是從分析一個夠大的樣本數據得出的結果。研究者只可在充分瞭解他們的總體比例，以及意圖作出所需最小樣本的普遍陳述才進行這類實驗，前者很少出現，我們因而作出以下推介。

6.3.3　分半技術

分半技術與上述實驗性方法相似，除了它不需要一個衡量樣本是否足夠的總體量數，也不容許得出適用於同一文類的其他樣本的普遍陳述，分析者甚至不需知道樣本來源的總體有多大。分析者只要隨機地把樣本分成等分的兩半，如果兩半都在一個理想信任度內獨立地得出同一結論，那麼整個樣本的大小便已足夠。分析者應以樣本的很多個半分來重複這個測試，因為按信任度的限制，任何兩半的結果都應一樣。如果通不過這個測試，內容分析者便必須繼續抽樣，直至滿足樣本大小的要求為止。

CHAPTER **7**

記錄／編碼

　　製造數據——從記錄或描述觀察到謄寫或為文本編碼——需要人類的參與。這一章探討觀察者、詮釋者、評判或編碼者需要擁有的技能；培訓和指引如何引導這些技能以達到信度的要求；以及數據語言的句法和語意可以施於認知上的方法。本章也會建議一些設計，方便製造出文本的記錄以容後處理。

7.1　記錄與編碼的功能

　　Research，含有重複搜尋（re-search）的意思，要求可以在現存數據中重複搜尋，不只為了保證有關數據的假設站得住腳，也為了令其他學者可以評價及重複那個過程。明顯地，再搜尋的立足點不得移動，也就是數據必須記錄在一個恆久的媒介以供多番檢視。人類的說話若不錄（錄音）下來或寫（謄寫）下來便會消失，社會情況若沒有目擊證據保存下來便會流失，就連書寫文本和相片映像，也需要能辨識到它們某些特質的內容分析技術。謄寫演說、描述觀察、製作田野筆記、詮釋訊息、判斷表現、把電視演出分類，這一切都是為稍縱即逝、沒有結構或模糊但卻富有意義的現象作出記錄或編碼，使之成為可以透過適當技術作出分析的一套數據語言的方法。

　　如圖4.2所示，記錄／編碼是內容分析數個程序性組成部分之一，但實際上對編碼者來說卻是一個難題，因為他們必須制定一套記錄指引，令自己及他人都可以遵行。編碼在內容分析中扮演了一個很獨特的角色，因此舊一點的內容分析定義似乎把兩者等同起來。舉例來說，Janis

（1943/1965）提出這個定義：

> 「內容分析」可指任何(a)把「符號載體」分類的技術；(b)唯一
> 依靠一位分析者或一組分析者對哪一個符號載體應分類為哪一個類別
> 的「判斷」（理論上由感官區分到瞎猜都有）的技術；(c)但分析者
> 的判斷必須被視為科學觀察者的報告。（p.55）

另一個早期的定義來自Miller（1951）：

> 為了以統計學方法處理更大量的話語材料，需要把必須表列的
> 選擇減少，只要把多種文字模式放進一個類別中便可做到這一點。
> （p.95）

雖然Janis對記錄的構想——把符號載體分類——受其時代的符號學
術語所侷限，但他亦承認經過特殊訓練的分析者（如第三章所述）和我在
本書所說的不同層次的「數據語言」（見第八章）所扮演的角色。Miller
的主張訴諸的是測量理論，當中最簡單的形式是分類（Stevens, 1946）。

當觀察者、讀者或分析者詮釋其所見、所讀或發現的事，然後以分析
術語記下他們的經驗，我們便有了「記錄」；當這個過程以獨立於觀察者
的規則進行時，內容分析者所說的「編碼」便出現了。自然科學傾向以機
械工具製造數據，所以較偏重後者；因此，研究者嘗試制定含清晰而詳細
的規則的記錄指引，供編碼者應用。

無論如何，每當涉及文本和映像，或更廣泛地說，當分析者研究的是
社會現象時，機械式的測量工具便嚴重不足。就算近年電腦輔助的文本分
析已經有相當進步（見第十一章），大部分內容分析者都會有朝發覺需要
依靠人類的詮釋能力（Shapiro, 1997；也見Krippendorff & Bock, 2009，
第4.3章）。明乎此，我在本書中以「編碼者」作為一個方便的普遍稱
號，指一名受聘來把觀察、感覺和文本的閱讀記錄下來、謄寫或編碼的
人。編碼者是特別的觀察者，他們遵從內容分析者的記錄或編碼指引，儘

量減少記錄過程中的主觀判斷，目標是爲了以指引定下的規則解釋數據，但同時並不否定人類的參與。就連非常嚴謹的指引也需由人來閱讀、理解和執行，即使編碼者被要求像電腦般執行工作，但他們仍然是人。

　　一個內容分析的記錄指引，必須包括所有令該分析在別的地方可以重複的東西。接下來，我會建議這些指引應包括以下四個主要範圍的具體資料：

- ·編碼者應有的資歷。
- ·編碼者必須接受爲記錄工作做好準備的訓練。
- ·數據語言的句法和語意，最好有編碼者爲了有效率及可靠地記錄文本和映像所需的認知步驟。
- ·將產生出來的記錄的性質和管理方法。

　　訂明記錄過程，只是內容分析者需要制定的指引的其中一個作用，另一個作用是保證其他人也可得到產生出來的記錄的意義，令研究發現可供詮釋。數據紙上面的記號、方格中填上的數字、文本頁邊寫上的詮釋、會談分析者使用的膽寫符號、用來表示程度的標尺，所有這些只要與原本的記錄單元的關聯清楚，便可提供豐富資料。如果遺失了一項研究的製造數據指引、密碼簿或定義標尺（有時候真的會發生），數據語言便失去了聯上現象的語意，而其產生出來的記錄便會變成一堆毫無意義的記號或數字——可以演算，但卻不可以詮釋。

7.2　編碼者的資歷

　　參與內容分析的編碼者，必須具備所需的認知能力，但更重要的是他們需有合適的背景。此外，他們的資歷也需與大部分可能成爲編碼者的人的資歷相同。

7.2.1　認知能力

　　就算記錄工作純是編碼工作——即看似機械式地應用制定的規則，把文本單元轉化成數據語言——編碼者也一定要能「理解這些規則和在分析過程中連貫地應用這些規則」。記錄是一件非常重複性的分析工作，需要

對細節格外小心，並不是每一個人都可以在如許環境下保持連貫性。

7.2.2 背景

在選擇編碼者時，內容分析者不應低估了編碼者對被研究現象熟悉程度的重要性。為了閱讀及詮釋文本，或甚至觀察視覺映像，編碼者需要對他們見到的東西有相當程度的熟悉，而這份熟悉通常都非任何指引可以說得清楚。識字便是一項社會技能，透過一生在一個社區使用文本取得。要在一份文件或指引中傳達所有涉及閱讀、觀察和理解的東西是沒有可能的，當要詮釋本地人互相交談說些什麼時，對本地語言不太熟悉的編碼者，可能覺得他們能夠明白本地人在說什麼，但他們卻可能和瞭解本地語言的人對本地人所指的意義有不同見解。雖然我們不會不明白，而我們不會知道我們不知道什麼，但我們對自己跟別人的理解有何不同之處，一般都說不準。「熟悉度」指的是編碼者需為內容分析擁有的一份理解，擁有相近「背景」——相近使用文本的歷史、相近的教育和相近的社會敏感度——對信度會有幫助。

就連最仔細的記錄／編碼指引，都會把編碼者與內容分析者有著相同背景，因而對書面指引的理解一致視為當然。再者，為確保編碼的信度高，內容分析者有理由聘用同一文化／教育／專業背景的編碼者（Peter & Lauf, 2002）。要分析心理治療的論述，執業心理治療師是明顯的選擇，專修英文的學生對文學分析勝任，而在複雜視覺映像的分析中，平面藝術家或電影鑑賞家會更好。內容分析者的挑戰，是找出「清晰而可以傳達的編碼者背景的描述」，使其他分析者可以挑選與原本研究的編碼者背景相近的編碼者。

7.2.3 頻度

科學研究要求除了結果，也要對過程有個共同的瞭解，內容分析者因而必須容許其他學者重複他們的分析。指引是可以傳達的，不能傳達的是編碼者。嘗試重複前人研究的分析者，需要從原本研究的編碼者群中挑選編碼者。要確保找到適當的編碼者，內容分析者必須肯定上述的編碼者資

歷（適當的認知能力和背景）是共同的──即在可能編碼者總體中「有足夠的出現頻度」，否則記錄過程便不可能重複，而研究結果會令人生疑。任何聲稱只有他才可以正確地閱讀文本的研究者，其實會令其研究無法在別的地方重複。自命傑出的專家，可能對頻度的要求感到沮喪，但就算專家也需要傳達其發現，假如編碼者有共同資歷，那麼傳達一定沒有問題。

7.3　編碼者的培訓

記錄／編碼並非一項自然或日常的活動，它的出現可能源自關於現存文本文脈的抽象理論，或是一個複雜的研究設計所需，編碼者可能被要求以陌生或困難，甚至對研究問題毫不認識的人來說顯得牽強或全無意義的術語來詮釋文本。雖然指引最好是書面，但內容分析者通常都對編碼者提供額外訓練。

有內容分析者花上幾個月來訓練編碼者，期間他們改良了類別、更改了指引和修訂了數據表，直至編碼者接受了人們對他們的期望，和分析者相信他們會取得所需的數據爲止。分析者通常都會在制定指引的過程中測試信度，直到達至信度要求爲止。Singer（1964）的蘇聯－美國態度研究報告，爲數據語言的定義如何在訓練編碼者的過程中出現，提供了一個很好的例子：

研究的目的是從雙方高層就(A)國際環境、(B)權力分布、(C)另一方的行動密碼，和(D)已方的行動密碼的描述中，產生出蘇聯和美國外交政策及策略的準確描述。

程序分兩階段：設計和改良我們的編碼程序和應用該程序。第一階段有六個不同步驟：

(1) 編訂那些與手頭研究最有密切關係的問題，來源當然有很多：作者對主題的普遍認識、他本身社會科學概念方案的參數，和行內其他人的著作及研究提供的那些外交政策層面。

(2) 只要建立和安排好一組初步的先驗層面，這些層面便由作者、其助手、一些顧問和數位同業討論、批評和修訂。

(3) 編碼者接著把這組層面應用到要作出編碼的材料的一個樣本上，結果是一些層面受到刪減，其他則重新命名，還有加進新的層面。

(4) 然後作者再審視層面一次，進一步收緊每一層面下的三個類別，儘量擴大每一層面下各類別的彼此互斥和全面性。

(5) 編碼者接著預先測試各層面及其類別，以確保：

①要編碼的文獻足夠提及值得編碼的層面。

②各層面本身並不重疊（除非在少數情形下要找出細微的態度分別）。

③層面本身夠清晰和明確，令獨立的編碼者對某物事應否編進某一個層面裡容易達到一致性。

④每一層面下的三個類別選擇盡可能彼此互斥，但卻全面涵蓋了所有可能相關的回應。

(6) 當預先測試證明（最少兩位獨立編碼者達到一致性）各層面和類別都界定得夠仔細和清晰，它們便成為最終的層面和類別。（pp.432-433）

在這個例子中，分析者得到完滿的結果，但其實過程隱含著一個方法學上的問題。在Singer描述的談判中，類別的界線不斷轉移，直至其意義可配合Singer所要的，和配合編碼者可以可靠和從容地掌握為止。只要編碼者一參與這樣的概念發展，便很難再分清究竟他們只是變得更為小心，或是在他們中間已就人們對他們的期望達致一個新的不成文協定。Lorr & McNair（1966）總結內容分析在心理治療中的使用時，觀察到這種潛藏調校對可重複性的影響：

就算大部分研究者都就評估者如何作出分類發表像樣的一致性指標，但其實尚有不少嚴重問題，因為一般只靠兩位緊密合作的評估者發展出一套編碼方案，他們已經多番討論過定義和他們之間不一致之處。經合理而可行訓練的另一評判，他們之間的一致性會是信度的更

實際指標。以現行的內容分析系統作試驗，只採用形式編碼規則、定義及例子，結果是以另一評判取得的信度比一般發表的要低，而且通常都不符科學研究的最低標準。（p.583）

理想地，有份參與發展記錄指引的人，不應是使用指引的人，因爲他們之間的隱含共識是後來的編碼者所沒有，而希望使用指引的其他學者所不能重複的。理想地，記錄指引本身最好能包含其設計過程中發生的所有事，而最後的版本應由新的一批編碼者來測試。

編碼者需學會以記錄指引爲唯一的指引來工作，而不應依賴外來的資料（如指引的演進、研究者的意圖、漸現的隱藏慣例，還有君子協定），也不應互相討論爲何這樣做那樣做。外來資料削弱了記錄指引的主導性，而編碼者之間的溝通會令個別編碼者的獨立性受損，兩者都增加了可重複性的困難。如果分析者決定他們需要修訂或更改任何記錄指引，他們一定要以書面作出修訂或更改。

如果分析者需要向編碼者提供額外的培訓資料，他們應記下他們提供過些什麼，以便編碼者的訓練可在別的地方重複。我和同事曾經設計過一個詳細的自學程式，供編碼者記錄電視暴力的個案：起初受訓者聽取任務的性質，然後自己把書面的編碼指示應用到一系列預先選好的電視節目上，當受訓者辨識出及在數據紙上記錄單元後，我們給他們正確的得分（由專家團計出），令他們可以馬上比較自己的表現，從而得出對指示的一套標準理解。這個方法不單令我們看到個別受訓者的可靠度漸漸增加，還可幫助我們在訓練期結束時決定何人最適合擔當此工作。這樣的一個自學程式，既容易傳達又可以重複，而且必然地在不同研究中也會得出相近結果。

內容分析者多會應用自己制定的記錄指引，這個做法很值得商權，因爲產生的數據不能確定是來自書面指引還是分析者自己的專業想法，特別是當分析者心中已有某些結論。應用自己的記錄指引已經被證實非常不可靠，在斷定數據是由指引產生之前，內容分析者應找到其他瞭解和可靠地運用記錄指引的編碼者。

7.4　界定數據語意的方法

　　如果指引指定的任務是自然、沿用為人熟悉的概念模型，和接近文本一般如何被閱讀的話，記錄的信度必會大大提高。

　　類別之間需彼此互斥及鉅細靡遺這兩項條件（見第八章），並不僅因為其後演算的句法需要，而是也有語意的考量。編碼者必須能夠理解他們所閱讀的。「鉅細靡遺」指的是數據語言必須能毫無遺漏地代表所有的記錄單元，不應有單元因為不可被描述而被剔除。「彼此互斥」指的是數據語言能夠把記錄的現象作出清楚區別，不應有記錄單元會處於兩個類別之間或以兩個不同的數據點代表。這兩項條件保證得出來的記錄，可以完全及毫不含糊地表述文本。

　　一組類別若不鉅細靡遺，可以加入一個新的類別，代表所有現存類別照顧不到的單元，這類保險類別一般稱為「不適用」、「以上皆不是」或「其他」。由於這類類別屬否定性，所以，它們對解答研究問題的貢獻不大。

　　要解決兩個或以上的類別並不完全彼此互斥則比較困難，沿用加進「不肯定」、「模稜兩可」或「適用於兩個或以上類別」的做法，並不改變原來類別分工不清的現實；它也會令編碼者猶豫不決，令變數的信度不足。當內容分析者使用這些類別時，顯露的不過是他們本身概念的模糊而非文本的屬性，他們的研究結果也可能受影響，向易於描述的現象傾斜，模稜兩可的構思是沒有補救方法的。

　　很少人研究過編碼者實際如何閱讀文本或感受視覺現象，我在這裡不打算提出一套有目的的閱讀或編碼理論，我只想從另一個角度探討這個問題，找出幾個分析者經常用來釐清文本意義的認知工具：話語稱謂、延伸清單、決策方案、幅度與標尺、模擬假設測試、模擬訪問，以及結尾及推論的建構。分析者可在給編碼者的書面指引中，使用這些工具以令結果更具說服力。

7.4.1 話語稱謂

內容分析者一般只以普遍及廣爲理解的話語稱謂爲類別命名——理想地是字典定義，有時加進一些額外術語。舉例來說，英語的性別只有「男性」或「女性」，雖然我們很容易把生物歸類其一，但眞實文本可能對性別提示不多。在這個情況下，可能有需要加進第三個性別類別，如「中性」或「未界定」。在記錄電視角色的行爲時，我和同事發覺不少角色都不點明性別：嬰兒、木乃伊、機器人、卡通人物，和根據其戲劇功能界定的抽象人物，如殺人犯、市長、經理和醫生。日常語言多不照顧冷門類別，但因爲創作多針對不尋常的人與事，所以，分析者可能需要把傳統的性別二分法擴闊。

類別的單字稱謂（專有名詞）容易理解，卻通常不足以用來記錄較複雜的意義。使用較長的概念定義，內容分析者便有較多自由去要求編碼者作出基於理論而非一般的區別。Mahl（1959）提出以下一組八個類別，去找出精神病患的焦慮程度，留意這些定義全無抽象概念：

· 「Ah」：在說話時清楚發出「ah」音。
· 句子更正（SC）：在逐字吐出的過程中，在形式或內容上作出更正，這樣的更正必須被聽者覺得是打斷了字與字之間的相連。
· 句子未完成（Inc）：一句說話被打斷，句子明顯未完成，說話過程沒有修改而繼續。
· 重複（R）：通常是一兩個多餘的字不斷地重複。
· 口吃（St）。
· 干擾性的不清晰聲音（IS）：一個對聽者完全無意義的聲音，只干擾說話，但本身並不改變說話形式，也不被看成是口吃、遺漏或說溜嘴（雖然在現實中有可能發生）。
· 說溜嘴（T-S）：包括新詞、搬動字眼和以無心話語代替想說的話。
· 遺漏（O）：遺漏字眼的一部分，甚少是遺漏整個字（簡略詞例外），大部分遺漏的都是字尾的音節。

7.4.2　延伸清單

　　當分析者的構想難以傳達給編碼者時，延伸清單便顯得重要，分析者在這些清單上羅列界定每一類別的所有個案。延伸清單對電腦輔助文本分析相當重要，特別是在建立電腦字典方面（見第十二章12.7.1節）。編碼者每多覺得延伸清單很難使用，內容分析者則常發覺很難在分析前預測希望出現種類的所有個案。但對於概念上困難的任務，延伸清單可能是沒有方法中的方法。

　　O'Sullivan（1961）提供了一個非常有趣的例子，他嘗試把國際關係的理論性著作中變數之間的關係強度量化。由於之前已經決定使用因素分析，所以，他要把「關係強度」構想成兩個概念性變數之間的一個「相關係數」。要識別概念性變數並不困難，但在訓練編碼者（全為準備充足的研究生）早期，O'Sullivan發現以文字表達的關係強度，並不符合關聯的統計學定義的形式條件，把前者投射到後者是完全不可靠的。在經過多番試驗後，O'Sullivan就六個相關係數的每一個得出以下的延伸清單：

0.2 is less likely to; in certain situations induces; may lend some; may be due to; may be, to the extent that; can be used without; possible consequences seem to follow

0.3 has introduced additional; not merely a function of, but of the; is a factor of; will depend not only on but upon; depends in part on; possibility of

0.4 leads; is likely to be; tends to produce; would tend to; will tend to induce; tends to; tends toward; tends to introduce

0.5 makes it improbable that; strongly affects; is most likely to result from; is most likely to occur; creates essentially; depends primarily on; depend primarily on; is a major source of; creates a problem of

0.6 will heighten; requires at least; will enhance; necessitates; will determine; produces; depends on; is inevitable; produces; depends; is the result of; will reflect; will impose; prevents; will override; weakens; strengthens; offers maximum; will be less; will add to

0.7 will; any must first; are least when; as will be; puts a; has; is a; is less when there has been; if it is this is; there is; there has been, and is; is directly related to; will be enhanced in direct relation to; is inversely related to; will influence in direct proportion to; is directly related to; there is a direct relationship between; stand in marked contrast to; to the extent that; the longer the more; the greater; the greater the greater the more; the greater the less the greater; the greater the greater the greater; the greater the more; the wider the less; the more the less; the more the more; the more the larger the more; the more the greater; the more the less likely; more than; the wider the greater; the wider the more; the higher the greater; the longer the less; the shorter the greater must be; the fewer the greater; becomes more as the; is more likely to be the more; the less the fewer; the less the less; will be more the larger; the larger the more

7.4.3　決策方案

在一個決策方案中,每一個被記錄的數據被視為預設的一系列決策的後果。決策方案向來可靠,原因有四。

首先,人們習慣以先後次序來組織複雜的判斷,當編碼者以分開的準則處理每一步驟,造成混亂的機會便大大減少。

其次,編碼者很難處理較大數目的類別。一般來說,人類不能同時在腦海裡記得超過七樣東西(加減二)的意義,數量多會令人產生編碼習慣及喜好,決策方案可以大大減少選擇的數目至編碼者可以同時處理的數目。

　　第三，決策方案可以防止因類別以不同的概括程度界定，或因意義重疊而變得不可靠。Schutz（1958）示範了如何使用決策樹（decision tree），去釐清一個關於漫畫的內容分析所使用相當混亂的類別的意義：「美國」、「外地」、「鄉郊」、「城市」、「歷史」和「星際」（Spiegelman, Terwilliger, & Fearing, 1953a）。他以二分決策來組織類別（還加進「當代」和「地球」這兩個邏輯上有幫助的語言稱謂來保存這些區別的邏輯），把不同邏輯層次的混亂消除：

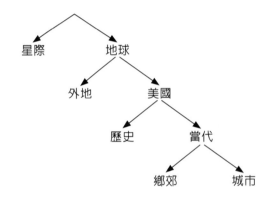

　　最後，當記錄涉及幾個判斷層面，決策方案令編碼者可以分開逐一作出決定。

　　圖7.1來自Carletta et al.（1997）對會談步驟的分析，示範了這個方案的幾種好處。圖中的決策樹有十二個終站類別，如果分析者嘗試為每一個類別下定義，如上例Mahl（1959）所做的一樣，結果將會很長、混亂和很大機會不可靠。

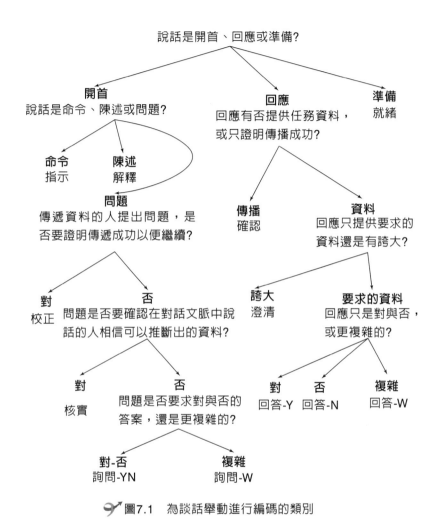

說話是開首、回應或準備？

開首
說話是命令、陳述或問題？

回應
回應有否提供任務資料，
或只證明傳播成功？

準備
就緒

命令
指示

陳述
解釋

問題
傳遞資料的人提出問題，是
否要證明傳遞成功以便繼續？

傳播
確認

資料
回應只提供要求的
資料還是有誇大？

對
校正

否
問題是否要確認在對話文脈中說
話的人相信可以推斷出的資料？

誇大
澄清

要求的資料
回應只是對與否，
或更複雜的？

對
核實

否
問題是否要求對與否的
答案，還是更複雜的？

對
回答-Y

否
回答-N

複雜
回答-W

對-否
詢問-YN

複雜
詢問-W

✈ **圖7.1** 為談話舉動進行編碼的類別

來源：Carletta, Jean; Isard, Amy; Isard Stephen; Kowtko, Jacqueline; Doherty-Sneddon, Gwyneth; & Anderson, Anne. The reliability of a dialogue structure coding scheme. *Computational Linguistics*, 23:1 (March, 1997), pp.13-31. ©1997 by the Association for Computational Linguistics.

7.4.4 幅度與標尺

以幅度與標尺作為記錄工具時，編碼者便是把文本意義構想成一個連續體，是一個或多或少的東西，有一個量法。Osgood, Suci, & Tannenbaum（1957）著名的語意分析法標尺是一個好例子：

```
好  :     :     :     :     :     :     :     : 壞
主動:     :     :     :     :     :     :     : 被動
強  :     :     :     :     :     :     :     : 弱
```

語意學上，每一個標尺的兩端是兩個意思相反的形容詞，中間分多少點則沒有清楚定義，但要與兩端距離均等。編碼者要憑這兩個相反詞所畫出的語意空間，構想出一個記錄單元和在這個連續體上評估其正確位置。

在研究者可以控制受試者反應的心理學研究中，七點的語意分析標尺廣被採用。以上三種標尺：力量、活動和評價，在研究中解釋了大部分心理學者稱為人類感性認知的差異（Osgood, 1974a, 1974b; Osgood et al., 1957）。但文本並不一定可以標尺化，這類標尺於是在內容分析中甚有問題。法律程序分清楚什麼是「合法」，什麼是「不合法」，兩者之間沒有中間點；「新聞」與「虛構」之間，可能並非單一次元，以這兩個字作為兩端的標尺則隱含單一次元的意味。如果編碼者在遇上任何未能在語意次元中作出編碼的東西時選擇中間點，那麼不能編碼這回事便會被誤認為是兩個極端之間的均勢。

勉強使用不勝任的標尺，結果往往不可靠。當要記錄下來的特性缺乏資料或資料不清楚時，內容分析用語意分析標尺便不可靠。舉例來說，在虛構敘事中，人物只會在與其角色有關的次元內出現，虛構人物沒有真人的所有特性，自然地，對人物所知愈少，編碼者需作出的猜測愈多，要編碼者在兩極特性之間作出選擇的標尺便愈不可靠。1964年，Zillmann研究出他的「語意方面標尺」（semantic aspect scale），可以避免這個問題，它是一個七點的單極標尺，由特性完全缺乏的零到充滿特性的六，這個標尺適合那些特性、質素或現象可以或多或少（甚至完全沒有）──對

一個角色來說或多或少地重要、或多或少地出現在一個主張中、出現次數或多或少。舉例來說：

```
                    缺乏                           充滿
        誠實：  0  :  1  :  2  :  3  :  4  :  5  :  6  :
```

7.4.5 模擬假設測試

　　以上討論的記錄方法，建基於已建立自然語言定義的架構內，對閱讀之事的標籤、分類、決策及詮釋的認知模式。模擬假設測試針對的是文本表面意義以外的先設、引申和遺漏。舉例來說，如果某人被介紹為瑞士人，我們可以假設幾件事情：很大機會他或她是基督徒、通曉其他北歐語言、未曾參與或經歷過戰爭、金髮、嚮往自然等等。這些特徵不需提及，多為假設，以及被發現是真確時不會令人覺得意外。《紐約時報》的訂戶多數懂英語、年齡是足夠對社會問題感興趣的年紀、政治上成熟、享受城市生活（該報並無漫畫版！），諸如此類。這些都是一些先設，是不需要「說出來」的東西。

　　舉例來說，在電視評論政治領袖演說的人，有本事暴露演說內容一般不為觀眾留意的涵義。這些涵義不單比說出來的更有趣，它們往往更是演說的重點。更值得我們注意的是，政治家應說但卻沒有說出來，有意無意說漏的東西——富爭議性的議題，如墮胎、女權、同性婚姻、宗教信仰或候選人自己見不得光的歷史，那些會令候選人失去重選機會的東西。這些遺漏告訴我們很多關於政治期望，以及候選人認為其社群力量所在的東西。我們不能點算不存在的東西，但我們可要求內容分析者針對這樣使用語言的涵義。

　　為追尋這些涵義，要內容分析者可靠地列出所有可想像得到的詮釋或遺漏，似乎不太可能，可以做的是問編碼者一個比較狹隘的問題：文本單元可否讀作支持或推翻一組命題？這些命題的功能，就如一套關於文本告訴編碼者什麼的假設，編碼者在以下的類別記錄他／她對「每一個」文本

單元的判斷：

a. 確定。

b. 可以輕易否定命題但不這樣做，卻以這個含蓄的方式確定（例
如：不提出辯駁或相反的命題）。

c. 既不確定也不否定——無關重要。

d. 可以輕易確定命題但不這樣做，卻以這個含蓄的方式否定（例
如：不提出支持的論據或提及另外的命題）。

e. 否定。

回答這些問題，其實在本質上與測試統計學假設無異，它循語言邏輯推進——每一個命題的眞確由相反例子、相反例證或有利相反事物的證據推翻——而非靠確定個案的頻度。這樣測試彼此互斥的命題（假設），其實是記錄一般讀者在閱讀（如讀偵探故事時，衡量嫌疑犯的證據）時所做的事的一套有紀律的方法。話說回來，這個認知方法需要編碼者在一個訂明的文脈單元內，尋找證據以證明一個記錄單元是否支持提出的假設。例如：在文獻中尋找抽菸與肺癌、耗油量與全球暖化、歧視語言與種族暴力、限制公民自由與國土安全之間的關係，或人爲災難引起的責難等的陳述。

模擬假設測試的一個經典例子，最早見於Lasswell（1965a）企圖探討二次大戰時期德國本土的外國統戰廣播，Lasswell假設納粹高層有四個基本的統戰目標，以他自己的術語道出來，並令編碼者判斷電臺新聞節目、公衆宣布和時事評論是否暗地裡支持或削弱這些目標。編碼者於是可以記錄不是明確道出的、暗示的或引申的，只要與命題有關便可。有效地使用這個記錄方法的一個假設性例子，會是從不同作者在題材毫不相關的著述中推斷出種族偏見的分析。過去五十年，很少作者曾明確地表達種族偏見——其實，歧視言論在美國很多州都是一項罪行，因此持有這類偏見的人，只得間接表達或在論述中故意隱藏其偏見。

基於大部分寫作的意義都隱藏不露，這個少爲人利用的記錄策略應爲以下人士所樂用：需嘗試診斷病患心理病的心理治療師，要尋找競選演說涵義的政治分析家，企圖瞭解公衆對特別事件看法的民意研究者，還有企

圖確定病患敘述自己病況的認知模型的醫學論述分析者。

7.4.6　模擬訪問

訪問是認識其他人（他們的信仰、態度和期望），以及瞭解塑造他們世界觀的認知模型的一種方法，廣為蒐集資料的新聞工作者和民意研究者採用。實際上，訪問對象只限於可親自回答問題的人，歷史人物、沒有時間仔細回答問題的人和選擇躲在文章背後的人，都不包括在內。

從現存文本中模擬訪問，令內容分析者有如文本的作者在場一樣向作者發問。使用這個方法時，內容分析者先令編碼者熟習一位作者的著作，一本書或一篇文章，由一個人寫成的這本書或這篇文章便是記錄單元，編碼者接著再讀作者的文本一次，這次重點是找出內裡是否有證據顯示作者對某件事的可能看法，以及作者會如何回答內容分析者的問題。

Klausner（1968）對兩百年間美國出版666本育兒指南中一個199本的樣本進行的內容分析，為這類模擬提供了一個好例子。每一位指南作者對育兒的態度和對育兒實務的看法，均以八十條問題的預設答案來記錄，其中一條問題和可能答案如下：

問題32：本書如何在父母眼中把父母的權威合法化？（作者呼
　　　　籲父母關注子女的基礎）

答案：1 沒有討論過。

　　　2 假設合法，但無具體基礎。

　　　3 父母比子女知道得更多。

　　　4 在道德上，父母比子女優勝（訴諸個人責任）。

　　　5 父母代表社會道德。

　　　6 不論是否有意，父母在道德及智能上影響子女，因而要
　　　　對其行為後果負責。

　　　7 不論是否有意，父母在心理上影響子女。

　　　8 其他。

　　　0 不適用（問題不適用及與問題無關）。

注意在這個例子中記錄單元是整部指南，每一條問題等同數據語言的一個變數，而問題32有九個如上列意義的數值。

和模擬假設測試一樣，模擬訪問建基於編碼者的邏輯及詮釋能力，但模擬訪問更依靠編碼者根據作者的著作而扮演作者的角色並回答問題的能力。代入作者的位置，是文學研究者探討作者意圖（他們心中所想的事），以及作者代表、重視、維護和希望做到的事而普遍使用的認知方法。

當著作數量龐大但富資料性的段落稀有，因而容易被忽略時，模擬訪問通常便不那麼可靠。在這種情況下，內容分析者便應採用少於整部作品的文脈單元。

模擬訪問可用來分析久遠或找不到作者（由外國顯赫人物至判刑囚犯）的文本。與真實訪問不同，模擬訪問可以按需要重複多次。基於後一個理由，內容分析者可使用這類模擬，因為模擬「被訪者」不會知道他們正在被訪問，因而也不會迎合分析者的意圖作答。由於內容分析者可以界定分析的文脈，他們可以令模擬被訪者輕易而無避忌地回答一些尷尬問題（Barton, 1968）。

7.4.7 結局的建構

有經驗的治療師通常都會告訴學生，不用對病患所說的太在意，病患沒有說出口的反而更重要。對這個知識學上有問題但普遍的做法，我們有很多比喻：「字裡行間」、「偵查隱藏意義」、「聆聽沉默」、「發現潛在動機」。陰謀論者很喜歡用這些比喻，而治療師亦因此堂而皇之否定病患所說的故事。經常成為研究題材的「引發記憶」（在回憶中「填補空白」），以及公眾對離經叛道團體的妖魔化，兩者都源自對沒有說出口的事詮釋得不夠專業，這些做法可能會取得大眾共識，但共識通常都非常不可靠。但在某些情況下，說出來的話可能會幫助「完成拼圖」，並可事先不偏不倚地訂明整體的抽象組織，令內容分析者可以推斷出遺失的部分，得出結局，可靠地完成工作。

一個可能步驟上比較不那麼具體的例子，是George（1959a）對二次大戰時FCC對本土的敵國廣播作出推論的研究，在他們的研究過程中，即

戰事的那幾年間，分析者發展出一些複雜的建構，認為可以解釋到那些廣播的產生，以及其產生的感覺和先決條件，我將在第十章詳細討論他們的取向；在這裡我只想說，分析者發展出並採用了對德國政治及軍事玩家網絡的高度具體建構，以及關於納粹高層的政治及統戰行為的普遍定律，令他們可以取得軍事情報和預測軸心國的政治轉變。George描述了在這個情況下發展出的分析建構，以及分析者採用以作出在本土廣播中不太明顯的具體建議的認知步驟。他建議：

> 分析者的論證就是填上每一個未知的主要不穩定變數，或給予一個數值，和以概括化及具體情況邏輯的評估支持這個再建構。這類推斷論證和重組一幅拼圖相似，拼圖的某些部分是既有或假設的，但其他部分（包括分析者特別想弄清楚的）卻不是。分析者實際上要在腦海中覆練他想推斷出的每一個未知變數的不同版本，在內容變數已知的數值及其他先行條件已知或估計數值下，決定哪一個版本最有可能。（p.61）

　　另一個記錄不存在的東西的例子，來自Shneidman（1966, 1969）對舊金山一個防止自殺中心蒐集的自殺遺書的分析。Shneidman從每個人的世界觀都是有連貫性這個合理假設出發，讀者與分析者卻只知前提及作者作出的結論，Shneidman稱每個人賴以思想及辯論的特定邏輯為「私語邏輯」（*ideo-logic*）。因此可以假定作者會接受自己的私語邏輯結論，就算與標準課本的邏輯有所出入。Shneidman採用這套課本邏輯作為建構，要求編碼者把注意力集中在一封自殺遺書中明顯的論證謬誤上，然後找出所有作者接受的不成文命題（根據課本邏輯是連貫的）。Shneidman的下一步是從編碼者的隱藏假設清單中，推斷出一個人怎樣可以與作者溝通（辯理），並進入他／她的世界——以Shneidman的術語來說是一個「教育邏輯」（*pedago-logic*）。

　　湊巧的是，邏輯謬誤的例子，似乎令作者接受這些謬誤的私語邏輯命題，以及Shneidman（1966）編碼手冊裡面的教育邏輯建議，大部分都來

153

自政治演說，這是因爲Shneidman（1963）同時期研究政治傳播，特別是從國家領導人接受的邏輯謬誤中推斷出來的世界觀，以解釋領導人每每誤解對方和可以向雙方作出什麼建議。在這裡，內容分析者也是記錄和推斷出沒有說出來的東西，背後的假設是一個有相當信度的詳細架構。

　　以上對數據語言語意的施行策略的討論並非完整，我只提及主要的取向，我的意圖也不是要令人認爲討論過的工具是彼此互斥的。只要內容分析者使用編碼者熟悉並可學會使用的認知模型，他們便可以利用這些工具。熟悉度與具體性會保證記錄是有效率和可靠的。

7.5　記錄

　　完成記錄之時，內容分析的演算部分便開始。記錄是被分析現象最基本和明確的表述，記錄可以多種形式出現，從書面文件頁邊的批注，到輸入電子文本的標籤（Stone, Dunphy, Smith, & Ogilvie, 1966）、儲存在光學閱讀微型菲林的二分數據（Janda, 1969）、加進可搜尋映像的密碼（Ekman & Friesen, 1968），以及模仿訪問日程的編碼紙。圖7.2顯示的是可以想像得到（僅可以想像）的最普通的記錄集；它刻畫一張巨大的表格，載有以適用數據語言的所有變數劃分的分析文本體系的所有記錄單元，包括謄本、類別或單格內的數字。

　　爲一個合適的儲存媒介——數據紙、編碼表、問卷或電腦螢幕設計記錄，內容分析者需要有獨到創意。由於對記錄文本的需求不一，沒有人可以提出一種標準或最佳形式，但要提幾個建議還是可以的。最普遍的是表列及列舉記錄單元，要進行點算，單元必須各自獨立，並可分別以同一變數內可互相比較的類別描述。因此，分析者有理由就每一個記錄單元製造有著與變數一樣組織的記錄，供編碼者填上適當數值，這與在訪問表格上回答所有相關的問題異曲同工。如果記錄是這樣組織的話，內容分析需要的表格數量與單元數量一樣多，因而有需要作出簡化。

　　內容分析的記錄——一系列以字母、標記或數字形式出現的描述，應包含三類資料：行政資料、記錄組織的資料，以及記錄所代表現象的資料。最後一種最爲明顯，前兩種則每多被忽略。

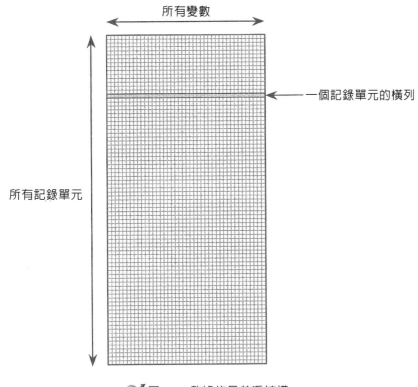

所有變數

一個記錄單元的橫列

所有記錄單元

✈ **圖7.2　數據的最普遍結構**

7.5.1　行政資料

　　行政資料引導數據的處理，對大部分的研究工夫來說至為重要。舉例來說，數據紙可能會放亂，除非分析者知道這些紙的產生過程，否則他們不會知道數據的意義。編碼者會犯上文書錯誤、漏記所需的變數，而除非記錄包括誰做記錄以及在哪裡可以找到記錄單元，否則便沒有辦法更正最簡單的錯失。很多時候，分析者拿著齊全的表格，但卻不確定它們究竟是否從預備測試來的，數據究竟有否核證過、是否已輸入電腦、何時輸入、誰輸入的，諸如此類，因此損失了寶貴的時間。

　　行政資料通常包括以下：

- 數據所屬的內容分析「項目」名稱。
- 用來產生記錄的「記錄指引版本」（如第二版或第三版）。
- 記錄代表的「文本種類」（如測試樣本或文本主體）。
- 「記錄的狀況」（如是否已完成、核證過、輸入電腦，或以其他方式處理），包括尚要進行些什麼工作的資料。
- 製造記錄的「編碼者」和其他檢驗或處理的人的「身分」。
- 記錄單元的編號或其他辨認它的方式。
- 如單元多過一個，編碼單元「載有」的「記錄單元」的名稱或數目。

前三項資料在很多大的記錄單元都有，而且也可以在數據表上預先印妥，以下我會談談上面最後一項資料。完整的行政資料是有效管理數據不可或缺的，記錄由電腦處理，分析者便少了弄錯的機會，但他們必須保證程式員為記錄上面所有的資料而作好準備。

7.5.2 記錄組織的資料

內容分析其中一項在其他類型研究中少見的特質，是使用反映出被分析文本組織的幾個層面的記錄單元。第六章6.2.5節討論過的集群樣本並不純是為了方便，它可以產生出連環相扣的記錄單元，以下是個例子：

> 把報章編碼
>> 把一期一期的報章編碼
>>> 把一期報章的所有報導編碼
>>>> 把一期報章的一篇報導中的所有段落編碼
>>>>> 把一期報章的一篇報導中的一個段落中的命題編碼

類似的等級也會在論述的組織、戲劇的世界、社會組織的決策和社交活動見到。一組組不同的類別都適用在每一個層面，在連環相扣後面，在高層面適用的類別也適用於它們載有的所有單元。在以上報章的例子中，

報章可以銷售數字、地位、新聞服務的方便和擁有權來形容；期號可以出版日、日期和大小來編碼；文章可以種類、位置、長度等來區分；我們可以一直這樣下去直至得出命題為止。如果採用多層次單元，每一個最大的單元包含了它載有的所有單元，而每一個最小的單元均由它組成的所有高層次的單元界定。

不是所有多重單元的內容分析都產生這般整齊的納入等級，網頁和超文本連結把納入關係操作化，但也容許遞歸，即文本的一個單元指向另一單元，這個單元又指向另一單元，諸如此類，而有可能最後返回原先的單元。這類組織不是一個等級，而是混級或類似一個網絡的，要處理這類多層次數據，分析者必須留意在一個層面適用的類別，是否及如何適用於下面的單元，或可從前一個單元直接或間接達至的單元，有三個方法可以做到這些：

· 分析者可以開一個總檔案，以便分別保存個別進行編碼的記錄單元之間的所有聯繫，不論這些關聯形成等級抑或混級。以上報章的例子涉及包含的等級，適當的總檔案會告訴分析者每一個記錄單元相對於其他所有單元所屬的位置。

· 分析者可分開為每一個記錄單元編碼，但包含每一個單元出現的所有單元的指涉（由哪裡可以到達），和所有每一個單元載有的單元的指涉（由此可達到的單元）。

· 分析者可以文本體系中找到最小的記錄單元，來保存一個所有變數的完整而重複的記錄，就如圖7.2所示的數據結構一樣。在這裡，任何一個單元被指派到一個類別，都因其所載每一個單元重複，因而變成部分重複。

把不同描述層次的類別交叉表列或相關起來，如報章的銷售數字和公眾人物的正面或不正面的提述，處理多層次記錄單元的內容分析者，需要把引入研究的報章的類別（記錄詳情總數大量但數目甚少）和（小而眾多）肯定相關評價的記錄單元連接上。使用以上第一種方法的分析者必須查照總檔案，使用第二種方法者必須追蹤一個記錄單元到另一個的關聯，使用第三種方法者需要留意，因為包括很多小單元的記錄單元的類別重

複,所以頻度也會被誇大。我必須指出使用重複的記錄只適合記錄單元的納入等級。

7.5.3 被研究現象的實質資料

產生出可供分析的數據,當然是記錄過程的存在理由。不論使用何種方法,編碼者必須能夠輕易地記錄資料、把輸入的即時核實和修改其錯誤。每一種記錄數據的媒介都有其特性,對編碼者的要求不一。光學掃描器指定要使用某一類的鉛筆,否則印記便會變得不肯定。如果沒有閱讀機,穿孔時的準確性便很難核實。表格令人一眼看見整個數據排列,但分析者不易從中把每一個單格的內容連接上記錄單元和現存類別。雖然電腦令編碼者隨時可產生出電子數據檔案,如在進行電話調查或看電視中,但這類工具必須小心設計以配合編碼者、減少錯誤和提供大量回饋以作核實,就如採用傳統的數據紙一樣。

大部分美國人對填寫問卷都很熟悉,很多人對以滑鼠在電腦螢幕上點擊也駕輕就熟,分析者須依賴編碼者對記錄媒介的運用能力,記錄媒介愈是為編碼者所熟悉,後者出錯的機會便愈小。

我在上面勾畫出界定數據語言的語意的幾個取向,以下我會集中討論內容分析者在設計編碼者用來記錄他們所觀察、閱讀、分類、判斷或評估的工具時,一些容易避免的錯誤。其中一個常見的錯誤源頭是過分使用數字,數字短而簡潔,但如果凡事皆用它們來表達,便會引起混淆。內容分析者習慣為他們的類別、變數、編碼者、要記錄的單元、指引的頁數等等編上數字。很多時候,設計內容分析指引的人訂明數據如何組織時,可以不需靠數字(其意義需學習)而靠文字,不需靠段落而靠排版,甚至靠比數字更少造成混亂的圖像。

第二個錯誤源頭,是不同變數之間並不貫切地使用類別名稱或編號。舉例來說,當一個變數以「0」代表「不適用」或「其他」,而另一個變數則以「9」或「99」代表同一東西時,混亂便無可避免,同樣的錯誤也出現在分析者以同一字眼表示不同變數的不同意義。就算清楚界定變數之間有什麼差別,通常都很易為人忘記。

　　第三種錯誤源頭，是把不尋常的文本抄進記錄中，這也是不同質化軟體配套容許用家凸顯文本、指定密碼和剪貼文本的原因之一。這些功能大大減少了人手的錯誤，因錯字而導致意想不到的差別。

　　第四個錯誤源頭，是記錄媒介上提供選擇的設計不佳。在非書面但廣泛使用的電腦介面慣例中，使用者只要在方格或其他按鈕點擊便可作出選擇，這些都是不同邏輯的運作方式，電腦介面可以設計到使用者必須遵從設計者的意圖，但書面工具便沒有那麼周到。無論如何，設計記錄媒介的人有很多東西可以做，令編碼者正確記錄數據，避免不可靠和以不合格的數值污染數據。看看以下人際互動的三種記錄方法：

寫上適當號碼	圈出唯一正確的	在空格内打上 ☑
☐0 - 兩者皆不利	沒有一方有利	☐ 對始作俑者有利
1 - 對受者有利	只對受者有利	☐ 對受者有利
2 - 對始作俑者有利	只對始作俑者有利	
3 - 兩者皆有利	對雙方皆有利	

　　雖然這三種方法實際上記錄同一資料，但各自引起不同的錯誤。左邊的一個，編碼者要把四個數字其中之一填進空格，他有可能填上一個大於3的數字。不理會編碼者心中想什麼，任何大於3的數字因無界定，故不合格。把空格留空也不是一個可行的做法，雖然對覺得無可記錄的編碼者來說可能有道理。這一個版本也令潦草的字體有機可乘；再者，編碼者把類別編號誤作編碼者身分號碼、單元編號、變數編號或標尺點，也並非不常見。中間的一個方法可以防止後者，但卻無法防止編碼者圈上多過一個選擇、圈上兩個同等有問題的選擇，或當兩者都不是時沒有圈上「沒有一方」這個類別。右邊的一個完全不接受不合格的選擇，但亦只限於填或不填、有或無。填不填一個空格是很簡單及清楚的一個選擇，分析者可以盡量減少以文字表達記錄的選擇來減少出錯的機會；最佳的做法是提供一個適當答案的清單，然後指示編碼者「填上所有適用的」——暫時不用理會這樣做會令每一個選擇變成一個二分變數（見第八章8.5.3節）。

　　如果記錄指引不清晰，特別是一個變數的數值不夠清楚，編碼者需要花很多工夫參照編碼指引，甚至可能得出與其他編碼者不同的結論的話，錯誤也很容易出現。要解決這個問題的一個極端方法，是把記錄指引與記錄媒介合而為一，令記錄媒介接近調查研究的問卷，但以這個做法得出高度連貫性的代價，是使用這個媒介會很繁瑣。要閱讀或不斷閱讀長長的記錄指引及／或數據紙，特別是當記錄單元小而多（如文字、錄影帶的影格、話語交談的分秒）時，就算記錄指引完全電子化，也會相當費時。在另一個極端，分析者交給編碼者一張空白表格，如圖7.2以變數劃分記錄單元的大格坐標方格，但要編碼者按另外設計的指引填寫。這個方法引起不少混亂，譬如說，有疑難時參照指引，編碼者會忘記正在哪一欄進行編碼，或把一個變數的類別（編號）寫進另一個變數的空格內。此外，大部分這類的錯誤都難以察覺，下面的建議企圖在兩個極端之間求取一個平衡：

- 在每一個數據輸入點，編碼指引的設計者應向編碼者提供變數的足夠話語描述，和一系列彼此互斥的選擇。在一篇收錄於《The Content Analysis Reader》（Krippendorff & Bock, 2009, 第4.2章）的報告中，MacQueen, McLellan, Kay, & Milstein（1998）建議任何編碼手冊的每一個編碼類別（或標尺數值）都應訂出：
  - 實際記錄下來的標記（編碼）
  - 簡短定義
  - 足本定義
  - 何時用該標記
  - 何時不用該標記
  - 例子
- 編碼者藉此可以審閱這些指引，得出任何時刻必須知道的詳情。
- 編碼指引的設計者應向編碼者提供一個清晰界定選擇的清單以供選擇，如電腦程式的垂下選項或目標橫列，並應儘量避免編碼者作出選擇模稜兩可（編碼者的印記有可能出現在兩個選擇之間）。編碼者理應不需寫任何東西，要編碼者把數字或字母填上空格內是有問

題的,特別是當這些字體與被記錄現象之間沒有必然關係,提供指示清晰的空格供編碼者填寫,可以避免要他們強記標記或字體。

· 可能的話,編碼指引的設計者應創製出被記錄現象的視覺模型(投射),以顯示被分析文本的組織方式與記錄媒介設計之間的關係。舉個例,在記錄報章頭版報導的空間位置時,要想像應占的位置不會太難(中間彩頁上或下,或中間,或兩側);又或記錄小組互動時,要看出成員間的關係,令編碼者知道誰跟誰說什麼,也是相對地容易的;又或是當句子被化成演員-動作-目標-效果的陳述(見第八章8.3節)時,這類陳述的語意常規在其編碼結構的視覺模型中應予保存。

· 普遍規則是為編碼者儘量減少他們工作上複雜的地方,但以不影響數據為前提。

向編碼者提供選擇的電腦軟體的出現,令內容分析設計者可以直接製造數位記錄。可令分析者馬上核實信度及提供內容分析數據的編碼軟體,也正在開發中。

CHAPTER **8**

數據語言

　　實證研究的起點是類別和量數，我們視它們的特定組合為一數據語言，有其句法和語意。數據語言的語意把數據連接上被觀察世界裡的現象和編碼者對文本的閱讀，句法則把數據連接上分析的演算過程。本章是關於符合內容分析數據語言的句法要求的形式，它提出與建構這類語言有關的術語的定義，說明數據語言的主要特色，和根據排序和量法區分變數——類別、量度標尺等等。本章把Coombs（1964）的《數據理論》（*A Theory of Data*）帶到內容分析的範疇內。

8.1 數據語言在分析中的地位

　　數據語言是分析者用來描述其數據的工具。對自然科學家來說，數據語言是一套物理性測量及基本觀察記錄的系統。對從文本材料、映像、話語交流、傳遞及被觀察現象的記錄入手的內容分析者來說，數據語言描述所有類別、變數、注釋、正式謄本和供電腦閱讀的記錄如何互相連結成為一個系統。對這兩類研究者來說，數據語言身處沒有結構的現象和它們的科學論述之間，而就內容分析者而言，它身處閱讀文本、詮釋映像和觀察短暫社會現象的經驗，和現存分析或演算程序的形式要求之間。

　　以數據語言看待一個類別及量數的系統，容許分析者把句法和語意的考慮分開。數據語言的語意，釐清其術語在編碼或記錄過程中實施的意義，而句法則需符合以科學方法處理數據所需的運作模式。當數據語言的語意界定不清時，我們無從詮釋觀察者或編碼者留下的印記或數字；而當句法與分析技術所要求的不符時，演算結果便也模糊不清了。

　　我在第七章討論過把數據語言的語意操作化的困難，我會在第十章探討分析技術對被接受的數據作出的要求，更會在第十二章看看數據語言語意含混的後果。這一章主要是關於內容分析者感興趣的數據語言的「句法」。就其句法而言，數據語言必須符合以下三項準則：

・句法上不存在模稜兩可及不連貫性

・符合使用的分析技術的要求

・傳達關於研究現象的足夠資訊

　　為符合以上第一條準則，數據語言應是或應被形式化的。形式語言原則上是可以演算的，人類天性對文脈敏感，以自身經驗閱讀文本，應付句法上的模稜兩可絕對勝任，但明確的分析技術則不。舉例來說，知道「They are flying planes」這句子的文脈的普通讀者，不會有困難決定*they*指的是飛機師還是天空中的物體。其實在句子的文脈中閱讀這一句，普通讀者很少會留意其意義可以模稜兩可。進行內容分析時，這些句法上的模稜兩可必須由人刪去——在上述例子中，分析者需訂明*flying*是動詞還是形容詞。同樣地，「Jim or Joe and Mary are coming」這一句可以讀作「(Jim or Joe) and Mary are coming」或「Jim or (Joe and Mary) are coming」。文本充滿這種模稜兩可，但對普通讀者來說卻不成問題。內容分析者應設計出防止句法上不連貫和模稜兩可的編碼紙、核對表和謄寫文本或界定句子的規則。

　　第二項對數據語言的規則，源自分析者意圖使用的分析技術的形式要求。出乎意料之外，研究者很多時候從非常有趣的現象得出數據之後，才發現數據的形式特徵令人無法處理它們。舉幾個例子足以說明之：因素分析（factor analysis）需要多重相關，後者又假設幾個層面的等隔數據；多層次刻量技術的起點是一對一對數據點之間的距離；因果聯繫只可顯示在容許分析者檢驗錯誤相關的時序數據。雖然大部分的分析技術都接受數字的輸入，數據以數字形式存在並不保證分析會有結果。對不易以這類分析處理的等級使用變異分析（variance analysis），產生的結果會難以詮釋（相反意見見Tukey, 1980）。研究者如把名類數據當作有排列的數據分析，所犯的錯誤更大：按人們的社會保障號碼或以足球員的球衣號碼作

爲等隔數據分析，只會得出沒用的東西。

　　研究者曾企圖設計文本分析的電腦軟體（見第十一章），以解決上述首兩個準則所針對的問題。這些演算工夫假設有一套數據語言可以把文本當爲一串串長度有限的字體，並把特定字體數目的單字或一對對的字記錄下來。這套數據語言容易演算，但卻會忽略眞人閱讀所顯露的文本意義。

　　數據語言要符合的第三項準則，來自內容分析的目標，即是從文本中選出合適的推論。向政治學提出類似問題（Lasswell, 1963），Lasswell（1960）曾經把傳播研究這樣比喻：「誰人向誰透過何種管道說些什麼？又有何效果？」他接著提出內容分析解答的是「說些什麼」那部分，受眾研究解答的是「向誰」那部分，而效果研究解答的是「有何效果」那部分。Lasswell把這些分析取向分得清清楚楚，卻看不到分開處理「誰」、「什麼」、「向誰」和「有何效果」等問題並不能提供有用資料，令分析者對傳播的過程、造成的影響、建立的關係、完成的協調等有個透徹的瞭解（Krippendorff, 1970d）。數據語言可因採用一個未能全盤理解整體的角度而提供不足的資料——正如Lasswell把內容分析從傳播其他方面的分析分開——剔除重要變數、忽略之間的相關或作出太少區別。分析的資訊流程可以追尋及測量（見Krippendorff, 1991），分析者爲最終選出一個站得住腳的答案所需的資訊量，通常都可以預先估計。一套合適的數據語言必須起碼提供同樣的資訊量去解答研究問題，資訊重複（區別、相關和變數）總好過資訊不足。

　　基於以上所討論的準則，我們可以爲數據語言下一個廣闊的定義，以涵蓋大部分內容分析者的關注。

8.2　定義

　　一項分析採用的數據語言爲記錄數據訂下形式，數據語言的句法包括以下：

- ・「變數」，其「數值」代表一個概念性層面中的變異。
- ・變數中的「數值」，可以是「順序」及／或展示一個「量法」的。
- ・「恆數」，其運算意義在數據語言中不變，並訂明不同變數的數值　165

之間的關係。

‧「文法」，其規則決定表達方式（數據的記錄或描述）是否正確。

‧「邏輯」，決定數據語言的表達方式如何隱含或等同其他表達方式，訂明表達方式之間的邏輯（先驗）依存關係。

舉例來說，在以下這條代數方程式中，

$$A \cdot X + B = C,$$

A、B、C和X是「變數」，每一個都代表一個「數值」。「+」和「‧」的符號分別指相加和相乘，它們不會因變數的數值而變。在記錄數據的過程中，為了把分析程序應用到數據語言上，分析者需把數值輸入到變數提供的位置上。

數據語言的「文法」，決定變數中某些數值的組合是否合法。根據代數的規則，以上方程式的兩邊均為合法的，但「$ABXC = + \cdot$」則並不合法，因而也不會出現。

「=」這個符號是一個邏輯符號，把方程式兩邊視為數值上等同及可以互換。數據語言的「邏輯」，界定不同表達方式中不同數值組合之間的關係：平等、包含或排列。

很多內容分析的數據語言的句法和邏輯，都簡單到不易為人覺察。數據語言最基本的形式，包括一組有限數目n的變數的積如下：

$$A \cdot B \cdot C \cdot D \cdot E \cdots\cdots$$

這些變數之間的相乘符號，容許不同變數的數值自由地同時出現。實際上，以n個邏輯上獨立的變數來說，這個符號界定出一個n次元的空間，原數據接著以一組n維數值$a, b, c, d, e, \cdots\cdots$出現，一個變數一個數值，$a \in A$、$b \in B$，諸如此類。$r$個這樣的$n$維數值，可以以$r \times n$的矩陣表示：

$$\langle a_1, b_1, c_1, d_1, e_1, \cdots\cdots \rangle$$
$$\langle a_2, b_2, c_2, d_2, e_2, \cdots\cdots \rangle$$
$$\langle a_3, b_3, c_3, d_3, e_3, \cdots\cdots \rangle$$
$$\langle a_r, b_r, c_r, d_r, e_r, \cdots\cdots \rangle$$

　　它們也可被視為排列在如圖7.2的表格中。這套基本的數據語言可被視為界定一個n次元的空間,內裡每一個n維的單元都占據一個獨特的方格,數據整體在這個n次元空間中構成一個特定的分布。在這套基本的數據語言中,來自不同變數的數值可以不受限制地共同出現,根據以上定義是沒有特定邏輯的。

　　我在這裡提及數據語言的文法和邏輯,主要由於與傳播研究有關的學科特別是語言學和文化人類學,出現了令人興奮的發展,內容分析者需要有所認識。舉例來說,轉換語法(transformational grammar)的句法包括了以表達自然語言為目標的重寫規則,不可以以空間及沒有邏輯地表述。但就算沒有太大野心的內容分析也可能包括一些遞歸,破壞了多次元表述數據這個意念。譬如說,在一個非洲的土著—外國人態度的內容分析中,Piault(1965)以下述方式記錄開放性問題的答案:

1. 與個人X與Y的社會特徵有關的一組有排序的變數。
2. 以下列形式表達的一個判斷的源頭:

   X判斷Y為[　　　]

   X談及Y判斷X為[　　　]

   X談及Y談及X⋯⋯
3. 相對於判斷源頭看X與Y的關係。
4. 與每一個判斷相關的三類「主題」(即論據)。
5. 以根據一套包含了675個詞語、變數(記錄有或無)和恆數(以AND和OR這兩個布爾算符和修飾語的形式出現)的字彙,在[　　　]填上論據。

　　第1項把一組社會變數連接上正在說話或被談論的個人，第2項描述誰判斷誰，並容許遞歸判斷，……，第5項保存回答問卷的人所使用的原本屬性（可藉布爾算符搜尋的開放式變數）。這套數據語言符合Piault在其分析過程中使用的資訊檢索手續的句法要求。

　　研究可被視爲一連串從一套數據語言到另一套的系統性轉變。舉例來說，點算記錄下來的n維單元，會消除清單上重複出現的單元，並爲排列加上第（$n + 1$）個變數，它們的觀察頻度。指標的建成把一組變數投射成一個指標，隨其代表的不同原本數據變化。以代替字典處理文本，把眾多的表達方式簡化成少數更相關的種類。數據語言不一定偏限於多次元代數空間中的傳統統計學分布，隨著愈來愈多對語言敏感的分析技術，先進的文法規則和邏輯形式更形重要，尤其是在主題分析方面。但我不打算繼續討論這個題目；我會集中說說所有數據語言都有的東西：變數。

8.3　變數

　　變數是一個容許其個案變異的概念。上面我們把變數看作數個彼此互斥的數值的任何一個的占位符號。在《韋氏大學詞典》（*Merriam-Webster Collegiate Dictionary*）（十一版）中，「變動」（variable）這個形容詞的解釋爲「能夠或傾向變化」，而名詞「變數」（variable）則解釋爲「變動的東西」及「一個可以變成任何數值的數量」。變動令數據富有「資訊性」。其實，除非男女有別，否則性別這個變數便沒有描述的價值；而除非新聞工作者可以選擇置身爭議的一端，否則新聞業的偏差便也沒有意義。換言之，如果內容分析的單元在描述上沒有出現變動，則分析那些單元便不會告訴我們什麼。

　　一個變數的個別數值，必須相對於其他數值是「彼此互斥」的，這符合數據語言必須清晰和實際上把記錄單元（樣本）分割成彼此互斥的類別這個要求。變數的數值必須整體提供所有單元的一個「鉅細靡遺」的解釋，意思是樣本的分割應不會遺漏任何東西。如果是不相干的事，則內容分析對鉅細靡遺解釋的要求可以放鬆，在這方面，社會科學和物理學不同，後者假設所有物體的立體性均如一。

　　變數中的數值必須彼此互斥及在描述上鉅細靡遺這件事，雖然稱謂不一，但卻廣泛地出現在無數知識領域上的探討。以下我們將提出一些對稱例子。集理論表達方式「$a \in A$」可能是最普遍的一個；它只是道出a這個元素是A這個元素集的一個成員。

變數的數值

a	∈	A
類別		類別集
點		標尺
成員		家族或階層
位置		層次
所在		空間
量數		計表
狀態		系統
標誌		類型
元素		集群
可能集群		超集群，集群總集

　　變數有著彼此互斥數值的概念，並不表示內容分析者只可作出單一數值的描述，和就每一記錄單元只能指定一個數值。文本通常都可作多重詮釋，不論因為不同背景和興趣的讀者的詮釋分開來說是獨特但合起來則是各自表述，還是因為模稜兩可會令讀者得出其他同等有效的詮釋。一個記錄可能集群（上列最後一個）、可能模式或可能關聯的變數可作多重數值描述，文本的多重詮釋會對編碼和處理這些數據的現存分析技術造成困難──數碼語言的語意和信度，但這與變數這個概念並不相悖。

　　變數可以是「開放」的或「封閉」的。最低限度在原則上，數字變數是開放的，並無最大或最小的數字。開放的變數要求編碼者構想清晰，或在自然科學中對建造測量的工具有所認識。舉例來說，當編碼指引要求把文本編成以下形式：

　　　　[　　]向[　　]說[　　]，

　　如「〔吉姆〕向〔瑪利〕說〔好〕」，編碼者會受適合填入空格中的概念引導。若有前文後理，我們很容易便會重寫成「誰」向「誰」說「什麼」——對Piault來說，這會是X認為Y擁有的個人特性，但她不會知道什麼字會出現。開放變數的數值來自被觀察現象或文本單元，並不在研究設計者的預先構思之內。

　　當變數是封閉時，分析者可藉「訂明它們的範圍」為它們提出「隱含」的定義，或以「列出所有其他的數值」來「明確」地界定之。很多社會變數均以隱含具體範圍的概念來界定。舉例來說，性別、婚姻狀態和親屬等概念提供封閉術語去形容所有可能的種類。有時候體制會限制了變數的範圍（如刑法中的刑事罪行種類或DSM-IV-R中的精神病種類），有時候特別的理論也會限制變數的範圍（如虛構的戲劇角色或人格種類）。以語言定位的測量標尺較易作出量化，例如：分七點的語意分析標尺。語意分析標尺顯示一對南轅北轍的字眼，兩極之間是一個量化的連續體，例如：

親社會　　　　　　　　　　　　　　　　　　　　反社會

　　當使用這個標尺時，編碼者大概在心中有一條意義直線，兩端是兩個相反的字眼，然後判斷被觀察現象或語言表達應座落在上面哪一點。標尺兩端以讀者對這些形容詞的認識界定；其餘則隱含在連續體的使用上，跟使用此變數的數據語言的句法一樣。

　　最後，分析者可藉「完整的數值清單」來「明確」地界定變數。舉例來說，Searle（1969）聲稱就「語言行為」（speech acts）這個變數找出了一組五個彼此互斥而且鉅細靡遺的數值：

・代表
・指令
・委派
・表達
・宣稱

上述三種界定變數的方法也可在設計編碼紙、記錄工具和電腦介面中找到。編碼者一般都把開放變數的數值手寫或打在早已預備好的空位上；以按鈕點出隱含地界定的變數、把物件安排以顯示它們有多不同，或在標尺上面刻畫或點擊，以及在明確界定的清單上選出適當的選擇。

分析者通常可以從幾個不同的數據語言中選出一個來記錄同類資料。舉例來說，我們可要求編碼者在一個五人小組中找出哪二十個在邏輯上可能的傳播網絡在運作，又或是正在使用的是兩個成員之間十個可能出現的傳播管道之中的哪個，這兩個方法提供的資料是一樣的，選上一個數據語言而不選上另一個，可能由於所需的編碼工夫之間有差異，也可能與信度有關，但肯定與數據語言提供的資料多少有關。一般來說，內容分析者應建構盡可能詳細及基本的數據語言，並把一切儘量留給演算工夫。舉例來說，Budd（1964）的注意力測量、Gerbner, Gross, Signorielli, Morgan, & Jackson-Beeck（1979）的暴力指數，以及Hawk（1997）靈感來自Flesch（1974）的可讀性尺度的電視節目動聽指數（也見Krippendorff & Bock, 2009，第3.9章），所有這些都以無數簡單的編碼判斷的結果來計算。分析者當然可以界定一個遠為簡單的高層次數據語言——如作為編碼者全面判斷的一個記錄注意力、暴力和動聽的等比標尺——但有證據顯示抽象的量法就接近文本的數據取得的信度不高，而且也未能提供總合測量方法產生的細微區別。

不幸地，內容分析者多數在發表其結果時不會訂明其「構思方案」或「類別系統」，或許由於他們自己也不太清楚他們使用的數據語言的性質。試看看Herma, Kriss, & Shor（1943）找出的方案：

> 否定佛洛依德夢的理論的標準：
>
> A. 因價值判斷而貶值
>
>   1. 嘲弄和嘲笑
>
>   2. 以道德理由否定
>
>   3. 否定效度
>
> B. 否定理論的科學本質

     1. 質疑分析者的誠意

     2. 質疑理論的核證

     3. 質疑方法學

  C. 暴露理論的社會狀況

     1. 專家之間的分歧

     2. 潮流

     3. 缺乏原創性

這個方案似一篇論文的概要多過似一個編碼指示，至於分析者如何使用它則不得而知。它可以詮釋為只不過界定了一個有著 $A1$、$A2$……至 $C3$ 九個數值的變數，以 A、B 及 C 三個種類輕易地把這九個數值分類以幫助構想，此外並無描述上的意義。第二個詮釋是三個變數（A、B 及 C），每個變數又有三個數值（1、2 及 3），每個數值在每個變數中的意義又不盡相同，這個詮釋暗示研究者把反對佛洛依德對夢的理論看待成有價值性、科學性及社會性的一面。第三個詮釋是九個變數的數值是「存在」或「不存在」，各以 A、B 或 C 這三個概念性文脈為其定義。

內容分析研究的讀者檢視數據的處理，會發現使用數據語言的重要啟示。數據的不變組織令人想到恆數，相比起來，變動的變數容許編碼者記錄不同的觀察或閱讀。個別的判斷令人想到個別的變數，鑑於編碼指引的彼此互斥數值把樣本分隔成彼此互斥的單元集，頻度相加的總和永遠指向數值或數值組合之間的彼此互斥。把頻度相加的幾種方法令人想到獨立的變數，如交叉列表中的。在為佛洛依德對夢的理論編碼的例子中，仔細閱讀 Herma et al. 的研究報告，令人見到以上三種詮釋的第一種是正確的，原因是那九個數值的頻度加起來是 100%。同一個變數中分成 A、B 及 C，令研究者稍後可把發現歸類入簡單的類別，但這卻在其發表的概念性方案中看不出來。

內容分析者之間不幸地常有誤解，甚至時有對弄清楚所使用的數據語言有所抗拒。舉例來說，在研究者使用電腦輔助文本分析軟體（見第十一章 11.6 節）對文本作出互動－詮釋的探討中，編碼者有很大自由去凸顯文

件中的相關部分，以及指派任何數目的代碼（見圖8.1）。緊接編碼者進行了單元化及歸類工作後，質化研究者可以檢索、重組和表列被編了碼的部分來作仔細審查。留意在圖8.1的例子中，第一和第二個文本單元分別被指派a和g兩個代碼，第三個單元則有兩個代碼b和c，這個單元也包含第四個單元，代碼是d。如果所有凸顯的文本部分都如前兩個單元般分開，它們的代碼可被當作一個變數的數值。在這個情況下，a、b、c和d嚴格來說都不算是類別，而是二分變數。

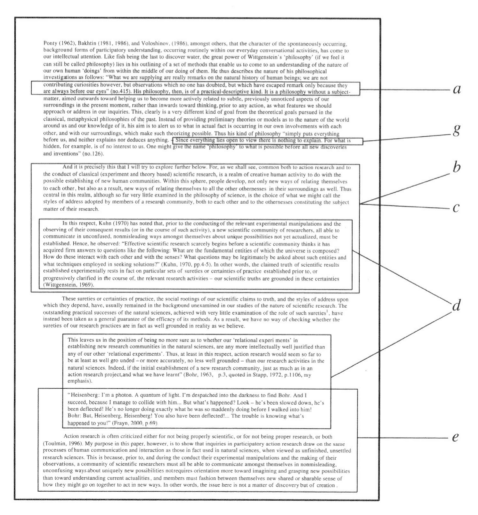

圖 8.1　凸顯及經過編碼的文本節錄

　　由於重疊的單元並不可逐一列舉，量化研究者不會做雙重編碼的事。質化研究者則認爲統一的單元化與他們研究的文本性質格格不入，因而也不作較形式性的分析。這兩種態度都限制了結構通常都很複雜的文本材料的分析，但當分析者把每一個代碼當成是一個二分變數（即一是存在、一是不存在），並呼應著凸顯文本的一首一尾（關於單元化的信度，見第十二章12.4節）時，這便構成一套能令分析者把這些代碼聯繫起來和應用作複雜分析的數據語言。在圖8.1中，第三段凸顯的文本部分促成b與c的相關，而重疊的文本部分則算作b與d、c與d，和d與e之間的相關。由於文本的凸顯與編碼由電腦進行，沒有模稜兩可或不連貫的情況出現，只要對由原始文本製造出數據的數據語言清楚，內容分析者便可令他們的分析更透明和易於重複、令他人得益，和鼓勵發展出合適的分析技術。

　　變數的數值可以是沒有次序，也可以是有次序的，後者可以出現任何一種量法。「有次序」指的是一個變數中的數值之間關係的系統，決定哪一對數值比鄰以及相距多遠。舉例來說，在一個等級中，一個數值與其他幾個數值比鄰，其他那幾個則並非比鄰，後者每個也有比鄰的其他數值，而這些其他數值又並不比鄰。在一條鏈上，每一個數值都有兩個相鄰數值，除了最前和最後的一個只有一個比鄰數值。

　　「量法」界定一個變數中一個數值與另一個數值之間的量化差異。我們根據「適用於這些差異的數學運算」來區分出幾類量法，因此，加減幾塊錢代表賺錢或花費的經驗；但如果比較的數值是質化的特性，如個人的情緒狀態、公民權或職業，則加減本身便沒有意義。當質化特性以數字表達──電話號碼、社會保障號碼、籃球員球衣碼號──時，加減在數學上雖然是可行的，但在語意上則沒有意思。我在這裡只關注數據語言的句法，會以適用於它們數值的運算區分出變數的可能量法，如金錢的量法與電話號碼的量法便不一樣。我會先談談最普通的變數，其數值並無次序之分──名類變數，然後再介紹幾種次序關係和量法。

8.4　名類變數

　　最基本的變數──名類變數，是既沒有次序關係也沒有量法的，其數

值只是各自獨立，因而並無次序之分。適用於名類變數的數學是與不分次序的東西有關的集理論。形容詞「名類」暗示這些變數「只是一個名字而已」的性質，稱名類變數為「名類標尺」是錯誤的，因為「標尺」令人聯想起數值的直線排列，而這正是名類變數的數值所沒有的，它們可按任何方法排列而分別不大。收錄在名類類別的數據也稱「質化」，因為名類變數的任何兩個數值之間的差異，跟其他所有一對一對的數值的差異一樣。

之前出現過的九個否定佛洛伊德夢的理論的標準，構成一個名類變數，其他例子有字母、說話行為、政治模式、民族身分及社會保障號碼。分析者必須留意不把數字誤認為名類類別的名稱，銀行顧客的私人密碼或球衣號碼的數字清單並不可進行運算，一個更技術性的說法是：名類變數內的區別，不會因其數值的組合不同而有所改變。

沒有了次序和量法，所有變數都會還原成名類變數。下面我將討論名類變數跟其他變數有何不同，以量法排列，表8.1顯示了我將討論和對內容分析有用的變數種類。

表 8.1　變數種類（按次序及量法）

次序關係：量法	無	連鎖	遞歸	立方體	枝幹
無	名類變數				
次序	組合	次序標尺	環	次序變數的交叉表列	分類法
等隔	距離網絡	等隔標尺	π 圈	幾何空間	等隔枝幹
等比		等比標尺		向量空間	等比枝幹

8.5　次序關係

一項變數要有意義，其數值的任何安排都必須適合變數要記錄的現象。只向單一方面變化的東西如長度、觀眾量或正面或負面的評價，均不同於重複又重複而且是循環的時間，或一是這樣一是那樣但不會是兩者之間的個人姓名。由作者作品抽出的概念網絡（Baldwin, 1942）、儲存在

電腦的文本中的語意關聯（Klir & Valach, 1965），以及組織一篇文章的等級（由作品整體到它的章節，直至個別句子），這一切都表現出其他的次序關係。以下我將討論四種普遍的數值次序：直鏈、遞歸、立方和枝幹。這樣的分類並非完整，我選擇它們只是為了拓展直線測量標尺的傳統限制，這些所謂測量標尺廣為統計學者採用，但卻鮮有把文本的意義拿得準。

8.5.1　直鏈

直鏈是直線地排列數值，如在量尺之上。直鏈上的數值是遞進的，即有任何三個數值 a、b、c，如果 $a \rightarrow b$ 和 $b \rightarrow c$，那便必然包含 $a \rightarrow c$。舉例來說，在提到體溫時，我們大約知道什麼是正常，我們把溫度看成是上上下下的度數，溫度是一個單向的變數，遊走於極端高和極端低之間，永遠不會橫移，也不會跳過任何一個溫度。實際的測量單位（華氏、攝氏或開氏）較其向左右隔鄰遊走的想法次要。我們說多少、前後或改變時，我們隱含直鏈的意義，就算我們用「富有、聰明、成功或進步」等相對字眼也是一樣。直鏈可以是開放性或兩頭封閉的，在第七章中介紹過，以上也提及過的兩極形容詞標尺，界定開頭和結尾。直鏈也有從一個零零星星的數值單方向地延伸的，如大小、讀者群，或報章的頻度或 Zillmann（1964）的語意方面標尺（semantic aspect scale），也有雙向的如報導的正面或負面偏見。圖8.2的火車班次表和梯子是額外的直鏈例子。

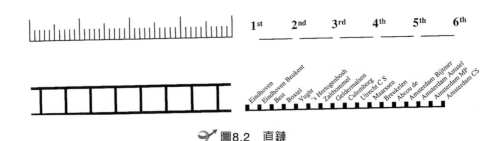

圖8.2　直鏈

　　著名的次序、等隔和等比標尺皆是以直鏈開始,這些標尺與直鏈的分別是量法上的分別。如上所述,「名類標尺」是一個錯誤的稱謂,因為名類變數並無任何次序可言。

8.5.2　遞歸

　　遞歸是數值之間的循環關聯。遞歸可看成是頭尾相連接的直鏈,每一個數值都恰恰有兩個比鄰數值;沒有結尾也沒有剩餘的數值。由任何一個數值向一個方向出發,最終會回到起點——起點反正是隨意的,遞進性只適用於某處的數值而非所有數值,圖8.3顯示這個情況。遞歸現象的例子包括季節的轉移、生態循環和人類與電腦的互動。Namenwirth & Weber（1987及Krippendorff & Bock, 2009, 第3.8章）示範使用政治數值的循環性和採用了一個遞歸式的時間概念（見圖10.5）。生物學家以生命循環來描述生物現象,運籌學家以循環因果回饋圈來辨識複雜系統的穩定性。在社會偏見如何在社群中生根、政治候選人如何贏取競選,以及「沉默的漩渦」如何影響民意等研究中,遞歸變數是不可或缺的。

　　把遞歸切割成較易分析的直線連續體的做法,往往破壞了其循環本質。舉例來說,有些社會心理學家把語言行為從賦予它們意義的人類互動的循環中分割出來,這也許造成了社會心理學對語言運用的主流構想離不開因果關係。同樣地,當我們以出現的圖案描述一個電腦介面時,我們隱藏了介面的動態本質。很多所謂的不連貫選擇,如$a{\rightarrow}b$、$b{\rightarrow}c$和$c{\rightarrow}a$,其實就是遞歸。它們都絕非不理性或不正常;它們只是屬於非直線的次序。

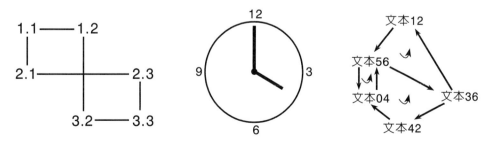

圖8.3　圈與環

177

8.5.3 立方體

立方體以多次元展示變異，立方體內數值的排列次序令比鄰的數值僅在立方體的次元有分別，立方體通常都無須刻意選擇。看看Lasswell & Kaplan（1950）的八個數值類別：

- 權力
- 正直
- 尊敬
- 仰慕
- 財富
- 健康
- 啟發
- 技能

表面看來，這八個數值並無明顯的次序，因而和名類變數相似。但Lasswell & Kaplan容許他們的記錄單元──人物、象徵符號及陳述──在多過一個數值上取得高分。如果視這八個數值為一個名類變數，容許記錄它們的組合便會違反了變數彼此互斥的條件，令記錄的數據無法以名類變數作出分析。其實，任何要求編碼者「只要適合的都可揀上」的指引，都意味數據的結構並非是一個標尺。當八個數值的任何一個可以獨立於其他而出現或不出現時，這些數值便會界定出一個八次元的立方體，包含八個二分變數。圖8.4顯示隨著獨立特性的出現或不出現，立方體的次元會不斷增加。

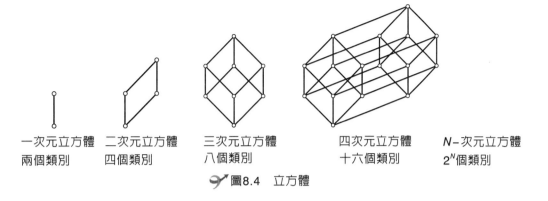

一次元立方體　　二次元立方體　　三次元立方體　　　　四次元立方體　　　N–次元立方體
兩個類別　　　　四個類別　　　　八個類別　　　　　　十六個類別　　　　2^N個類別

✈ 圖8.4　立方體

8.5.4　枝幹

枝幹有著一個起源和兩類數值：分支和終點，所有這些皆可編碼。如圖8.5所示，枝幹沒有遞歸，枝幹中每一個數值都可以從起源經過一些分支數值而到達。枝幹是記錄語言表述的基礎，也符合最早的意義理論。舉例來說，亞里斯多德的 *definition* 意念，要為 *definiens*（要界定的字）所屬的 *genus*（普遍類別）冠名，和把前者與那個普遍類別中的所有其他種類區分開來。從一個類別到另一個類別，是從一個分支點到另一個分支點的移動。生物學的林系（Linnean）分類法的系統──不是其分類的生物──也構成一個枝幹。以較接近內容分析的方式來說，對歐洲的指涉隱含對法國、義大利、德國等的指涉，對法國的指涉隱含對該國地區的指涉。連接「歐洲」、「法國」、「普羅旺斯」的關係是包容性的，並在枝幹中界定了一條路徑或直鏈。法國與英國在不同路徑上，任何一方也不包括另一方。

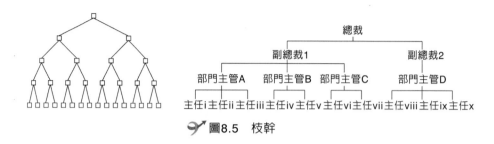

圖8.5　枝幹

　　大部分內容分析都有固定的抽象程度，來把國家、人口、產品或大眾媒體節目編碼。因其抽象度更具彈性，枝幹提供了一個更豐富的可能。其他例子包括決策樹、電話樹、轉換語法法則產生的枝幹，以及各商業組織、軍隊和政府內的各個社會等級。（我會在8.6.1節談談枝幹和組別可能引起的混淆，讀者現在只需知道每一個分支點都是一個數值。）

8.6　量法

　　任何兩個數值之間都可存在量化差異──不論它們是否比鄰。在一個語意網絡中，概念（結點）與概念之間由關係概念連接（例如：〔祖〕〈競選〉〔州長〕；〔祖〕〈曾是〉〔會計師〕）。量法界定兩個概念的關聯有多緊密、有多相似，或互相有多大影響，而不是它們是否比鄰或相對的位置在哪。量法可以看出不同的差異，訂明分析者可以做些什麼。量法的文獻主要由直鏈式的變數和一個區分出名類、次序、等隔和等比標尺的測量理論的文脈發展出來（Stevens, 1946）。這四個量法（按其重要性從小到大排列）不同之處在其所代表的資料，所以也稱測量層次。以下我會描述三個主要的量法和在表8.2中界定其數學屬性。在第十二章12.3.4節，我會討論它們如何影響信度。

8.6.1　次序量法

　　次序量法以「大過」、「多過」、「先於」、「導致」、「作為條件」、「作為細分」、「裝載在」、「督導」，簡言之是關於「階級」的關係詞來描述記錄單元。次序標尺（數值之間次序量法的直鏈）最多出現

於社會科學，主要由於人與物件之間的關係多出現在口頭或書寫的語言中，也因而更輕易地被文字記錄下來。說股市「增值」，背後隱藏的是一個次序量法。說股市「升了五點」，我們用的是等隔量法。三點、五點和七點的次序量法最為內容分析所樂用，因為兩極相反得出三點標尺（如標尺兩端為「好」與「壞」，中間點是「中性」）；加上一個簡單的形容詞如「多於」或「少於」，標尺會變成五點；而加上最高級的形容詞（如「最多」和「最少」）則會變成七點標尺。

在內容分析中，等級可以不同處理手法施行。舉例來說，報章編輯以幾種排版方式來表達新聞的重要性。假設在訪問了一批報章編輯後，研究者發現以下的編排與編輯對重要新聞的判斷有高度相關：

第一：頭版中間上方最大的多行標題
第二：頭版中間上方其他標題
第三：頭版中間下方任何標題
第四：第二、三或最後一頁任何多行標題
第五：其他內頁中間上方任何標題
第六：其他內頁中間下方任何標題
第七：任何其他報導

假定眾編輯同屬一個穩定的新聞文化，內容分析者可以這個七點次序標尺來把報導排列，從而推斷出它們的重要性。

如表8.2所見，次序量法並不限於直鏈。把無次序的數值集分成一組組概念性的類別，令本來每對之間的差異相等變得不相等，組合假設同一組別內的數值比其他組別的數值有更大的共通點。以上提過分析佛洛依德夢的理論的標準是一個組合：$A1$與$A2$之間的分別小於$A1$與$B1$之間的分別，但有多小則無法知道。Graham & Witschge（2003）把網路討論區的訊息分類，以四個方便的步驟，成功在四個層次組成二十一個類別，得出這些階級的差異。圖8.6顯示研究者的步驟，第一步是把訊息分成三個組別，其中兩個是編碼類別。第二步把回應之前訊息的那些訊息分成兩類，

181

視乎它們是否有顯示理由。到了第三步，沒有顯示理由的聲稱帶來三個編碼類別，有顯示理由的聲稱分成四類反應，在第四步中又各自帶出四個組別，點出論據中使用的證據種類。二十一個編碼類別都個別計算出其頻度，可以由帶出它們的區別以顛倒次序相加起來。雖然數據是質化而無次序的，但組合帶來一個量法，令同一組別的訊息較與其他組別的相近。圖8.6可見到顯示理由和不顯示理由的訊息之間的差異，較那些不論是否含有反論據、反駁、拒絕反駁或理性肯定的訊息的差異更大。

組合反映的是界定在原本價值之上的概念等級。任何決策枝幹，如圖8.6所示，也如圖7.1的，只要不斷重複使用，都會製造出組別。決策枝幹由粗糙演進至幼細、由較大而分工不精的演進至較小而更專門的分析單元。組合在分析上暗示它提供了數值頻度可以相加的次序，把決定一個個拆解。譬如說，等級集群程序（hierarchical clustering procedures）也是這樣展開的，它以基本特質的不平等差異發展出一個以系統枝幹圖表示的等級，可以組合來解釋這些蒐集來的特質（例子可見圖10.10）。

組合與枝幹很容易令人混淆，因為兩者皆對內容分析相當重要，所以我要點出它們的區別。如我所說，組合為一組數值（決策枝幹的終點）提供了一個方便的概念，如作為一本書輪廓的章節，但組別並不構成組合中的數值，一個概要並不是它組織起來的文本。相比起來，枝幹的數值並不限於枝幹的終點數值，也包括其分支，因此其數值並不只是不同，而是也可包括對方，造成不同包含、抽象或裝載層次的編碼。就拿上述林氏分類法作一個例子，它把生物歸類成類別、支類別，並提供概念在不同層次為這些組別加上標籤。舉例來說，「哺乳類動物」不是生物，而是一個包括人類、鯨魚和老鼠的組別名稱。林氏系統把「生物分類」，但它界定了生物「組合名稱的枝幹」，在不同的共通層面描述生物。

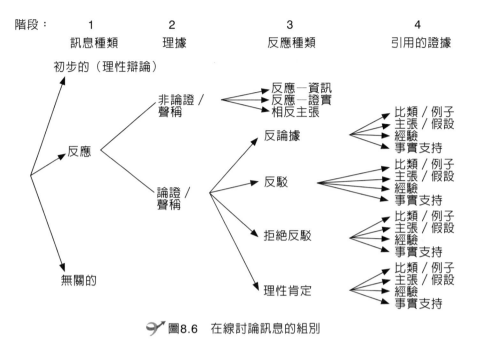

階段： 1 2 3 4

訊息種類　　理據　　　　反應種類　　　　引用的證據

初步的（理性辯論）

非論證／聲稱
　反應—資訊
　反應—證實
　相反主張

反論據
　比類／例子
　主張／假設
　經驗
　事實支持

反應

論證／聲稱

反駁
　比類／例子
　主張／假設
　經驗
　事實支持

拒絕反駁
　比類／例子
　主張／假設
　經驗
　事實支持

無關的

理性肯定
　比類／例子
　主張／假設
　經驗
　事實支持

圖8.6　在線討論訊息的組別

來源：摘錄自Graham & Witschge（2003，p.181，圖1）

8.6.2　等隔量法

　　等隔量法代表了記錄單元之間的量化差異。時間、距離、容量，還有數量和空間的轉變，全部都有等隔上的意義。應用在直鏈上，等隔量法製造了等隔標尺和令點與點之間可以加減。在心理測驗中，受試者通常被要求在同等間距的標尺上作答。在內容分析中，用來記錄偏見的判斷、人物性格等的語意分析標尺，一般都被構想成同等間距的標尺，但標尺上的間距卻不一定需要同等。

　　在實證社會研究中，等隔數據甚受歡迎，主要因為有多項統計學技術適合它們，特別是需要計算差異的技術，如變異計算、相關方法、因素分析、多次元衡量和集群，等隔量法幾乎是這些技術的產物。在自然科學中，除了時間之外，大部分的量數都有等比量法的特性，在內容分析中，等比標尺並不是最可靠的。舉例來說，在電視虛構人物性格的研究中，被

看作是等隔標尺的語言分析標尺出了名地不可靠，這並不純是因爲語言很少精準到可以用來計算差異，而主要是因爲與劇情無關的性格特徵不會出現，令編碼者在揀選等隔數值時被迫作出猜測。無論如何，很多內容分析者提供的二手測量——現象的量化指標、研究發現的幾何描述——都有確實的等隔特質。

8.6.3　等比量法

等比量法界定絕對零點，數值間所有的差異都按此表達。長度、重量、速度、體積和開氏絕對溫度（但並非華氏或攝氏）是自然科學中等比量法的好例子，上述任何一項皆不可能低過絕對零點。還有很多等比層面的測量文本的例子，如報章的篇幅、相片大小、出版頻度、觀衆數量、收視率、資訊數量與成本，這一切都沒有負值。在內容分析中，這些量數與文本所說的或在某一個文脈中扮演的角色關係可能不大，反而與表示記錄單元有多重要或對分析者有多大啓示更有關係。

量法的清單遠不止此，次序的種類也遠比與內容分析有關的更多。就數據語言而言（其中最顯著的特色是變數、次序和量法），最重要的是要記著它們雙面的特性。數據語言必須適合記錄的現象——從這個角度看，最好的數據語言是原始文本。數據語言也必須令數據適合作出分析。就現有分析技術而言，輕易得到的文本形式與這些技術要求的形式之間分歧通常很大，內容分析者的挑戰是發展出容易應用於自然出現的文本及映像的演算技術。

8.7　數學運算

如上所述，量法是由不影響記錄單元之間的關係的數學運算界定的。在語意分析標尺的數值上加上4，便會把-3至+3的標尺變成1至7的標尺，雖則標尺上數值的代數差異沒有改變。但當這些數值乘以4時，比鄰數值的數字差異便會變得非常不平均；只有其次序保持不變（它繼續是一條直鏈），要決定分析技術是否適用於記錄的數據，這個屬性十分重要。我因此區分出兩類施用於變數數值上的運算，一個保存著數值之間原本的數字

關係，另一個保存其次序。表8.2把這些功能列出來，這個表容許分析者應用接受這些轉換的分析技術，並指出不同運算在文本中保留或遺棄哪些關係。

表8.2把量法按其「力量」依次排列。最有力和理論上最富資訊性的等比量法數據，可以當作等隔數據來計算，而不理任何關於數值相對於絕對零點的位置的資料。舉一個例，把常見的變異類型統計應用到等比層面的數據上，便是不理這個資料。等比和等隔數據可以用視它們為次序數據處理的次序技術來計算，但需犧牲了關於數值間的數學差異的所有資料。最後，等比、等隔和次序數據可以當作名類數據來計算，至此，關於其次序和量法特質的所有資料均會失去，關係資料的失去是無法逆轉的。

在這些量法中反其道而行，把次序技術應用在名類數據上，會產生不可詮釋的結果。把等隔技術應用到次序數據上，則會產生虛假的發現。從以上得出的教訓是：數據語言的力量必須配合或超越採用的分析步驟的力量。

表8.2　量法的操作特性

量法	關係R_{xy}	關係保存$f(\ )$s $R_{xy} = R_{f(x)f(y)}$	次序保存$f(\ )$s $f(R_{xy}) > f(R_{wz}) \Leftrightarrow R_{f(x)f(y)} > R_{f(w)f(z)}$
沒有	區別$x \neq y$	1:1排列	1:1 排列
次序	等級$x \geq y$	單調地增加的fs	單調地增加的fs
等隔	差異$x - y$	$x' = x + b$	直線函數$f(\ )$：$x' = ax + b$
等比	比例x/y	$x' = ax$	指數函數$f(\ )$：$x' = bx^a$

CHAPTER 9

分析建構

　　繼前幾章討論過內容分析的不同用法和作出的推論後，這一章將展示從認識特定文本文脈的不同方法中把分析建構操作化的幾種方法。採用分析建構，是為了證明內容分析者作出的不明式推論。這一章也提出這些建構可能出現的形式的例子。

9.1　分析建構的角色

　　一個分析建構代表著內容分析者所知道或懷疑的文本文脈，或對文本文脈作出的假設，並分步驟地把該假定操作化以得出推論，圖4.2顯示了分析建構在內容分析其他分析組成部分中的角色。以最簡單的形式來說，一個分析建構是一個函數，一組「如果……那麼」的陳述，或是一個電腦程式，界定最少一條從現存文本到所追尋的答案之路。

　　在第二章中，我把從文本到研究問題的答案之路的推斷步驟，形容為「不明式」推論，因為那兩個範疇——文本（包括其描述或謄本）和這些文本所暗指的——在邏輯上是獨立的，而跨越這個邏輯鴻溝便需要理據。這樣子看，一個分析建構的作用便如一個假設，一個分析者可以想像和辯護、對於文本體系如何被閱讀、有什麼作用，或在分析者挑選的文脈中可以做些什麼的最佳假設或解釋。採用Toulmin（1958）的說法，我在第二章中提出分析建構如果運用得好，便會「保證」得出應得的推論（在邏輯上引領分析者），但分析建構也需由對被分析文本的文脈的充足認識「支持」（確保分析者得出有效的結論）。我將在第十三章討論內容分析背後的分析建構的理據；在這裡，我將集中討論內容分析者如何能得出這些建

構。

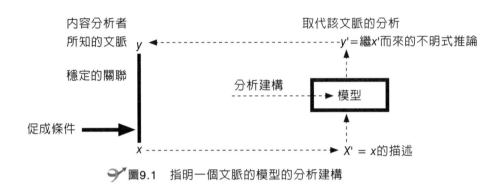

內容分析者所知的文脈　　　　　　取代該文脈的分析

y ←------------------------ y'＝繼x'而來的不明式推論

穩定的關聯

分析建構　→　模型

促成條件 ⇒ x　----------------→ X'＝x的描述

圖9.1　指明一個文脈的模型的分析建構

　　在把分析操作化的過程中，意念（可能在分析者閱讀某些文本時出現）、假設（得自為文本選定的文脈的文獻），或關於文脈的理論會被形式化、「被馴服」或賦予演算上的結構，令研究者可以出入於分析中，正如電腦的作用是接收某些輸入和產生有用的輸出。內容分析要就一個文脈開展工作，其分析建構也必須是「文本與企圖推斷出的目標（即分析者想知道關於文脈中未被觀察的變數的東西）之間關係的一個模型」。這個模型的明確性質──可以重複及可靠地作出推論，如所有科學步驟一樣──保證這些推論有效。支持這些推論的是一個示範，或起碼是一個合理的假設，示範或假設它們在實證上是植基於一特定文本體系的文脈中，而分析建構代表了文脈內的穩定相關（如圖2.1所示），剩下的是兩個不確定的東西或變數：(a)假定這些相關是穩定的促成條件（以及適用的分析建構）；和(b)用來回答研究問題的現存文本。其中任何一項，都可能令研究結果不能全盤接受（按Toulmin的意思來說）。

　　具體點說，圖9.1從圖2.1抽出分析架構，以作為文脈相關變數的一個模型。在圖9.1中，x是文本的樣本，由x到x'的箭頭，總結了表示單元化、抽樣、記錄及簡化這個在第四章稱為數據製造的過程。分析建構計算出y'，這個數值一直未能確定或維持開放，直至得出x'為止（正如在代數中，一個函數不含意義，除非有實際數字來加以應用，例子之一是開方）。如果基於從y到y'之路，y'可被視為指向、代表或最低限度與y

所屬的文脈的具體變數有相關的話，則y'便是有效。不明式推論假設分析建構是文脈的一個真確或探試式的模型，推論因而有效。根據George（1959a），爲分析採用一個分析建構，研究者不得不區分出穩定或不變的條件（模擬的東西）和不穩定或變動的條件，後者在分析者取得和分析過相關的文件體系x並推斷出y'後可能變得固定。進行內容分析的目的y，永遠都或多或少地不肯定，y'是最接近它的一個估計。

我將在下面談談內容分析者可以發展出分析建構的一些方法，這些方法把x、y'的關係操作化，付諸實行後有很大機會選出內容分析者就關於y的問題的有效答案y'。

9.2　肯定性的來源

分析者需要證明其分析步驟有用，不只是在最後的形式，而是在發展過程中的每一步。在建構一個分析中，分析者需要保存跟選定文脈的模型關係。數據語言若選擇得宜，記錄指引若合適的話，重要的文本結構便不難窺見，這點我在第七、八章中已談過；這裡只集中討論分析建構。

內容分析者要依靠多種肯定性的來源來發展分析架構：

· 內容分析在「過去的成功與失敗」，以證明建構和選定文脈之間有功能性的對稱。

· 對文脈有「專門知識及經驗」，以證明建構和文脈之間有結構性的對稱。

· 包括關於一個文脈的「已設定的理論」，以證明建構與那個文脈之間的結構性對稱受理論約束。

· 從文脈抽出的「體現手法」，以證明從那些手法得來的推論有代表性。

以下我會逐一討論這些來源。

9.2.1　過去的成功與失敗

過去的成功與失敗，爲分析者提供了發展及採納一個特定分析建構的實際理由，道理很簡單：過去成功之處必與其所處的文脈有關，除非文脈

已變，否則沒有理由不繼續使用行之有效的方法，直至遇到失敗為止。一項分析是否成功與歷史無關，除了證明曾經有效，否則其建構的結構也與歷史無關。

　　我在第四章提過一個逐步增加內容分析成功率的設計（一個區別函數的發展）。Stone & Hunt（1963）對真實與模擬自殺遺書的電腦分析，提供了一個不憑理論進行的例子，這個研究中的真實遺書來自洛杉磯法庭的檔案，模擬遺書則出自一組人口特徵（性別、年齡、種族、職業等）與真實遺書的作者類似的人。研究者決定分析這些遺書，究其實是因為一間防止自殺中心有興趣知道中心的職員應否把某些自殺遺書當真。Stone & Hunt分析了十五對已知身分的人（真實的或模擬的）的遺書之間的分別，得出三個結論：

　　1. 在真實的遺書中，涉及具體事物、人物和地方的頻度較高。

　　2. 在真實的遺書中，「愛」這個字出現的頻度較高。

　　3. 在模擬的遺書中，涉及思想和決定過程的頻度較高。

　　從這些發現中，研究者把涉及具體事物、人物和地方的頻度（以上第一個結論）和「愛」這個字的頻度（以上第二個結論）相加，然後減去提及思想和決定過程的總數（以上第三個結論），便得出一個指標。這個區別函數令他們可以推斷出遺書是否真確，事實上，在初步分析的十五組遺書中，有十三組以這個方法正確地分辨出來。

　　雖然結果尚有少許不肯定的地方，但有了初步的成功，Stone & Hunt接著把區別函數應用在另外十八組他們不知是真實還是模擬的遺書上，結果是，他們成功決定了其中十七組的真確性。除了有著統計學上的顯著度外，以過去的成功與失敗發展出來的區別函數，表現也比其他實驗取得的人為判斷為佳。

　　明顯地，Stone & Hunt得出上述三個結論的同時，心中並無任何特定的理論，研究者的一大挑戰，便是找出這三個自殺遺書的變數跟自殺傾向有何種關聯。舉例來說，如果有潛藏的數量互相合作（以第一和第二變數測量）或競爭（以第三變數相對於第一及第二變數測量），把分數相加或相減才有意義，但這類數量很難想像構成一個人的自殺或非自殺傾向。無

論如何，以這個區別函數形式出現的分析建構在統計學上是成功的，這個示範足以支持它的使用。

所有內容分析最終都必須有高於或然率的成功率。很不幸地，核證證據很少機會重複出現。我們接著看看分析建構的下一條軌跡。

9.2.2 專家知識和經驗

熟悉選定的文脈，當然對所有內容分析者來說都是一項寶貴的資產，它可令分析者對他們的決定進行重要的表面效度檢定，但單是熟悉並不足夠。就算是務實的研究者，有時候也會自滿於只對自己有意義的構思，但現實中，這些構思與他們正在分析的文脈可能毫無關係。但是當內容分析者面對一個新的情況，在並無前例可援引，也無研究的歷史和文脈的理論下，要設計一個內容分析時，他們只能依靠自己或專家的知識。

Leites, Bernaut, & Garthoff（1951：也見Krippendorff & Bock, 2009，第3.3章）提供了一個由研究者對特定文本文脈的經驗中發展出分析建構的有趣例子。這裡面的分析者全是蘇聯政局的專家，對克里姆林宮的政治，特別是預測蘇聯領導層的更替感興趣。在沒有更替機制的國家，如五十年代的蘇聯，局外人不可能知道領導層的更替，預測這些政府的領導更替既是政治分析家的遊戲，也對美國的外交政策決策者很重要。Leites et al.取得1949年史達林七十大壽儀式上政治局委員的公開演說，幾乎每一個人都符合預期地表達對史達林的仰慕。最初，政治學家把演說之間的差異，解釋為個別講者的風格，因而認為沒有重要性。

Leites et al.猜測要找出這些演說之間的政治差異，答案可能在表達相近的語言型態，對此蘇聯政治論述有兩種不同的取向。分析者留意到有一套「相近和親密的符號（父親、渴望等）最多出現在史達林的大眾形象中，在離他甚遠的觀眾間尤其如是」。另一套符號來自流行的「在政治關係中輕視這種相近。理想的黨員並不著重從親密關係中達到政治目的……政治上接近史達林的人，可不用那麼親密的言詞提及他（只用「黨領導」來形容他）」，因而不用訴諸於肉麻的仰慕之詞。Leites et al.總結其採用的推斷策略時，說提到史達林時相對地被強調的「布爾什維克形象」而

非「大眾形象」，「不只反映出布爾什維克路線有別並高於對群眾路線，而且也點出演說者相距史達林的距離。」（pp.338-339）

Leites et al.把兩種指涉的數目表列，並按講者對這兩種指涉的相對強調把講者排列。他們發現Molotov、Malenkov和Beria（按此序）的演說，最多提及史達林的布爾什維克形象，由此，他們推斷出這三名政治局成員可能最接近史達林。史達林死後隨即發生的權力鬥爭，證實了他們的推論。在好奇心驅使下，我把Leites et al.論據的邏輯，化成一個以距離函數表示的簡單建構（Krippendorff, 1967, pp.118-119）：

$$D_{\text{至史達林}} = \frac{N_{\text{大眾}} + \dfrac{N_{\text{模稜兩可}}}{2}}{N_{\text{大眾}} + N_{\text{模稜兩可}} + N_{\text{布爾什維克}}}$$

在上面N代表一名政治局成員在演說中提及公眾、模稜兩可和布爾什維克形象的頻度。以這個建構得出的排名，與Leites et al.名單開首部分的推論接近，但結局卻不一樣。根據這個排名，赫魯雪夫離史達林最遠，緊接之前是布爾加寧和柯西金。我們現在知道那些離史達林最遠的，最後都在蘇聯對抗史達林主義的鬥爭中扮演重要角色。內容分析並不能預知真實的政治事件，但卻可得出一個主要政治玩家之間無可觀察的關係的正確推論。

以上的例子，旨在指出內容分析文脈的專家，往往提供不少互不相連的命題，令內容分析者可以理出及集合成分析現存文本的建構。除非研究者把這些專家知識化成一個分析建構的形式術語，否則文本可能對分析者尋求的答案完全無用。

我不打算再舉例子，只想說第五代電腦，即所謂專家電腦，載有代表專家對特定題目的認識的大量命題。它們是設計來回答知識型問題的，方法是找出既有事實與使用者問題的可能答案之間的推斷聯繫（不限於不明式推斷），這些電腦也可用於內容分析。

由不完整甚至是互相矛盾的專家知識，去到適合內容分析的建構，分析者需要在每一個分析步驟中保存他們所做之事與那個文脈之間的結構關

係。利用專家知識的分析者從下而上，而利用已廣為接受的理論的分析者
則是由上而下。

9.2.3 已成立的理論

如果一個文脈已經過多番研究和理論化，特別是包括現存文本在其中
扮演的角色，和文本與分析者企圖解答的研究問題之間的關係，那麼，分
析者便可從關於那個文脈的現存普遍定律中得出分析建構。在第四章4.2
節中，我勾勒了研究者如何可以測試分析建構作為關於一個文脈的理論；
在這裡，我想倒過來談談由現存理論和相關研究的結果發展出分析建構這
件事。

理論當然有不同形式，有些理論是經過不同情況驗證相當具體的命
題，如語言干擾和講者焦慮程度的相關、犯罪報導次數和公眾對法治問題
的相關，或人們提出支持或反對一個公共課題的論據數目和他們的政治能
力和知識程度的相關。Berelson & Steiner（1964）出版了載有社會及行
為科學中1,025個科學發現的目錄，供內容分析者參考。內容分析的專門
目錄尚未出現，但同類性質的命題也可在精神病學、社會心理學、社會學
和社會語言學的手冊中找到。有時候這些命題可從更普遍的理論中得出，
如情緒的表達、心理病的語言表徵、大眾媒體如何及根據何種準則選擇
新聞，觀眾又如何及根據何種準則來接收或利用新聞，或接觸特定命題的
頻度並因此接受命題。傳媒研究的「利用和滿足」取向便是後者的一個例
子。始終沒有一個包含文本的詮釋和映像的感覺的普遍傳播理論，也許不
是沒有道理的，內容分析者對此已不滿多年。

Osgood, Saporta, & Nunnallly（1956）的「評價主張分析」（evalu-
ative assertion analysis）提供了一個特定理論演變成分析建構的例子（也
見Krippendorff & Bock, 2009，第3.5章中Hosti的討論），我在這裡只說
說其發展的結果。這項技術來自不協調理論（dissonance theory）的一個
版本，假設以下的事：

1. 概念（態度對象）按程度被評價為「喜歡」或「不喜歡」，由正
   面到中立到負面。

2. 所有語言主張均可化成一對或多對概念（態度對象），其聯繫由協調或不協調按程度解釋。「是、有、喜歡、支持、屬於和合作」有強烈協調性，而「不是、不喜歡、反對、打架和否認」則有強烈不協調性，兩極端之間存在不同強度。

3. 有些概念，稱爲「共同意義詞」（common meaning terms），價值不會變，它們多是形容詞，如好、壞、不誠實、醜陋和卑鄙。其他的在價值而言是可以變異的，如美國、葡萄酒、心理治療、老師和尼克遜。這些概念的評價視乎怎樣引述它們，而這亦是分析的目的。

4. 人們接受一對對平衡的概念，即兩個價值協調的概念（「我喜歡我的朋友」）和兩個價值不協調的概念（「我恨我的敵人」）。人們抗拒不平衡的概念，或修正它們以達至平衡，例如：兩個價值相近的概念但放在一起則不協調（「我恨我的朋友」）和兩個價值不相近的概念協調地放在一起（「我愛我的敵人」）。以圖表示，態度對象的評價以括號（＋）和（－）表示，協調性以「－＋－」表示，不協調性以「－－－」表示。

    （＋）－＋－（＋），
    （＋）－－－（－），以及
    （－）－－－（＋）均是平衡的，
而（＋）－－－（＋），
    （＋）－＋－（－），以及
    （－）－＋－（＋）均是不平衡的。

    從以上的心理邏輯，並基於人們傾向避開不平衡而尋求平衡的假設，價值開放的概念的評價工作並不明顯，分析者因此可從記錄得宜的文本中推斷其價值：

    由（＋）－＋－（？），可推斷出（？）＝（＋），

由（＋）－－－（？），可推斷出（？）＝（－），以及

由（－）－－－（？），可推斷出（？）＝（＋）。

明顯地，上面的可能是假設一般說話和思想方法是平衡的，令那三個不平衡的三連句變得絕無可能。

Osgood et al.更為涉及的概念的正面／負面評價程度，和它們之間的協調／不協調程度設下一個量化的關係，由此得出的評價微積分，令Osgood et al.不單可推斷出一個概念（隱含）評價的方向，而且也推斷出其程度，亦發展出這些評價的一個統計，用來描述個別作者或讀者的態度結構。這也許是很遙遠的事，但在經常被研究的文脈內工作的內容分析者，可能需要發展同類建構以支持他們想得出的推論。Osgood et al.的微積分來自語言心理學理論，理論肯定存在於其他適用作內容分析的實證範疇內。

從已成立的理論中得出分析建構，並不保證建構不會出現問題，有些理論並不針對大型文本體系來制定，分析者可用跟建構背道而馳的假設來填補理論的不足之處，一個理論可能並不如分析者假設般普遍。以評價主張分析來說，反諷很少會出現，評價出現的變化（例如：我正開始喜歡我的對手）很難處理，對一個關聯的反省（例如：我為什麼應該愛他？）不可以處理，還有其他解決不平衡的形式包括容忍（例如：求同存異）、把推論攪亂等。有學者懷疑把整個文本化成一對對的概念是否有用，和態度建構是否可以預測任何事。話雖如此，從一個有效理論得出來的分析建構本身是否有效，全視乎那個理論與文脈在結構上有多對稱。雖然評價主張分析離完美尚遠，但它已經通過多個測試。

9.2.4 體現手法

沒有其他內容分析的歷史依靠，也沒有關於被選上的分析文脈的理論或專家知識，內容分析者可能被逼抽取已知道擁有所需的分析建構、符合資格的讀者、詮釋者，和在被選上文脈中使用文本的個人作為樣本。沒有很多人會留意研究者經常使用這個策略，舉例來說，當研究者因為編碼者

195

對分析文本的語言或題材熟悉而聘用他們時，其實也等同引進他們的知識而不用把其知識理論化或翻譯成編碼指引或分析建構。這裡的假設是，不參與文本編碼的其他讀者，都跟抽出來的編碼者有相同背景和熟悉度。究其實，人與人之間之所以能夠溝通，也是基於這個看法。

這個策略在方法學上的問題，主要在內容分析與直接觀察技術的分別。如果內容分析者問的問題可憑直接觀察或訪問解答，則內容分析便會變得多餘。內容分析並不是用來研究可觀察的行為或大眾的詮釋的，而是用來解答關於當時不可接觸的事件、尚未採取的行動、個人沒法感知得到的大型社會現象，或很難確定的法庭證據等問題。雖然大部分的內容分析都參考個人的經驗，但內容分析的目標是超越個人的詮釋能耐的。編碼與一大群讀者詮釋文本不同，內容分析基本上是不明式的，不可與心理實驗混為一談，後者企圖把從樣本到整體讀者或詮釋者的刺激反應（包括對文本的）理出個普遍定律。

9.3　建構種類

在第四章中，我討論過以下幾類推論：

- ·外推法
- ·標準的應用
- ·指標與症候
- ·再表述
- ·會談／互動
- ·體制過程

分析建構也可按以上分類。以下我會逐一談談，但會以較多篇幅談談內容分析最多採用的指標與症候。

9.3.1　外推法

趨勢、模式和差異的外推，需要的是以「遞歸」或「自動相關函數」形式出現的分析建構。外推法的基石，是在自我維持的界線內決定自己行為的「系統」。一個系統的行為──或在時間並非考慮因素的情況下，一

個系統所包含的——可從「系統之內重複」出現的互動或穩定關係中推斷出來，因而稱爲「自動」相關。

9.3.2 標準的應用

應用識辨、評價或評核的標準有兩個步驟：(1)以一個變數的既定或假設標準來比較該個從文本得出來的變數；及(2)判斷其代表什麼。我曾舉出根據專業標準手冊診斷精神病的例子；以既定的理想或按可容忍的限度來評價報業表現、新聞界的偏見和大眾媒體的作業守則；以及評核一個組織內傳播或會計的手法。一般來說，使用標準的分析建構存在於體制做法中，並因著體制的執行而不易改變。

9.3.3 指標與症候

指標與症候是聲稱與其他分析者感興趣的變數相關的變數。George（1959b）稱爲「直接」指標的一個最基本的分析建構，是一個從變數（通常是數字的）即應該是指標的東西，與其理應代表的現象的一對一的關聯、投射或數學函數。這類簡單的關係，見於人類學家以放射性炭的含量來決定遺物的年代；也見於醫者以醫學症候得出診斷和治療的方法。在內容分析中，富指標性的函數通常都與頻度掛勾：不舒服字眼的比例是焦慮的指標；一個題目出現的頻度和篇幅，是作者的知識或興趣，或傳媒重視該題目的指標；政黨政綱中價值字眼出現次數的改變，是一個國家政治氣候轉變的指標（見Namenwirth, 1973；也見Krippendorff & Bock, 2009，第3.8章）。分析者可透過迴歸方程式或甚至一致性係數建立這些簡單的分析建構。

除了要與聲稱代表的現象相關之外，指標必須符合兩項額外條件。首先，指標「不應」與被認爲是獨立於被標示現象的現象相關。換句話說，指標必須不止指向現象，而且也要把現象區分：研究問題的一個選定答案必須摒除其他答案。舉例來說，治療師從病人的談話中不能診斷出他／她的病症，除非人們的說話有足夠差異，令治療師可以作出區別和從名單中剔除一些疾病。如果所有課本都有相同的可讀性分數，那麼其中一個課

本的可讀性分數便沒有任何意思。就算就誰會是一本匿名著作的作者作出推斷，也需要有資料支持。Paisley（1964；也見Krippendorff & Bock, 2009，第3.7章）回顧了推測匿名文件的作者身分的研究文獻，發現指標若要把不同作者識別出來，便得符合以下條件：

· 指標應在傳播者所知的作品中展示低度變異
· 指標應在所有被比較的傳播者的作品中展示高度變異
· 促成一個指標價值的頻度相對於抽樣誤差應是高的

我將在第十三章繼續這裡的討論。

其次，指標不應受意外的或與被標示現象無關的變數影響。舉例來說，為了推斷出《聯邦書》（*Federalist Papers*）的作者，Mosteller & Wallace（1963）反對使用Yule（1944）點算名詞的方法，因為不同的人會有不同題材，只看內容文字可能會混淆而得不出作者的身分：「我們想用的字並非有前文後理的字，而是不會因題目改變而影響其出現率的字。因此，那些虛字，稱為功能字的，會特別重要。」（Mosteller & Wallace, 1963, p.280）

由點算單字、符號、參照或題材的出現次數到點算一對對的單字、共同出現的符號、參照的模式，或文本內的關係的出現次數，並不影響指標的發展，但內容分析者卻花了五十年時間才開始對共同出現和模式產生興趣。Baldwin（1942）分析自傳中的人格結構，對此曾作出過探討。Pool（1952b）留意到符號一般都一起或以集群形式出現，但他卻未能在分析上體現這個觀察。Osgood（1959）把單字的共同出現加進其列聯分析中，示範對他研究Goebbels的日記如何有用，和進行實驗以決定那些共同出現表示什麼。現在，以共同出現計算指標，已經成為幾個進行內容分析的電腦輔助程式的必然步驟，但這些指標表示什麼則依然沒有明確答案。

在此，我要指出一個概念上令人混淆的地方，內容分析使用頻度有兩種方法：作為大小的指標，和作為測試假設顯著度的基礎。舉例來說，Berelson（1952）主要以測試統計學假設的需要來支持其對量化的堅持，但他的例子全部都與其他現象——其中三個是注意力、強調和偏見——的頻度指標有關。

George（1959a, 1959b）反對以頻度作爲「直接」指標，反而考慮以分析建構作爲「非直接」的推論形式，因爲這樣做考慮到變數的體制性條件，令使用相關顯得合理。我將在以下9.3.6節繼續這裡的討論。

9.3.4 再表述

再表述是那類通常作爲或被視爲傳播目的的內容，它需要特定論述的分析建構。視文本爲再表述的分析，涉及讀者或使用者如何理解文本語言，和更重要的是他們如何構想其題材，而前面所述各種建構卻不需涉及這份理解或構想。這些分析通常有幾種元素：(1)把文本的語言結構操作化，產生文本單元的句法解釋（通常是一連串句子或命題）；(2)列出單字的可能意義（可從特定字典取得）、句子（根據語意分析），和它們詮釋上的語意涵義；(3)由這些語意詮釋投射到一個更大論述的宏觀模型或境界，其邏輯容許分析者(4)由輸入這個模型的資料推斷出問題的答案（Hays, 1969; Krippendorff, 1969b）。

上述的專家系統，可以建構成這些語言表述演算上的元素。到目前爲止，這些系統只有在相對小和有嚴密結構的世界（醫學診斷、數學、化學和事件分析），和在被分析文本的字彙並不太豐富或模糊的情況下取得成功。一項有趣的商業應用是就軟體公司客戶提出的常見問題自動產生答案，這些客戶以他們日常用的語言提出問題。雖然句法分析的元素小得很，但也有類似字典的元素來找出有關意義的單字和用語，然後輸入可以提供協助的軟體。一個特定軟體的宏觀模型，比起一個有有效條約、有瞞騙可能和對恐嚇作出反應的國際情況的宏觀模型，通常都較小和更有結構。

9.3.5 會談／互動

話語交流的分析建構承認主張有互動意義。文本被分成輪流說話或類似的互動單元，如電郵訊息、公開表演、甚至政治事件的反應。這些給連成一串，令文本的每一單元看似是某人對文本的另一單元的回應。在會談中，從文本作出的推論不會走出會談，而且是關於文本單元包含的可能反

應。最重要的是，每一個這樣的單元看似會擴大或限制談話的人可能繼續參與的空間。Holsti, Brody, & North（1965）發展出一個簡陋的互動模型，把在古巴飛彈危機中從國際上交流的訊息取得的感情及行動量數投射在內。會談分析（見第三章）在提出一些可施行於這些話語互動的內容分析的概念方面，作出過重要的突破，包括在政治競選或是在國際條約談判期內個人之間及機構性傳播者之間的話語互動。

9.3.6　體制過程

體制過程並無輕易可以概括化的形式。這些過程的分析建構，端視乎牽涉的機構，通常有以下特徵：

- 它們是質化的，使用體制性和統計學的推理模式。
- 它們依賴多種詮釋文本的方法，因爲文本是由不同參與者而非一位或幾位產生出來的。
- 它們考慮到既知的法律、運作規則和規例，每一條都包含字彙使用、策略行動和工具性行動上的限制，因而在作出每一個編碼前都對所有可能性瞭如指掌。
- 它們接受任何文本在某一時間都可影響分析未來文本的文脈。

一些內容分析者不想面對這類建構中明顯的不肯定性，但研究者已經找到相當成功的例子，特別是當分析經長時間進行，可以容許在體制互動的不同階段作出部分的核證。

這類分析建構的一個好例子，是George（1959a）就FCC對二次大戰時本土敵人廣播作出的推論的描述（也見Krippendorff & Bock, 2009，第3.4章），表示在圖9.2。在他們定期作出的推斷過程中，FCC的分析者發展出複雜的建構，目的是爲了解釋某些廣播爲何出現，以及其先決條件、生產者的感覺和可能的軍事行動是什麼。他們的建構是建基於關於以下的普遍定律：

- 主要統戰者的統戰技巧。
- 菁英階層的實戰統戰理論，亦即他們在推行政策時指派給大衆媒體的角色。

· 菁英階層的實施代碼，亦即菁英階層如何把他們對情況的預測及他們的能力化成政策。

· 菁英階層感受與衡量自己及其環境的模式。

圖9.2示範了分析者如何集結這些普遍定律（關於來源的穩定特徵）成為一個模型，把文脈的主要（不穩定）變數（特別是廣播）連結上他們的研究問題。圖中平行箭頭代表推論作出的次序，跟這個文脈中因果關係的假設方向恰好相反。這些統戰分析者所使用的模型，在他們需要定期作出的推論的理據中至為明顯，George在戰後曾對此作出分析（他的分析本身是一項體制性的內容分析），他指出，這些理據比模型遠遠複雜得多，而且也非直線。此外，隨著分析者監察這些廣播並把它們與已知的事件相關起來，分析建構隨著戰事發展而演進。體制並非一成不變，任何針對政府意圖及行為的分析也需與時俱進。

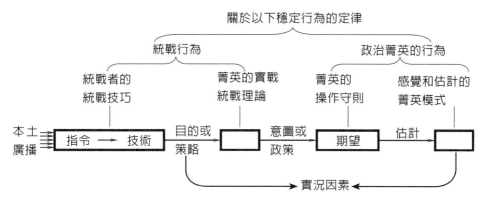

✈ 圖9.2　政治菁英的穩定行為模式的分析建構

來源：摘自George（1959a, p.53）

9.4　不肯定性的來源

內容分析產生出來的推論可能令人覺得很精準，但文脈很少會遷就分析者。早至一個內容分析的發展階段，研究者可能要考慮三個特別的課

題，因為這幾個方面的問題會削弱往後的發現：這些推論目標的變異、可信水平和建構是否適合。分析者未必可同時解決所有這些問題。

9.4.1　目標的變異

內容分析者可能低估了他們研究問題的目標的變異，原因有幾項：

- 內容分析者很少有列出所有相關類別的想像力，編碼者通常不會想到文本的所有可能詮釋，而分析者亦不會鼓勵他們這樣做。後果是，內容分析者可能會驚訝他們沒有捕捉到最重要的聲音。
- 理論通常都是把事情簡單化，從理論得出來的分析建構也傾向概括性，解釋的只是文脈中顯見的少量變異。在上面略略提過的統戰分析例子中，對這次戰爭的評價顯示分析者假設的不變性和決定論較真實的為高。
- 演算是充滿決定論和每一處都清楚界定的。理想地，它們是有著多個輸入但只有一個輸出的數學函數。在分析建構訂明演算的可能範圍內，分析者傾向作出太過精準及更單一價值的推論。
- 有行為主義傾向的內容分析者，每每犧牲了變異來預測分布的中位數；有質化傾向的研究者每多著眼於「一般讀者」、「典型現象」或「主流力量」，對存在的多元性解釋不足。這兩類的分析者因而都忽略了目標的實際變異，前一類基於對方法學的執著，後一類則基於語言的簡化而非有效的論據。

內容分析者可以把目標的變異跟分析步驟的變異配對起來，從而解決低估研究問題目標的變異的問題。分析者可以視分析步驟為一個擁有足夠容量的傳播管道，容許他們公平地選擇研究問題的可能答案。

9.4.2　可信水平

在這裡，「可信」指分析建構在歸納法上，並非其構成情況的一個意外產物，而是最好的產物的可能性。

- 為了得出這個不肯定性的統計學詮釋，分析者可應用上以假設測試分析建構的步驟（見第四章）。樣本愈小，選出來的建構的可信水

平便愈低。

・為了得出這個不肯定性的質化詮釋，分析者提高可信水平的方法，
　包括發現一個建構的結構性或功能性對稱比不對稱更具說服力、得
　出同一建構的理論數目比得出另一建構的理論數目大，或是研究帶
　來支持建構的證據比否定建構的為多。

　可信水平低的傳統解決方法是增加樣本的大小，但大部分內容分析者
未必可以訴諸這個解決方法。

9.4.3　建構的合適性

　分析建構要描述的相關，可能沒有分析者假設般穩定。圖2.1和圖9.1
承認促成條件可以改變文本／目標關係的可能性，出現的情況有以下幾
種：

・在實驗室環境或以本科生組成的樣本發展出的分析建構，可能並不
　能普及到真實進行內容分析的情況。

・一個曾經成功地進行內容分析的文脈可能已改變，體制性過程的分
　析建構一般都有如許改變，而出現此情況時，指標和症候的分析架
　構便會失去作用。

・處理歷史文件的內容分析者，常常忽略了語言習慣長期不穩定這個
　事實，過去的閱讀可以跟現在的閱讀截然不同，還有製造文件的體
　制與分析者熟悉的並不可作出比較。

・內容分析者可能選錯了分析建構。舉例來說，以上談過的前三種建
　構，假設文脈並無智慧，假設一個源頭知道會被如何分析，並更改
　其提供的文本以得出有利的結果，使用不能處理這類源頭的建構的
　內容分析者，因自己方法學上的執著而看不到這點，會為文本源頭
　所利用。

・對社會造成影響的大型內容分析的發表，可能影響分析者自己的
　文脈和削弱後來的發現。舉例來說，Gerbner和他的同事發展出來
　的電視暴力指數一發表（見如Gerbner, Gross, Signorielli, Morgan,
　& Jackson-Beeck, 1979），三大電視網絡便有機會回應研究者測

量電視節目暴力的方法。如果暴力指數自此隨時間減退，究竟是電視真的少了暴力，還是電視網絡已想出方法繞過Gerbner等人的測量？

沒有相反的證據，內容分析者可能永遠不會知道他們哪些選擇是不合適的。當相反證據出現時，就算只是少許暗示，分析者便可能改變其分析建構而解決上述一些問題。

Part **III**

分析途徑與評價技術

CHAPTER 10

分析／表述技術

內容分析的方法主要針對數據的製造和處理，還有應用分析建構去保存某些數據的意義，從而得出有效的推論。這一章討論研究者可以用來發表內容分析結果的方法，以令他們可以辨認出模式和尋找探討其發現的新方法。相對於通常都是隱含的標準而言，這些表述方式頗具豐富資料，這一章將會簡介其中幾種。

＊　　　　＊　　　　＊

在記錄了文本和應用上分析建構之後，內容分析者需要做的事包括：

- 總結從文本得出的推論，使其易於理解、詮釋或與意圖作出的決定有關係。
- 在發現中找出一般觀察者容易忽略的模式和關係，以測試不同關係的假設。
- 把發現與以其他方法或從其他情況中取得的資料作比較，以支持其他研究（多重運作主義）的結論，增加對目前內容分析效度的信心，提升意圖作出的推論，或提供缺少了的資料。

在執行上，這三項工作並不完全可以分清，它們也不獨是內容分析才有。很多學術工作，特別是統計學的，都是與總結龐大數據體系、作出不同比較和測試統計學假設有關。我不可能討論所有內容分析者可能使用的技術，因此，我只在這章集中談幾個特別令內容分析者獲益良多的。再者，我不會嘗試詳細討論這些技術以令讀者可以重複它們——有些技術需要對一般課本上的研究方法熟悉，其他的可在常見的統計學套件找到。我在這章的目的其實是提出一些方法，以分析及表達與文本關係密切的結果。

10.1　點算

　　由於內容分析者一般都要處理大量文本，點算其中一部分便成為減少文本數量使其更易於管理和明白的最常用技術。但初用者要小心，點算通常都不理單元之間的關係，而且得出數值的代價是失去了文本中單元之間的複雜文脈意義；重要的是，不要以為點算就是科學，被Berelson（1952）形容及被Lasswell（1965b）肯定的早期內容分析便犯了這個毛病。在這一節，點算是處理大量文本的一個實際方法，如第四章4.1.1節所形容的，是一個減省數據的方法。明乎此，點算只在得出來的頻度具有意義，又或是告訴我們一些有關文本文脈的東西（包括選出研究問題的量化答案）時才有價值。

　　鑑於開放性及封閉性變數的區分（在第八章8.3節介紹過），我們要小心分清什麼是提述（不可預測地出現在文本體系中的文本單元、字辭等）的點算，什麼是被編碼、歸類、標刻或表列的文本元素的點算，後者由分析者鉅細靡遺地界定。

　　對內容分析者來說，只有在得出來的頻度與一個選定文脈中的文本體系之間看出一點關係，點算才算有價值，而不論是否能解答研究問題。點算提述是最基本的，以電腦進行也是最容易不過的。不單由於點算提述分不開同義詞、個別字文法上的變異，以及錯字等，這類點算不能完全保留如「內容分析」、「電腦能力」或「現代博物館」等慣用語，而且也會包括純具文法作用的字。要提述的頻度一目瞭然，便有所謂字雲（word clouds）的視覺安排。2005年，Amazon.com在其「inside the book」欄中加進了這個安排，只要每個字都清楚區分，任何文字、任何文本，都可得出這個安排。

　　下面的例子是本書第一章的字雲，有著該章最常出現的五十個字（不計功能字），並以字體大小來表示頻度，正如Mary Bock的觀察：「這些點算並非科學，也不是推論；它們反而向讀者提供了無限詮釋的可能性，其假定是單字的頻度一定代表著什麼。」（Krippendorff & Bock, 2009, p.38）沒有從文本中作出任何推論，Bock稱這類解釋為「印象式內容分

析」。看過第一章的讀者會覺得這個視覺安排可信，但從這個字雲卻沒有可能重組第一章的內容。提述點算只不過是最低層次的文本簡約。

analyses **analysis** analysts analyzing approach became berelson
communications computer **content** data development different
documents emerged example group interact interest mass matter meanings media messages **newspaper**
numerous **political** press processing propaganda psychology public published qualitative
quantitative **research** results **social** software study subject survey symbols text theory
used volumes war work world

Word Cloud of Chapter 1
Source: Generated at http://tagcrowd.com; accessed June 20, 2011.

第一章的字雲

來源：http://tagcrowd.com；2011年6月20日

以封閉性變數編碼類別來點算文本單元則有趣得多。事實上，把相關的文本記錄單元編碼、歸類或標刻，跟質化分析者極度依賴的簡約文本資料工作極為相似。雖然頻度的好處是精準和簡單，但我們不應視之為在科學上特別重要。在比較以編碼類別點算的結果時，分析者一般都會用上幾套詮釋標準，但都多不加注解，內容分析者應認清和清晰點明其詮釋標準。我將在這一節中討論其中三個標準，下一節再討論第四個。

內容分析者在報導一個類別的頻度比所有類別的平均頻度較大或較小時，應用的是一個「平均分布」的標準。報導中的偏差概念，例如：一份報章對一個政治任命的候選人的報導較另一位多，展示了這套標準被暗暗採用。假使兩位候選人有利及不利的報導都一樣的話，分析者便不會稱之為偏差，也多不會花時間來寫——除非有意料之外的事情，因為平等報導很少發生。圖10.1取自Gerbner, Gross, Signorielli, Morgan, & Jackson-Beeck（1979）對電視暴力的研究，它提出幾個問題，如為何週末的兒童節目比其他節目更暴力，和哪個電視網絡在1977年至1978年間增加或減少了節目中的暴力。當內容分析者覺得觀察到的頻度值得研究時，意味著與不值得研究的有差異，而差異來自類別的平均分布。圖10.3的條形圖取自Freeman（2001）對汽車業股東信件的研究，它甚至沒有顯示頻度，只顯示與平均數的差異這唯一重要的東西。

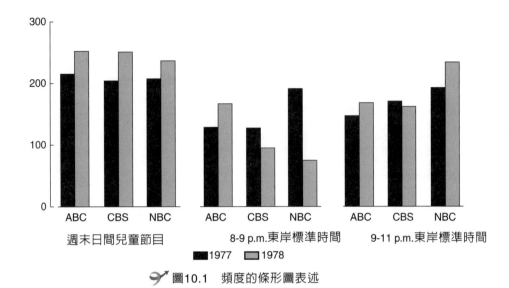

週末日間兒童節目　　　　8-9 p.m.東岸標準時間　　　9-11 p.m.東岸標準時間

■1977　□1978

✈ 圖10.1　頻度的條形圖表述

來源：Gerbner et al. (1979)

　　當分析者留意到頻度隨時間出現變化，他們多會問爲什麼有些變化是不規則的，和跟預期的變化有出入。他們會以一個「穩定時間模式」作爲詮釋標準，而跟這個模式有差別的會被重點記下。圖10.2來自Strodthoff, Hawkins, & Schoenfeld（1985）進行的分析，顯示專業和大眾平臺（主要是雜誌）上的環保內容、環保主義和實質內容的趨勢。研究者也列出四類事件，希望可以解釋並非隨時間平穩增加的差別。

　　在內容分析文獻中同等重要和也許更典型的，是「準確表述」的標準。只要分析者留意到相對頻度，與數據在統計學上正確代表一個總體時所預期的有出入的話，這個標準已存在。這個標準由Berelson & Salter（1946）提出，他們把雜誌小說中的人物與美國已知的人口統計數據比較，發現雜誌小說幾乎沒有少數民族和窮人的角色，以及有過多的人物。不少批評大眾媒體的人，均留意到電視中的角色並不代表美國人口或大眾媒體的觀眾。在早期的電視研究中，分析者不只在少數民族，而且也在個別職業、社會低收入人士、處於領導位置的女性和長者中觀察到這個現象，這些研究有被用來推斷社會偏見、經濟利益和科技偏差。

　　究竟一個觀眾的群體是否是判斷電視角色的適當標準，屬見仁見智。
很多受歡迎的人物，從電影明星到電視評述員，都只存在於媒體中，並不
活在真實的人群裡，而且也有理由相信，受歡迎的藝人比街上的普通人更
多出現在銀幕上。但應用準確表述的標準可能在政治上造成影響。舉例來
說，1950年代後期的內容分析研究顯示，美國電視中非洲裔美國人的代
表性嚴重不足，這些研究發現後來導致起碼在電視上有一定程度的種族平
衡。

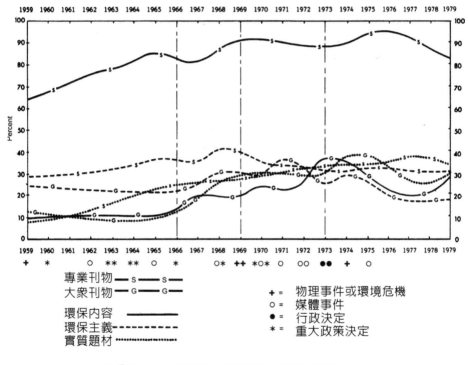

　圖10.2　專業和大眾平臺上的環保內容、
環保主義和實質內容的趨勢，與「真實世界」的事件並列

來源：Strodhoff et al.（1985，圖4）

10.2　交叉表列、相聯、關聯

　　內容分析發現的統計學解釋中，最常見的可能是「或然性」的標準，它來自分析者把幾個變數的頻度交叉列表，用以觀察價值或類別（而非簡單的類別）的共同出現頻度。舉例來說，一項對2,430場電視演出的內容分析，得出表10.1的被觀察／預期共同出現頻度（Brouwer, Clark, Gerbner, & Krippendorff, 1969）。簡單的頻度對內容變數之間的關係沒有多大啓示作用。表10.1顯示大部分以好的角色爲中心，總數是1,125場，其次是935場以壞蛋角色和370場以中立角色爲中心。以好角色爲中心的1,125場中，大部分（751場）都跟法律無關。雖然頻度高，而且分布非常不均，但它們本身對電視角色的好壞評價和是否涉及法律的關係所說不多。如果我們感興趣的是兩個變數之間的統計學關係，我們必須比較共同出現的被觀察頻度和隨機取得的。在所有橫排和直排都跟其邊線成正比時，交叉表列所見的頻度跟隨機沒有兩樣，即是說邊緣頻度解釋了表中頻度的分布。在表10.1中，隨機取得的頻度在被觀察頻度之下以斜體表示，被觀察頻度則以粗體表示。

表 10.1　電視節目虛構人物演出頻度的交叉表列

演出的虛構人物是：

	好人	中立	壞人	
與執法有關	**369**	**27**	**23**	419
	194	*64*	*161*	
與法律無關	**751**	**328**	**454**	1,533
	710	*233*	*590*	
罪犯	**5**	**15**	**458**	478
	221	*73*	*184*	
總數	1,125	370	935	2,430　場

來源：Brouwer et al. (1969)

表10.1最值得留意的地方，是一些類別的共同出現，而這些類別的被觀察頻度，跟變數獨立和共同出現的機會率等同或然率時的頻度，有著顯著不同。表10.1最大的被觀察頻度751，與預期的（710）相當接近，因而對兩個變數之間的關係顯著度沒多大作用。其實，當我們採用 x^2 測試來測定顯著度時，對這個關係最大作用的單格是四個邊角的單格，分別表示好與壞、守法和犯法的極端。這些單格中的被觀察及預期頻度之間的差異在統計學上證明重要，因此可以作為支持「好人」多會依法行事，而壞人則會犯法這個統計學上的假設。由於表10.1顯示有例外的情況，所以，我只說「統計學上的假設」，雖然例外的機會率比或然率還小。

交叉表列並不限於兩個或三個變數，但變數數目少則較易表述和詮釋。有多變數技術可供用來測試多元數據的複雜結構（Esbensen, 2010; Reynolds, 1977）。

當變數屬名類（非順序的）時，我們會如上顯示般說成是聯繫；但當它們包含依數值排列的價值時，我們會說成是相關。兩者的或然性標準一樣，但相關係數的使用為或然率帶來另一標準，即「直線性」的標準。當數據的預期與或然無異，相關係數是零；而當所有數據都落在一條直線、一條迴歸線上時，它們便是一（見第十二章12.7節）。另外，相關測量的是數據接近一條迴歸線而非或然率的程度，高於或然率的統計關係 —— 關聯和相關 —— 可以有兩類：

‧在內容分析結果之內，如表10.1。

‧在內容分析結果與獨立取得的數據之間，如圖10.3。

由於內容分析者主宰著他們變數的定義，內容分析結果中的統計關係極有可能是記錄工具的產物。在表10.1中，正面的關聯（好警察、壞罪犯）十分明顯，因為深層的關係可以朝另一方向走（壞警察、好罪犯）。但如女性化－男性化人格特徵（性別）與性（其生理表象）的正面關係之所以是我們文化所預期的，正是由於這兩個變數在語意上有關係。關聯與相關係數不受變數間的語意關係影響，而如果這種關係存在的話，這些相關量數便不可靠，告訴我們的也不多。

內容分析的結果與以其他方法取得的數據間的相關，較少受以上因 213

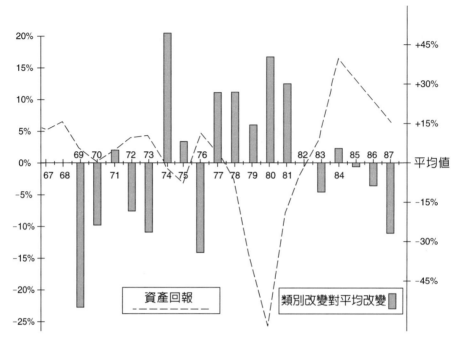

🛩 **圖10.3** 克萊斯勒的資產回報與每年度致股東信中營運類別引起的關注之間的相關

來源：Freeman（2001，圖5）

素影響，因為兩類變數在數據的產生方法上不同。圖10.3來自Freeman（2001）對美國汽車工業向股東發出的信件的研究。Freeman把克萊斯勒（Chrysler）向股東發出的信件中與企業營運有關的一系列類別所引起的關注，和該公司的資產回報比較，發現這兩個變數之間有強烈的負面相關。

10.3　多變數技術

　　大部分分析和表述數據的多變數技術，都依靠或然率的標準。相關只在數據跟或然率有顯著變異，理想是接近直線性時才值得報導。其中一項著名的技術是多重迴歸分析，它假設被分析的變數有兩類：獨立和非獨立的。非獨立變數的變異需要解釋，而獨立變數的變異便是解釋本身。其實，內容分析者追求的不少問題，都可以簡化成迴歸的問題。舉例來說，

214

小說的哪些特點可以預測銷量？這個問題的答案會令作者和出版商高興。又或是哪些因素可以解釋媒體內容——政府行動、利益團體、經濟（廣告）、科技，還是藝術才華？或者訊息的哪些特徵可以有效地鼓勵目標人群改變他們的保健習慣？最普遍的一類迴歸分析，按預測一個特定非獨立變數數值的能力來排列獨立變數。

另一項多變數技術要利用結構方程式，每一個變數都被視作一個依賴其他所有變數的變數，只在某些情況下，這樣的多變數相關網絡才可以藉因果關係來詮釋。由於篇幅所限，我未能在這裡詳細討論這些情況，但我必須指出，要從純粹文本的數據中建立因果關係是萬分困難的。採用因果解釋的一個重要要素是時間，圖10.4顯示Weaver, Buddenbaum, & Fair（1988）所作一個途徑分析的結果，可以見到可能與第三世界媒體的發展有關係的變數之間的迴歸相關（beta）係數超過0.2。Weaver等人比較這個途徑分析和另一個變數相同但卻也包括所有國家的數據，得出的結論是在大部分第三世界國家中，媒體多用來幫助經濟運作和鞏固統治者的權力。

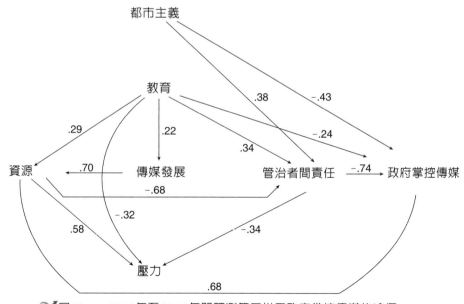

✈圖10.4　1950年至1979年間預測第三世界政府掌控傳媒的途徑

來源：Weaver at al.（1985，圖2）

　　相關技術並不限於直線關係，一個好例子便是Namenwirth（1973; Namenwirth & Weber, 1987）的研究，他分析1689年至1972年間英國君主演說中的Lasswell式價值（見第八章8.5.3節），時間橫跨英國的商貿及資本主義時期。在這麼長的一段時間中，數值頻度的波動是意料中事，但Namenwirth並不尋求這些與大英帝國面對的外部事件之間的相關，而是把數值看成為一個自動文化／政治系統的運作表現，當其中某一類頻度遞減，其他的則會增加，如此循環不息。為了測試這個假設，他應用了一種傅里葉分析（Fourier analysis）在這些波動上。傅里葉分析把一段時期的一個量數──不論是光波或是經濟活動──的複雜波動分解成一連串相加性的正弦曲線（sinus curves）。Namenwirth找出起碼三個會合循環可以解釋數據中大部分的變異：一個一百四十六年的循環、一個五十二年的循環和一個三十二年的循環。

　　圖10.5是五十二年循環的內部結構，處於高峰的數值類別在循環周邊，位處「六點鐘」的位置是1790年、1842年、1894年和1946年，見證了不濟的經濟表現、時局的（不）明朗和知識的追尋（啟蒙）。「九點鐘」的位置見到正直和尊重，對社會福利和矛盾的關注增長。在「十二點鐘」的位置，福利和尊重達到頂點，啟蒙和國際化同時出現。在「三點鐘」的位置，財富、貿易和矛盾成為課題，人們擔心好景不常。在圖中央，Namenwirth形容這個狀態的運作，是從邊緣到進步，到都市化，到保守，然後返回起步點，這大致上與Parsons & Bales（1953）的理論不謀而合，認為每一個要符合四種功能條件的社會，都遵從著一個由表現到適應，繼而是工具，然後綜合再返回到表現時期的循環。我們可以把這項技術形容為曲線設置，在這裡，一般的相關係數直線性假設都被正弦曲線取代。

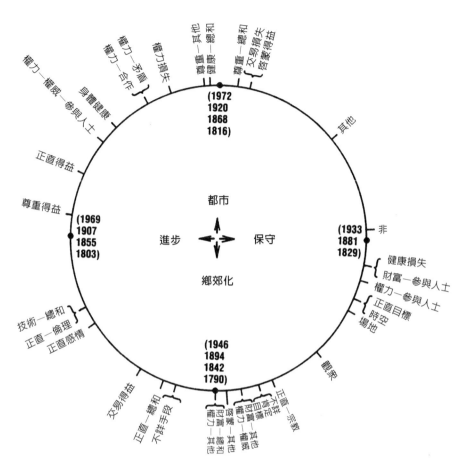

圖10.5　1689年至1972年間英國君主演說中找出的數值的五十二年循環

來源：Namenwirth & Weber（1987，p.139，圖5.5；也見Namenwirth, 1973）

10.4　因素分析和多次元標刻

　　因素分析是一項在上世紀60及70年代很受行為科學家歡迎的方法，以建構一個次元不太多，令數據可以儘量不失解釋能力地表現出來的空間，來總結眾多變數之間的相關。它計算出一組假設性和理想地屬矩形面的次元或變數，提出原本的變數與此有多相關的量數，這些相關（屬

217

於虛擬次元中的原本變數）幫助分析者瞭解虛擬的次元。這是Osgood（1974a, 1974b）如何取得他稱為感情意義的「基本次元」的途徑，他使用眾多語意分析法標尺形式的數據，發現三種基本次元解釋了差異的50%至70%，在分析了哪些原本的標尺與此有高度的相關後，他稱它們為感情意義的「評估」（好－壞）、「行動」（主動－被動）和「力量」（強－弱）次元（見第七章7.4.4節）。

因素分析在嘗試保存原本資料變異的同時減低其次元性；多次元標刻（MDS）則減低數據點之間原本（幾何）距離的次元性，嘗試保存它們之間的相對位置。它需要知道一對元素、概念、甚至變數相距多遠，分析者可藉幾種方法滿足這個要求，例如：測量所有一對對之間的差異、相異、不協調、分解或不共同出現，不論使用客觀測量方法還是主觀判斷。就連相關係數也可以化成距離，利用MDS技術處理。

MDS開始時的空間，次元與數據點數目一樣多，一般人無從理解。它接著嘗試一次減少一個次元，以比較少的次元來表述數據而儘量不碰數據點之間的距離，就如我們嘗試以二次元表達三次元的點的分布一樣。圖10.6展示Andsager & Powers（1999）進行的內容分析的MDS結果，以三次元空間表達四份婦女雜誌討論乳癌所採用的一系列框架，重點是指出哪些概念、主意和媒體源頭──這裡稱「框架」──相同、哪些聚集在小範圍內，以及哪些相距很遠。如果一開始所有數據點都同等相距的話，便不需要把這些數據的次元性減低。明顯地，MDS的結果是否有用，端視乎差異是否等量。

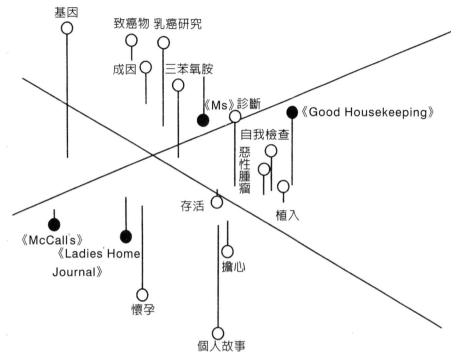

🛩圖10.6 四份婦女雜誌討論乳癌所用的框架的三次元表述

來源：Andsager & Powers（1999，p.541，圖1）

10.5 映像、描繪、語意結點、側寫

內容分析者經常集中注意力在一個或幾個概念、人物或事件上，以確定其在文本中的描述和讀者可能找到與其有關的象徵性質。內容分析的文獻常見如〈中世紀文學中的醫學〉、〈流行媒體中科學家的角色〉、〈女性和男性雜誌中的人體〉、〈阿拉伯報章中美國形象的轉變〉和〈AT & T的公眾形象〉等題目。研究者企圖以分析有關意念出現的語言或文本文脈來解答這類問題。

在歸因分析中，研究者把用來描述一個特定概念的形容詞表列，但單一個歸因的名單並不告訴我們什麼，除非可以與另一張名單作出比較，從而看出分歧。比較歸因分析拿最低限度兩個名單來作比較──舉例來說， 219

一個政治任命的候選人的形象，可以用來與其對手的形象比較；或一個國家在戰前教科書中的描繪，用來與戰後的比較；又或是一個媒體對政治醜聞的報導，與另一媒體的報導比較。分析者把兩個名單比較，找出共同的歸因，以及有哪些歸因把兩者區分。如果所有名單都有一樣的歸因，分析者便沒什麼好說。這顯示了這類分析的標準，是比較歸因，以襯托出描繪的差異。有些進行歸因分析的研究者以期待作爲比較的基礎，報導特定一個映像與典型或正常的有何差異。除非研究者掌握這類期望的數據，否則不可以應用正式的測試。無論如何，以語言突出意料之外或不正常的，是詮釋映像、描繪之類的常用手法（見第十一章11.6節對互動—解釋探索的討論）。

另一個主要是語言學上的標準，把一個單字或表達方式的語言文脈和該單字或表達方式可以出現的所有文法及語意上可接受的文脈比較，當中實際被用上的語言文脈便等同意義，這個意念易於擴展到政治家、專業人士、學術科目和國家的意義上。

因此，「歸因」的意義不應過於狹隘。政治化妝師和廣告商擔心的美國總統的形象，很難被簡約成一張形容詞的清單，這將會是一個方便但效果有限的做法，可能要把總統的演說、討論總統做些什麼的社論、民調，甚至刻畫總統公開或私生活的漫畫也包括在內。美國總統形象的特別之處，在於它的討論與討論其他人物不同。同樣地，科學小說中的人類基因，要與出現在這個文類中的其他科學理論比較才有意義。

我將在第十一章深入討論電腦輔助文本分析（CATA），提供分析映像和描繪的幾項有用技術，其一是KWIC（文脈中的關鍵字）清單，表列出載有某一特別單字或用語的句子或文本。圖11.1顯示單字*play*的這樣一個表列。Weber（1984, p.131）比較了共和黨和民主黨使用單字*rights*的KWIC清單，發現兩黨在使用這個字上有重大差異；這些差異令Weber的發現變得有趣（對Weber研究的詳細討論，見第十一章）。雖然麻煩，但研究者可用普通的文字處理程式中的「尋找」鍵，檢視關鍵單字或用語的文脈。質化文本分析軟體由列出單字的文脈，發展到列出文本單元類別的文脈（見第十一章11.6節）。

以一個結點與其他結點如何連結來分析語言網絡的結點，邏輯也是一樣。舉例來說，圖11.5展示出學生間互相描述出現的「黑客」概念。在這類網絡中，結點通常有以下一個特徵：

- 它們可用描述其在網絡位置的量數來顯示。舉例來說，與多少其他結點連結、位處中央還是邊緣，或是多久才出現一次。Carley（1997）以密度、傳達度和強烈度測量出結點的位置特徵。

- 它們可用它們與任何其他結點之間的語意關聯來顯示。如圖10.7便展示了研究者檢視60年代後文本中關於機械人的特性之後，發現結點間的語意關聯（Palmquist, Carley, & Dale, 1997）。此圖也展示出有聯繫的文本的百分比。

比較一個概念出現的語言環境，帶出不少分析上的可能性。出現（或可能出現）在同一語言環境的兩個概念，是可以互相對換、有著共同意義和被視作同義的。貫穿在很多其他概念之間的概念，是一個網絡所代表的信仰系統、故事或論述的中心概念。分析兩個概念並不同時出現的環境，會弄清楚它們意義的差異。「真正」相反的東西，只在其種類（genus）的環境中出現，其他一切皆不同。

圖10.7是Palmquist et al.（1997）檢視1960年之前，當年和之後與機械人有關的文本時，比較的幾個「地圖」之一。他們的發現支持其關於與機械人形象有關的情感改變的假設，即隨時間文本會漸漸出現信任、忠誠和友誼，中和了持續的恐懼。

當分析者使用側寫時，不論是匿名作品的可能作者、某份工作的申請人或有精神病的人，他們應用的是同樣的詮釋標準，還要加上歸因、相關或語言環境等必須預測某些東西，即是說，他們必須回答一個問題，如：誰是那份匿名作品的作者？誰最有機會勝任那份工作？治療師應如何治療一位以自己獨特方式說話的病人？

看看一個分析抄襲的例子。假設有出自不同作家A和B的兩部文學作品，而B被認為是抄襲A的作品。對一位作家抄襲另一位的懷疑，通常緣於在選字、文法結構、布局等認出兩部作品之間令人意外的相似。但就算真的非常相似，也不足以證明抄襲。在內容分析者開始探討前，一定要弄

221

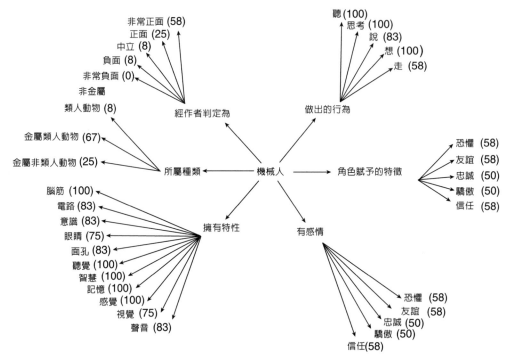

圖10.7　機械人的形象：60年代以後文本中的種類、特性和行為

來源：Palmquist et al.（1997，p.178，圖10.4）

清B在寫其受爭議的作品時或之前，曾經接觸過A的作品。這方面的工作不難，可由法庭判斷。只要證明B曾接觸過A的作品，分析者便可以集中解釋兩者之間的類似。圖10.8表示內容分析者可能需要考慮的關係，類同度α_1可以來自B抄襲A的作品、B的創作（或然率）或A與B一同處於的文學及／或文化背景。如果可以證明類同度α_1超越α_2很多，則B抄襲的可能性便更大。如果α_3超過α_1的程度大過或然率，那麼有可能是A抄襲了B之前的作品，而非是B抄襲A。

顧名思義，作家是創作文學的人，A與B有可能各自經不同路徑寫出類同作品，特別是互相對對方的前作都有相當認識。當相似的是與內容、題材或不尋常的個人經驗有關時，便可能沒有前作來比較，或是就算有也沒多大關係。但就連最富想像力的作家，也得會與其他人共處一個文學、

教育、文化習慣、媒體曝光和常識的背景，否則他們的作品便完全不可理解。這個共同背景為作家提供了一套隱喻、說法、神話及主題的詞彙，供他們納入在寫作中。不同作家作品之所以有共通之處，大都是因為他們其實背景一致。有一宗著名的抄襲案，涉及的一本書，寫的是在紐約教書的經驗，共通處原來是因為兩位作者在不同時期都曾在同一課室任教。假如我們從兩部作品中減去A和B共同的詞彙和背景的話，剩下來的，其相似或差別皆可以創作（又或是或然率）或抄襲來解釋。假如剩下的類同度高於或然率，則大有可能是抄襲。映像、描繪、語意結點或側寫的分析可以指向很多方向。

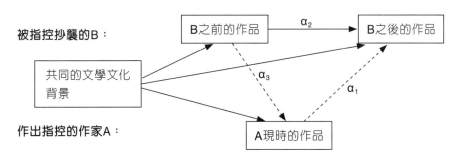

◆圖10.8　需要證明或否定抄襲指控的作品比較

10.6　偶發性和列聯分析

列聯分析是可以令研究者從文本中的共同出現模式中，推斷出關聯的網絡的一項技術，不論關聯網路是來自一個來源還是來自讀者。列聯分析源於對符號多數以相反的一對出現，而意念則會集結成群的觀察。列聯分析是建基於認知上接近的概念在距離上也接近這個假設（分析建構）。內容分析者曾成功地把這個假設應用在個別作家、有同樣偏見或意識型態信念的社群，和充滿典型或習慣的整個文化上。實驗證明，訊息中的統計學偶發性，不單反映了其作者心中想著事物的聯繫，而且也可在受眾中造成相關的聯繫，繼而出現在受眾的反應中，因此，列聯分析可推斷出源頭、甚至觀眾腦裡事物間的聯繫（Osgood, 1959, pp.55-61）。有沒有這些相

關核證（見第十三章13.2.5節）都好，列聯分析作為一項分析技術，自有其本身的價值。

列聯分析以一組記錄單元開始，每一組單元都以一組出現或欠缺的歸因、概念或特徵標記。選擇記錄單元相當重要，這些單元必須有足夠次數的共同出現。一個單字會是一個太小的單元，一個句子通常載有幾個概念，比句子大的單元會更有用。Osgood（1959）是第一個勾畫出這項分析的人，他示範了如何分析W. J. Cameron三十八個「福特星期天黃昏時分」（*Ford Sunday Evening Hour*）的電臺節目。首先，Osgood視每一講為一個記錄單元，記下每一個單元有沒有出現二十七個概念類別。第二步，他點算這些類別共同出現的次數，並放在一個所有類別（歸因、概念或特徵）的正方矩陣中。第三步，他測試這些共同出現在統計學上的顯著度。較或然率高很多的共同出現顯示有關聯，低很多的則顯示沒有關聯。

這項技術隱含的詮釋標準，是基於或然率的共同出現，談不上有沒有任何關聯，因此不能推論出作者或讀者所知所想。Osgood有說服力地指出，離或然率兩端的變異均有著心理學上的重要性。Osgood從這樣小的資料集中推斷出的關聯模式，見圖10.9。在圖中，有關工廠、工業、機械、生產等（FAC）的述及多與進步（PRO）、福特與福特汽車（FD）、自由貿易與進取精神（ENT）、門外漢、農夫、店員等（LAY），以及商業、售賣等（BUS）的述及有關聯。到了Cameron，他傾向「不談」（脫離關聯）如青春（YTH）、知識分子、儒弱的書商等（INT）和疾病（DIS）這些自成另一個關聯群集的類別。這個圖也顯示暴力與毀壞（DES）；不同主義，如共產主義、法西斯主義和集權主義（ISM）；恐懼與迷惑（FEAR）；以及各種邪惡（EVL）等的關聯（Osgood, 1959, pp.67-68）。就算未聽過這些演說，我們也會感受到演說者的心態和那個時代。

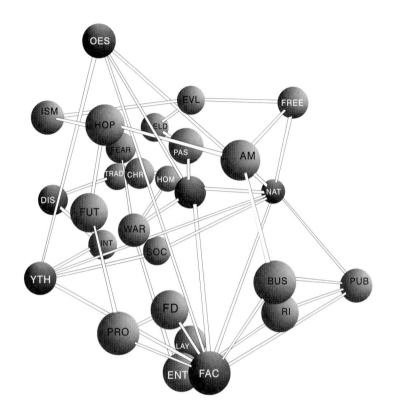

✈ 圖10.9　一個關聯結構的空間表述

來源：Osgood（1959，p.68，圖4）

　　偶發性分析的基本假設，是文本中的共同出現表示出人們心中或潛藏在文化習俗中的關聯。這個假設與神經網絡的構想，促使Woelfel（1993,1997）發展出一套軟體，令研究者在一個特定字數（例如：一百個字）的移動窗口內把共同出現的單字表列，然後計算偶發性群集（我將在第十一章11.4.2節討論這套軟體CatPac）。巧合地，此構想也是近來被稱為「資料開採」的演算程式的根基。文本搜尋也可以在其他種類的窗口、句子、段落和文件中找到偶發性，幾種文本電腦技術便可以照顧到語言文脈內的偶發性。後者跟Osgood的不同之處，是完全不需有讀者、編碼者或謄寫者。Woelfel的目標是完全繞過讀者或編碼者，但這類軟體得出的結 225

果與有人參與的分析比較會顯得膚淺。

當可能共同出現的列表變得很大時，分析者要理解結果可能會很困難。檢視一個200×200概念關聯的矩陣（在內容分析來說算不了什麼），是相當艱鉅的一項工作，嘗試在這個數據洪流中找出模式的分析者，多會錯過了重要的關係，聚類因而變得重要。

10.7　聚類

聚類所做的，是人類自然而然會做的事：把有關聯、同屬一起，或有共通意義的東西整合起來，而把它們與意外或無關的事分開。聚類與視內容為表述的概念尤其密切，鼓勵抽象化、產生出表述的等級，在任何一個層次把原本資料中重要的東西保存而摒棄無關的細節。程序上，聚類一是從下而上，把物件、歸因、概念或人物按其共通處放在一起；或是從上向下，把它們分成類別，類別之間的界線顯示重要的分別。聚類向哪一方面進行，決定於分析者如何選擇類同量數以及聚類準則，就這方面而言，聚類技術的分別很大，偶發性只不過是其中一個類同量數；其他包括一致性、相關、近距、共同歸因的數目和共同意義（按語意定義或按同類詞彙編內的關係）。

選擇一個聚類準則，對一項分析提供的聚類種類來說具有決定性影響。有些聚類準則造成長而迂迴的聚類，其他則造成緊密而環形的聚類。有些善於表達聚類內的多樣性，其他則不然，只表達形成的聚類之間最大的不同之處（Krippendorff, 1980a）。在理想環境下，一個聚類準則反映出在數據源頭在現實中聚類形成的方法，依賴的是語意而非純粹句法的類似。內容分析者必須牢記，不同的聚類程序可能得出截然不同的結果，因此要避免得出隨意的發現，他們必須時常就分析的文脈來證明使用聚類的技術沒錯。

現存最常見的聚類程序，包括以下幾個累次的步驟：

1. 在一個類同量數的矩陣內，根據特定準則尋找兩個最類同的聚類（以兩個未聚成一類的物件開始），併合這兩個聚類對測量數據中的差異影響最小。

2. 把它們併合在一起，但考慮新形成的聚類會失去什麼。

3. 重新計算新形成聚類內的所有類同量數，藉此得出一個新的類同量數矩陣，從中找出下兩個可併合在一起的東西。

4. 記錄採用的聚類步驟，以及失去的東西，令使用者可以重複步驟。

5. 重複第一至第四步，直至並無東西可再併合為止（見Krippendorff, 1980a）。

如果數據不多而準則簡單，分析者甚至可自己動手進行聚類。

聚類步驟一般都以所謂系統樹圖（dendrogram）記錄，這些樹幹似的圖，點出何時及何種東西併合，以及損失些什麼。圖10.10顯示Dziurzynski（1977）部分對三百個電視廣告的吸引力的分析，得出的肌理、口味、價值和優惠類別，有相當的表面效度。

如上所述，內容分析常用聚類，因為與因素分析和多次元標刻不同，它是奠基於分析單元之間有意義的類同，其得出來的等級與文本的構思，在不同抽象程度上都很接近，這也解釋了為什麼出現了那麼多的聚類算法。但這些算法的創造者通常都不會解釋算法如何運作，而這便把證明結構效度的責任，放在了使用它們的內容分析者上（見第十三章13.2.3節）。

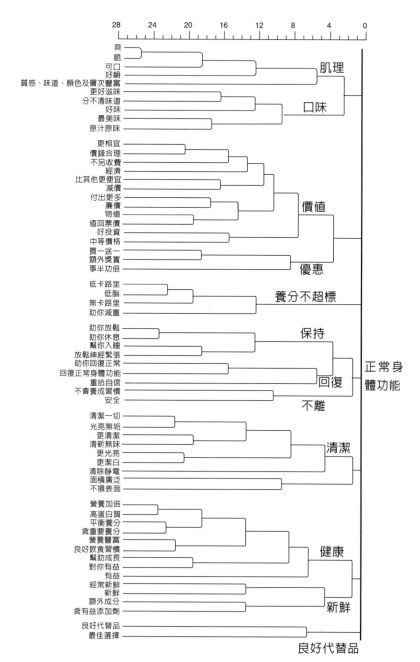

28 24 20 16 12 8 4 0

爽
脆
可口
好嚼
質感、味道、顏色及層次豐富
更好滋味
分不清味道
好味
最美味
原汁原味

肌理
口味

更相宜
價錢合理
不另收費
經濟
比其他更便宜
減價
付出更多
廉價
物值
值回票價
好投資
中等價格
買一送一
額外獎賞
事半功倍

價值
優惠

低卡路里
低脂
無卡路里
助你減重

養分不超標

助你放鬆
助你休息
幫你入睡
放鬆神經緊張
助你回復正常
回復正常身體功能
重拾自信
不會養成習慣
安全

保持
回復
不離

正常身體功能

清潔一切
光亮無垢
更清潔
清新無味
更光亮
更潔白
清除靜電
面積廣泛
不損表面

清潔

營養加倍
高蛋白質
平衡養分
含重要養分
營養豐富
良好飲食習慣
幫助成長
對你有益
有益
經常新鮮
新鮮
額外成分
含有益添加劑

健康
新鮮

良好代替品
最佳選擇

良好代替品

✈ **圖10.10　把廣告吸引力聚類的一個大型系統樹圖的部分**

　來源：摘自Dziurzynski（1977，pp.25、39、40、41、50，圖3、6、11、12、13、

　　14、53）

CHAPTER **11**
電腦輔助工具

　　這一章描述電腦可以如何支援內容分析的研究。電腦被認為是可靠、快捷和可以經濟地處理大量文本數據的工具，而可以幫助內容分析者從所謂「大數據」中找到統計學模式的電腦軟體，開發方面亦取得重大進展。本章回顧今日見到及未來軟體所依賴的一些主要程序和取向。雖然電腦令內容分析者免除人工處理數據的麻煩，而且幾乎完全排除了編碼的不可靠，但電腦的應用也有其他極限，這些我們也會討論。

11.1　電腦做些什麼

　　如果以人工進行內容分析，所花時間會很長，而不可靠也是經常出現的問題。數碼計算機出現之前，文本純靠手寫、打稿或印刷，它們也需要被閱讀和編碼。電腦的廣泛應用改革了文本的處理方式，令內容分析者趨之若鶩。電腦有以下的特性，值得注意：

- 電腦是序列機器。
- 電腦能以驚人速度處理大量數字及文本數據。
- 電腦把邏輯或代數程式，應用在輸入數據的內部表述上，產生新的表述、輸出，其中有些可以供人檢驗，例如在電腦螢幕上或印在紙上。
- 電腦依賴程式。與電腦硬體分開發展及出售的電腦軟體，提供的一籃子電腦程式，並不是普通使用者可以理解的，但這些軟體令使用者可以選擇指示電腦如何處理手上的數據，例如以滑鼠指向及在目錄上逐項點擊，或是輸入一連串字體。在任何一個時刻，正在運作

的電腦程式，便是電腦做些什麼的理論。

· 電腦的運作按既定模式進行，因而絕對可靠。在電腦的世界中，模糊和不肯定不會出現，但這並不表示電腦閱讀數據跟人類閱讀一樣。對電腦來說，意義並不代表什麼，除非特別程式教電腦辨識到人類辨識的事物。

電腦和內容分析者的工作方式有不少相近之處，電腦有序地輸入個別字體，與讀者逐行閱讀相似。電腦以邏輯運作，也與富理性的人類為了瞭解、作出結論、作出決定和辯論所做的事相似。電腦內的程式也與內容分析者對助手或編碼者作出的指示（單元化計畫、抽樣計畫、記錄指示、分析程序；見圖4.2）相似。在形容數據如何進入電腦時，我們常見「閱讀」這個比喻，其他如「編碼」、「資料處理」、「符號調配」和「演算」等詞語也重返人工智慧的範疇。不少人相信，只要有一個解釋讀者如何詮釋文本的好理論，而且可以化成一套適合電腦的語言的話，電腦也可如有智慧的讀者一樣閱讀文章，而且更快速、更可靠。雖然關於認字識字，至今尚未有較好的演算理論，但很多人相信這些理論遲早會出現，因而令電腦內容分析發展迅速，不過較小規模的計畫亦同時存在。

11.2　電腦如何輔助內容分析

內容分析使用電腦的最主要原因，是它們可以以高速處理大量數據。最早示範這個本事的是DeWeese（1977）對印刷報章的在線分析。他發明了一種工具，把報章的植字指示（在當時是用來製造滾軸印刷器原型的紙條）轉成一個電腦可閱讀的模式，使她可以在報章付印的同時分析報章的文本。DeWeese的發明出現超過三十五年後的今天，新聞工作者和印刷媒體以電子方式溝通，就如所有其他進行文本生產和傳播的人一樣。報章除了印刷版還有電子版，方便以電腦進行內容分析。

另一個電腦可以快速處理大量數據的例子，可見於文學作品的語詞索引。在電腦出現之前，要把一位產量豐富的作家的作品中每一個重要字眼列出，並記述其在作品體系中出現的位置，需花去一位學者及無數助手一生的時間。現在，只要文本可供電腦閱讀，要得出按字母排列的關鍵字清

單，最多只不過幾個小時的時間。愈來愈多的書、期刊和研究報告以電子形式出現，愈來愈多人可以接觸到與日俱增的全文本電子數據庫。此外，以光學掃描技術，把書面及印刷材料轉化成電子形式的可靠性，有了突破性發展。在幾乎所有公共範疇——事件、議題、題材、爭議、記錄、日程，包括科學發現——大量文本不只出現在個別電腦螢幕上，而且也可供高速和強力的電腦處理。

電腦對內容分析有用的第二個理由，是它能可靠地處理文本材料。但這並非完全沒有問題，機械式的演算可以把編碼上的錯誤摒除，令一些內容分析者憧憬可以完全繞過人類編碼者，但很容易忽略的是，電腦辨認的只是一串串的字體，識字的人卻能掌握字的演進，或解釋複雜表達方式的句法規則，而且能輕易地說出文本作者想說的事，或知道其他人如何閱讀文本。所有文本均來自人，並供人閱讀，我們無可避免地在文本中讀到意義，但卻不一定可靠。電腦分析提供的可靠性，則源自一串串的字體，與人類閱讀時所做的相去甚遠。

與人類不同的是，電腦是一切都得事先決定好的機器，它不可能不依規矩地處理文本。電腦不知道它在做什麼、使用者是誰，或處理的一串串字體對讀者有什麼意義，它也不理影響我們閱讀和理解文本而時刻轉變的文化文脈。電腦甚至不知道隨機抽出的字體，與對人類有意義的字或符號之間有什麼分別，除非有人告訴它們分別在哪裡，如輸入一部字典。因此，說電腦可以「閱讀」文本或數據，是非常誤導的。當我們說電腦「閱讀」，我們只是打個比喻。這個比喻，一般都無傷大雅，但擬用電腦來輔助其研究的內容分析者應該考慮到以上所說的，而不要誤以為電腦可以好像我們一樣閱讀文本。要把一臺機器設定到可以模擬人類毫不費力地瞭解、詮釋和再闡釋文本，實際上殊不簡單，甚至不可能。

那麼，電腦輔助的內容分析具體需要些什麼？記得我們曾以從現存文本中作出推論來界定內容分析——具體來說是不明式推論，電腦輔助的內容分析也是一樣。要注意內容分析的結果也是文本（見第十四章），解答分析者對特定未被觀察現象的研究問題的文本。因此，除了要令分析者、他們的科學界同輩和研究結果的受益人明白外，內容分析的途徑，也必須

與被分析的文本體系現在、過去或將來如何在文脈中被使用有關。正因為如此，在任何內容分析的過程中，不論是否以電腦輔助，原來文本的閱讀或使用都應好好保存。

要符合這個準則，一個電腦文本分析必須實際上代表、模擬或包含一些文本起碼的文脈化過程（見圖9.1）。極端點說，當電腦對文本的反應跟選出來的讀者群的反應一樣時，便算符合這條件。但正如上面提到，要設定一臺電腦去做普通文本讀者自然會做的事，是十分困難的。

在內容分析中使用電腦，是轉移了在方法學上的關注，由以往為解決人類以合理進度處理大量文本而取得可靠編碼的問題（見第十二章），到為解決保存文本的有關閱讀的演算問題。在傳統的內容分析中，語意學上有效的閱讀是以預感取得的，編碼者不容易破壞其語言社團的潛在共識。內容分析使用電腦，受制於取得語意效度的困難（見第十三章13.2.2節）。

語意效度等同在整個分析過程中把理解文本的能力保留下來。如果分析的結果中見不到原來文本的原本意義，電腦便做不到這一點。使用電腦處理文本的內容分析者，通常會接受以下三個保存文本閱讀性的妥協：

- 分析者可以滿足於單字的意義，不理在其使用文脈中單字所指的東西。我舉過點算作為例子，單字或指定詞句的頻度清單摒除了來自其文脈的所有意義，剩下的只有其字典解釋。

- 分析者可以使用在專門文脈中保存文本意義的電腦程式。就連傳統的內容分析者也會問非常具體的研究問題（就一套心理學理論、競選活動或罪案調查）。對處理結構完整文脈和簡單變數的內容分析來說，電腦程式的用處很大。舉例來說，DICTION（Hart, 1985）是一套用來推斷政治演說的修辭語調的文本分析軟體，對熟悉原來文本的政治修辭學家來說，DICTION產生數量上合理的結果，DICTION因此僅在非常具體的文脈中保存政治演說的某些意義。但這套軟體對研究抄襲、嘗試推斷出報導的偏差，或尋求精神病患者的心理狀態則不大有用。雖然DICTION被稱為一套內容分析軟體，但它只對那些提出軟體可以解答問題的政治修辭學家有用。

・分析者在工作過程中通常都會經過無數細微但獨立的步驟（見圖4.2），有些很簡單和易於完成，其他的則需要運用智能而且很難預先訂明。電腦最適合用於可以不含糊地構想的重複性工作，如搜索、編碼、分類、表列和點算等，這些步驟很細微，運作也透明。內容分析者不難明白每一步所做之事，也可以核對其──每一個步驟──保留的原本意義，以保證最後結果的語意效度。能把一體系可能有關的文本提供給分析者，供其完成餘下工作的搜尋器，便是這類工具。當分析工作分為人類做得最好的和電腦做得最好的兩部分時，電腦並不進行分析而是輔助分析，因此我稱之為「電腦輔助文本分析」，或簡稱CATA（computer-aided text analysis）。

為證明CATA軟體用得其所，內容分析者必須向自己及同輩保證，軟體處理數據的方法是合乎對文本文脈所知、如何閱讀文本、文本意義為何，以及其扮演什麼角色。舉例來說，如果有關意義與句子結構關係密切，把一個大的文本體系化成單字，並以單字頻度來理解該體系的電腦程式，不會保留到句子層面的意義（Krippendorff, 1969a）。如果研究問題與政治類別有關，從心理學出發分析文本便無關痛癢。如果文本意義隨時間、文脈或不同讀者群而轉變，把所有文本單元一視同仁的分析，便會造成誤導。如果需要作出診斷，一個類聚的程式便起不到作用。在第十三章，我將以效度討論這些課題，而語意效度是最關鍵的，放諸四海皆適用的電腦內容分析器並不存在。

CATA的準用家需注意不要被抽象概念和聲稱先進軟體可以做什麼所誤導。販售CATA軟體的人，多會以引起很多期望但實質效用卻不大的比喻推銷產品。舉例來說，聲稱軟體可以「抽取內容」而不說清楚它可以做什麼、怎樣做，會令天真的使用者以為軟體可以做它其實不能做的事。同樣地，如不訂明文脈，進行「概念分析」的承諾，會和保證軟體會進行內容分析一樣空泛（見第二章，特別是關於內容的比喻）。概念永遠是人的概念，有可能出現有趣的涵義，但亦只有在扎根某處時才會如此。「主題辨識」、「自動分類」、「資料開採」、「知識發現」和「相關文本分析」等名稱，可能會嚇唬到CATA的初用者，但卻對軟體對文本哪些特徵

有反應或作出保存著墨甚少。初用者可能會不知其演算結果的意義，而且由於人性使然，必會找到答案。很少軟體開發者會揭開軟體的算法，令研究者可以在分析過程中追尋文本的樣本，以親身確定樣本是如何給處理或分析的。

由於CATA軟體市場發展迅速，我不可能全面地介紹現有的內容分析輔助工具，但我不得不提一些最常用的套件。CATA軟體的討論，可參照Tesch（1990）、Weitzman & Miles（1995）、Popping（1997, 2000）、Alexa（1997）、Alexa & Züll（1999）和Lowe（2003）。由一個軟體發展商營運的文本分析資訊網站（http://textanalysis.info）是另一項資源。

雖然關於CATA軟體的最新資料，可以在網路上經搜尋器找到，但研究者必須記住，軟體開發商很少會作出公平的比較、提供深刻的評論，或說明他們如何選擇的方法學準則。在這章餘下的篇幅，我的焦點是幫助CATA的準用家對不同軟體提出適當的問題，使他們不致枉費時間在幫不到他們的軟體上。我將分開討論三大類的電腦輔助工具：

- **文本分析軟體**：這類軟體處理活生生的文本、單字和字體串，卻不提供任何意義的理論。文本分析軟體支援的不明性推論，依靠的是分析者閱讀及詮釋有關文本單元的能力。在這類電腦輔助工具中，我將討論字體串的處理、開採文本、為理論開採文本證據，還有網表分析。
- **演算性內容分析**：這類軟體包含了一些意義的理論，或是模擬文本在特定文脈中如何被使用，把文本體系轉化成接近研究者問題答案的表述。可以分成編碼／字典、統計學關聯、語意網絡及模擬幾個路向。
- **質化數據分析的支援**：指的是可以令個別分析者管理他們對大小不同文本段落的詮釋（或閱讀）的軟體。軟體令分析者可以互相回應這些有系統的文本詮釋。

我將在本章結尾討論最前沿的CATA軟體，並向使用者提出一些關於他們應該尋求些什麼，和開發商應朝什麼方向發展的建議。

11.3　文本分析

11.3.1　字體串的處理

如上所述，這類軟體把龐大的文本體系分隔成彼此互斥的多個部分，並向使用者提供各個種類的清單及／或代表的點算結果。這種處理手法既簡單又直接，因爲它們依據的是句法而非意義的準則。

大部分文字處理程式，都會向使用者提供關於文件的字體、單字、段落和頁數的數目。其實，它們可以列舉某些指定的字體：按字母、數字和排版上的，包括特殊圖符、空位、標點符號、段落符號、分行、分頁等。由於這些字體純粹是排版或句法上的安排，計算它們的頻度並不能告訴我們一個檔案是扮演什麼角色、它可以如何閱讀，或它是關於什麼的。我們不會稱這種處理手法爲內容分析，Mary Bock稱之爲「印象式的」，因爲它純是依賴研究者來辨識及閱讀字體串的意義（Krippendorff & Bock, 2009，第1.7章）。

點算如單字、詞語或句子的清單，並不需要有基於來源、讀者或分析者關於意義的理論。辨識字體串是一項機械性的工作，它們的出現，與創作文本的理由通常不會一樣。舉例來說，如果有人把龐大的文本體系切分成彼此互斥的文本部分——譬如說單字——那些部分出現在文本的位置（開頭、中間、結尾）便會不清楚，它們的文法功能也不再可辨認（*bear* 究竟是動詞還是名詞？）、部分與部分之間的關係消失（究竟*health*是好還是壞？因爲可以有not *healthy*）、代名詞變得空泛（*she*是誰？），以及問與答之間的對話區別無可避免地消失。對電腦來說，字體串一是相同，一是相異，沒有第三種可能。電腦把一個單字在文法上的變異（如 *bear*、*bore*、*borne*和*born*），或表達同一意念的風格變異（如*empty*、*unfilled*、*vacant*和*void*）視爲不同的字體串。

這些處理手法可以怎樣輔助內容分析？答案其實很簡單，可以在文本分析的定義中找到：它們只在分析者還能瞭解表列和點算的字體串的意義時才有用。但閱讀單字清單，明顯地與閱讀一個完整的敘事體不同，兩者

的分別清楚示範了字體串究竟失去了什麼。只關注部分而非全部主要是爲了方便，頻度簡化了文本，這些處理手法是否有價值，端視乎分析者需要解答的問題，表列和點算本身沒有任何價值。

就連建立要區分和點算的句法類別，也不是完全沒有問題的。看看簡單一個單字，在電腦的敘述中，單字通常被界定爲一連串字體，前後是空位、標點符號或段落符號。這個定義建基在排版模式而非意義上，任何見過電腦產生的單字頻度清單的人，都會同意這類清單會包括一般讀者不會加入的怪字。數字、排版字體和串錯的字，與正當的單字享有同等地位，一個字的衆數、單數和其他文法上的變異形式，會成爲不同的字，用連字符連接的字如*co-occurrence*、複合名詞如*high school*、*North Pole*或*weapons of mass destruction*、簡稱如*WMD*、*St. Paul*和*Ph. D.*，以及數值如*$2,578.30*等，都會被切割成無意義的東西，其他口頭的說法如run of the mill——與奔跑和磨坊均無關——也是一樣。雖則如此，這些單字清單可以令內容分析者對他們面對的字彙有個印象。

大部分CATA軟體都提供單字的敘述。比較著名可以處理大量數據集的系統有簡單的免費程式VBPro；WordStat；現已變成ZyLAB一部分的ZyINDEX；主要在法律界使用的dtSearch；以及在文學研究中被廣泛使用的Concordance。基於上述理由，這些軟體產生出來的單字頻度清單很少會一樣。舉例來說，一般查詢系統（Stone, Dunphy, Smith, & Ogilvie, 1966）是內容分析軟體的先驅（現已供免費使用），把習語和標籤如*United States*當作一個字，而把用連字符連接起來的字如*response-seeking*當作兩個字。CATA軟體的使用者首先要明白軟體怎樣區分單字或其他字體串，然後才可利用其結果。

分析者可期待CATA軟體提供最有用的單字清單，包括如下：

·標準（由左至右）的按字母排列
·相反方向（由右至左）的按字母排列
·由小至大或由大至小的頻度排列

標準按字母排列的單字清單，好處是可與其他按字母排列的清單包括字典字作出比較。相反方向的清單（即第一個字以a結尾，最後一個字以

z結尾）令分析者可以檢視重疊的字尾、眾數、時態和後綴，爲建構字典和搜尋詞語提供額外的幫助，這兩點以後再談。由小至大或由大至小排列頻度的清單，通常都遵從Zipf（1935）的定律：一個字愈長，其出現的頻度便以幾何級數減少，即最常出現的字是短字，很多是功能字，如冠詞、前置詞、邏輯連接詞和代名詞。最少出現的字即是獨特、很長和在統計學上是缺少代表性的字。不常出現的錯串，並不遵從這條定律。可以區分不同文本的字，通常都處於這兩個極端之間（Rijsbergen, 1979，圖2.1），以頻度排列的單字清單可以辨識這些。有些CATA軟體容許使用者設定限制，令超過一定頻度出現的單字才上榜。

使用文字處理軟體的人都熟悉檢字工具，這些工具把所有字體串與正確文字的清單比較，突顯出不相符的結果，如非文字、排版出錯的字、外來語和罕有字。檢字工具包含最原始的文字意義形式：是否屬於某一特定語言。有些CATA軟體使用類似檢字工具的文字清單——非爲找出和供使用者更正錯字，而是作爲相關字體串（通常是單字的）「過濾器」，這些過濾器有以下形式：

- 一系列「要字」（go-words），即所有敘述都包括的關鍵字（不在這清單的字都會被略去）。
- 一系列「不要字」（stop-words），即所有敘述都剔除的關鍵字（不在這清單的字都會被點算）。
- 一系列被看作單字或詞的字體串（字母或其他字體），如複合字、簡稱和口頭語（特別的是反語的處理，清單可以載有形容詞或表達方式的反語，但不會分開那個字和其反語，如not good、no problem、或rarely accurate；Péladeau, 2003）。
- 要從字體串中剔除的前綴、後綴和文法標號的清單，敘述中出現的字體串都不含這些前綴、後綴或文法標號。

所有這些工具旨在把不相關的文字和詞語，或關鍵字的不相關變異從敘述中剔除。前三種工具不難理解，第四種工具是關於一個稱爲「字根還原」的過程——把文法上的變異剔除以得出一個字的「根」或核心。舉例來說，*talking*、*talked*、*talker*、*talks*和*talkative*可還原成*talk*（也可透過 237

瞎猜來做到；見11.4節）。字根還原可以製造出很多分析者需仔細研究的奇怪東西，舉例來說，當*ed*與*ing*都從所有字剔除後，*red*與*ring*這兩個字便成了*r*，兩者再也分不清楚。從*porter*剔除*er*，也令人不知餘下所指究竟是守門的人、港口，還是一種葡萄酒。（另一種類似字根還原，但更加有效的過程是屈折變化歸類法，我將在11.4.1節作為字典的應用討論。）

在文學研究和內容分析中，比較不同文件或典籍所載的字的歷史，由來已久。Yule（1944）便假設作家使用名詞有如畫家使用調色板一樣，他比較幾位可能是《基督的模仿》（*Imitatio Christi*）原作者的作家所用的字，得出的結論頗具說服力。不過，二十年後，Mosteller & Wallace（1963）嘗試找出《文集》（*Federalist Papers*）的作者屬誰，卻發現在語意上不那麼重要的字（稱為功能字）的使用習慣，更能代表個別作者的風格（Paisley, 1964; Krippendorff & Bock, 1009，第3.7章）。在另一個類似的研究中，Koppel, Argamon, &Shimoni（2002）發現男作者與女作者之間某類字的使用有顯著分別。男作者較多愛用名詞短句、數目字、限定詞和修飾語，而女作者則較多用代名詞、特定的前置詞和負句。Cheng, Chandramouli, & Subbalakshmi（2011）採用Pennebaker的方法，發現男與女所寫的電郵用字確有不同。除了用來辨識作者身分外，字彙的比較也可顯露政治取向、所屬的論述群體、直言與謊話等等。

除了比較不同文本體系的單字頻度外，內容分析者發覺以這些頻度計算出來的分布指標作出比較更為有用。Clement So（1995）便以平均訊息量，也稱文本溫度的量值（Krippendorff, 1986, pp.15-20），探討不同地區不同媒體就不同課題的字彙多元性，和比較其報導（見Lee, Chan, Pan, & So, 2002中的So）。有幾個CATA軟體和文字處理器都可以作出類似Flesch（1974）可讀性的量度，這些程式基於某些單字的類別、某些標點符號的形式、句子長短等──全部都是字體串頻度的分布特徵──的頻度，計算出文本可讀性的分數（Krippendorff & Bock, 2009，第3.9章）。單字也可按其資訊是否豐富排列，the和a等冠詞出現次數必多，但資訊量卻不大。若採用相對頻度的算法，那些較少出現但卻含豐富資訊的單字，會出現在清單榜首位置。

　　單字和頻度清單上的文字，一般都脫離了原本的語言環境，令分析者不能辨認其使用上的差別。所謂的KWIC（keyword in context）清單，可以提供特選文字的語言環境，一張KWIC清單可令內容分析者檢視同一文字的不同用法。使用者可以把清單侷限在某些關鍵字——清單上的「要字」，因為全部所有字的KWIC清單，會把文本擴至很大。KWIC清單能幫助分析者發展類別，不論是為了接下來的人工編碼，還是為了建立電腦字典。它們也可幫助分析者區分意料之外的意義。圖11.1展示了關鍵字*play*的KWIC清單部分，從中可見這個關鍵字有幾個不同的意義：

- 演奏（樂器）
- 打（球）
- 與朋友或自己玩耍
- 嬉戲，相對於嚴肅而言
- 戲劇（表演藝術的一種）

　　在分析1980年美國大選的競選演說前，Weber（1984, p.131）以關鍵字*rights*檢視了這些演說的KWIC清單，他留意到當共和黨使用這個字時，多是與討論守法的市民、國家和地方政府、父母和蘇聯準移民有關。以婦女來說，*rights*在共和黨演說中的出現，大多與不需要平等權利修訂案的聲稱有關。相對而言，當民主黨使用這個字時，多與在職女性、少數民族女性、罷工工人、懷孕女性、工廠工人、農場工人、傷殘人士、公民權受侵犯人士和南非黑人的權利有關。KWIC清單可令分析者注意到文字意義（特別是同型異義詞）的多樣性，並對進一步的分析步驟作出建議。

　　如圖11.1所示，KWIC清單也提供某些單字在文本體系中的位置，對另一種著名的文本敘述——語詞索引非常重要。如上所述，語詞索引把文本體系（如一位作家的全集）的重要單字，接連上它們在作品中的位置。不是所有CATA系統都提供如圖11.1顯示的易於閱讀的KWIC清單，Concordance與WordStat兩套軟體便是例外。在這些程式中，使用者可以從按字母排列的單字清單中，選出一個字及其頻度，還會見到該字出現的所有文脈和援引。有其他程式一次顯示一個語言文脈，作用如文字處理系統內的「找尋」鍵。

```
      A VICLINIST CF THE HIGHEST CALIBRE PLAY A CONCERTO. JIMMY HAS BEEN TAKING       5C1 WILLIAMSON UNDERGRAD
    IN HIS ROOM, HE WCULC HALF-HEARTEDLY PLAY A FEW SCALES, AND THEN WCULD PUT        5C1 WILLIAMSON UNDERGRAD
    LEADERSHIP, THAT SCCTT WILL PROBABLY PLAY A LARGER ROLE IN THIS AREA, AND         2H4 SHAPIRO SMALL GROUP
 BEST BUDDY.  ,,HCW ABOUT CCMING OVER TO PLAY A LITTLE BALL... HIS FRIEND            5C1 WILLIAMSON UNDERGRAD
   WHILE HE IS YCUNG HE SHCULC LEARN TO PLAY A MUSICAL INSTRUMENT, THE VICLIN.       5C1 WILLIAMSON UNDERGRAD
  A GREAT DEAL TC US) CCULC CCNCEIVABLY PLAY A SIGNIFICANT PART. IT SURPRISES ME     2H5 SHAPIRO SMALL GROUP
 AN AIR CF DISCAIN. HCW CAN HE POSSIBLY PLAY A SOLO IN THE CONCERT TOMORRCW          5C1 WILLIAMSON UNDERGRAD
     CCME TO PLAY A TUNE I HAVE COME TO PLAY A SONG. WILL YOU GIVE ME YOUR          0A3 ZINACANTAN DREAMS
  MIGUELITO HCW ARE YCU. I HAVE COME TO PLAY A TUNE I HAVE COME TO PLAY A SONG.     0A3 ZINACANTAN DREAMS
     A VIOLIN, HE WANTEC TC LEARN HOW TO PLAY A VIOLIN. GO TO THE NEXT ONES HE      5A1 HARTMAN DETROIT GANGS
   SEEM, YOU KNOW, ENCCURAGEC ENOUGH TO PLAY AN INSTRUMENT AND I DO NOT THINK HE    5A1 HARTMAN DETROIT GANGS
    PARENTS HAVE CECICEC THAT HE SHOULC PLAY AN INSTRUMENT, AND HAVE BOUGHT HIM     5C1 WILLIAMSON UNDERGRAD
  WELL GROWN THEY USEC TC GO CUTSIDE TO PLAY AND HAVE FRESH AIR. THEY WENT ON IN    8J1 KIKUYU
  THINGS, THE CHILCREN WCULC ASK HER TO PLAY AND THAT IF SHE SEES THAT IT IS        1A1 FAM INTERACTION  FRISBIE
  BCY. WHEN I WAS COWN SCUTH, I USED TO PLAY AND THEN I WOULD GET MAD AND GO IN     5A2 HARTMAN DETROIT GANGS
   WE WANTED SCMETHING, ANC SO WE WOULD PLAY AND THROW BOXES ALL OVER THE ROOM.     5A2 HARTMAN DETROIT GANGS
    I-VE DECICED TC TAKE YCUR OFFER AND PLAY AT THE ,,POPS,, TONIGHT. HOW MUCH      5C1 WILLIAMSON UNDERGRAD
   YOU SEE I WILL BE BACK I AM GOING TO PLAY AT THE HOUSE OF OUR FRIEND MANVEL      0A3 ZINACANTAN DREAMS
   AND SCCLD HIM AND TELL HIM HE CANNOT PLAY BALL AT ALL TODAY SINCE HE DID NCT     5C1 WILLIAMSON UNDERGRAD
  IS A NICE SPRING DAY AND HE WANTED TO PLAY BALL INSTEAD. HE IS NOW TRYING TO      5C1 WILLIAMSON UNDERGRAD
       CCASCLE HIMSELF BY GCING OUT TO PLAY BALL, AND RESIGNEDLY RETURN TO          5F1 N ACH TAT
 HE IS IN THE ATTIC, WATCHING SOME BOYS PLAY BASEBALL ON THE OPPOSITE HILL. HE      5C1 WILLIAMSON UNDERGRAD
  I GC ARCUND THERE WITH MY FRIENDS AND PLAY BASKETBALL ALL THE TIME. THAT IS       5A2 HARTMAN DETROIT GANGS
    AFRICANS IN BASKETBALL, AND I OFTEN PLAY BASKETBALL WITH THE LEBANESE.          2C2 PEACE CORPS
 WORK AND SO THEN I GCES DCWN THERE AND PLAY BASKETBALL, BECAUSE THAT HELP FIND     5A2 HARTMAN DETROIT GANGS
    BIT COCKY + LCYAL TC MY FRIENCS + A PLAY BOY + LENIENT TOWARD SOCIAL 20191      9C2 WHO AM I
  HE GREW A LITTLE BIGGER HE LEARNED TO PLAY BY HIMSELF AND WHEN HE GCT BIGGER      5G2 NAVAHO TATS
     HAD TC SIT THERE ANC LET THE PIANO PLAY BY ITSELF. HE WAS IN SCHOOL AND THE    0B2 CHILDREN S DREAMS
        IN THE EVENINGS WE TALK, WRITE, PLAY CARDS OR SCRABBLE. WE HAVE A NEW       2K1 RAMALLO
  (THAT HE/SC HAS ROBBEC/S HIS FATHER). PLAY EENY MEENY MINEY MOS WE/1 HAVE/3       1G1 MILLS
  BE THAT IN SIX CR SEVEN YEARS HE WILL PLAY FAIRLY WELL AND BE EXTREMELY           5C1 WILLIAMSON UNDERGRAD
  OURS THOU WHC ARE IN PAPANTAL. CO NOT PLAY FALSE BUT TURN THOU SOON ASIDE.        8E1 IFUGAO
 JUNIOR YEAR + ON THE HCUSE COMMITTEE + PLAY FOOTBALL + PLAY TENNIS + ENJCY         9C4 WHO AM I
 I SELDOM PLAY I DCNT KNCW ANC I PLAY I PLAY FOR MY OWN NO I CANT NOW I LEARNED     1F1 JAFFE CASE
         I WAS ON THE PITCHING MOUND. I PLAY FOR THE DETROIT TIGERS. WELL, I        5A1 HARTMAN DETROIT GANGS
     TWO TC TWELVE. WE CCMB THEIR HAIR. PLAY GAMES WITH THEM, SEW CLOTHES FOR       2C5 PEACE CORPS
           TC TALK WITH THEM, SHOW ANC PLAY GAMES, SING AND WATCH THEIR FACES       2K2 RAMALLO
 OBSERVE THE RITUAL PRCHIBITIONS. THEY PLAY GONGS AND DANCE. ON THE EIGHTH DAY      8E1 IFUGAO
    WE WILL GET SUGAR CANE TOCAY. THEY PLAY GONGS FOR THE SUGAR CANE.THEY CUT       8E1 IFUGAO
 WENT STRAIGHT TC MWENENCEGAS HOUSE TO PLAY HAVOC. A LONG BLAST FROM A HCRN WAS     8J1 KIKUYU
    MIGUEL HE SAIC. NCW BASTARD LET US PLAY HE SAID. TAKE OFF YOUR CLOTHES WE       0A1 ZINACANTAN DREAMS
  TC HIS WOMANS HCUSE HE WCULC COME TO PLAY HIS GUITAR. WELL NO THE OLD MAN         8A1 ZINACANTAN FOLK
 EVEN LEARN THE PIANC AND I I I SELDOM PLAY I DONT KNOW AND I PLAY I PLAY FOR       1F1 JAFFE CASE
   I I I SELDCM PLAY I CCNT KNOW AND I PLAY I PLAY FOR MY OWN NO I CANT NCW I       1F1 JAFFE CASE
    AND SADDLES. THAT WAS CUR GREATEST PLAY IN OUR VILLAGE IN BASUTOLAND. THE       5B1 SUZMAN SOUTH AFRICAN
```

圖 11.1　關鍵字*Play*的KWIC清單部分

來源：Dunphy（1966, p.159）

有一個有用但被忽略的敘述字體串的方法，就是建立文本或文本體系的「地圖」。在這張地圖中，相關的文本單元——關鍵字、句子或段落，均以突出的字體代表，不相關的則以視覺上不太顯著的字體代表。這張地圖表達出相關文本材料分布在文本何處、如何分布，以及什麼單字類別聚集在一起，因而令分析者集中注意值得繼續審視的部分。Sedelow（1967）首先探討這些地圖的使用。圖11.2顯示一個大型詞彙研究計畫中，八個類別的被訪者的位置分布；這幅地圖以一套名為CodeMap的軟體製造出來（Montgomery, 1989, 1993; Pederson, McDaniel, Adams, & Liao, 1989）。雖然這幅地圖並非為了一項內容分析而製，但它教人如何以相關類別看待一個龐大的文本數據庫。W. Bradley Paley在他的TextArc網站（http://textarc.org），示範了如何在視覺上把文本化為地圖；他形

容其軟體為「一個指標、語詞索引和總結的有趣組合；它借助觀者的眼睛
幫忙找出意義」。不幸地，這個實驗出現的漂亮影像，掩蓋了Paley的先
進投射技術。《內容分析讀本》（*The Content Analysis Reader*）（Krip-
pendorff & Bock, 2009）第41頁顯示了喬治布希總統的所有國情諮文中特
選單字的一個互動圖。把文本在視覺上投射到簡單的類別上，內容分析者
可以先睹他們要面對的，然後才決定下一步如何展開分析。

```
                         Code: Race/Sex/Age

                1 = W/F/13-65  92/152   A = B/F/13-65  16/51
                2 = W/M/13-65  90/163   B = B/M/13-65  14/40
                3 = W/F/66-99  80/166   C = B/F/66-99  10/53
                4 = W/M/66-99  95/236   D = B/M/66-99  10/53

                1         2         3         4         5         6         7
      12345678901234567890123456789012345678901234567890123456789012345678901234567890
A                                    123143223141144.41332413                     A
B                           4243241.4. 2C4141133222.A3D23431341.A.244.4           B
C                           31.314.2.  C4.11.2.3.2.3241331...4.22A1.4334          C
D                           122322..143.A1.442.3B241334.32.2.1.44414              D
E                           2342341C3A.4.22.B14.324344124C32C.3                   E
F                           .3.A4...C2433.1.33..D.4D1A21.1B.4.3.43                 F
G                           411AA144..4..BD1AB1D1.C21.21...13.3.3.11               G
H            4      2B      44.B21.....A.434.1...B..4.D..1B21.4.14                 H
I        4                  ..43131D4...2.3..44.1..2332B.3.D4.B.3..3              I
J        3          2       2...34.22....4..2...4..2.A.43.33131D.....             J
K      3 .A3                ..1...3.....3.4D...4..43.2..1....4.....                K
L      12.      .2          .2 21.1..2.....2......2.B..241...132.1...             L
M        3      1           ....432...C.31.3....C..4..24121.......3..A            M
N        4                  ....1...2...1.....2..2.3..........                    N
O        4          .       .44...4...4..3..1..C43.....2.......                   O
P                  2.1      .44......4...4.3.1.......                             P
Q      .3      .1           .4 ..2....3.2.1......1.....                          Q
R                           ..3......2.3..2.1....2......1.....                    R
S                           .1..2.......22...B1 .... ....3.                      S
T            4      1.2      ........2..A     ..2.2 .   .. 2..                    T
U      .. 1       .         ............     .2..     .. .                       U
V      ..       .2.         ..............          4.4 . .                      V
W      12.      .1          ..............          ... ..                       W
X    4 1A1    ...                                   ... ..                       X
Y              4.24                                 ... ..                        Y
Z    4        ..1                                   1..2 1 1                      Z
AA            ..                                    ..                            AA
AB  12       1.                                     2. .. 4                       AB
AC  ..       .                                      ..                            AC
AD   .4  1                                          1 . . AD                      AD
AE    1.                                            .22. AE                       AE
AF        .42                                       ... . AF                      AF
AG                                                                                AG
AH                                                                                AH

                1         2         3         4         5         6         7
      12345678901234567890123456789012345678901234567890123456789012345678901234567890
```

✈ 圖 11.2　一個詞彙的八類別圖

來源：Montgomery（1989）

註：關於LAGS，見Pederson et al.（1989）

　　來自文學研究的一個有用的敘述是（通常是關鍵字的）「共同出現表」，這個表令分析者可以計算關聯，同時亦可作為偶發分析的第一步（見Krippendorff & Bock, 2009，第3.1章）。單字的共同出現次數，通常都在較大量的文本中點算，至於文本有多大則需要由使用者來界定。有些程式只記錄相鄰的，其他則容許使用者界定一個框框，以記錄兩個或以上的單字在裡面共同出現。早期進行的敘述，以固定數目的字體界定框框（Iker, 1975）。由於共同出現表會大得無法處理，所以一定要把敘述範圍限定在一個「要字」清單的關鍵字上，現有的CATA軟體容許以其他如文字、句子或段落數目等來界定框框（見Woelfel, 1993, 1997）。下面討論的相鄰連結，進一步開放了如何界定辨認文字共同出現的框框。

　　最後，「布爾敘述」把某一文本體系的文本單元，以用者提供的布爾表達方式界定的類別分類。布爾表達方式以一個文本單元類別必須有或不可能有的字體串來界定這個類別，被這樣分類的文本單元，應足夠大到包含把其界定為某一種類──如整份文件，但也包括個別段落，甚至句子──的字體串。所有文本單元都應由分析者管有，或最低限度可以電子方式表列及／或點算。

　　最早使用布爾敘述的一個內容分析，據說是企圖在切列米斯人的民間傳說集中尋找模式的Sebeok & Zeps（1958）。以今天的標準來說，這個傳說集很小；CATA軟體的出現，已經把布爾敘述擴展至大很多的文本樣本。分析者可以敘述大量文本集的一個方法，是把布爾工具應用在文本的指標而非文本本身。自60年代後期起，學者已經設計出龐大文本數據庫的指標，當時Janda（1969）為微型菲林上的文件指標分類，很快地找到相關的政治文件。Janda的系統也容許研究者在檢視文件時加進指標，因而在分析過程中擴闊敘述層面。直至最近為止，如果不以人手標記，也不可能出現視覺表述的演算敘述。在他們的表情研究中，Ekman, Friesen, & Taussig（1969）以人工把電影定格編碼，並測試他們對這些代碼的假設。今天，影像處理和聲音辨認的進步，改變了這些研究。有一新近開發的軟體系統Virage，可自動辨識視象和演說（見該公司的網頁：http://www.virage.com），它可以搜尋視聽記錄（包括電視）中由使用者提供

的標誌、影像或聲音，甚至面孔和話語表達，並點明出處（關於更多的布爾搜索，見第11.3.3節）。

11.3.2　文本開採

文本開採涉及對龐大的文本數據庫進行搜尋，這些數據庫為幫助解答分析者的研究問題而以搜尋機制提供電子索引指標。文本數據庫——電子書、文件、網頁、網誌、推文或電郵，都不為分析者擁有，而它們的數量令無人可以完全讀遍它們，但分析者有理由相信其中有他們需要的資訊。「開採」其實只不過是一個比喻，它指出用來解答研究問題的證據難求，而且是被掩藏在如「山」般巨大的不相干物之內，但這些證據卻是可以經努力取得的。我認為「文本開採」（text mining）比「資訊開採」（information mining）好，因為前者更具體，也由於開採軟體從文本數據庫擷取的正是文本而非意義、概念或資訊。字體串、文本和數據，只在有人能把它們與他或她所追尋的問題連上關係才成為資訊。文本開採的結果是否有效，跟分析者的文學修養和他們如何看待結果密不可分。

由於對文本開採的興趣並不限於學苑的內容分析，所以市面上出現了一些軟體，有些甚至不便宜。商界以文本開採來測量商品的受歡迎程度、口味的轉變、市場定位，以及新出現的潮流。政治團體審視公共空間，找尋他們的競選人應該就什麼議題發言，或是避開什麼。政府機關也必有監察懷疑是恐怖分子的人的訊息。有些政權以文本開採的算法，找出誰是反對派人物。隨著文本開採用途多樣，以及有大機構界入，最強大的軟體往往有獨家專利，而市面上有售的則相當昂貴（Leetaru, 2011）。這一節主要回顧大部分文本開採工作會遇見的難題和解決方法，以及當研究者要選購軟體，或是要以不太先進的電腦輔助工具代為完成其中一些工作時要注意的事項。

一般來說，隨著可搜尋的文本世界愈來愈大，和裡面的相關文本材料愈來愈少，文本開採的重要性便愈來愈大。與現存文體系內字體串的敘述（前一節談過）不同，文本開採在一個大部分都未知的文本宇宙中進行，其中大部分對分析者都沒有用，分析者也永遠不會知道它們的存在。　　243

　　文本開採透過使用稱爲「搜尋器」的機制完成。使用者把其研究問題化作可供演算的形式（稱爲「查詢」），這些查詢必須符合搜尋器的要求。查詢指示搜尋器對一個文本宇宙進行掃描，以找出特定的字體串或「文本屬性」，每次搜尋都應該找到分析者可以理解的東西。搜尋器結合了三類軟體：在其搜尋的宇宙中把字體串標定的；辨認出符合使用者指定查詢的標記的；和辨識、檢索和顯示包括這些配對的文本單元的。文本搜尋可幫助內容分析者依次做到四個文本開採的工作：

- 幫助界定在可搜尋的文本宇宙中有可能是相關的文件總體──書本、新聞稿、新聞網留言、判詞、網頁、網誌、電郵、科學專科的研究報告（在第六章中，我稱這個文本開採的做法爲相關性抽樣；見第6.2.7節）。有時候，這個文本總體明顯地與分析者的研究問題分不開，所以不用搜尋。所以，當分析者想知道一位競選人形象如何時，競選期間的政治演說、新聞報導，以及民調結果很自然便成爲文件的總體。要研究人們是否接受一種新藥，醫學期刊和醫護專業人員的訪談會是這方面的文件總體。文本開採可以超越分析者的既有見解而另創新天地。

- 提供在給掃描的文本宇宙中，被研究的文本屬性的出現次數，令人知道它們的排列次序。舉個例，2003年8月在網路上以Google搜尋器搜尋*text analysis software*，得出來的結果多至3,239,000個，遠超乎任何人可以全部閱讀的範圍。到了2011年6月，結果剩下315,000個，但這並不表示公眾的興趣減少了，而是因爲Google搜尋器可能變得更加精密，果眞如此，文本開採的結果也不是完全沒有問題的。

- 提供載有有關文本屬性的文件的個別網站的URLs（uniform resource locators），以及爲將來的分析找到可供閱讀、下載或列印文件的圖書庫或特別館藏的URL。

- 爲分析者提供被查詢文本屬性的摘要、節錄或統計資料，文本開採這概念本身已經包含這些可能性。

網路使用者都熟悉搜尋器，並以搜尋器在網路上尋找他們感興趣的資

料，但主要是找出解答單一問題的文件。但當同一查詢輸入不同網路搜尋器時，結果很少一樣，原因包括搜尋器處理查詢的能力有異、它們的標記追不上其文本宇宙的改移速度，以及不同搜尋器搜尋的是不同的宇宙（但使用者通常都察覺不到）。目前，搜尋器據說只能搜尋（即是檢索）網路上30%的東西。有統計學取向的社會科學家會覺得這個比率不足，但更嚴重的是檢索出來的文本質素參差。任何人都可放東西在網路上，因此很難區分哪些是專家所言，還是瘋子所言。此外，當網絡擁有者可以用金錢令其網站更易出現於使用者的螢幕上、同一文件可以多次出現在一張清單上，以及同一文件可藉搜尋不同連結而出現多次等情況下，順序排列開採的結果，意義便不那麼大。雖然有這些不利因素，但網路始終是文件、網頁、網誌、團體電郵、官方報告和科學發現的重要泉源，而且針對網址的內容分析愈來愈普遍（Bauer & Scharl, 2000; Evans, 2002），大部分內容分析者的研究項目，都需要取得龐大的文件體系。

除了網路外，愈來愈多文本數據庫可供內容分析者利用，包括以下：

- 對研究傳播的人來說，LexisNexis是重要報章雜誌、財務報告、訪問和民意調查結果、立法資料和法庭判決的網路上最受歡迎全文搜尋檔案庫。我將在下面更全面地討論這項資源。
- 美國國家檔案及記錄管理局（The U. S. National Archives and Re-cords Administration），提供聯邦政府數以十億計的文件（包括電影、聲音和視象記錄及相片），有些是網上資料。管理局的網址也連結上總統圖書館。
- 於1966年成立的教育資源資訊中心（The Educational Resources Information Centre, ERIC），是一個教育文獻的國家資訊系統，由美國教育部贊助。
- 牛津文本檔案庫（Oxford Text Archive）的宗旨是保存高質素的教育文本（主要是人文學科方面的），供教研之用。它提供超過25種文字的2,500項資源。
- Corpus Linguistics是一項連結上其他資料庫的網路資源，蒐集文學作品集、謄本，以及普通口語的樣本，包括不同方言以及不同年

代的方言。

- Project Gutenberg免費提供其龐大書本庫的網路版。到今天，它蒐集了超過36,000本重要作品，由流行文學（福爾摩斯）到嚴肅作品（聖經及經典）都有，也包括工具書。該組織邀請作者分享作品。
- 美國參考圖書館（The American Reference Library）是Western Standard Publishing Company出版的一套CD-ROM，載有超過55,000份文件。Kenneth Janda稱這項資源為「美國歷史上有關政治文本的最重要單一來源」（見其個人網址：http://www.janda.org）。
- PoliTxts是一個政治文本的數碼檔案庫，包含所有美國總統的就職演說、國文諮情、總統候選人之間電視辯論的謄本、自1840年以還美國政黨的政綱，以及重要歷史文件。

執筆之際，以Google搜尋*electronic text archives*和*digital libraries*，得出數以千計的文本集，有國家的也有大學檔案庫的。Skalski（2002）描述了二十一個不一定是電子或網路上的「訊息檔案庫」（message archives），包括了Annenberg Television Script Archive和洛杉磯加州大學電影及電視檔案庫（UCLA Film and Television Archive）。

對傳播學者來說，LexisNexis可能是最重要的文本數據來源。大部分大學、專業圖書館和司法機關都支付使用檔案庫的費用，包括了文件的足本而不只是頭條、摘要、關鍵字和指標。使用者藉由網路進入LexisNexis，輸入其查詢並接收配對數目和來源清單的資料，接著可以選擇觀看、列印及／或儲存整份文件或相關部分。LexisNexis的資料庫包括了數以百計的美國以及國際新聞和商業資料的來源，加上各州、聯邦和國際的法律資料、法例、規條和專利。檔案庫內的新聞資源包括報章、雜誌、謄本和如路透社等新聞網絡的全部發布，資料庫也包括從目錄編纂的圖書資料以及與選舉有關的檔案，也有超越民調結果的民意調查資料，包括問卷和回應全文及進行民調的機構名稱。文件來源包括美國國會的刊物、美國最高法院報告和《聯邦記錄冊》（*Federal Register*），以及一些歐洲共同體的刊物，也有無數學術期刊——科學、醫學和教育的全文本。

撇開一些限制不說（Neuendorf, 2002, pp.220-221），使用者可以輕易地以LexisNexis搜尋到某一時期內《紐約時報》刊登的東西、就某一事件追蹤新聞網絡的發布（如從事件發生日起計一週內）、比較《國會記錄》（*Congressional Record*）所載不同美國參議員就某條法例的發言、找出某一案件的法律先例，或找出某一文化事件在什麼刊物曾被評論或討論過。

如LexisNexis般長時間有系統地蒐集可靠的刊物（由同行評論、富權威性和經核實的），而指標標準又高的全文本網路檔案庫特別受歡迎。一個檔案庫的搜尋結果的語意效度，視乎其蒐集和搜尋系統的質素。

不少電子文本檔案庫都有獨家的搜尋器，不過效能不一。以下我將總結一下使用LexisNexus進行搜尋所需要跟從的語言規則，這套規則採用相鄰操控字，包括布爾操控字（後面再討論）和很多網路搜尋器沒有但跟出版有關的表達方式。

- 和單字一樣，「片語」（phrases）也以字體串搜尋
- 「相鄰連結字」可界定單字周邊的記錄單元的大小、搜尋單字或片語和單一概念的非相鄰表達的共同出現，也可以限制同形異義詞的意義：

pre/# 　搜尋依特定次序在彼此周邊#個字內出現的單字

　　　　　English pre/5 second language

w# 　　搜尋依任何次序在彼此周邊#個字內出現的單字

　　　　　Colorado river w/10 water rights

w/p 　　搜尋同一段落內的單字

w/s 　　搜尋同一句子內的單字

w/seg 　搜尋文章同一部分內的單字

- 「布爾操控字」，大體跟上述相鄰連結字作用相同

AND 如 A AND B，檢索出載有這兩個單字的文章

OR 如 A OR B，檢索出載有這兩個單字任何一個或兩個的文章

NOT 如 NOT A，檢索出未載有那個單字的文章

· 「操控字的多層次重組」，改變正常從左至右使用操控字的邏輯，代以先運算括號內然後才是括號外的邏輯

　　　　　　　（*city w/3 center*）　OR　（*south w/5 Broad Street*）

· 「截斷」

　! 搜尋一個字根的所有變化。*Transport* ! 會找出*transportation*、*transporting*、……

　*不理字體作出搜尋。*wom**n*會找出*woman*和*women*

· 加入s或es或把y轉成ies的「眾數」和「屬有詞」，會主動包括在搜尋內

· 日期變化：

　and date > 1/93

　and date < 1995

　and date = 3/3/96

　and date > 8-21-93 **and date** < 3-3-96

· 「部分」。文件分成不同部分，搜尋可限於需要的部分，如*headline*、*lead*（文件的前五十個單字）、*publication*、*person*、*subject*、*type*（文章所載材料如*analysis*、*letter*）、*geographic*（位置）、*language*、*length*（文章的）。

　　文本開採把查詢與文本屬性（而非意義）配對起來，其結果是否對內容分析有用，視乎其對當下的研究問題是否有關，而不只是查詢與文本配對的問題。和所有文本分析一樣，文本開採使用的文本處理準則都不是完全的。如果其結果能辨識、點算及／或檢索「所有」及「只有」相關的文本單元或文件，文本開採便在語意上有效（見第十三章13.2.2節），但可能出現兩類誤差：遺漏誤差（未能檢索出相關的文本屬性或文件）和操作誤差（檢索出不相關的文本屬性或文件）。

　　當有關的文本單元只有涵義不隨文脈改變的單字或短詞時，文本開採相對問題不大。舉例來說，Kenski（1999）研究選舉年的負面報導，她在過去五個美國總統選舉年的報章及民調的問題中搜尋*negative campaign*和*negative ads*等句語，她發現1980年的頻度最低，至1988年達至高

峰，然後到了1996年則跌到只有高峰時的一半。這些頻度代表了文本的總體，Kenski要取得它們並不難，但正如她發現，這些句語代表什麼則不太清楚，她因而要探入研究民調結果以找出真相。

要制定出一個語意上有效的查詢，並不是件容易的事，看看在網路上搜尋蓋茲堡演說（Gettysburg Address）的例子便可知。如果使用者的查詢包括*Gettysburg*和*Address*兩個字，分開輸入和不包括引號，普通的搜尋器會尋找不論是一起或分開地包含這兩個字的文本單元。在一篇批評網路處理歷史的《紐約時報》文章中，Robert Darnton（1999）說他從這兩個字得出103,467,238項配對，包括一個Gettysburg地產代理的地址、提及Gettysburg的addresses這兩個字的個人網頁，和一間快餐店的宗旨（「蓋茲堡漢堡致力做到……當我們的職員稱呼顧客時……」）。以引號括著「Gettysburg Address」這串字體進行查詢，得出的結果會不一樣。大部分網路上的搜尋器都接受以一串單字而不是個別單字作出的搜尋，這個例子示範了怎樣做會出錯，以及如何減少這類錯誤。明顯地，這類錯誤出人意料，搜尋器的運作與閱讀過程並非一樣，而文本搜尋的結果多會令有經驗的分析者也感到意外，查詢與文本相關的原因，其關係很少是顯而易見的。

當一個概念可用一個單字或引述句來表達時，制定查詢便很簡單。譬如Bishop（1998）想知道「路怒症」（road rage）何時及何地出現，以及其意義如何演進。在這裡，複合名詞與利益的概念不可分，由於這是一個新近的名詞（Bishop發現是1988年），Bishop能夠取得所有相關文件——極可能沒有遺漏的誤差，方法是在LexisNexus 的文本資料庫搜尋。在另一個極端，Bermejo（1997）研究報章中的自我援引，即報章對本身的作業手法、操守問題、新聞出版的政治和經濟考慮作出報導，以及其他方式的自省。由於這個理論概念尚未有表明自我反省的既定字彙，Bermejo發現要制定一個適合的查詢是額外困難的，他最後採用了一個包含超過四十個搜尋字眼的布爾表達方式，不只辨識到相關的報導，也辨識到很多不相關的文本，如新聞工作者的訃聞、印刷錯誤的更正、其他報章的股權變動，和涉及其他報章的援指。由於他只以文本搜尋來找出一個文

件樣本，所以在把文本編碼時很輕易地剔除這些誤差。

製訂查詢便有如以搜尋字眼的布爾表達方式企圖「覆蓋」一組相關的文本，後者在圖11.3以三角顯示，前者則以橢圓表示。從這個圖與圖11.4中，可即時見到操控字OR可擴闊搜尋，而AND NOT則限制搜尋。要制定合適的查詢，分析者常常不自覺地加減文本屬性，只爲了在不知道文本中的屬性和載有每一屬性的文本數目關係的情況下，盡量接近理想中的文本。分析者如對語言的使用有獨特體會的話，會有很大幫助；但若沒有實際探討過的話，查詢的制定很少會成功。

相關文件

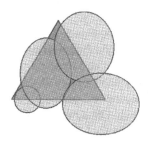
加上與OR有關的字

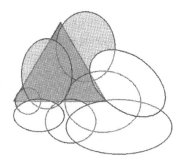
減去與AND NOT有關的字

✈ 圖 11.3　接近一個相關文件集的查詢

研究者在發展其搜尋查詢時，可能想試試用他們熟悉的小量文本樣本來測試看看會有什麼誤差。以下幾條實際建議可供分析者在制定查詢時參考：

・廣被採用的單字（在維恩圖以大圓圈表示的）較罕有的單字（在該圖中以小圓圈表示的）難以區分文本。

・有關聯意義的單字，多會在同一文本共同出現（如 *liberals* 和 *conservatives* 等相反語），因而是多餘的搜尋字眼：它們增長了查詢，結果卻分別不大（在維恩圖中，有關聯單字的範圍多會重疊）。

・同義詞（即意義相同的單字）需逐一加進查詢裡，因爲搜尋器不能

辨識其共同意義。不規則動詞形態與其他純文法的變異也一樣，加進查詢裡時不需理會文法規則。

- 普遍意念的單字，不會有助找出載有該意念具體例子的文本。舉例來說，以*pets*作出查詢，不會檢索出提到*dogs*或*cats*的文本。對普遍概念有興趣的研究者，必須在查詢中包括表示其具體例子的所有單字及句語。

- 同形異義字（即寫法一樣但卻有多重意義的字）因意義隨其文脈改變，所以會令查詢出現重大的操作誤差。舉例來說，以*play*進行查詢，會得出很多不相關的文本，因為*play*有很多不同意義（如圖11.1所表示）。留意到文本搜尋中有同形異義字的研究者，應加進同形異義字周邊的字以區分其意思。

- 操控字AND收窄了搜尋的範圍和減低操作誤差，但同時會增加犯遺漏誤差的機會。操控字OR擴闊了搜尋的範圍和增加操作誤差，但會減低犯遺漏誤差的機會（讀者可檢視圖11.4以證明之）。

再者，研究者可能會覺得以下的資源在制定文本搜尋查詢時有用：他們感興趣的概念的字彙集、同義詞字典、同類詞彙編、句法與表達方式集、概念字典如Laffal（1993）所編製的，或最重要的是，詞彙數據庫如WordNet（Fellbaum, 1998; Miller et al., 1993）。WordNet是一個由普林斯頓大學認知科學實驗室管理的網路詞彙數據庫（http://wordnet.princeton.edu/glosstag.shtml），載有超過五萬個字和四萬個詞句，收錄超過七萬種意義。WordNet儲存了名詞、動詞、形容詞、副詞、複合陳述、詞組、口語陳述，以及按不同的語意關係連結成一組組的同義詞（每組五個字或詞），語意關係包括主從關係、詞彙上的隱含、部分與整體，以及使用的文脈等。（要瞭解WordNet中字與字之間的關係，可瀏覽網路上的Plumb Design Visual Thesaurus：http://www.visualthesaurus.com/online/index.html。）

在其回顧文本開採方法的精采文章中，Leetaru（2011）提及了幾個文本分析的難題，以及一些解決的文本開採方法，其中之一是搜尋普遍的單字共同出現。時下說的「大殺傷力武器」，在美國總統布希任內變得流

行。1941年之後，「珍珠港」除了是夏威夷的一個地方名外，更多了軍事上及政治上的涵義。「白宮」、「賓夕法尼亞大道1600號」和「美國總統府」指的是同一座建築物，但文本形式卻不一樣。單一字的搜尋，不足以找出有意義的字句組合。有些文本開採軟體把所有單字的共同出現表列出來，找出那些比或然率高的作爲完整的文本單元，這類算法在有時限的文本數據庫最有效。在2003年以前，「武器」、「大規模」和「毀滅」等字的共同出現不會高過或然率。

遺漏誤差主要因錯寫、排印出錯、另類寫法、簡寫及俚俗語而起。查詢無論怎樣完整，也搜尋不到配對不來的東西。搜尋器設計者已開始針對這個問題，提出能分辨多種類同的模糊搜尋選擇，包括以下：

- 排印類同：漏失、重複或移動過字體的單字，或常見錯打鍵盤上相鄰字體的。
- 發音類同：發音相近但寫法不同的字（如*Smith*和*Smyth*）。Soundex是一個把書面字換成音標的算法，讓人可按音標而非寫法進行搜尋（Mokoloff, 1997）。同儕間的推文和電郵訊息，充滿著這類音標簡寫，如代表*thank you*的*thk y*。
- 字根類同：有著相同字根意義但不同文法結尾、後綴和前綴的字。
- 同類詞編類同：在意義上有關聯的單字、同義詞、相關詞和單字家族的成員（例如以*go*進行搜尋會得出*going*、*goes*、*gone*和*went*；或搜尋*incendiary*這個字，會得出*arsonist*、*inflammatory*、*combustible*和*bomb*）。

Leetaru（2011）提及過一些會自學的文本開採算法，我也在第四章4.2.3節以區別函數討論過。這類算法在分析者分類出來的文本中，搜尋可以把它們區分出來的文本屬性，在「學習」了如何作出區分後，把區分函數應用到尚未被分類的文本上。如第九章9.2.1節所述，文本資料通常都不太抽象，所以，這些區別函數所載的單字和共同出現清單用處不大。

11.3.3 為理論開採文本證據

最簡單的布爾敘述例子，是根據文本是否載有某一特定單字或詞語而把文本分類。舉例來說，在眾多段落中搜尋*alcohol*和*drugs*這兩個字（可以單獨、同時，或完全不出現）界定了兩個變數——有否提及酒精和有否提及藥物——和實際上交叉表列了這些段落。有了布爾敘述之後，更多細節會跟著出現；在這個例子中，提及*drugs*這個字的段落可以再細分（如禁藥、成藥、藥房可買到的藥和毒藥），因而擴闊了*drugs*這個變數。我們也可加入其他的布爾變數以增大交叉表列；在這個例子中，這些變數可以涉及使用者、地方或治療方法，這些東西在邏輯上獨立於藥物及酒精，但實際上卻多數與之有關。

布爾操控字有集理論的交集AND，集理論的合集OR，和集理論的補充集NOT。布爾表達方式可以用在多種字體串上，如同時載有*drugs AND alcohol*。在所謂的維恩圖（Venn diagrams）中，（有著特定屬性的文本單元的）集以其界線表示，如圓形。把這些操控字應用到兩種文本屬性*A*與*B*的效果，見諸圖11.4，這幅圖並不顯示括號的使用，後者供分析者訂明應用這些操控字的先後次序，從而令表達方式更趨複雜。舉例來說，我們可以在圖11.4驗證(NOT *A*) AND *B* ≠ NOT (*A* AND *B*)，這也是A AND B的補充集。後者的NOT應用在*A*和*B*；前者的NOT則只應用在*A*而非*B*。我們也可驗證NOT (*A* AND *B*) = (NOT *A*) OR NOT *B*。

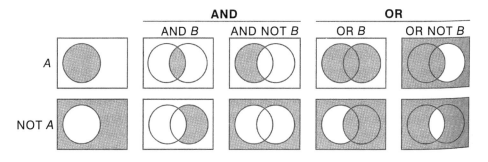

➤ 圖 11.4　應用布爾操控字的成果

要以布爾點數開採文本數據庫的理論，分析者可採取以下步驟：

· 界定作個別檢視、表列及點算的文本單元（可以是文件、段落，甚至句子）。

· 訂明相關的文本屬性，一個文本單元必須或不可載有的字體串，以符合類別的標準。

· 以儘量多的文本屬性，使用上述的布爾操控字和括號，製造一個布爾表達方式，並應用到所有文本單元上。

· 檢視布爾表達方式辨認為特定種類的單元，是否包括所有及唯一目標種類的單元，最初的結果可能不太理想、超乎想像之外（見上一節及在第十三章13.2.2節中語意效度的討論），或太大量而難以處理，布爾表達方式因而需要修訂，直至辨認出來的文本單元屬於或接近目標種類為止。

正如第八章討論過，一項變數的定義規定其數值必須彼此互斥，而且整體數值集必須包括全部的分析單元。A和NOT A的區別，顧名思義是一項變數，雖然只有兩個類別，圖11.4中左邊的兩個維恩圖便顯示這點。布爾表達方式可以區分的彼此互斥的類別數目，根據現存文本屬性的數目以倍數增長。以N個文本屬性界定的布爾表達方式，可以區分最多2^N個彼此互斥的類別。圖11.4顯示在布爾操控字AND以下的四個維恩圖內的兩個屬性A和B。相比起來，在操控字OR以下的四個維恩圖，顯示的類別便不是彼此互斥的。以下是由一至四項屬性界定（為透明計不以括號和操控字OR界定）的四項布爾變數：

	N=1	N=2	N=3	N=4
1	A	A AND B	A AND B AND C	A AND B AND C AND D
2	NOT A	A AND NOT B	A AND B AND NOT C	A AND B AND C AND NOT D
3		NOT A AND B	A AND NOT B AND C	A AND B AND NOT C AND NOT D
4		NOT A AND NOT B	NOT A AND B AND C	A AND NOT B AND C AND D

5	A AND NOT B AND NOT C	A AND B AND C AND D
6	NOT A AND B AND NOT C	A AND B AND NOT C AND NOT D
7	NOT A AND NOT B AND C	A AND NOT B AND C AND NOT D
8	NOT A AND NOT B AND NOT C	NOT A AND B AND C AND NOT D
9	A AND NOT B AND NOT C AND D	
...		
16		NOT A AND NOT B AND NOT C AND NOT D

　　在這些布爾變數中，每一個表達方式描述一個類別，以特定文本屬性的數目來說是最細微的區別（這些二元變數的圖示，可見第八章圖8.4）。以OR連結任何這些表達方式，實際上是把那些類別的內容放在一起，產生出類別數目較少的其他變數。有一個有趣的變數可藉這個方式產生出來：以一個屬性的出現作為變數的第一個類別，然後像進行逐步回歸分析一樣，考慮第二個屬性會增加什麼、第三個屬性會增加什麼，諸如此類，直至去到一個沒有任何屬性的類別為止：

A

B AND NOT A

C AND NOT (A OR B)

D AND NOT (A OR B OR C)

E AND NOT (A OR B OR C OR D)

......

NOT (A OR B OR C OR ...... OR Z)

　　透過以代數形式組合彼此互斥類別的布爾表達方式，我們可以製造出很多可供分析的變數。

　　只要描述的是重疊的文本單元集——不一定要同一個集——兩個或以

255

上的布爾變數便會產生布爾交叉表列，裝載的是這些變數所有類別的交集。把一個有 $\{z_a, z_b, z_c\}$ 類別的變數 Z，和有 $\{v_1, v_2, v_3, v_4, v_5\}$ 數值的第二個變數 V 表列起來，會產生一個有以下單格內容的表：

	1	2	3	4	5	
a	z_a AND v_1	z_a AND v_2	z_a AND v_3	z_a AND v_4	z_a AND v_5	z_a AND V
b	z_b AND v_1	z_b AND v_2	z_b AND v_3	z_b AND v_4	z_b AND v_5	z_b AND V
c	z_c AND v_1	z_c AND v_2	z_c AND v_3	z_c AND v_4	z_c AND v_5	z_c AND V
	Z AND v_1	Z AND v_2	Z AND v_3	Z AND v_4	Z AND v_5	Z AND V

像布爾變數一樣，布爾交叉表列可以列出真實單字或詞語──經布爾表達方式辨識出來的文本單元。經上面建議的步驟，我們可以檢視這些來作進一步區別、評價表內單格的語意效度，或詮釋來自閱讀表列文本的布爾變數之間的關係。文本數據庫龐大，文本資料交叉表列也會龐大，此時就算選定的變數關係在統計學上有可以接受的顯著度，我們也應驗證單格內容是否合理。事實上，類似這樣的一個交叉表列，或是變數更多的表列，代表了如在圖4.7所示和在第四章（4.3.2節）討論過的假設測試。其他與內容分析關係不大的布爾分析，見Romme（1995）。

由於這些敘述不涉意義，電腦輔助工具效率甚高。但正如單字頻度本身意義不大，除非我們可以讀到列舉的單字一樣，布爾分析的結果會很難明白，除非我們對布爾表達方式有一個清晰的掌握。開採文本材料，以找出支持既有理論的證據，好處是我們可以檢測單格內容及變數的質素，甚至測量其語意效度，而且也可以得出理論的統計學敘述。

開採理論證據並不限於傳統的布爾方法。在LexisNexis的搜尋器中，相鄰操控字已完全取代了布爾方法，只要能以邏輯上完整的搜尋字眼界定理論的變數，以及有關證據是以文本屬性形式顯露，開採理論證據便具相當吸引力。下一節討論的一個以一連串查詢開採文本數據庫的搜尋器（如Rogers的Issuecrawler）尚待開發。

11.3.4 網表分析

網路之複雜人所共知，但對個人來說，尋求簡單問題的答案、搜尋文件、就不同議題發表意見，以及以電郵或社交網絡進行對談，還是相對容易的。網路上的文本資料豐富，但要有一個宏觀的瞭解則不容易。一個明顯的分析單元是經URL進入載有文本的網站，如11.3.2節所述，有了搜尋器，使用者可以經URL搜尋到他們感興趣的網站。全球資訊網（World Wide Web, WWW）的特點是網主可以把其文本放上網路，而網站經URL聯繫起來，網站的訪客可以一個一個網站地瀏覽下去，來回往返，直至找到他們要的東西為止。URL與URL之間的超連結，來來去去都只不過會在網路之內，供使用者往返，因而稱作「網」。對研究者來說，這眾多的聯繫代表了使用者社團之內的一個交流網絡，一個網表代表著網路上網站與網站之間的聯繫。

文本靠讀者閱讀（見第二章2.2節），對網路使用者來說，文本的意義起碼屬於三類人：一、設計網站的人；二、懷特定目的的個人；三、有著共同興趣、對關心議題表示支持或反對、以瀏覽同一網站間接地溝通，或以討論這些議題直接溝通的虛擬空間的社群。產品及服務的市場也一樣，對內容分析者來說，能否進入這些現象本身是一種挑戰。

歷史上，網表分析的根源可追溯至科學界的援引網絡（Garfield, 1955）和文學界研究意念的源頭及辨識具影響力的（經典）文本，還有透過作品之間的關聯以界定文獻體系（也以缺乏援引作出區分）。解釋援引網絡的出現的意義理論，主要來自學院的作者及讀者。另一個根源是社交網絡，Heclo（1978）提出「議題網絡」（issue network）這個名詞來形容那些認為自己有見識，又關注特定公眾政策議題及作出回應的人之間的網絡，他認為議題網絡削弱了民主，因為它們缺乏透明度，但其他人（如Klein，1999）看法則不一樣，他們反而見到公眾論述的重生。公眾論述以及很多社交網絡（Monge & Contractor, 2003）總離不開無法管治的問題。網路背後的意義，首先是分析者的，但也是其他組織及個人的，所以要對網路進行內容分析始終是一項挑戰。此外，比起援引及社交網絡，網路瞬息萬變，因為隨時可以加進網站與超連結，作出更改，或因為

外面的社會政治轉變而挪走它們。

最早研究網路的一個算法可能是Google的創辦人之一Larry Page（見Brin & Page, 1998），每一個超連結中的文件都有一個「重要性」數值，視乎相互引述及援指，是Google獨家搜尋的一部分。在Google早期的搜尋器算法的基礎上，Richard Rogers（2002, 2004, 2010）發展出一個稱為Issuecrawler的網表分析工具，其實是產生他稱為議題網絡的圖表的一個軟體組合（見http://issuecrawler.net；http://www.govcom.org/Issuecrawler_instructions.html）。

要瞭解Issuecrawler可以做些什麼，首先要明白它進行的分析程序。「議題」，從分析者的構思而來，顯露在文本體系之內，有機會進入網路中。一個議題藉著兩個或以上把議題標籤的URL進入Issuecrawler，網表分析的第一步便是界定一些「種子URL」，其中一個界定的方法是以Google搜尋器搜尋一個特定的議題。舉一個例子，如果要搜尋關於墮胎的正反兩面，可以用*pro-choice*和*pro-life*這兩個字。由於搜尋這兩個字會得出很多結果，所以，分析者需要設限在N個點擊以內，或以人工剔除那些不相關的。Issuecrawler的軟體從這堆文件中疏理出一些URL，在每一個種子URL中摘取連結。疏理可以根據聯繫的深度，或聯繫是否有門檻（共同聯繫或雪球），又或是存在於種子與種子之間的聯繫，這樣得出所謂「分析的文脈」（見第二章2.4.3節）。疏理的結果被輸進一個分析器中，以圖像形式供分析者審視。與其他網站聯繫愈多的網站會聚在一起，完全沒有聯繫的則離群獨處。

這樣取得的網表的地形特質，在密度、特別網站的居中位置、特別議題的群集，以及不盡相同的群集之間的橋梁網站方面，可以作出比較。Kenneth Farrall研究因為懷疑美國政府對九一一慘劇的解釋而探求另類答案的網站（Farrall & Delli Carpini, 2005），發現主要有三大網表的群集：一個環繞著載有不同陰謀論的「九一一真相運動」（September 11th Truth Movement）網站聯繫緊密的群集；一個針對慘劇的政治後果的激進左傾網站的群集；還有一個小的群集提倡美國價值。最後一個並不把兩個主要群集聯繫起來，雖然兩個陣營的人都與之有連結。那些網表代表的

正好是進行研究那段時期出現的公眾辯論。

開始時選擇一個議題，對議題網絡的分析過程相當重要，可以解答三類研究問題：網主對議題的關注如何分布在網路上（誰對誰說）；網路使用者最可能或最不可能被帶到哪些網站（哪些意見會出現或被接受）；以及議題的壽命（網主如何聚合又如何分離）。最後一個問題的自我組織力在不同時間疏理出來的網表中會十分明顯。

圖11.5及圖11.6兩個網表可以作為上述最後一個問題的例子，也是使用經不同方法揀選出來的種子的一個例子。Issuecrawler由2007年5月至2008年4月一年內，逢每個月的第二個星期便疏理2008年美國總統競選的八位民主黨候選人的URL，分析只侷限在起碼與種子有兩個連結的網站。疏理過程牽涉兩個重複程序，入圍的URL必須兩次都有網站連結，而第二次起碼要有兩個第一輪的網站繼續連結。圖11.5是2007年9月12日的議題網絡，圖11.6是2008年3月11日的。在2007年9月，barackobama.com已經是網絡中最高的一個結點，到了2008年3月，與歐巴馬有關的網站的互相聯繫，已經逼走了其他候選人的網站，表示歐巴馬選民的網站跟歐巴馬的社交網頁之間有緊密的聯繫。值得留意的是，Hillary Clinton的競選網站根本不入圍，因為它沒有足夠的直接或間接的連結。其他入圍的非歐巴馬網站僅有兩個：mydd.com和dailykos.com，都是受歡迎的民主黨網誌。

網表分析並非沒有方法學上的問題，其中一個是Issuecrawler向分析者提供的分析選擇會影響圖表。Farrall & Delli Carpini（2005）討論了一些必須面對的效度問題，而內容分析者需要注意議題網絡與社會現實之間的相關研究。但無論如何，網表都是不可多得的，這也不完全是因為它由眾多網站構成——Issuecrawler在2007年9月辨識到的主網站有多至35,032個連結，在2008年3月則有35,932個——而是也因為它們對熟識議題的人來說表面效度甚高。無庸置疑地，不少政治、商業和人際聯繫都利用網路、網誌和社交媒體，而分析電子世界是以網路術語重新構思社會現實的重要方法。Rogers對歐巴馬競選策略的分析，令我們看到參與議題網絡的政治資本，並不只出現在選舉，而還在突發的政治抗議和為爭取平等的革

命等別的地方。

11.4　演算內容分析

　　與完全採用句法運作的字體串敘述和文本開採不同，演算內容分析是根據假定在被分析文本的文脈中運作的意義理論來處理文本的。如下所述，這類理論通常都十分粗糙，但正因它是植根於現存文本的特定文脈中，因而有存在價值。

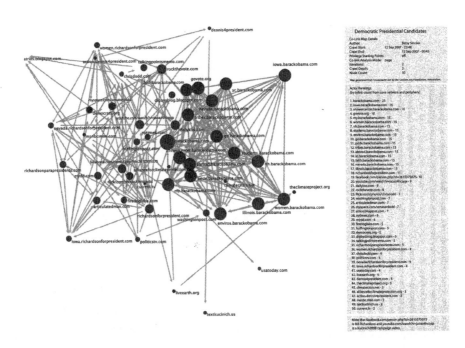

🛫 圖 11.5　從2007年9月八位美國民主黨候選人網頁的超連結分析見到他們的議題網絡

來源：阿姆斯特丹Govcom.org的Issuecrawler.net

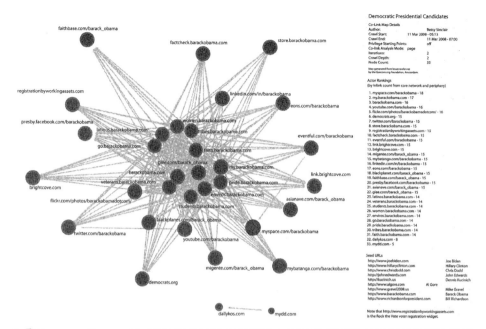

圖 11.6   從2008年3月八位美國民主黨候選人網頁的超連結分析見到他們的議題
網絡

來源：阿姆斯特丹Govcom.org的Issuecrawler.net

在我回顧這些演算工具前，我必須指出它們之間對處理數據形式的要
求有很大分別。其實，很多演算內容分析程式之所以高度精密，全因要求
使用者對原資料的文本先作仔細的編輯。以下是一些最常見內容分析者需
做的工作，以令普通文本適合供電腦處理：

文書文本潔淨

・更正錯字（我們在閱讀中每每略過排印的錯誤，特別是自己的，但
電腦不懂如何處理這種情況。上面11.3.2節提過，如果有模糊搜尋
的話，這個問題便可以得到解決）。

・以特定CATA系統可以辨認的字體如ACSII字體，取代外來字體
（較新的系統可能限制更小）。

・加進特別的標記，以作句法上的區別（例如在句子後面加上雙句

號、段落完結後按返回鍵，或以特定標記把頭條、摘要或引子區分開來）。

加入電腦沒有的資料

· 以專有名詞代替代名詞，直接援指代替間接援指；在謄本的對話開始時加入說話者的名字。

· 為文字的句法功能加上標記（如把*bear*標記為動詞或名詞）。

· 加入分析區別（如區分出說話者、行動者、行為和目標，或區分出行為的解釋、證明和藉口）。

· 區分同型異義詞的意義（如分別指城市、野牛、傻瓜，及作為動詞及純作為一個字的*buffalo*）。

就演算內容分析的理論改編文本

· 捨棄與解答研究問題無關的文字（如制定「要字」和「不要字」的清單）。

· 把長句子化為較小的文本單元，如提案或分句。很多時候這等於以一個可演算的形式重寫整個文本，以避免處理複雜的文法結構。

· 透過人工編輯或程式「拆解」所需的文本（自然出現的文本多經過包裝，前有來源、媒體和日期等資料，又有頭條、摘要、關鍵字等，後有附錄、援引、簽名和其他。中間才是真正重要的文本本體）。

包裝文本

· 很多演算內容分析程式需把文本分成易於演算的記錄：一行行固定數目的字體、某一長度的段落、不超過某一大小的文件（如Diction把文件限制在五百字以內），或使用者必須集合逐一處理的部分。這些程式界定記錄的方法，對它們可以解答何類問題有很大影響。

明顯地，太多預先編輯很容易會抵銷了CATA的用處。為了解決這個問題，有幾個演算內容分析程式引進了電腦輔助的文本輸入功能，舉例來說，有個稱為CETA（Computer-aided Evaluative Text Analysis; Cuilenburg, Kleinnijenhuis, & De Ridder, 1988; Kleinnijenhuis, De Ritter, & Rietberg, 1997）的軟體，執行一種列聯分析（見第十章10.6節），為編碼者提供網路支援。這項支援以分析中三個預備階段的編碼提示形式進行：在他們分析文本語法、界定評分選擇和指派數值予文本單元時。在Cui-lenburg（1991）的研究中，五十名編碼者可以在一個月內從5,400篇報章報導中，挑出超過四十萬個文本單元來進行CETA。在一些軟體如Heise（1995）的Event Structure Analysis（ESA）和Schrodt, Davis, & Weddle（1994）的Kansas Events Data System（KEDS）中，最先進的功能都用來準備文本以作分析之用。

　　建立了這些基本條件之後，我接著會談談四類演算工具，並按其包含的意義理論分類：編碼／字典取向、統計學關聯取向、語意網路取向和文化基因取向。

11.4.1　編碼／字典取向

　　最簡單的意義理論，也是主導著編碼／字典取向的，從分類學而來，假設文本可按不同抽象層次表述，或有著核心意義和微不足道的變異。

　　Sedelow（1967）曾示範過，分析者需以意義類別而非所載的字體串來比較文本。她分析一本俄文書，Sokolovsky的《軍事策略》（*Military Strategy*）的兩個不同英譯本，發現它們之間相差近三千字：其中1,599個字只出現在Rand出版的譯本，而1,333個字則只出現在Praeger出版的譯本。有鑑於兩個譯本均是有口碑的譯本，用字方面的差異一定會告訴我們一些東西。Sedelow指出了以字體串比較文本實在是頗為膚淺的。明顯地，語言容許一定程度的風格變異，而說法亦可以有很多種。這個觀察令Sedelow提出以普通字典和同義詞彙編取得的文字家族而非實際字體串的頻度，以普遍意義來解釋文本，這也是幾乎所有編碼／字典取向背後的意念。

　　有一個做法是把文本中的字以其字典的詞目代替，這個做法稱為按曲折變化方法把文字歸類，是「把文本中所有文字的變化轉化成其用以翻查字典的形式」（Boot, 1980, p.175），它以名詞的單數形式取代眾數形式或其他串法，和以動詞原型取代其他文法上的變異（*如is, was, will be,*　263 *am, are, were, being*和*been*以*be*取代）。很明顯地，按曲折變化方法把文字歸類，比字根還原法更有效，它包含了找出普通字典定義的一套理論，反映讀者對這些字典的使用。雖然運作上它類似一本電子字典，按曲折變化方法進行歸類，通常都在應用其他CATA字典前應用。

屆折變化方法和編碼，並不一定要有先進的CATA字典。舉例來說，Kim & Gamson（1999）以一個文字處理程式（Microsoft Word）來為一套文本體系掃描特定的字體序列，他們按每一序列所處的語言文脈來閱讀該序列，以代表其類別的字來代替意義相近的字，並點算代替了多少。透過這個相當繁複的程式，Kim和Gamson把他們認為對研究無關重要的風格及語意變異剔除，以自己作為閱讀及歸類特定單字及用語的理論依歸。這個程序建基在文本是代表其他東西，因而也可用更簡單和普通的形式來代表這個意念上，剔除個別讀者的僻好，而著重於大部分讀者從閱讀中得到的東西——但當然是透過分析者的研究問題。

人工編碼或把文本單元記錄成抽象的類別，以包攬更多具體的文本個案（見第七章），跟電腦同義詞彙編和字典的作用沒有多大分別，都是以較少和更簡單的方式，表述龐大的文本體系——除了後者是無人閱讀和只應用到字體串上。處理得好的話，電腦同義詞彙編和字典的建立，會成為讀者如何以比較簡單的方式重塑特定文本，並按其研究所需而歸類的一套理論。

CATA字典把有相通意義的字體串當作單字般分類，正如同義詞彙編把不同抽象程度的近義字集合在一起一樣。CATA字典被應用在文本上，一是把原本的文字標籤上類別的名稱，或是以更普遍的字代替相近意義的字（自動進行上述研究中Kim和Gamson以人手進行的事）。一般查詢系統（Stone et al., 1966）是第一個使用字典的電腦內容分析程式，它按一套反映研究問題的意義理論，或學術科目的術語來為文字加上標籤。譬如說，Stone et al.的社會心理學字典把*I*、*me*、*my*、*mine*和*myself*標籤為*self*，而*we*、*us*、*our*、*ours*和*ourselves*則標籤為*selves*。分析者可以在兩個層面取得標籤的頻度，如*anxiety*、*guilt*和*depression*算作*distress*，而*distress*、*anger*、*pleasure*和*affection*則算作*emotion*。分析者也可以檢視

一個給特定標籤文本內的文字，以決定標籤是否充分代表被歸類在一起的字體串。此外，分析者也可以檢視一系列出現在文本卻不在字典中的「剩餘」文字、製造新字來修訂及增補字典，以及把不同統計應用到標籤和被標籤的單字上。WordStat是一套由Péladeau（1996）發展出來功能非常多的內容分析軟體，它把「要字」清單和「不要字」清單當作字典，前者又以類別代替單字，因而製造了一個較少類型但有同樣數目代表的文本，供分析者用WordStat的母程式SimStat提供的多項統計工具來檢視。在一般查詢系統中，一個單字可以不同方式標籤。在WordStat中，分析者可選擇使用彼此互斥或重疊的類別。一般查詢系統使用字根還原法，和加入了不少令同型異義詞意義清晰的規則。WordStat內載拼寫檢驗及英文同義詞彙編，很多CATA程式使用不同效能的字典。

以編碼／字典為取向的不同CATA軟體之間，有一個重要的分別，是使用者是否可以根據自己的理論和研究問題來修訂字典，以及這樣做有多容易。一般查詢系統的字典是可以按要求修訂的，其他如TextPack、Text-Quest、VBPro、WordStat，還有很多也一樣。相較之下，明尼蘇達文脈內容分析（Minnesota Contextual Content Analysis, MCCA; McTavish, Litkowski, & Schrader, 1997; McTavish & Pirro, 1990; http://ftp.clres.com/online-papers/qq.pdf）、Diction（Hart, 1985; http://www.diction-software.com）、回歸映象字典（Regressive Imagery Dictionary, RID; Martindale, 1990），以及語言學查詢及字數統計（Linguistic Inquiry and Word Count, LIWC; Pennebaker, Francis, & Booth, 2001; http://www.liwc.net），在這方面都多少有些限制，每一個軟體都包含一套或幾套的意義理論。

MCCA把11,000個單字分成116個事先設定的類別，反映出開發者如何看待一個敘事。MCCA承認意義是隨語言環境而變的，並界定了四種這樣的環境（傳統的、實際的、情緒的和分析的），認為足以令與社會行為有關的大部分同型異義字的意思更清晰。MCCA產生出這些類別出現在文本中的頻度，並基於這些頻度而比較兩個文本，以及就以這個系統研究多年得出的統計規範，評估這些類別是否偏高或偏低，就如Diction軟體所

做的一樣。

Diction嘗試推斷出其開發者Hart（1988）稱為「口頭訊息的聲調」，它可以從500或以下字數的文本——以政治演說來說，長度差強人意（雖然分析者可以分別處理幾個五百字的檔案）——搜尋出由其字典依五個修辭特質分類的單字：

  · **肯定性**：表示決心、強硬度、完整性和傾向以權威口吻說出的語言
  · **行動**：表示動作、改變、執行意念和避免慣性的語言
  · **樂觀**：贊同或突出某些人、團體、概念或事件的正面語言
  · **寫實性**：描述影響人們日常生活可觸及、即時、可辨認事物的語言
  · **共同性**：突出一個團體認同的價值和抗拒孤僻參與模式的語言

這些類別的頻度令我們可比較不同的文本，和以從兩萬份公開文件取得的統計規範來看一個文本。Diction可以令使用者制定十個額外的類別，但Hart對「聲調」的概念是個中關鍵。

RID由被分類到二十九個原始認知過程、七個第二認知過程和七個情緒類別中約3,200個單字和字根所組成，正如其名字所指，這個字典的焦點在以下的心理過程：

  · 動能（口、肛、性交）
  · 伊卡羅斯意象（升、墜、火、水）
  · 回歸認知（意識轉移、永恆）
  · 情緒（憂慮、哀傷、憤怒、正面情緒）
  · 感官文字（觸、視、冷、硬）

Martindale（1990）發展出RID來測試他對藝術史的心理進化理論，自此，心理治療和認知發展的研究者便發覺這方法很有用，RID可以安插在WordStat與TextQuest中。

LIWC的字典也可用在WordStat中，LIWC是設計來向研究者提供一個有效快速的方法，在個別人士的口頭及書面演說樣本中找出不同的情緒、認知、結構和過程成分，它逐個字分析書面文本、計算文本中符合最多八十二個語言境界的文字比例，以及產生可以用不同統計學程式分析的輸出。這個程式的基本字典由2,290個單字及字根組成，每一個單字或

字根都包括在一個或多個類別裡。舉例來說，*cried*是四個單字類別的一部分：哀傷、負面情緒、整體情感和過去式動詞。*cried*在文本中出現一次，上面每一個類別的點算都增加。

尚有很多CATA字典，不過有些並不普及。例如：有為社會性（或功能性）和反社會性（或障礙性）行為編碼的字典（Potter & Vaughan, 1997）；有講者心理狀態的字典（憂慮、敵意、認知受障等；Gottschalk, 1995; Gottschalk & Bechtel, 1982）、Lasswell的價值類別（Namenwirth & Weber, 1987），以及Osgood, Suci, & Tannenbaum（1957）的語意區分標尺（Holsti, Brody, & North, 1965）。更舊的特殊用途字典，見Stone et al.（1966, pp.169-206）和Gerbner, Holsti, Krippendorff, Paisley, & Stone（1969）。

一般查詢系統原本的構思是接受任何種類的字典，但從它發展出來的哈佛心理社會學字典（Harvard Psychosocial Dictionary）。為編碼／字典軟體的使用者上了重要的一課。一般查詢系統的字典來自Bales（1980；也見Krippendorff & Bock, 2009年，第2.5章）的互動過程分析，但接著納入了愈來愈多的類別系統，例如Lasswell的價值和Osgood的語意區分，可以這樣做是因為它容許一個單字有多過一個標籤（如前所述，WordStat也提供這個選擇）。在1965年，它有3,500個單字和83個標籤（Kelly & Stone, 1975, p.47）。Züll, Weber, & Mohler（1989）增補了這個字典的第四版，而其達特茅斯（Dartmouth）版現已載有8,500個單字（Rosenberg, Schnurr, & Oxman, 1990）。這些發展顯示字典有愈來愈大、多元化但卻愈來愈不易更改的趨勢。大部分內容分析都會因專門字典的出現而得益，但要從頭編訂一部字典，工作非常艱巨。因此，內容分析者通常都會在發展自己的字典前，先增補現存的字典。使用一般查詢系統的研究者，傾向增補其字典，而非發展出自己的一套。

分析者如何編訂新字典？在這方面，一個早期的資料來源是Stone et al.（1966, pp.134-168）對一般查詢系統字典工作的描述。Bengston & Xu（1995；也見Krippendorff & Bock, 2009，第2.5章）的報告可能是近年最好的，他們以內容分析法來檢視國家森林在美國價值中的轉變。為了

編訂字典，Bengston和Xu採取了以下步驟：

1. 他們準備了一份與森林有關有價值（正面和負面）的東西的清單，他們選擇哪些東西，當然視乎他們所感興趣的推論。

2. 他們檢視不同大小的文本單元，含有清單上東西所需的描述，從而決定載有對東西估值的基本文本單元。他們決定一個文本單元需載有*national forest*這個詞，另每端加上五十個字。

3. 他們發展出一系列字句，可用來標誌文本來源──作者、被訪者或讀者──構成研究者感興趣的四類基本價值（這些價值從第一步而來），結果是每種價值各有一套字句。

4. 他們要求科目專家檢討這些價值字句（一個價值字典開始形成）和建議應如何改善及加入什麼。

5. 他們把KWIC清單應用在文本樣本上，以檢視形成的字典中單字的語意效度（見第十三章13.2.2節）。在檢視過程中，他們發展出排難解疑的規則及查詢，然後改良和測試這些規則，看看它們是否準確辨識和區分這四種價值，他們接著刪掉任何不可排難解疑的字句。〔一條排難解疑的規則，可區分不同的閱讀，例如：他們發現經濟字眼本身並無明顯的價值，但如出現在*devastating*（災難的）、*ravaged*（被踐踏的）和*misuse*（錯用）等字附近，則會變得負面。一條排難解疑規則的價值所在，便定把兩類字體串組合成一個價值的類別。〕

6. 他們經過一段時間從三個來源抽取文本樣本──媒體、農林專家和環保人士，並比較不同字典應用在它們上。不同來源跟森林的關係不同，表達價值的方式也不一樣。研究者重複這個測試，直至最少80%被正確辨認出來為止（關於文本搜尋的語意效度，見第十三章13.2.2節）。

7. 他們對來自這三個來源具代表性的一個隨機抽樣數據樣本，進行最後的效度檢驗。

以上步驟可以輕易重複，不少內容分析者都以類似方法製造自己的專門字典，但有其他則依賴如上面提過的WordNet的單字資料庫（Fellbaum, 1998; Miller et al., 1993）、Laffal（1993）的概念字典、現存的字典或同義詞彙編、顯示單字共同出現的聚類技術，或有關文脈的理論。

　　要為一部字典進行語意核證，分析者需以其他方法取得的類別來比較字典的表現——最低限度類別要對研究者有用（表面效度；見第十三章13.1節），但更理想的是可經得起編碼者或文本使用者的判斷，正如測試一套理論一樣。在使用前，一部字典的語意應先被核證，這樣做需要公開仔細審視字典，以及被應用到人類可以閱讀、標籤或歸類的小文本上以作比較。舉例來說，一般查詢系統提供字根還原的字體串清單、有共同標籤的單字、沒有標籤的單字和更多，以幫助這類審視（Stone et al., 1966）。WordStat產生的是字典沒有的單字清單，以及應用字典的單字清單。載有固定和隱藏字典的軟體，並不容許作出語意核證。

　　研究者可能也會測量依賴它的系統是否成功，以決定一部字典的功能效度（見第十三章13.2.4節）。Pennebaker et al.（2001）的LIWC字典就是一個好例子：它向分析者提供足夠數目的與心理有關的類別，令他們可在使用頻度之外也界定自己的分析建構，這些分析建構類似迴歸方程式，後者經選擇性被應用到LIWC字典產生的不超過八十五個層次，得出特別概念存在的證據。舉例來說，Pennebaker等人發現LIWC可以基於使用的單字來辨識出作者的性別——這發現可輕易地以外在證據證實（預測性效度；見第十三章13.2.6節），也可基於不同的情緒狀態來辨識作者的性別（Pennebaker, 1997）。這些研究者已經就認知的複雜性、年老、抑鬱或自殺傾向、說謊、性別和「總統語氣」，發展出不同的程式。為了示範其系統，Pennebaker & Stone（2001）對2000年美國總統競選初期的參選人，應用了一連串以類似方法得出的量數（認知的複雜性、女性化的談吐、抑鬱或自殺傾向、老人家口吻、騙子口吻和總統語氣）；雖然是事後孔明，但亦發現相當程度的表面效度。Krippendorff & Boch（2009，第7.7章）提及一個Pennebaker和Chung進行的研究，從亞蓋達的謄本中看出不同訊息質素的時間表。

　　近年愈來愈多人使用字典來評價與特定態度對象——產品、人或議題——有關的情緒，一般稱作「情感分析」。這主意其實可追溯至Osgood　269 et al.（1957）的情感意義語意區分，當中提出了大部分主觀評價都牽涉到三個情感層面：評價（好－壞）、能力（強－弱）和行動（主動－被動），兩端則「強度」相反（Osgood, 1947a, 1947b）。不同研究者發展出不同的情緒語言清單──Heise（1965）和最出名的Gottschalk & Gleser（1969）後來成為電腦字典的基礎（Holsti et al., 1965）。最近期和最廣受測試的語言情感字典（Dictionary of Affect in Language, DAL）始自Whissell（1980）的研究，列出經讀者評定的8,700個單字：高興－不快；主動－被動；易想像－難想像，量度其信度和效度（Whissell, Fournier, Pelland, Weir, & Makarek, 1986）和應用於龐大的文本體系，此書也有一部完善的使用者指引（Whissell, n.d.）。情感分析針對選定的態度對象，可說是得出它們情緒輪廓的一種方法（見第十章10.5節），一般相信可以代替民調，也曾應用到總統演說、廣告、報章報導、最高法院判詞，甚至是流行曲的歌詞（也見Leetaru, 2011）。

11.4.2 統計關聯取向

1960年代人工智慧研究者的一個未完成的夢想，是自動產生出書面文件的摘要。以統計學方法產生出摘要，假設的是文本中的重要字眼，可從其相對頻度辨識出來；其意義與相鄰其他的字有關，因而需要留意共同出現；以及載有統計學上顯著的共同出現的句子，便代表著整體文本。這些嘗試最終都功虧一簣，原因如前所述，要制定一個識字社群成員如何總結社群文本的演算理論，是相當困難的。但這個夢始終沒有醒，它刺激了不需把文本單元事先歸類或先設字典的演算內容分析程式的發展，盡量減少編碼者的工夫，這些被稱為統計學關聯的取向，隨著開採比喻流行起來，令人期望可從大量的文本資料庫中「抽取」概念或「發現」相關資料。

這些意念背後的意義理論有兩個根源，其一可追溯至關聯心理學。在內容分析中，它始自Baldwin（1942）的個人結構分析，其後由Osgood（1959）發展成他的偶發分析（見第十章）。這些早期的分析，先把用人工編碼的共同出現的概念，表列成正方形矩陣的一對對單字，然後以統

計學的期望作底線比較之。這個理論假設人心中意念的關聯，表現在外是共同出現的單字。Osgood（1959, pp.56-78）用人來做試驗，證明了這個想法，並以分析Goebbels日記的一部分來作示範。

根據另一根源，意義並不藏於文字，而是在文字與其環境的關係，即文字與其他文字的關係。因此，如果兩個單字出現在同一個語言環境，而其中一個可以代替另一個而不損害整體意義的話，則那兩個單字便有著相同意義。舉例來說，在很多與形狀、進食和生長在樹上有關的句子中，*apple*和*orange*兩個字皆可互換，只有在它們不再可互換的句子中，它們意義上的差別才會彰顯出來。如果這個理論可以解釋我們如何閱讀，它會令人類編碼者和諸如文本的社會／體制／政治角色等語言以外的現象變得多餘。

實施這些意念，Iker（1974, 1975）和他的同事（Iker & Harway, 1969）開發了一個程式叫WORDS，起初是爲了要在心理治療會面的謄本中找出模式。WORDS包含了很多現已令人耳熟能詳的特性：把單字還原成字根、最常見同義詞的字典，和一個剔除了功能字，和在統計學上貢獻不大的最常見和最罕見的字的「不要字」清單。在大小不同隨分析者而異的文本單元中——一定數量的單字、段落、書頁、連續的對談、訪問問題的答案——WORDS計算出一個不超過215個字體的偶發矩陣，接著對這個矩陣的相互關聯作出因素分析，並按一個最大方差法（varimax）準則滾動，以得出簡單的結構，這些結構被視爲被分析文本的潛在主題。現行的軟體如CatPac、TextAnalyst、TextSmart和Semio，製造出類似的偶發矩陣來作出統計學上的結論。

Woelfel（1993, 1997; Woelfel & Fink, 1980）的CatPac跟隨WORDS的初階步驟，但卻不尋求共同出現的統計而採納一個神經細胞網絡的學習模型，這個模型開始的假設，是所有經揀選爲關鍵字的單字，均以同等強度聯繫在一起，當CatPac掃描文本而在特定文本單元內（如特定長度的框框、單字數目）遇上共同出現時，觀察到的共同出現的聯繫會增強，沒有共同出現的單字的聯繫則會減少。假若超過兩個關鍵字共同出現，CatPac便會加強結合它們的所有二元聯繫。（這方法建基於一個理論，便是當人

271

們重複有某些念頭、閱讀某些文本，或做出一連串具體行為時，代表這些念頭或行為的神經細胞聯繫便會增強，之後他們可以回憶、構思和利用那些念頭和行為，較那些少有或久遠之前有過的念頭和行為容易。）分析產生單字組群，給Woelfel形容為差不多獨立意念的表現，這些組群的一項重要屬性是它們都不分等級。與等級組群不同，非等級組群容許一個單字屬於多過一個類別，因此，在傳播研究文獻中的內容分析，*communication*會與*mass*出現在一個類別，而與*theory*及*research*出現在另一個──由於*mass communication*的概念跟*communication theory*和*communication research*的不同（Barnett & Doerfel, 1997）。

Tijssen & Van Raan（1994）回顧了CatPac的程序和使用這套程序的研究者的工作。舉例來說，在一項學生論文的研究中，CatPac產生出可以被分成五類的55組常用單字（McKnight & Walberg, 1994），當中並不只有明顯的概念如「street-crime」、「gang-violence」和「school-problem」，也有典型的關聯如「young-bad-black」和概念上的相關如「money-city」。這些結果可看成是一種共通認知、來源的普遍特徵，被一套意義理論──就CatPac來說，是一套神經細胞網絡的理論──所騎劫。

TextAnalyst是另一套以神經細胞網絡方法處理文本分析的軟體，被形容是一件可自動摘取、標記、儲存和檢索很多企業需要處理的文件的商業工具。Sullivan（2001）以前述開採的比喻形容這個方法（也見Megaputer Intelligence網址：http://www.megaputer.com）。

神經細胞學習網的意念，本屬人工智慧研究者發展模擬自然行為的算式的一部分，那些算式的目的是讓電腦可以在不需由人控制而學習進行某些操作──就內容分析而言，目標是令電腦可以閱讀文本。有一個算式叫支援向量機器（support vector machine），可應用到十萬份文件中的三十個類別上，然後產生出容易理解的規則去辨識其他文件中同樣的類別。其他有關的算式有隱藏語意分析（latent semantic analysis）或隱藏語意標記（latent semantic indexing, LSI），另一個模型是多維類比語言（hyperdimensional analogue to language, HAL）。要知道最新的發展，有興趣的讀者可上網尋找。

　　Danowski（1982, 1993）的程式Wordlink又以另一種方式利用單字的共同出現——它把訂明闊度內所有一對對的單字摘取出來，除了那些「不要字」清單上的字，然後記錄它們之間的距離。憑著NEGOPY（Richards & Rice, 1981），一套分析傳播網（主體電腦版本有多至6,000個結點，私人電腦有多至3,000個結點）的軟體，Danowski用Wordlink來建造一個十分龐大的單字距離矩陣，他以汽車銷售員和維修員對「說到顧客滿意，你會想到什麼？」這個問題說出的答案等數據，示範出這個矩陣可以提供什麼資料。Danowski把一個「出勤推銷員」的算式，應用到這個巨大的距離矩陣，此算式是用來找出任何兩個結點之間最短的途徑。對最常出現的單字，算式辨識出以下一段：「Customer satisfaction: good service on the new car done right the time first.」把這串字的最後兩個單字的次序調換，得出的是一個符合文法的句子，代表的極可能是被Danowski訪問的人相信的事（見Krippendorff & Bock，2009，第7.4章）。在另一個研究中，他指派不同價值予不同的單字，並計算出可能值得發放的廣告術語。

　　統計關聯方法之間的不同之處，在於分析者是否及如何可以監督它們以解答具體研究問題。至於神經細胞網絡方法，是否比傳統的群集算式——由WordStat和其他幾個CATA軟體提供——優勝，則未有定案。或許這對使用者來說並非太重要，因為兩者都依賴同一套意義的理論。以一套普遍算式代替人類編碼／閱讀的目的，造成統計關聯方法獨立於任何的分析文脈，而這對嘗試解答以文脈為本的研究問題的內容分析者造成矛盾。

11.4.3　語意網絡取向

　　一個網絡包含了以二元關係連結上的幾個結點，這可以一組 < 結點$_i$ – 關聯$_j$ – 結點$_k$ > 的三連環表現出來。當其結點代表概念或句子，以及當兩者以多過一種二元關係連結起來時，網絡便稱為「語意」的。根據語意網絡取向的意義理論，結點的意義視乎它們之間如何互相連結。內容分析採用語意網絡取向的目的，並非找出在文本體系中可以找到的問題答案，而是找出其隱含的答案。Hays（1960, 1969）早期對政治文件的內容分析

是這些方法的例子，正如現在一些人工智慧研究者致力設計專家系統一樣。

　　清楚點說，前面討論過的網表，根據我們的定義並不是語意網，因為URL之間的關係只是提及、字體串，意義有待分析者來閱讀，並不進入演算中。在11.4.2節中討論過的網絡種類也不是語意的，因為它們所有的連結都屬同一類型：文本單元內的共同出現或相鄰。每一處都可見到網絡：物理學中的因果網絡、駕駛者地圖上的道路網絡、文學研究的援引網絡、生物的互動網絡。舉例來說，傳播網絡可以既是關聯又是語意的，當研究者點算人們多久才與其他人交談時，傳播網絡與交通、現金流或關聯等網絡基本上是分不清的，但當這些網絡包含說些什麼或人們進行溝通的社會關係時，其連結對進行溝通的人會有不同意義，因而變成語意網絡。

　　語意網絡極可能源自文化人類學以關係圖來代表認知架構或心理模式（D'Andrade, 1991, 1995; Quillian, 1968; Wallace, 1961），也因Abelson & Rosenberg（1958）的心理邏輯理論、Schank & Abelson（1977）對知識結構的研究、因果推斷模式（Blalock, 1964; Simon, 1957）、圖表理論（Harary, Norman, & Cartwright, 1965; Maruyama, 1963）、評價主張分析（Osgood, Saporta, & Nunnally, 1956）、傳播網絡研究（Rice & Richards, 1985; Richards & Rice, 1981）及社會網絡（Wellman & Berkowitz, 1988），以及傳播網絡的理論（Rogers & Kincaid, 1981）而迅速發展。最早提到使用我們現在稱為語意網絡的電腦文本分析的，可能是Allen（1963）的著作，他是一名律師及邏輯學家，曾提出過一個系統，研究成為法律協定（例如限武協定）的提案網絡，令簽署人可以找到漏洞。

　　在人工智慧的研究中，語意網絡被認為是表達知識和處理自然語言的一個方法。Lindsay（1963）示範了一個可「瞭解」自然語言的系統，就是一個顯著的早期例子，他的系統擁有一個關係記憶，製造出我們現在所稱的語意網絡，它裝載基本英文句子（本著850個英文字和一套簡單文法；Ogden, 1937），述及「a是b的R」形式的親屬關係。當這些句子進入系統時，便建立起一個親屬網絡，令分析者可以逐漸質詢文本中沒有提

及但隱含的親屬關係。語意網絡取向之所以吸引內容分析者，原因是可以借推斷出特定文本在語意上包含的事物，找到並不真實存在文本體系——可讀到的字體串、電腦字典可以提供的抽象概念、或單字的共同出現——內的答案。但以網絡來構想認知與文本意義，也不是完全沒有問題的（批判見Johnson-Laird, Herrmann, & Chaffin, 1984）。

如前所述，語意網絡是從雙關係陳述、雙價值謂語，或擁有兩個結點而中間有一特定連結的提案而來。「競選人未能解釋清楚其立場」這個提案，以「未能解釋清楚」來把「競選人」與「立場」連結起來。「美國女子足球隊贏得1999年世界盃」這個提案，以球隊已經「贏得」來把「美國女子足球隊」和「1999年世界盃」連結起來。而「瑪利幫助約翰」這個提案，以她「幫助」人這個行為來把「瑪利」和「約翰」連結起來。Lasswell（1960）著名的方程式「誰對誰說了什麼，有什麼後果」中的三個元素，界定了送收特定訊息的人或機構的語意網絡中的一個關聯，分享了說出的「什麼」。有些研究者使用 < 人－行為－目標 > 的三連環來記錄個人之間和國家之間的互動（Heise, 1995），也是語意網絡的一種，因為人與人互相接觸，方法千變萬化，但在概念上卻是可以區分的。

在演算構成語意網絡的文本的涵義時，分析者需要承認概念與概念之間關聯的相關屬性。舉例來說，「已婚」是雙向而且是限於兩個結點的，「身為母親」則是單向的，雖然也限於兩個接點，但它是可以無限伸延的（母親上面有母親，諸如此類）。從屬關係是單向、及物和不限於兩個結點的：假如C從屬於B，而B從屬於A，那麼C便從屬於A。反射關聯折返出處的結點。此外，有些關鍵概念一旦剔除，便會把一個網絡分成多個更小的網絡，其他的則拿走亦不會造成多大影響。語意網絡對內容分析特別重要，因為就算是出現在文本的不同部分，它們也保留了文本單元之間的關係，因而組成文本單元的相互關係網絡而非散落的類別。

上面提過Heise（1995）的事件結構分析（Event Structure Analysis, ESA），是一個可以在網上進行編輯前期工作的語意網絡方法的最佳但很獨特的例子，適合分析描述牽涉主角、目標、後果、利益等事件網絡的文本。ESA這個網上演算系統，把行動的社會學概念、敘述分析和數學 275

圖表理論連在一起（Abell, 1987, 1993; Corsaro & Heise, 1990; Doreian, 1993; Durig, 1995）。使用ESA主要有兩個步驟：首先，使用者辨識和整理出文本描述的事件，為此，程式有指示供使用者參考，然後產生出一個圖表，描繪一些事件如何對其他事件是必要的，和抽象事件如何表現在具體事件中，令人決定網絡是否足以進行分析。第二步是使用者把事件的資訊編碼成一個「事件架構」，這個架構包含八個元素：代理人、行為、目標（或行動目標）、工具、（工具的）排列、（其他人物、物件及工具的）處境、產品，以及得益者。在這個過程中，ESA向使用者提供把事件化成多角度的編碼指示。這樣建立了社會事件的網絡之後，分析者便可以見到人物和行為如何與發生的事有關聯，從而提出一些從原來文本難以解答的分析性問題，甚至提出量化的問題也可以。

上面也提過一個以電腦支援文本的前期編輯工作電腦程式CETA，它被用在Kleinnijenhuis et al.（1997）對Osgood et al.（1956）的價值主張分析的延伸中，區分出不只兩個而是五個的雙位謂語種類：

- 評價事物的謂語，帶有理想或價值的涵義（Osgood的普通意義名詞）。
- 聲稱某事在作者世界中是真實或真確的謂語。
- 描述角色行為和目標的謂語。
- 聲稱兩個變數之間有因果關係（包括假如－那麼）的謂語。
- 暗示兩個角色或一個角色與一件物件之間有感情的謂語。

表11.1顯示這些謂語種類。為區分不同世界（即網絡），Kleinnijen-huis等人也把精短句子按其作者、講者、刊物和作者引述的來源劃分。理想的正面和負面價值，以及任何兩個概念之間連結的關聯或分隔屬性（如「刺激」是＋，「禁制」是－；「擁有」是＋，「缺乏」是－）以＋1和－1之間的數值代表。不似其他關注編輯前期工作的作者，Kleinnijen-huis等人關注的是這樣做必會引起的信度問題。

表 11.1　Kleinnijenhuis et al.的語意網絡分析中的謂語種類

謂語種類	作者	引述來源	（如果）i	謂語	（那麼）j
評價	A:	S:	物件	（無）關聯(+/-)	理想(+/-)
現實	A:	S:	A或S的現實	謂語(+/-)	物件
行動	A:	S:	角色	做出(+/-)	物件
因果	A:	S:	物件／變數	導致(+)/防止(-)	物件／變數
情感	A:	S:	角色	（無）感受(+/-)	角色／物件

來源：Kleinnijenhuis et al. (1997)

在Kleinnijenhuis等人對這些三連環的分析中，謂語之間的質素差別並不重要，重要的是其表達出來有關聯或無關聯的幅度，然後由一條數學微積分來合成一個複合的概念網絡（Cuilenburg, Kleinnijenhuis, & De Ridder, 1986, 1988; Kleinnijenhuis et al., 1997）。這條微積分提供的推斷法則，建基於一套情感意義的理論，根據這套理論，理想的數值沿著有關聯連結的一個網絡流通，當轉入無關聯連結時則會反其道而行。

在一篇1990年的論文中，Kleinnijenhuis對以色列總理Shamir的世界作出分析、比較Arafat與Goebbels，並討論荷蘭報章如何討論以色列與西方國家的關係。在一篇1997年的論文中，Kleinnijenhuis等人以兩段時期：1968-1976年和1978-1984年，兩份頂尖的荷蘭報章中關於經濟議題的公眾及國會辯論資料，示範了一次語意網絡分析，他們研究了八個政治角色（如政府、政黨和公會）、二十九個經濟變數（如失業和利率），以及「理想」和「現實」。自然地，幾個變數之間的影響方向和幾個概念的評價在這些時期都有轉變，但Kleinnijenhuis等人發現所有轉變都是從第一個時期的凱恩斯政策，走到第二個時期荷蘭經濟中有關政府角色的新道統觀點。他們以追蹤影響和情感在一個語意網絡中的流向來作出推論的方法，等同由以往明確地把隱藏現象的概念編碼，轉變到「字裡行間的系統

性閱讀」。他們的語意網絡分析，可以在Krippendorff & Bock（2009，第7.5章）中找到。

語意網絡方法的第三個例子，見於Carley（1997）企圖把社會專家的知識形式化，這項研究令Carley建構出她稱作「社會概念性」網絡的語意網絡（在第十章中提及過）。她開發的軟體MECA，可幫助編碼者找出同一個句子、從句或段落中作為主語或賓語出現的一對對概念，此外還有兩個概念之間的關係。Carley區分出結點之間的關係有三重強度，包括文本作者中的一致性或共識的程度（因此，她為這些網絡所取的名稱也提到「社會」二字）。她對這三重強度的定義如下：

- 「確定語」是由一個概念界定另一個概念的陳述句，假如使用了第一個概念，第二個便一定隱含在內。
- 「邏輯語」是概念與概念之間有著邏輯關係的陳述句，假如使用第一及第二個概念，則在說話的人心目中，兩者是有特定關係的。
- 「簡單聯繫語」是那些陳述句，如果使用兩個概念的人並無定下另一種關係，那麼兩者之間的關係便是被社會接受的關係（p.87）。

與前面提過的研究者不同，Carley並沒有在其網絡中追蹤引申義，她反而嘗試以五個代表網絡中心概念的數字指標，來表達每個結點的意義（見圖10.7）：

- 「映象度」是從中心概念出發的箭頭連上的結點總數。
- 「喚醒度」是以集合於中心概念的箭頭連上的結點總數。
- 「稠密度」是映象度與喚醒度的和。
- 「導性」是通過中心概念的二步途徑的數目，等同映象度與喚醒度的積。
- 「密集度」是所有載有中心概念的核心陳述句的一部分。

稠密度、導性和密集度構成一個概念系統，反映出網絡中各個概念的位置。舉例來說，普通概念在上面均占據不高的位置，大部分概念都是普通的，供分析者使用來界定突出的種類。象徵符號則會在上面占據較高位置，它們代表有高度共識的相互包含及多重界定的概念。成見的定義是密集度和稠密度都高，但導性卻低的概念，雖然它們結構性強，但由

於導性弱，所以轉變緩慢。除了普通的概念、象徵符號和成見外，Carley（1997, pp.87-89）亦把原型、時髦語、小道消息、形式語和象徵的網絡屬性區分出來。

在一項針對麻省理工學生如何點評導師的研究中，Carley發現大部分概念都屬小道消息，這發現其實並不意外，因為這些點評往往造成決定。數量其次的是普通的概念（如「完成論文」、「幽默評語」）和成見（如「書呆子」、「駭客」）。由於這兩個概念壁壘分明而且評價南轅北轍，這些標籤對導師有切身利益。圖11.7顯示出Carley的點評導師的語意網絡中，「駭客」這個概念占據的網絡位置，我只以一個結點來說明語意網絡可增進研究者對概念之間關係的理解。

✈ **圖 11.7　在一個點評導師的語意網絡中「駭客」的概念**

來源：Carley（1997，p.96，圖4.6）

在演算上，結點之間關係的屬性愈少分歧，語意網絡分析要處理的工作便愈容易，這也是為何Kleinnijenhuis等人（1997）把其謂語限在五種的原因，只比Osgood等人（1956）的評價主張分析中使用的兩類主張多了一點，也是為何並不追求簡化的Carley（1997）一開始便提出比較簡單的問題，這些問題只需每次比較幾個結點便可解答。

為了避免過多的編輯前期工作，Barnett & Doerfel（1997）採用了另一個有趣的演算簡易程式。為了從1992年至1996年國際傳播學會（International Communication Association, ICA）每年舉行的大會所發表的論文題目中，推斷出ICA內的學術組合，他們結合了兩個研究傳統：(a)援引文章的出版統計分析（Rice, 1990; Rice, Borman, & Reeves, 1988; So, 1988），此傳統依賴在某一刊物註明使用在另一刊物討論過的意念；及(b)Monge & Eisenberg（1987）進行關於機構的研究，他們提倡對機構成員的主要術語、口號和故事，進行內容分析以測量機構網絡。Barnett & Doerfel假設知識分子團體的運作模式包括同輩討論、就主要概念達成共識，然後向他們認為志同道合的單位提交論文，他們從而以題目中共用的字眼界定任何兩份論文間的關聯。他們用的 < 作者$_i$ – 論文$_j$和論文$_k$的字眼 – 作者$_k$ > 三連環不需編碼，並得出這些不同關聯的語意網絡，他們寧取聚類分析，而出現的組合與ICA的組合有相當的雷同。

11.4.4　文化基因取向

到目前為止，本章討論的CATA方法，全部都是從文本的共時性（即非時間性）描述入手，多數從單一文本體系作出共同閱讀、分享類別、主流關聯結構及語意涵義的推論。它們大多忽略了一路以來文本之間的互相影響，但我們知道所有文本皆植基於先前的文本，閱讀以現在式進行，但背後總有先前的閱讀（包括其他讀者的非話語反應），又與未來的文本遙相呼應。文字不單有詞源，其意義也隨它們進出不同文本及會談而改變，經歷再產生、再述明及使用在新文本中。

可以這樣說，社會現實自我表現在再述明文本的浩瀚網絡中，文本也在不斷再述明的過程中再次自我組織起來。文化基因取向背後的意義理

論，嘗試找出現存文本與其詮釋歷史之間的關係。這理論由其他讀者、其他作家和傳播文本的媒體實踐構成。

「謎米」這個字最先由基因學家Dawkins（1976, 1982）使用。為了把生物進化理論引伸至文化現象，Dawkins把謎米構想成在文本上等同生物的遺傳基因，他的出發點是訊息以意念進入大腦，與其他意念產生衝擊，其結果決定大腦的活動。由於我們只可觀察到意念的後果，所以假如謎米要延續下去的話，它們一定要懂得教人複製它們，成功的謎米可以延續下去和進入其他人的大腦。正如生物可看成是基因繁殖的一種方式，一群人的大腦也可看成是謎米繁衍的驛站，不繁衍的謎米會慢慢死光。當謎米可以防止其他謎米進入其寄居的大腦中，又或是可以吸引合作得來的謎米，以增加互相被複製的聯合機會率，則它的可複製性便大大增加。對謎米來說，大腦是罕有資源。因謎米進入並改造一群人的大腦而出現的社會網絡，是謎米支援其再衍生的另一種方法。

Dawkins的文化基因論無疑是一個機械性的理論，但卻助長了CATA方法學的發展。其實，內容分析者接受不同文本互動的意義，只會百利而無一害。抄襲這個概念（見第十章10.5節）建基在一個共同的文脈中比較兩位作者寫於不同時間的文本。歷史是關於一個文本的網絡，雖閱讀在現在但聚焦的是一個不可觀察的過去，歷史學家則介入文本的互動中。就算是民意這個普通的意念，也是建構在長時間多次比較不同的文本上，這反映在測量民意的人的做法上。雖然進行民調的人可能視公眾為一件測量的物件，但事實卻並非如此。民意是一項制度性的建構，建基在起碼三類文本上：民調者的問題、多方被訪者的答案，和讀者接受這個建構的發表結果。前兩類文本來自訪問者與被訪者之間的對話，後者被問及對民調者感興趣的事的意見，而非他們關心的生活上的事，比較這兩種文本得來的結論，除了告訴我們被訪者的答案外，還有民調者的興趣，但我們不知道兩者與人們公開談論的事之間有什麼關係。重要的是，所問的問題和所蒐集到的答案，很大程度上從媒體定下的議程得來，而媒體為了建立什麼是社會接受的、政治上可行的或真確的，也發表民調結果，民意因此是藏於既是一個制度化文本再陳述網絡的因也是其果的文本中。

　　不少民調者對民意抱持的天眞看法，並非研究者未能認清他們學科的文化基因性質的唯一例子，那些以爲可以單單分析內容而不用處理文脈的內容分析者，也掉進同一陷阱中，這也是我反對分析文本的「內容」這個想法，和建議分析者不要報導與「它」有關的發現而不提讀者、使用者或生產出文本的制度，也不承認分析建構其實源自文本的原因（見第二章）。

　　Tenney（1912）是最早預見非常龐大文本研究價值的人，Lasswell（1941）接著做先驅工作，由Rapoport（1969）將之理論化，而由Gerbner（1969, 1985）及其同事（Gerbner, Gross, Morgan, & Signorielli, 1994）發揚光大，但所有這些學者均缺乏適當的演算能耐去處理大量文本之間的互動，他們只能做出簡單的頻度及容量的點算。藉人工編碼，Tenney只能研究幾份紐約報章，Lasswell只能研究幾個國家的菁英報章，而Gerbner的縱向研究則基於每年一個星期的電視節目。這些研究者也缺乏優良的模型或分析建構，Tenney用了天氣動態的比喻，Lasswell與Gerbner用的是象徵符號系統，而Rapoport應用上系統理論。以下我會討論兩項屬文化基因性質的演算內容分析，一個以生態學出發，另一個以流行病學出發，恰如文化基因源自遺傳學一樣。

　　第一個例子是Best（1997）對受歡迎的網路討論系統Usenet（或NetNews）中新聞區的研究，Usenet產生出的討論區域話題廣泛，由科學至政治、文學以及不同興趣都有，參與新聞區的人互相閱讀大家的「留言」，選擇性地加以評論，並爲討論注入新觀點。自然地，人們花在網路上的時間不會太多，因此，每個人都只會參與一個或幾個新聞區。留言是個別參與者就其他留言作出回應的文本，因而構成一個向前的文本網絡，一個文本物種正在進化的生態。在這個文本生態中，新聞區的作用就如某些謎米繁殖所在的小島，比起在其他小島進化得更快。自70年代後期和80年代初期起，Usenet發展迅速，到了現在，新聞區域每天製造出十萬封留言，令Usenet本身成爲研究文化微進化的最佳資料庫。

　　Best的先驅研究是一項更大型研究（Best, 1998）的一部分，對象是十天內的1,793封留言，他的方法結合了兩類軟體，一個是用來模擬

人工智慧（Alife），另一個是用來檢索資料（LSI; Deerwester, Dumais, Furnas, Landauer, & Harshman, 1990; Dumais, 1992, 1993; Foltz, 1990; Furnas et al., 1988）。LSI以向量代表文本的單元（在Best的研究中是留言），隨文字共同出現的頻度變化。Best對這些向量進行主要因素分析，辨別出經常出現的向量次空間（代表了一起繁衍的文字集群）。舉例來說，從一個軍事討論區蒐集到的留言中，可以見到harbor、Japan、pearl這幾個字一起重複出現，因而可以被視為一個謎米。Best把謎米界定為一個文本體系中可以可靠地重複出現的最大單元，並視之為一個適當的文化複製者（Pocklington & Best, 1997）。於是，一封留言便是一組或多或少成功地複製的謎米。Best也想過變種的問題，即尤其是特別大的謎米衍生出不一樣謎米的可能性。變種的一個原因是，謎米也會穿過使用者的大腦和真實談話，走出電子系統以外，然後可能再以重述的形式重返系統之內。這些謎米在系統以外究竟發生了什麼事，不在本分析的範圍內，Best以觀察謎米類（memotypes），即簡述、複述或同一故事的不同版本來考慮這類變種。

Alife指出要先找出「假物種」（Eigen, McCaskill, & Schuster, 1988），即在Best的研究中被界定為有著共同源頭但卻在不同謎米類中進化的留言集。舉個例，Japan與Pearl Harbor永遠都出現在有關聯的故事中，因而可以說成是屬於同一類，Best接著以長時間交叉關聯來檢視這些假物種的互動，就如研究生態學一樣。

在生態學中，一個群體一是對另一群體有正面效果（＋），增加其數量（即增加其成員繁衍及生存的機會），一是有負面影響（－），減少其數量。Best測試了四類互動——彼此（＋，＋）、競爭（－，－）、中立（0，0），和捕獵／被獵（＋，－）（也見Boulding, 1978），發現Usenet中假物種之間的互動有著強烈的負面交叉時間相聯。驟眼看來，Best以為這些互動屬捕獵／被獵種類，即一方的增加建基在另一方的減少上。當然，被獵者消失，捕獵者最終亦會消失。但負面相關也可以被解釋為對有限資源的競爭，這裡指的是人類參與者的注意力。對居住在相對狹窄的生態環境中的假物種來說，競爭尤其明顯。謎米為了繁衍而競逐人腦

的有限資源這個文化基因假設，似乎解釋了網路新聞區的物種動態。

使用文化基因方法的第二個例子，是Fan（1988；Fan & Cook, 1997）為了以媒體數據預測民意和公眾行為發展出來的系統。本身是生物學家的Fan，並非是第一個見到疾病的傳播與意念和做法被採納之間有關係的人——這個比喻在資訊散播的文獻中存在已久（一個早期的例子是Rogers & Shoemaker, 1971；近期的見Valente, 1993）。為了捕捉民意走向，Fan發展出一個有著複雜遞歸功能的分析建構，並應用在媒體日常的訊息（載有謎米）生產上。

Fan的假設包括以下：在任何時間，民意等於人口中意見的分布——一項調查可以找出來的謎米。正如流行病學構思一種傳染病一樣，一個謎米進入人腦，一是留下來，一是不留下來。作為意念進入人腦的謎米，可以藉複製而流傳下去。Fan的方法跟流行病學稍有不同，他不把人們看成只是被動地接收具「傳染性」的謎米，而是擁有兩個相反意念的一個，而且兩邊都可以改變其意見。一個意念變成另一個的速度，因謎米的傳播性而異。

Fan靠一條相當普遍關於大眾行為的法則，來計算一群人之間採納意見的速率。如果每一個人複製謎米的速率都一樣，則謎米的採納速率便是兩個比例的積：質疑意見的人的比例乘以不質疑的人的比例。數學上，當這些比例是0或1時——換句話說，當所有人意見一致時——採納速率是0。根據這條法則，最大的採納速率出現於當人群對某件事的看法平均分布時。但當兩個競爭的謎米的數量相等時，他們的說服力會互相抵銷，只有在他們不相等時，意見才會轉變。

正常地，總體內謎米的分布反映出民意的分布，但當媒體出現時，這個相關便會大幅度改變，這時候，謎米的生產或出版的速率並不一樣，而是受媒體這個重要因素左右，這個民意轉變動態系統的文化基因模型，不斷地受媒體選擇性地繁衍謎米所干擾。

數學上，於任何時間測量民意，然後加上媒體報導的效力，等於測量媒體日常報導的一段較長歷史，並承認媒體報導對民意的影響會隨時間逐漸消減。Fan假設媒體報導的說服力的半衰期只有一天，這個數字令他可

以完全不理（意念上的）民意測量，而以媒體報導歷史（謎米的發放）作
為預測民意的數據。Fan這樣做，其中一個原因是進行民調花費甚鉅和需
時甚久，媒體報導的歷史則較易取得，而這樣的分析可提供即時預測。

　　這個分析以辨識出當天媒體報導中特定議題的正反開始。對簡單的議
題，Fan會以電腦產生一些數據，複雜的則會聘用編碼員。有了傳媒報導
多會出現的民意的初步估計，加上當天的文本數據，系統會計算出第一回
的預測性民意，之後再加上翌日媒體對同一議題的報導，便得出第二回的
預測，以此類推。隨著傳媒報導歷史漸長，出現的預測愈發獨立於最初的
民意估計，愈發與獨立測量到的真實民意相關。這樣子不斷重複地以媒體
的報導修正民意，慢慢發展及強化分析建構，並隨著民意調查的結果逐漸
披露，在過程中甚至可以調正「錯誤」。

　　遞歸性的分析建構是Fan所謂「意念動態模型」的一部分，在幾個民
意調查的範疇裡都已被成功的預測證實有效（見Fan, 1997）。

11.5　質化數據分析支援

　　上面談到的電腦輔助技術，為大量文本資料的內容分析提供支援，也
支援分析過程中的不同階段，如辨識相關文本或編碼。不少技術要求使用
者做好準備功夫：編務前期工作、制定搜尋字眼、建構或核證字典及分類
系統、挑選分析方案，以及界定不同的統計參數。但只要設定了一套程式
（通常是針對一個小樣本的），它便被應用到所有現存文本上。在這一
節，我將回顧另一類內容分析的電腦輔助技術，這項技術源自民族學、文
化人類學和詮釋學研究，通常被稱為「質化研究」。我曾在第一章（1.7
節）和第四章（4.1.2節）中簡略提及過這個研究傳統。

　　這個質化數據分析（Qualitative Data Analysis, QDA）研究傳統的電
腦輔助技術可被稱為互動－解釋——之所以稱「互動」，因為分析類別和
分析建構的選擇均非固定，而分析者就算不是在積極審查文本階段，也會
在閱讀階段清楚見到內容分析的類別；之所以稱「解釋」，則是因為分析
過程由分析者對文本體系的瞭解主導。這過程令內容分析者能夠更正詮釋
上的明顯錯誤，並在有趣的分析路向出現時，容許中途修正路向。在一個

詮釋迴圈中，文本按一個想像的文脈被詮釋，而這些詮釋亦反過來重構那個文脈，供後人審視或為後來出現的文本提供一個文脈。這過程不斷重複（見圖4.3），直至出現令人滿意的理解為止，即當文本的閱讀跟分析者的背景相呼應時。理解永遠只是一瞬間的事，而這個內容分析取向的分析結果不會是終極的，而是可以隨時間不斷改進或修訂的。

QDA的電腦輔助技術至少在四方面拓展了互動－解釋的過程：

・向使用者提供一套處理、組織、歸檔和監控文本的管理程序，在文本數量大到無法以人工處理時特別有用。

・容許文本改動、拼寫檢查，和最重要的，把突顯部分與代碼、摘要或評語聯繫起來，使本來隱閉的東西變得可以搜索和作出分析。

・向使用者提供算法，方便總結其閱讀重點，例如在現存文本中突顯載有相同或類似文字的部分，和令分析者知道他們之前做過的編碼選擇。

・提供一些使用者作出的區別，帶出全新及有助分析的文本閱讀，顯露前所未見的關係以供進一步詮釋。

以下我將回顧一下QDA軟體有選擇性地支援的最典型功能。沒有兩個系統的功能會一樣，也沒有一個系統是最好的。質化文本分析軟體的開發商競相發明新功能，或改良其他開發商的功能，使其更方便有效。由於現存軟體改變速度快，這清單旨在令有機會成為使用者的人，知道可以對一個系統的功能有什麼期望，和什麼功能會影響一個系統的運作。

輸入文本。不同的電腦工具，可以接受的文本模式各有不同，但大部分都接受ASCII／ANSI字體的文本檔案。有些系統要求使用者預先編輯文本，如先轉成單行（如WinMAX Pro和AQUAD），或轉成不超過一定長度的段落（NUD*IST和NVivo以返回鍵辨認段落）。其他的則把文本長度限制在某一字數上，因而可能侷限了分析。此外，有些系統把檔案儲存在外部（如HyperRESEARCH），更有一些在轉化為內部資料後才處理（如AQUAD、ATLAS.ti和NVivo）。為原始文本制定指標（大部分資訊檢索軟體如ZyINDEX和dtSearch都可以做到），能增加搜尋文本的速度，但卻不能作出文本改動；具這項功能的程式，不容許使用者進行編

輯、更正錯字、全寫簡稱、刪除標題或製作備忘，但這些卻對仔細閱讀文本十分有用。ATLAS.ti在純閱讀模式運作中，可同時令使用者編輯原來的文本。至於先把文本轉化成內部資料的系統，則可能要再輸入編輯後的文本，因而會令使用者失去花在那些文本上的工作。

　　顯示。所有QDA軟體均容許使用者在其電腦螢幕上瀏覽原來的文本，進行選擇性而不依次序的閱讀，有些令使用者可以在相關部分加上永久突顯，其他的則可以把文本單元剪下和貼在特別的檔案中。有些系統提供分析者認為有用的頻度表、KWIC清單和語詞索引（見11.3節）。不同軟體的文本有不同的視窗大小，使用者可以處理文本的方法亦各異。不同程式如何顯示原來的文本與用來分析它的術語之間的關聯，和如何記錄指定類別或代碼的結構上，也有很大差異。

　　人工編碼。幾乎所有的QDA軟體都容許使用者以人工為文本部分指派類別或代碼，類別或代碼並不是預先設定的，所以使用者可以任意發揮。有些系統為可以分類或編碼的文本單元設下限制，舉例來說，Win-MAX Pro和AQUAD指示使用者逐行編碼。至於較近期的程式如ATLAS.ti和NVivo，可令使用者突顯文本的任何部分，並指派到一個或多個類別。對大部分系統來說，為不相等的文本單元編碼是很困難的一件事。

　　自動編碼。上一代的QDA軟體要使用者翻閱整個文本，在螢幕上辨認出所有相關的單元，然後加上適當的代碼。較新的系統如ATLAS.ti和NVivo，也有自動編碼功能，使用者為特別字體串制定類別後，他們可用已經編碼的字體串作為查詢，為所有有著同樣屬性的文本單元編碼，又或是以能找出相關單元而無須任何閱讀的查詢界定編碼類別。NUD*IST和NVivo可以作出自動分類，用法如字典一樣。由於自動編碼會達不到語意效度的準則，分析者使用自動編碼時，必須同時可以檢視歸類後的真實文本段落，以及重新指定類別。

　　等級／非等級分類。當內容分析者在無限制下為文本的任何相關部分編碼，出來的可能是原來文本非等級的表達方式，這有助於檢索及審視有著同樣屬性的文本單元，但卻令古典二元分析（如文本屬性的交叉表列）變得很困難，甚至無意義。要避免這個困難，分析者可以使用彼此互斥　287

的單元，和就每一個分類的變數，指定每一個單元到一個類別。大部分QDA軟體並無這個限制，因而侷限了得出來的類別分析上的可能性。其中NVivo容許使用者把代碼分類，爲它們指派次等代碼（而不是原來的文本），好像一個等級的類別計畫。除非使用者只用上彼此互斥的類別，否則這個等級並不屬於彼此互斥的類別。非等級類別可以測量出類別關係的強度，例如他們聯合代表的文本數量。ATLAS.ti向使用者提供這些關係的簡明圖表。不同的系統，容許使用者記錄分析中使用代碼的方法也大不相同。

備忘、意見和連結。很多QDA軟體都有一項具吸引力的功能，就是可令使用者爲原來文本的任何部分加入成爲筆記、備忘或其他資料。使用者因而可以擴大文本，加進分析者所知但在文本中不明顯的解釋，包括加進人類學田野筆記的回憶、字詞的定義、講者姓名、從錄影或映象中見到非話語行爲的資料，或代名詞所指的人的姓名。ATLAS.ti、NUD*IST、NVivo及WordStar都有這些功能。有些系統容許使用者在檔案之間加入超連結，可以做到同樣的文本加工工作。重要的是，使用者加入成爲文本一部分的評語，可以跟使用者僅作爲閱讀過程中的想法的評語清楚分開，ESA、KEDS、CETA和Carley的MECA等文本輸入系統，均可做到這點。

共作性。不同開發系統之間，很少可以轉移CATA的結果，TextSmart和Verbastat都是SPSS的產品，自然地互相配合。LIWC的結果也可輸進SPSS，而LIWC字典可用於WordStat和TextQuest。以CATA的質化數據分析軟體製造的檔案，就算在同一計畫的工作人員之間也很少可以互通，一位分析者與特定文本之間互動產生的編碼，基本上不會離開系統，反映出那位分析者的概念庫。Alexa & Züll（1999）回顧了CATA軟體（包括QDA軟體），得出的結論是：「不論是探討現有數據、核證其他研究者進行的分析，或是以同一文本材料、但不同的文本分析軟體或其他軟體來進行次回分析，支援都不足夠。」（p.144）

　　　雖然這一節所描述的軟體，都有非常有價值的程式和視覺功能去構想

和分析中型的文本，但這些系統也有兩個缺點，是軟體製造商大多漠視的，第一是使用這些軟體的研究者都不能互相分享在其互動探索文本的過程中出現的編碼／概念計畫，或應用這些計畫在其他文本或不同的情況上，這實際上令研究者不能測試類別的信度，影響了研究結果的效度（見第十二章12.1節）。這並非演算上的限制，而是反映了一個研究傳統的前提，就是把分析者個人的理解，作為接受分析結果的準則，這理解無須證據而進入分析者所屬的學術社群。不支援把發展出來的類別、編碼計畫和其他中期結果分享以在別處重複的套件，很容易成為享有特權的專家專用的工具。

話雖如此，我必須說明，要檢定QDA軟體的信度並非不可能。一項研究計畫可以指示數名分析者應用一套特定的代碼在同一文本上。第十二章12.4節及12.5節敘述了如何計算單元化的信度。至於辨識單元的多重詮釋，可見Krippendorff（1992）。認識上封閉的QDA軟體則剔除了這個可能性。

這些電腦輔助工具的第二個缺點，由其內置的意義理論而來。把文本單元編進類別，就算意圖是更方便地處理龐大的文本和以少數類別討論它們，但也算是抽象化或以較簡單、更相關和更廣義的方法重述一個文本。這個好處的代價，就是接受了經典的意義代表理論。明顯地，閱讀文本及支援文本的分析有其他方法，有些在上面已經提過，例如演算聯繫結構、開展語意網絡，和遵循文本脈絡來回答研究問題，此外還有批判研究的不同目標，如提出另類閱讀或構想較少壓抑的詮釋。所有電腦輔助工具都有機會令其使用者看不到另類的意義理論和認識學，要鼓勵分析者保持警覺，我們把內容分析置於一個特定文脈來看——任何社會現實、概念架構或值得分析者尋根究柢的時期。這個想法也適用在CATA軟體上。

11.6　前沿

科技突破很難預測，但要勾畫出一些拓展電腦輔助內容分析的可能性則不太難。以下我將略為討論五個值得注意的範疇。

11.6.1　智慧型瀏覽器

　　雖然文本搜尋器方面有長足發展，但使用現有瀏覽器的人都領教過其結果的膚淺，不論是瀏覽網路、參考網路上的全文本資料庫，還是在現行CATA軟體內使用搜尋程式。不少人期待網路很快會出現更強大的瀏覽器，而CATA軟體開發商多聲稱他們的軟體功能齊全：「概念搜尋」、「內容擷取」、「意義尋找」、「理論發展」等等。很不幸地，要實施這些概念實有賴接近人類的智能，所以通常都達不到軟體聲稱可以做的事。

　　假如瀏覽者要在浩瀚的文本宇宙中找到罕有的資訊，而內容分析者要從現存文本中解答有深度的問題，那麼兩者的目標就算不盡相同，也都頗為一致。事實上，內容分析可以融入智慧型瀏覽器中，只要瀏覽器懂得參照內容分析者對文本進行的工作來設定其搜尋：搜尋或抽取「真正」相關的文本、按這些文本特定文脈的理論來進行詮釋，以及就研究問題的答案提出文本證據。這些智慧型瀏覽器可能永遠不會取代專家的閱讀，也不會取代訓練有素的內容分析設計師，但它們肯定可以參照內容分析的研究策略而制定，以及應用到超越人類理解的龐大文本宇宙上面。

11.6.2　共同平臺

　　在自然產生的文本的廣闊天地中，良莠不齊的CATA軟體產品如雨後春筍。大部分的系統主要靠本身運作，爭取人們使用。為了競爭，軟體開發商經常誇口說其產品可以幫助使用者進行困難的認知工作。雖然所有的CATA軟體都處理文本，有些更可處理映象和聲音——但廣為接受的文本檔案標準卻不存在，而把一個程式產生出來的結果輸進另一程式的方法不多。大部分系統都要求以其軟體處理原始文本，這不僅花錢，而且不利考慮另類方法。容許不同開發商的軟體一起使用的介面標準並不存在，就算連比較不同內容分析工具的共同詞彙也沒有。

　　也曾有過幾個有名的共同平臺例子，TextSmart由SPSS發行，因此也與這套統計軟體合而為一。LIWC可以輸進SPSS，其字典如前所述也可用於WordStat和TextQuest，但這些「合作」其實十分有限。一個平行地（比較上）及先後地（合作上）運行不同CATA程式的共同平臺，可令開

發商集中改良幾件有用的工具，在互相配合、演算效率、分析能力和便於使用上吸引使用者。它會提供一盒自由組合的分析工具，以設計出各類的文本分析，也會加快分析者以現今無法想像的方法利用現存文本的能力。

11.6.3　意義的演算理論

很多時候，內容分析天眞地以傳統行爲科學分析非文本數據的方法來構思：作爲一項產生適合推斷統計、假設測定和因果模型的測量工具。雖然從內容分析的文獻可以見到，分析有意義的文本跟分析被觀察的資料有很大的分別，但以不對文脈敏感的程式制定比較簡單的演算技術，多遵循行爲主義的假設。CATA因此被侷限於非常表面的意義，CATA極需要意義的演算理論，把對典型讀者的個別認知能力的理論，拓展到整個社群不同使用文本的方法，包括令特定文本屬性變得重要的公眾過程和體制所處的社會過程。分析句子和爲字辭釐清意義的演算語言學，只對意義的演算理論作出少許貢獻，原因主要是其理論針對語言的普遍性，而非特定的非語言文脈。相對起來，內容分析需要解答的具體問題，是關於分析者關心的文本以外的現象未曾解答過的問題。把文本的普遍意義抽象化可能是第一步，但卻幫助不大。電腦字典經常逐個字地找出與單字有關聯而未經證實的一般說法。

內容分析隨著頗詳盡的理論出現而發展，這些理論可以轉成分析建構，針對具體的分析文脈，幫助CATA的發展。這些理論得益自電腦科學的意念，或心理學、社會學或政治問題方面的研究，它們不需（其實沒有更好）偉大的理論，因爲處理的是「腳踏實地」的語言運用，和Best所說的微進化過程（見第11.4.4節），這些理論需要就它們模擬的文脈作出適應。現時裝載於CATA內的理論——把單字分類、開採文本共同出現的模式、追蹤語意網絡，和從文本互動中抽取謎米——不足以描畫發展所需的外貌。

11.6.4　文本互涉的利用

很多內容分析者滿足於總結出分成微細單元的文本，和測量滲透這些

文本的文本屬性（Krippendorff, 1969a）。把文本簡約成一大堆可獨立作出分析的文本單元，會令其失去敘事特質，那些令其凝聚、富資訊、動人和有預測性的東西。「凝聚」指的是文本各部分──不只是單字或辭句──如何組合在一起或匯聚成一個大故事。舉例來說，大部分敘述開始時會打下基礎，接著發展出一個觀點，最後以結論或尾聲完結。開始一定會與結局不同，歷史在其敘述結構的時序中找到凝聚性，後者又建構出我們所知的歷史。政治文本不可單獨看待，而是要顧及它們互相之間的關係來分析。會談是由參與者互相對其他參與者所說的東西作出回應構成。學術論述由一個肯定和援引先前學術成果的網絡凝聚起來。這些例子清楚告訴我們，文本並不只是一堆單字、辭句、段落和文件，CATA的最前線，是要發展出新方法來解釋較大文本單元──平行發展、開首與結局──之間的關係，令它們可被視為互相依賴而非貫穿文本的無秩序事物。

朝這個方向走出的一小步，可見於從訪問數據中分析問答的現有系統。TextSmart和Verbastat最擅長這類簡單的凝聚性，這兩個系統把問與答看待成兩個獨立但結構上有關聯的文本體系，以交叉表列聯繫起來。Code-A-Text接受文本的互動特質，原本是用來分析對話的。數年前，一個叫Coordinator的系統流行起來（Winograd & Flores, 1986, pp.157-162），它並不分析而是使用語言行為理論（speech act theory）來把電子傳播聯繫上社會團體的承諾網絡。Garfield（1979）首先發展出的援引指標，追尋圖書援引的路線，從而協助探討有關聯的學術論述。法律鑑證機關需要把犯罪報告、新聞報導、電話談話和其他連結上個別人士的具體行為。優秀的學術研究包括從不同來源、實驗、訪談、統計和理論連結上文獻。所有這些文本，其價值都在於其關聯、互相呼應和平行發展上。CATA軟體如能闡明這些文本互涉的凝聚性，使從多類文本中得出強有力的結論的話，發展必定更大。

11.6.5 自然介面

使用者可期望CATA軟體在三個範圍內變得更加易於使用：

．容易操作軟體，以分析功能主導分析。

・容易處理不同形式的文本，包括前期編務。

・容易透過追蹤文本的轉變而得出特定研究問題的答案。

CATA軟體愈來愈多採用視窗的模式，以滑鼠指向、點擊和移動文本，跟在選單為主的介面上作出選擇一樣普遍。然則，不同的文本分析程式是否易於使用，之間還是有很大的分別，我不打算在此多談，除了說一句學習任何系統都要投入大量時間，使用者應該肯定所選的系統值得他們花時間學習。

Windows設計的軟體，比喻文本是可移動的物體，而不是用來閱讀、重述、比較、質疑、定位和詮釋的。輔助互動－解釋探討的QDA軟體，現正帶領著新介面比喻的搜尋，雖然尚停留在支援一兩個可閱讀視窗（如文本的頁數）、快速文本檢索、突顯和編碼設備等方面。尋找和實施更多自然介面比喻，令使用者明白和處理龐大文本體系是一項重大的挑戰，特別是當人們意識到（如軟體開發商應意識到一樣），大部分文本都從談話而來，而且會重返談話中，識字是一個社會性和回應參與的現象，不可簡約成個別的理解，還有就是文本分析也是發生在一個參與者和持份者的文脈中，他們可能需要說出文本應如何詮釋。內容分析者需要做的事沒有一個自然介面來作比喻，大大阻礙了CATA的使用。

使用者如果明白CATA軟體可以做些什麼，從而好好利用之，那麼便是真正的方便。我曾經提及CATA軟體開發商多以漂亮標籤來描述其程式的功能，為了避免行銷的標籤造成誤解，開發商應該提供、使用者也應該要求軟體遵循的分析過程要透明。正如我曾經建議，CATA軟體可被理解成一個文本轉換的網絡，功能是保持原來文本相對於一個特定文脈的可讀性。因此我們可以合理地期望，使用者能夠檢視程式究竟對原本可閱讀的文本做過些什麼，以決定這些分析轉換的理論是否站得住腳，如果站不住腳便需作出修訂，而且要起碼達到表面效度。單字頻度是不難明的——分析者只要看得明表列的單字即可，但若用上了字根還原和屈折變化，分析者便需找到被歸類到這個或那個類別的單字，如果是KWIC清單，便需要知道一個特定文本體系內特別類別所指的是什麼。很多出售CATA軟體的公司對結果作出承諾，但卻不說出結果從何而來，在不透明的情況下，軟

體使用者只可按信仰行事，或許開發商可以把其CATA軟體的功能是否易於使用，與提供給電腦程式員的除錯（debugging）工具掛勾，後者可幫助追蹤演算步驟以找出錯誤；這個工具可令使用者追蹤分析至原來的文本。CATA軟體的透明度，不只令使用者明白程式對文本做過些什麼事，它也是建立語意效度的先決條件。

CHAPTER 12

信　度

　　本章開首討論科學研究為何要有信度，並區分三種產生數據來測量信度的設計，導致信度體現於穩定性、可複製性和準確性，所有這些與觀察者、編碼者、裁判或測量工具之間的一致性有關。我們會以Krippendorff的一致性係數 α 作為衡量的工具和示範它如何演算，從最簡單的數據種類開始，至最普遍的名類數據信度分析、數個量法、不限數目觀察者和不完整的數據，也會介紹多為人所忽略的單元化信度的量度。本章最後會討論一些統計學問題、足夠的樣本大小、α 的分布、信度標準，以及有可能取代 α 的工具。

12.1　為何要有信度

　　顧名思義，數據是論理、討論或計算的可靠基礎。要做到無懈可擊，內容分析者必須有信心他們的數據(1)的產生環境已預防所有已知的污染物、扭曲和不論是有意或無意的偏見，亦(2)對任何使用者意義都一樣。「信度」在實證上支持這份信心。要實踐這份信心有兩個方法，Kaplan & Goldsen（1965）如是說：「信度的重要性在其提供了數據是獨立於測量事件、工具或人物而取得的保證。顧名思義，可信的數據是在測量過程的變異中維持穩定的數據。」（pp.83-84）。正因如此，不論執行情況如何，當一項研究步驟就同樣現象產生出同樣的反應時，它便是可靠的，這就是信度的測量理論概念。

　　另一個實踐的方法，針對很多要分析的現象都是稍縱即逝的。人聲、歷史事件、電臺廣播，甚至物理實驗，通常都會在被觀察後馬上消失，因

而需要收錄以供分析。分析者能在這些現象不再出現時檢視這些現象、把它們和其他現象比較，和與其他人討論，主要取決於一個對數據有共識的閱讀和使用，代表、指出或喚起該現象的經驗。對過去現象的實證研究，無可避免地要假設數據是對所有使用者都有著同一意義。對內容分析來說，這意味著文本數據與及研究結果的閱讀，必須可以在別的地方重複，顯示研究者對他們所討論的事有共識。信度因此是一個指定團體的成員在閱讀、詮釋、反應或使用既有文本或數據的一致性的程度。這是信度的詮釋概念。

任何一個方法都好，研究者都需要以測量信度來示範他們數據的可信任程度，如果信度測試的結果具說服力，研究者可以繼續分析數據，否則數據成疑，很難證明分析有用。

要進行「信度測試」，分析者除了要有受測定信度的數據外，也需要另外的所謂「信度數據」。分析者以在不同情況下重複他們的研究功夫來取得這些信度數據，例如：聘用不同性格的研究者、在不同環境中工作，或依靠不同但功能上相等的測量工具。信度視乎這些重複的結果在實質上是否一致。

比起信度，「效度」與真相有關。研究者不能以重複來測定效度。「效度測試」把研究得出來的定論與獨立於該研究取得的證據並列。因此，信度保證了特定研究結果可以重複，即完全沒有（或只有極少許）外來「噪音」干預了過程和污染了數據或研究成果，而效度則保證從研究得出的定論是基於事實的。信度與研究過程以外的世界無關，它只能向研究者保證，他們的程序是對真實現象的回應，但卻與那些現象「究竟」是什麼無關。

內容分析中的信度和效度，可由兩條議題和一個猜度聯繫起來：

· **愈不可信便愈小機會有效**。日常生活中，目擊證人之間的矛盾令第三者很難知道究竟真的發生了什麼，或究竟目擊證人是否討論同一事件。要令這些證供可信，目擊證人證供的吻合必須高於或然率。假使文本材料的編碼是或然率的產物，其中就算包含一個對被觀察或被閱讀的事物的有效解釋，但研究者不能以高於或然率找出那個

解釋。因此，一套程序愈是不可信，便愈不可能產生出達至有效結
論的數據。

· **可信並不擔保有效**。有著同一思想、偏見或興趣的兩個人觀察同一
事件，可能對所見達到共識，但仍然會在客觀上犯錯，內容分析者
也不例外。由於他們學會一套語言及概念，令他們從其學術訓練的
特有觀點看世界，他們的觀察及閱讀建基其上的共識，與他們學術
圈子以外的人的可能不一樣。內容分析者共享的世界觀，可能與那
些意圖、感覺和行動都是研究重點所在，並可以核證有關推論的人
的世界觀大相逕庭。一個非常可信的研究程序可以是人為的，因而
由推斷出來的意圖、觀感、行動或事件的證據來證實的機會很低。
就算是完全可靠的機械工具（如電腦）也會犯錯。因此，一個可信
的過程有機會產生、也有機會不產生有效的結果。

　　圖12.1顯示這個關係，信度被描繪為重複著同樣的分數，效度被描繪
為達標。圖上部表示隨著信度減少，效度會變成一件按或然率出現的事
件。圖下部表示信度並不擔保達標。

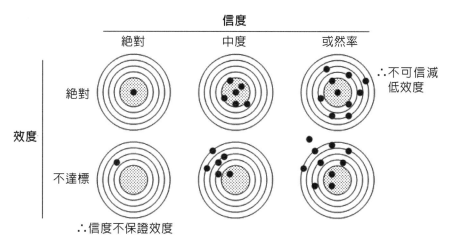

🛩 圖 12.1　信度與效度的關係

　　信度因此是效度必須但不足夠的條件。以下的猜度並沒有上述議題的邏輯力度，但卻是從無數內容分析者的經驗得來的：

- **在追求高信度的同時可能會失去效度**。這一句道盡了分析者普遍面對要選擇的兩難處境，一方面是聰明的文本讀者，會在相互交談中提出有趣但不可複製的詮釋；另一方面是由電腦或經嚴格訓練的編碼者，產生過度簡單或表面但卻可靠的文本分析。Merritt（1966）基於報章的報導，研究在十三個原本美國殖民地中國家意識的興起，他的研究提供了一個為了信度而犧牲了詮釋的複雜性的例子。由於國家感情是很難界定和辨識的，Merritt因而選擇只數算提到美國地名的地方，從使用宗主國英國的地名變為用美國地名，是一個頗吸引的指標，而點算單字而非主題也令信度問題減少，但使用地名肯定只是「國家意識」的其中一個表象，而這個現象更豐富的解釋，必會引來更多有趣的推論。如我所說，Merritt的指標有吸引人的地方，但其效度仍然薄弱。

　　內容分析使用電腦，被譽為增加了信度，但也更加清楚地點出這個兩難之處。電腦處理的是一串一串的字體而非意義，它處理大量單字卻不理解其意義。雖然我們能夠以程序指示電腦發揮令人吃驚的功能，但當分析者依靠的是電腦而非有智慧的讀者時，他們便冒著把文本意義瑣碎化的風險（見第十一章11.1節）。在進行內容分析時，研究者應儘量小心面對非常可靠的步驟，如同他們面對無人可重複的神奇詮釋一樣。

12.2　信度設計

12.2.1　信度的種類

　　信度有三種：穩定性、可複製性和準確性（見表12.1），它們不以如何測量一致性，而以取得信度數據的方法區分。沒有評估信度數據產生情況的資料，一致性的量數是不能作詮釋的。

表12.1　信度的種類

信度	設計	不一致的原因	強度
穩定性	測試—再測試	觀察者本身不連貫	最弱
可複製性	測試—測試	觀察者本身不連貫 + 觀察者之間不一致	中度，易量度
準確性	測試—標準	觀察者本身不連貫 + 觀察者之間不一致 + 跟標準有出入	最強，但很難達到

　　「穩定性」是一個過程在一段時間中不變的程度，一個量度或編碼的程序在重複試驗中產生同樣結果的程度。評估數據在「測試—再測試」的情況下產生，即一名觀察者在一段時間之後再閱讀、再編碼或再分析同一文本，或重複應用同一測量工具在一類物件上。在測試—再測試之後，不可信度出現在觀察者或測量工具表現的差異上。就人類而言，這些差異也稱爲「觀察者本身的不一致性」或「個別不連貫性」，可能來自不安全感、不小心、分心、理解書面指引有困難，或因疲倦而鬆懈下來。就連人類可以透過練習而獲得進步，隨時間後改善表現，也會在一段時間之後出現不一致。穩定性是信度最弱的一個形式，不足以成爲接受數據爲可信的唯一準則，但因爲測試—再測試的數據是最容易取得的信度數據，而觀察者內部的不連貫性也令其他的信度大打折扣，所以，測量穩定性可能是分析者建立數據信度的第一步。

　　「可複製性」是一個過程由不同分析者，在不同情況、不同地點或使用不同但功能上相等的測量工具來重複的程度。要示範可複製性，需要用在「測試—測試」的情況下取得的信度數據；舉例來說，兩個或以上的個人，互不相干地把同樣的記錄指引應用在相同的分析單元上，這些觀察者表現上的不一致性，沿自他們在特定記錄指引的詮釋及應用上不連貫和差異。可複製性也稱爲「編碼者之間的信度」、「主體性之間的一致性」和「平行形式信度」，比起穩定性來說是較強的一項信度量數。

　　「準確性」是一個過程符合其訂明規則和產生其負責產生事物的程度。要建立準確度，分析者必須在「測試—標準」的情況下取得數據，即

他們必須把一個或多個製造數據的程序的表現，和那個被視為正確的程序的表現作一比較，兩種表現之間觀察到的不一致性，沿自觀察者本身的不連貫、觀察者之間的差異，和「與特定標準的差距」。由於它與三種差異來源都有關，準確性因而是最強的一個信度測試，只有符合測試─標準設計的效度量數才比它強，它的標準是真實或所知的真實，但這其實已超越了內容分析這個推論出未知東西的方法（第二章已作過討論，第十三章將會繼續）。

當製造數據只為文書或演算的目的時，準確性的意義便很清晰。舉例來說，排印錯誤之所以錯，是相對於拼字標準而言的。在語言學、會談分析和心理治療情況中，分析者以比較新人和公認專家如何使用謄本的常規來檢定準確性。在內容分析中，準確性的測量往往包括根據有經驗的內容分析者團隊訂下的標準，來測試見習編碼者的工作。在內容分析更艱深的部分，如複雜文本材料的詮釋和謄寫，合適的準確標準不易找到。由於詮釋只可跟其他詮釋作比較，測量準確性的努力假設有些詮釋較其他的優勝，而這會令任何精準或準確的聲稱在認識論上站不住腳，因此，準確性的使用只限於編碼者的訓練和其他可以見到客觀標準的範圍。

在另一個極端，穩定性不足以作為內容分析的信度量數，它不能用來處理個別穩定的喜好、偏見、意識型態上的信念、封閉心態或對特定編碼指引和文本的一貫錯誤詮釋。

有學者提出分半技術作為測試信度的一個方法，內容分析者把一個記錄單元的樣本分成兩個差不多相等的部分，以不同觀察者來為這兩個部分編碼，每次一個單元，分析者接著比較兩部分取得的頻度分布，如果兩個分布的差別在統計學上不顯著，數據便被視為可信，否則便被視為不可信。但這個方法只衡量兩個次樣本的相近程度，或比較大的數據集可否被認為是平均的（這個測試也可用來決定一個樣本是否夠大去代表總體；見第六章 6.6.3 節）。無論如何，因為兩個次樣本之不同可以有很多理由，或它們根本無理由一致，平均與否並不代表數據值得信賴。內容分析──或更廣義點說，當分類、編碼或描述單元的信度成為問題時──使用分半技術並不適合，而且由於提供資料不多而且有誤導性，所以不應使用。

12.2.2　產生信度數據的條件

根據第二章（2.1節）的定義，內容分析必須是「可複製」的，起碼在原則上需如此。要檢驗這個可能性，分析者必須起碼在測試一測試的情況下產生出信度數據，除了個別的不穩定性外，更要解釋觀察者、編碼者或分析者之間的不一致性。任何使用觀察一致性來測量可複製性的分析，都必須符合以下條件：

- ·必須採用可傳達的指引——即一套制定得鉅細靡遺、清晰和有效的數據語言，加上一步一步指示如何使用。這也包括少為人提及的訓練編碼者程序——否則我們不會知道數據的意義和如何複製它們。
- ·必須採用可傳達的準則來從同樣有能力及可接受訓練、指示和另行複製數據過程的個人中，選擇觀察者、編碼者、裁判或分析者。
- ·必須保證產生信度數據的觀察者獨立工作。只有獨立，才可把他們私下串通的可能性剔除，觀察到的一致性才可以按記錄指引和觀察到的現象或詮釋的文本解釋。

鑑於信度是研究按手頭數據進行的條件之一，內容分析的文獻充滿了研究者懷著好意，但卻錯誤地嘗試支配數據產生的過程，以增加表面高度一致的證據，其中大部分都涉及違反上述一個或多個的條件，以下的例子可以說明之。

有些研究者以為共識比個別判斷好，所以要求觀察者討論他們讀到和看到的，然後以妥協或投票得出結論。這樣做可能真的會緩和了個別喜好的影響，和因兩位觀察者比一位留意到更多而得益，但這樣子產生的數據並不保證可以複製，也不顯露其應用範圍。在這些小組中，觀察者會互相討價還價，禮尚往來，享有崇高地位的會影響結果。在此情形下，觀察、辨識分析單元和編碼，反映出小組的社會結構，後者幾乎不可能向其他研究者傳達，也不容易重複。再者，姑勿論主觀的成就感，以這種共識編碼產生出來的數據，經不起信度測試的考驗，它們更似由單單一位觀察者產生出來的數據，而可複製性需要起碼兩位獨立的觀察者。要證實共識比個別製造數據優勝，研究者便需比較最低限度兩個由兩人組成獨立運作的小組產生的數據。

很多時候，研究者會要求觀察者分開工作，但在有預見不到的問題出現時便得有商有量。這類商議針對的是一個普遍的問題：編寫編碼指引的人，未必可以預見所有表達相關事物的可能方法。理想地，編碼指引應該包括編碼或測量每一個可能性的規則，但觀察者一旦討論出現的問題，便會對現行的編碼指引製造出新的詮釋以應付新問題，而這些新詮釋是小組獨有和不易傳達給其他人的。此外，書面指引被再詮釋，久而久之便失去穩定性：產生早期數據的指引，跟後來的不同，最後得出來的高度一致性，其實會令人誤解了真正所需的信度。

由於內容分析者不可能預見他們文本中所有可能的複雜性，很多人在過程中採用新的書面規則來擴展單元化和編碼指引，目的是令編碼指引不斷演進，漸漸地不需新的規則。為了避免被身兼詮釋文本和擴展共同指引的編碼者之間的不成文共識誤導，內容分析者應該以不同編碼者來測試最終指引的信度，和再次檢驗在得出最終指引前產生的數據。

內容分析者有時候假設數據的製造，最好是由專家、特別敏銳的觀察者或長時期與研究主題打交道的人進行，而且按此假設行事。他們應該記著可複製性的意義，就是在別的地方以(1)任何有訂明資格的人；(2)清楚界定分析單元的製造數據指引；(3)過程中使用的類別、尺度和描述工具；以及(4)信度測試記錄到的現象來重複製造數據過程的可能。如果沒有其他專家來對照現有專家的表現，他們的詮釋就算很有見地和富吸引力，但分析者不可稱他們是可靠的。這解釋了為什麼內容分析者不應自己編碼（如首席調查員有時可能會做的），除非分析者的表現最低限度與另一人的有個比較。要符合此條件，分析者可能會從朋友、同事或信得過的同僚之間物色編碼者，此人多會與分析者意見一致──不是因為他們小心遵從書面指引，而是由於他們認識對方及明白研究的目的，他們達致一致性的原因，不容易說清楚或在別處重複。分析者應從一個有著訂明背景和能力，而其他想重複分析的研究者也可挑選的群體中選擇觀察者。

有時候，內容分析者只接受那些在觀察員間取得完全一致性的分析單元作為數據，這個做法很有問題，因為它令研究者以為真有絕對信度，而不明白一致性可以是因為或然率，也可以是因為閱讀和觀察一致而來。對

二元或兩極數據來說，基於或然率的一致性起碼是50%。摒棄編碼員達不到一致性的單元，並未改變達到一致性單元的或然性質。真正或然的事件無法改變，這也出現在一致性比或然率高但卻不是絕對的情況。因或然率出現的單元遍布疊合表內一致性和不一致性的單格，而在一致性的單格內是無法分清單元是因或然率或因遵從指引而出現。最重要的是，當分析者依賴容易編碼的數據，數據便容易成為分析程序的產物——它們不再代表研究者希望記錄及分析的現象。

採用以下兩個步驟的內容分析者，能夠得到信度可以測量的數據，和增加他們對數據超越測量到的信度的信心。首先，他們要聘用三個或以上獨立工作的觀察員，這會得出信度可以測量的信度數據。其次，他們一是以決策規則——多數裁決或平均得分——或是以編碼後參詳得出的共識調解這些數據的分歧。「調解前」的數據會得出正式的信度數據，和產生出可以發表的信度係數。雖然有理由相信編碼後的調解會增加數據的信度，但這只是個假設，沒有可測量的證據。唯一可以發表的信度，是在調解不一致性前測量的信度；經調解後的數據信度頗值得商榷。

12.2.3　信度數據

如上所述，可令研究者評估信度的數據稱為「信度數據」，它重複信度受關注的數據的製造過程。信度數據並不觸及數據是代表什麼的，而是關於觀察員是否會就現象之間的區分而有共識，不論是找出適合的分析單元，或是以選定的數據語言來描述之。

內容分析數據的產生牽涉兩個步驟，所需的信度數據形式和一致性的計算方法都不同，但都走不出**alpha**係數（α）。

把一些未被描述的獨立現象化成具描述性的類別，刻畫、量度或把與一個研究問題有關的變數彼此互斥的數值指派到任何種類的觀察上，這個過程便是「編碼」。我們也可把這個過程形容為把一些現象細分成不同種類彼此互斥的物事。編碼提供了內在於這些現象的資訊，因而令它們變成可以作出比較及分析的單元。看看此例：

$$\{\square, \quad \square, \quad \square, \quad \square, \quad \square, \quad \square, \quad \square, \quad \square, \quad \square, \quad \square\}$$
$$\{4, \quad 4, \quad 0, \quad 2, \quad 1, \quad 1, \quad 1, \quad 3, \quad x, \quad x\}$$

　　單值數據有別於多值數據，前者是每一個分析單元都有一個獨一無二的描述，個別變數上的一個數值。多值數據則容許多重描述或詮釋。由於不是那麼多統計可以處理多值數據，我在這一章將只談單值數據的信度計算方法（至於多值數據，可見Krippendorff, 1992）。

　　在一個未經處理的連續體作出區分，辨識出與研究問題有關的部分，摒棄沒有關係的，這個過程便是「單元化」，例子包括從報章摘取相關的報導、在錄影帶中標誌有關的片段容後分析、隔離會談中的交替發言，和辨識出一段期間內具歷史意義的事件。

　　單元化令一個連續體變得可供分析，以圖顯示：

　　把連續體上不同種類的部分區分清楚，作出歸類，或指派數值給它們，這個過程便是「為辨識出來的單元編碼」。例子如下：

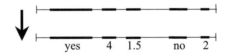

　　由編碼和單元化而來的信度數據，令我們得出三個一致性係數α，將逐一在本章討論：

　　・最常用的係數，為預先設定的單元編碼的α，將在12.3節以$_c\alpha$（c代表編碼）來作詳細介紹。

　　・一個只針對連續體上有關事物，而不處理分類單元之間空隙的一致性的α，稱為$_U\alpha$（U代表有關單元），將在12.4.2節討論。

　　・適用於經過單元化的連續體所有部分、單元和空隙的α家族，成員有三個，分別稱為$_u\alpha$、$_{\phi u}\alpha$和$_{cu}\alpha$（u代表長度不一的單元化部分）。

它們評價的是有關的屬性，將在12.4.3節討論。當所有部分長度一致時，編碼的α便變得與為預先設定單元編碼的$_c\alpha$不可分辨，$_c\alpha$於是對長度不一的部分也適用。

如果α不以下標顯示，所指的是整個α係數家族。

先談一下特別用語：在討論信度數據的產生時，我是廣義地使用「觀察者」這個字的。他們可以稱為編碼者、評分者、謄抄員、翻譯者、單位化者、分析者或評判。在內容分析以外的環境，他們也會被稱為評分者、面訪者或公認專家。再者，信度數據並不限於那些由人記錄的，諸如商業帳戶、醫療紀錄和法庭簿冊也可作為機構性觀察者的成果般來詮釋，而機械性的測量工具——把現象化成數字的——也包括在內。

在編碼的過程中，單元是基本而其存在的信度是無可置疑的。在民調研究中，個人通常都是無爭議的分析單元；在教育研究中，測試的東西會是單元；其他地方則會稱作個案。在內容分析中，單元可以是個別單字和較長的文本部分、相片影像、錄影片段、虛構電視節目的情節、網頁、說話、獨特的經驗——任何對分析者有獨特意義的東西（見第五章）。在單元化的過程中，連續體是基本的，但觀察者如何在其中辨識單元，以長度、時間或大小，又或是以連續體上的位置來辨識連續體上的範圍的信度，則是個沒有答案的問題。

至於編碼，我以「數值」作為名稱、類別、等級、得分、標尺點、量數、問題的答案等的統稱，連帶從文本擷取未經分類的引文，也可以載入表格並標示在信度數據的橫直坐標。數值出現在「變數」中，如第八章所述，一個變數的數值是彼此互斥的。

在這些大前提下，分析者可以怎樣計算如上面界定的信度數據內的一致性？

12.3 編碼的α一致性

圖12.2顯示的是編碼的信度數據的一個經典形式。經典的意思是最基本或標準的表現形式，它代表m位觀察者i，就每一個變數指派一個一個的數值c，從而記錄下N個單元u。

分析者當然時刻都致力於取得最高的信度。因絕對信度可能很難達到，特別是當編碼工作非常複雜及／或需要繁複的認知過程時，分析者需要知道數據距理想的絕對信度多遠，和究竟是高於還是低於可接受的信度標準，這兩個主要問題是任何一致性測量都應該解答的。

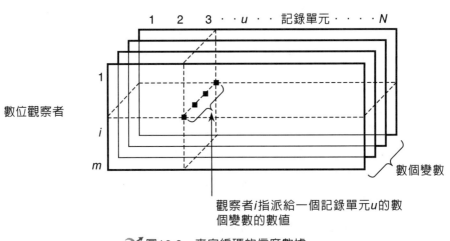

觀察者i指派給一個記錄單元u的數個變數的數值

✈ 圖12.2　來自編碼的信度數據

對特別種類的數據來說，有幾個係數可以用來測量一致性。Popping（1988）就名類數據分辨出三十九種，但他的清單明顯並不完整。在12.3.5節中，我將回顧幾個流行的係數，它們如何做到其倡議者說它們測量的東西，和探討它們是否適合衡量信度。這裡，我將著重談α，不是因為是我發明了它（見Krippendorff, 1970a, 1970b, 1978, 1980b, 1987, 1992, 2004b, 2008, 2011a），而是因為它是最普遍的一致性量值，有內容分析中合適的信度詮釋和產生數據的類似工夫。為免引起誤會，α一致性不應與Cronback（1951）的alpha混淆，後者在生物量法和教育研究中

因著另一完全不同的目的而被廣泛使用，而且它也不適合用來評價產生數據的信度。α 係數的家族容許統一的信度標準被應用在多類不同的數據上：

- 它以一個特定的或然率（即完全沒有信度）概念來修正觀察一致性。
- 它不受制於可供一個變數編碼的數值數目。
- 它可以應用在任何數目的觀察者，並不限於傳統的兩位。
- 它可以同樣應用在大和小的樣本，它就不同數量的信度數據自我修正。
- 它可以應用在幾個量法（測量尺度）──名類、次序、等隔、等比和更多。
- 它不受觀察者照顧不到每一個記錄單元而缺少數據的影響。

α最普遍的形式是：

$$\alpha = 1 - \frac{D_o}{D_e} \tag{1}$$

D_0是觀察不一致性的量值，而D_e是在或然率支配的情況下可以預期的不一致性的量值。作為瞭解這個係數的五種詮釋的第一種：

α以觀察跟預期不一致性的比例來衡量與絕對信度的差距。

這個定義透露了上述兩個參考點：當觀察到的一致性是絕對而不一致性因而不存在時，$D_0 = 0$和$\alpha = 1$，表示有絕對信度；當一致性和不一致視乎或然率，而觀察和預期不一致性相等時，$D_e = D_0$和$\alpha = 0$，表示沒有信度。α可以是負值，但由於信度測試的目標是保證數據值得信賴，而數據的信度與理想絕對信度相差不應太遠，負值甚至零值都是遙不可望的。負值源自兩個原因：樣本太小和系統性的不一致。12.5.1節將討論不足夠的

變異。就信度而言，α的極限是：

$$1 \geq \alpha \geq 0 \begin{cases} \pm \text{ 因樣本小而不準確} \\ - \text{ 系統性的不一致} \end{cases}$$

· **樣本小導致不準確**。數值數目愈小，$\alpha = 0$的計算數值便只可估計，因為觀察頻度是整數，但預期頻度則是平均數，當平均值出現分數時，觀察不一致性很少會等同預期不一致性，令α的數值在零上下徘徊。
· **系統性的不一致更為嚴重**。當觀察者達不到一致意見、不自覺地應用上不同的編碼或單元化指示，或持續地應用有異於他人的議程時，系統性的不一致便會出現。所有觀察不一致性都令絕對信度減少，但系統性的不一致則可令α的數值跌至或然率之下。

要發展供編碼用的α係數$_c\alpha$（相對於單元化的$_u\alpha$，c是為一特定單元集編碼，見第12.4節），須一步步地改良公式(1)：

$$_c\alpha_{\text{metric}} = 1 - \frac{D_o}{D_e} = 1 - \frac{\text{所有單元內的平均}_{\text{metric}}\delta^2_{ck}}{\text{所有數據內的平均}_{\text{metric}}\delta^2_{ck}} \tag{2}$$

D_o是「單元內」數值c與k之間的平均差別，理應是零，因而不論數值是由誰指派都無用；D_e是信度數據中所有數值之間的平均差別，不論是什麼單元，也不論是由誰指派，包括了「單元內和相互之間」的差別，後者對提供研究項目所需的資訊很有幫助。那個平均差別metric δ^2_{ck}直接與數據背後的量法或測量水平（第12.3.3節有詳細討論）有關。由此，α的第二種詮釋是：

$_c\alpha$是從絕對一致性減去無用一致性與完全不一致性（無用不一致性加有用差別）的比例的程度，$\alpha = 1$是其最大數值。

　　在我進一步解釋α的代數及演算細節前，必須說明我假設內容分析者會利用電腦軟體來分析他們需要知道的信度（見Hayes & Krippendorff, 2007；及http://www.afhayes.com ⇒ SPSS and SAS Macros ⇒ KAL-PHA），但若要明白α如何表示一致性、它在不同信度數據面前的意義，以及它對編碼工具和編碼數據的信度的作用，使用者必須能夠處理信度數據的適當表述，選擇適合的相異函數，和最低限度計算或再核算初級的α量值。研究者時有不慎採用了有缺陷的軟體（例子有Lombard, et al., 2002；見Krippendorff, 2004b），或未能找出建立數據的錯誤和就奇怪的結果提出質疑。檢查這類一致性量值非常重要，因此有必要在這裡說說演算的細節。

　　我將從兩方面對$_c$α入手，一個直接而普遍，另一個間接和使用更富資訊性的偶發矩陣作為信度數據的表述，我接著會討論內容分析者會遇到的幾種典型情況，以例子來示範演算，在可能情況下提出較簡單的公式，也會說多三個α的詮釋以揭露其多重意義。讀者明白了α的運作情況，便可以評斷α是否比第12.3.5節的其他幾個係數優勝，或根據第12.5節解決某些方法學上的問題：低變異、足夠樣本大小、決定數據信度的標準等。

12.3.1　直接到α的途徑

　　所有信度的計算，都以一個變數的觀察者乘單元「信度數據矩陣」內傳統形式的信度數據開始，如下圖：

單元：	**1**	**2**	.	.	.	**u**	.	.	.	.	.	**N**
觀察者：　**1**	c_{11}	c_{12}	.	.	.	c_{1u}	.	.	.	.	.	
.	.	.				.					.	
i	c_{i1}	c_{i2}	.	.	.	c_{iu}	.	.	.	.	.	
.	.	.				.					.	
m	c_{m1}	c_{m2}	.	.	.	c_{mu}	.	.	.	.	.	

　圖 12.3　信度數據矩陣

這個矩陣由N單元u和m位觀察者i組成，載有數值c，c_{iu}是第i位觀察者對單元u指派的數值c。

信度數據或會缺少某些數據。當數據完整時，這個矩陣載有mN個數值。若有數據缺失，數目會比mN少。

以下的例子，是一個四位觀察者乘以十二個單元而部分數據缺失的信度數據矩陣：

記錄單元u：	1	2	3	4	5	6	7	8	9	10	11	12
觀察者A：	📖	✉	☎	☎	✉	📖	💻	📖	✉			
觀察者B：	📖	✉	☎	☎	✉	✉	💻	📖	📁			
觀察者C：		☎	☎	☎	✉	☎	💻	✉	✉	📁	📖	☎
觀察者D：	📖	✉	☎	☎	✉	💻	💻	📖	✉	📁	📖	

要注意：

· 這些數值是名類的，即它們之間沒有次序之分，任何兩個數值都可以是相同或是不同的。

· 矩陣中$mN = 4 \times 12 = 48$個單格，有七個是空的。

· 其中一個數值☎，由觀察者C指派給第十二個單元，不可與單元中的其他數值配對，對單元12內的觀察一致性或不一致性無影響，在疊合矩陣（見第12.3.2節）中不占一席，因而在往後的計算中不會再出現。

由此，這個矩陣總共載有$n.. = 40 \leq mN$ 個可供配對的數值，這是一個特殊的例子，當中完全沒有不可作出配對或單一的數值，也沒有數據缺失。

要計算α，可以首先列舉單元u內找到的數值，把它們置於一個「數據乘單元的矩陣」內（如圖12.4），這個矩陣是一個不把觀察者考慮在內的信度數據表達形式：

單元：

	1	**2**	.	.	.	**u**	.	.	.	.	**N**	
數值：**1**	n_{11}	n_{12}	.	.	.	n_{u1}	.	.	.	.		$n_{\cdot 1}$
.				.					.			.
c	n_{1c}	n_{2c}	.		.	n_{uc}						$n_{\cdot c}$
k	n_{1k}	n_{2k}	.		.	n_{uk}						$n_{\cdot k}$
.				.					.			.
總和：	$n_{1 \cdot}$	$n_{2 \cdot}$	.	.		$n_{u \cdot}$	.	.	.	.	.	$n_{\cdot \cdot} \leq mN$

✎ 圖 12.4　信度數據的數值乘單元矩陣

當中，

n_{uc} ＝ 指派給單元u數值c數目中的 $\sum_{i=observers}$，$n_{uc} \leq m$位觀察者，n_{uk}類同

$n_{u \cdot} = \sum_c n_{uc}$ ＝ 指派給單元u的數值數目，$n_{u \cdot} \leq m$ 位觀察者

$n_{\cdot c} = \sum_{u | n_{u \cdot} \geq 2} n_{uc}$ ＝ 在信度數據出現可配對數值c的數目，排除所有單一數值的單元：$n_{uc} = n_{u \cdot} = 1$

$n_{\cdot \cdot} = \sum_{u | n_{u \cdot} \geq 2} \sum_c n_{uc}$ ＝ 在信度數據中所有可配對數值的總數目，也排除所有單一數值的單元：$n_{uc} = n_{u \cdot} = 1$；$n_{\cdot \cdot} \leq mN$

由於觀察者的個人因素不可進入任何信度指標中，所有信度的考慮都不應把觀察者計算在內。觀察者、編碼者、評分員以及其他量度工具都是可以互相替代的，重要的是他們對某些單元的集體評價。圖12.4的直行總和中顯示了全部m位觀察者都使用可配對數值c的分布。這個分布相當重要，因為它是信度成為焦點的數據中或然率分布$P_c = n_{\cdot c} / n_{\cdot \cdot}$的最佳評估。對於一致性係數$\alpha$來說，它對界定期望扮演一個重要的角色。

要明白觀察不一致性D_o怎樣是「所有單元內的平均$_{metric}$ δ^2_{ck}」，我們必須瞭解到在數值$n_{u \cdot}$的任何一個單元u內，有$n_{u \cdot}(n_{u \cdot} - 1)$對可能配對的數值（不包括它們自己的配對），它們之間的差異$_{metric}$ δ^2_{ck}需要平均化。其中有$n_{uc}(n_{uk} - 1)$對相配對數值$c = k$── 也不包括自我配對 ── 和$n_{uc} \cdot n_{uk}$對不相配對數值$c \neq k$。在公式(3)中，我們可以看到雙總和$\sum_c \sum_k$右邊的平

均差異，由於每一個數值都應該對 $_c\alpha$ 作出同樣貢獻，u 的平均差異需要以單元 u 中的數值比例 $n_{u.} / n_{..}$ 作出加權，由此，我們得出以下公式(2)中刻意冗贅的 D_o 表達方式：

$$D_o = 所有單元內的平均_{\text{metric}}\,\delta^2{}_{ck}$$

$$= \sum_{u|n_u \geq 2} \frac{n_{u.}}{n_{..}} \sum_c \sum_k \frac{\begin{Bmatrix} n_{uc}(n_{uk}-1) \text{ iff } c=k \\ n_{uc}\,n_{uk} \quad\;\; \text{iff } c \neq k \end{Bmatrix}_{\text{metric}}\delta^2_{ck}}{n_u(n_{u.}-1)} \qquad (3)$$

預期不一致性 D_e 的非數碼表達方式的邏輯也是一樣，除了 D_e 與單元的平均差異無關，而是把數據中所有可配對數值的 $n_{..}(n_{..} - 1)$ 個差異平均化，數值自己的互相配對也不計算在內。

$$D_e = 數據內的平均_{\text{metric}}\,\delta^2{}_{ck} = \sum_c \sum_k \frac{\begin{Bmatrix} n_{.c}(n_{.k}-1) \text{ iff } c=k \\ n_{.c}\,n_{.k} \quad\;\; \text{iff } c \neq k \end{Bmatrix}_{\text{metric}}\delta^2_{ck}}{n_{..}(n_{..}-1)} \qquad (4)$$

公式(3)與(4)可以代入公式(1)或(2)中，幸運地我們有三個可用的代數簡約法，令公式(5)中 α 的普遍形式沒有公式(3)和(4)般難處理：

- 由於配對數值之間的差異 $_{\text{metric}}\,\delta^2{}_{cc} = _{\text{metric}}\,\delta^2{}_{kk} = 0$，單元 u 中的配對數值 $c = k$ 的數目 $n_{uc}(n_{uk} - 1)$、公式(3)的一部分，以及公式(4)中配對數值 $c = k$ 的 $n_{.c}(n_{.c} - 1)$ 並不需列舉出來，而且因為冗餘而可以從公式(5)中剔除。

- $_{\text{metric}}\,\delta^2{}_{ck} = _{\text{metric}}\,\delta^2{}_{kc}$ 的差異，與計算不配對數值 $c \neq k$ 數目的積 $n_{uc} \cdot n_{uk}$ 之間存在對稱，所以列舉的雙總和 $\sum_c \sum_k$ 可以簡約為少於單元和數據中不配對數值的一半，即 $\sum_{k>c}$。

- 最後，上面提到單獨的數值，以 $n_{uc} = n_{u.} = 1$ 表示，在計算這些單元內的一對對數目時可以被放棄，擴闊了 $\sum_{u|nu. \geq 2}$ 的幅度；圖12.4中矩陣的橫行總和 $n_{.c}$ 已經剔除了單獨的數值。

基於以上，最有效率、簡明以及普遍的 $_c\alpha$ 算式，以圖12.4中數值乘以單元矩陣邊際的頻度計算，變成：

$$_c\alpha_{\text{metric}} = 1 - \frac{D_o}{D_e} = 1 - (n_{..}-1)\frac{\sum_u \dfrac{1}{n_{u.}-1} \sum_c n_{uc} \sum_{k>c} n_{uk}\,{}_{\text{metric}}\delta^2_{ck}}{\sum_c n_{c.} \sum_{k>c} n_{.k}\,{}_{\text{mertic}}\delta^2_{ck}} \tag{5}$$

作爲經典形式的信度數據例子，數值乘以單元的矩陣如下（*正數的頻度以粗體表示*）：

單元u:	1	2	3	4	5	6	7	8	9	10	11	12	
數值c, k:　📖	**3**	0	0	0	0	**1**	0	**3**	0	0	**2**	0	9 = n.📖
✉	0	**3**	0	0	**4**	**1**	0	**1**	**4**	0	0	0	13 = n.✉
☎	0	**1**	**4**	**4**	0	**1**	0	0	0	0	0	*1*	10 = n.☎
💻	0	0	0	0	0	**1**	**4**	0	0	0	0	0	5 = n.💻
📁	0	0	0	0	0	0	0	0	0	**3**	0	0	3 = n.📁
總和$n_{u.}$:	3	4	4	4	4	4	4	4	4	3	2	1	40 = n..

留意可配對電話☎的邊際總和 $n._☎$ 並不包括單元12中唯一單獨的 ☎（$n_{12☎} = n._☎ = 1$，*以斜體表示*），代表它不能與單元內任何東西組成一對，對 $_c\alpha$ 絕對沒有任何影響。

如上所述，這個例子只用了名類數據，這類數據的一個特色是任何兩個數值一是相同，一是相異，它們一是配對，一是不配對。雙總和 $\sum_c \sum_{k>c}$ 列舉的僅是一對對不配對的數值，於是 $_{\text{nominal}}\delta^2_{c\neq k} = 1$（將在12.3.3節中正式界定）。因此，爲了取得 $_c\alpha_{\text{nominal}}$，公式(5)要列舉出眞實及可能的錯配疊合。上面的信度數據要在公式(5)中加進以下的頻度：

$$_c\alpha_{\text{nominal}} = 1 - (40-1)\frac{0+\dfrac{3\cdot1}{4-1}+0+0+0+\dfrac{1\cdot1}{4-1}+\dfrac{1\cdot1}{4-1}+\dfrac{1\cdot1}{4-1}+\dfrac{1\cdot1}{4-1}+\dfrac{1\cdot1}{4-1}+\dfrac{1\cdot1}{4-1}+0+\dfrac{3\cdot1}{4-1}+0+0+0}{9(13+10+5+3)+13(10+5+3)+10(5+3)+5\cdot3} = 0.743$$

要直接爲一組單元編碼，我們只需公式(5)便可得出所有的 $_c\alpha$，除了不同

313

量法的相異函數$_{\text{metric}}$ δ^2_{ck}外（在12.3.3節討論）。讀者如覺得這個α的名類版本已經足夠，可以跳過接下來的兩節而參考12.3.5節（關於其他係數）或12.4節（關於實際的統計學問題）。

12.3.2　經疊合矩陣間接到α的途徑

直接求取α並不複雜，但在概念上卻不是那麼明顯。把冗餘的公式(3)中的必須附加分成兩部分，是可能的並證實對分析及解說有幫助，一部分是把從u單元的數值乘以單元矩陣中取得的$c-k$對數值相加起來（$\sum_u$），從而得出信度數據的一個暫時表述，即一個觀察疊合o_{ck}的矩陣；另一部分把代表這些疊合的數值之間的差異加起來（$\sum_c\sum_k$）以取得觀察不一致性D_o：

$$D_o = \frac{1}{n_{..}}\sum_c \sum_k o_{ck\,\text{metric}}\,\delta^2_{ck} \quad (6) \quad \text{and} \quad o_{ck} = \sum_u \frac{\begin{cases} n_{uc}(n_{uk}-1) \text{ iff } c=k \\ n_{uc}\,n_{uk} \quad\quad \text{iff } c \neq k \end{cases}}{n_{u.}-1} \quad (7)$$

在公式(3)中，我們不難見到公式(6)和(7)。

一個疊合矩陣是一個數值乘以數值的矩陣，它是方正而沿對角線對稱的。「觀察疊合矩陣」從數值乘以單元矩陣中把數值對的數目列出來，以$(n_u. - 1)$加權，使信度數據中每一個可以配對的數值都為總數添上1。

數值：

	1	· ·	**k**	·	**v**	
1	o_{11}	· ·	o_{1k}	·	o_{1v}	$n_{1.}$
·	·		·	·	·	·
c	o_{c1}	· ·	o_{ck}		o_{cv}	$n_{c.}$
·	·		·		·	
v	o_{v1}	· ·	o_{vk}	·	o_{vv}	$n_{v.}$
	$n_{.1}$	· ·	$n_{.k}$	·	$n_{.v}$	$n_{..}$

圖 12.5　觀察疊合的矩陣

圖12.5中，邊際總和$n_c. = \sum_k o_{ck} = n._c$與圖12.4中的邊際總和$n._c = \sum_{u|n_u \geq 2} n_{uc}$對稱，$n._k$也與總和$n..$對稱。有$o_{cc}$和$o_{kk}$的偶發矩陣的對角線代表一對對數值的絕對配對，這個矩陣的非對角線數字代表不相配的一對對數值，環繞對角線的數字全部對稱，因此，$o_{ck} = o_{kc}$和$n_c. = n._c$。觀察疊合的矩陣加起來等於數據中可配對的數值數目$n.. \leq mN$。

把公式(6)代入公式(5)中會得出純以觀察疊合矩陣表達的α：

$$_ca_{\text{metric}} = 1 - \frac{D_o}{D_e} = 1 - (n.. - 1) \frac{\sum_c \sum_{k>c} O_{ck\,\text{metric}}\,\delta_{ck}^2}{\sum_c n_c \sum_{k>c} n_k \delta_{ck}^2} \tag{8}$$

要得出一個預期疊合矩陣，我們的做法跟上面一樣，但要從公式(4)中的冗餘定義D_e出發，後者平均化了數據中所有可配對的數值的差異$_{\text{metric}}\,\delta_{ck}^2$，它可被分解成公式(9)和(10)：

$$D_e = \frac{1}{n..} \sum_c \sum_k e_{ck\,\text{metric}}\,\delta_{ck}^2 \tag{9} \quad \text{and} \quad e_{ck} = \frac{\begin{cases} n._c(n._k - 1) & \text{iff } c = k \\ n._c\,n._k & \text{iff } c \neq k \end{cases}}{n.. - 1} \tag{10}$$

由此，我們得出圖12.6中伴隨觀察疊合出現的「預期疊合矩陣」：

數值：	**1**	· ·	**k**	·	**v**	
1	e_{11}	· ·	e_{1k}	·	e_{1v}	$n_1.$
·	·		·		·	·
c	e_{c1}	· ·	e_{ck}		e_{cv}	$n_c.$
·	·		·		·	·
·	·		·		·	·
v	e_{v1}	· ·	e_{vk}		e_{vv}	$n_v.$
	$n._1$	· ·	$n._k$	·	$n._v$	$n..$

✈ **圖 12.6　預期疊合矩陣**

現在把公式(6)和(9)代進公式(1)或(2)，再次利用疊合的對稱 $o_{ck} = o_{kc}$ 和 $e_{ck} = e_{kc}$ 以及差異 $_{\text{metric}}\delta_{ck}^2 = {}_{\text{metric}}\delta_{kc}^2$，會得出一個以觀察和預期疊合表達的 α：

$$_c\alpha_{\text{metric}} = 1 - \frac{D_o}{D_e} = 1 - \frac{\sum_c \sum_{k>c} o_{ck\,\text{metric}}\delta_{ck}^2}{\sum_c \sum_{k>c} e_{ck\,\text{mertic}}\delta_{ck}^2} \qquad (11)$$

鑑於公式(8)中的 $_c\alpha$ 完全不需要公式(9)、(10)和(11)中的預期疊合，我們知道圖12.6中的預期疊合矩陣在演算上是可有可無的，但它卻可令人知道直接方法所見不到而觀察疊合本身又不足以揭露關於信度數據的東西。以下多個例子會以12.3.1節的數據作出一些示範。觀察與預期疊合矩陣分別是：

觀察疊合數值：

	📖	✉	☎	💻	📁	
📖	**7**	1.33	0.33	0.33	0	9
✉	$^4/_{(4-1)}$	**10**	1.33	0.33	0	13
☎	$^1/_{(4-1)}$	$^4/_{(4-1)}$	**8**	0.33	0	10
💻	$^1/_{(4-1)}$	$^1/_{(4-1)}$	$^1/_{(4-1)}$	**4**	0	5
📁	0	0	0	0	**3**	3
	9	13	10	5	3	40

預期疊合數值：

	📖	✉	☎	💻	📁	
📖	$^{8\cdot9}/_{39}$	3.00	2.31	1.15	0.69	9
✉	$^{9\cdot13}/_{39}$	$^{12\cdot13}/_{39}$	3.33	1.67	1.00	13
☎	$^{9\cdot10}/_{39}$	$^{13\cdot10}/_{39}$	$^{9\cdot10}/_{39}$	1.28	0.77	10
💻	$^{9\cdot5}/_{39}$	$^{13\cdot5}/_{39}$	$^{10\cdot5}/_{39}$	$^{4\cdot5}/_{39}$	0.38	5
📁	$^{9\cdot5}/_{39}$	$^{13\cdot3}/_{39}$	$^{10\cdot3}/_{39}$	$^{3\cdot3}/_{39}$	$^{2\cdot3}/_{39}$	3
	9	13	10	5	3	40

在觀察疊合矩陣中可以見到檔案 📁 與其他數值明顯不同，與📖、✉、☎或💻（這些本身已夠混亂）都沒有重疊。要瞭解用來計算 o_{ck} 的頻度，以上的矩陣在一個非對角線三角中列出了產生這些疊合的積和分數，在另一個則列出了它們的小數位的同等數。在非對角線區域內，我們見到所有觀察數字均比預期的低，由於非對角線的數字代表對不一致性有影響的非配對數值，比或然率還低的觀察不一致性意味 $_c\alpha$ 必須是一個正數。

其實，根據公式(11)：

$$_c\alpha_{\text{nominal}} = 1 - \frac{1.333 + 0.333 + 0.333 + 0 + 1.333 + 0.333 + 0 + 0.333 + 0 + 0}{3.000 + 2.308 + 1.154 + 0.692 + 3.333 + 1.667 + 1.000 + 1.282 + 0.769 + 0.385} = 0.743$$

　　以間接抑或直接方法，取得的成果都是一樣，但間接方法較易作出兩個疊合分布的比較，令人可以發現不一致性的來源，以及提出直接方法只能量度的一致性的解釋。

12.3.3　不同量法數據的相異函數

　　前兩節談過尋找α的兩條途徑，在每一條途徑中都有相異函數$_{\text{metric}}$ δ^2_{ck}，但到了這一節我們才看看它們究竟是什麼東西。

　　因為名類數據簡單，所以討論α可以不提相異函數。一對對配對數值出現在疊合矩陣的對角線區域，不配對的則出現在非對角線區域，要計算$_c\alpha_{\text{nomnal}}$，只要列舉疊合矩陣非對角線區域中的數字即可，這有助於界定及計算一致性係數，也是為什麼有這麼多名類係數的文獻的原因，我會在12.3.5節討論其中幾個。

　　一致性係數$_c\alpha_{\text{metric}}$捕捉到數值之間更多其他的數量關係，稱為量法。在第八章（8.4節）中，一個量法被界定為適用於一個變數數值的運算程序。雖然研究者在計算$_c\alpha_{\text{metric}}$時可以從幾個相異函數中挑選，以分析他們的信度數據，但他們必須注意數據的性質，和界定一個量法的運算程序是否適合。舉例來說，名稱不可以相加，等級也不可以相乘的。一個等比量法的數值不可能是負數，兩名足球員的號碼之間的代數相差也沒有多大意義。因此，要為α選擇適合的量法，我們必須考慮到一個變數數值的排序原理，及可以用上哪些運算程序。處理產生數據的程序的特性也同樣重要，分析變異要用上等隔數據，而偶發係數則是從名類數據計算出來的。以名類數據的一致性係數來計算數據的信度並以相關來作出分析是不適合的，基於等隔量法來得出的一致性，與因素分析的要求（等隔數據）格格不入。α的量法必須與分析數據的量法一致。

　　可以應用最重要的量法，為分析度身訂做信度的量度，和令多類數據可按統一標準衡量，這些都是α的優勝之處。

如前所述，相異有以下的特性：

· 有絕對本位數值：$\delta^2_{cc} = \delta^2_{kk} = 0$

· 對稱：$\delta^2_{ck} = \delta^2_{kc}$

以及

· 可以統一：$0 \leq \delta^2_{ck} \leq 1$（爲方便比較）

所有相異函數量度的都是兩個數值c和k之間的差異。根據公式(2)和(5)，α的直接途徑把所有單元中的數值之間的差異，以及所有數據中數值之間的差異平均化，間接途徑則另闢蹊蹺：在這裡，觀察及預期疊合矩陣的數字，皆可看成是經過乘以一個選定的相異矩陣、相加然後從絕對一致性中減去其比例來加權，如公式(11)：

$$_c\alpha_{\text{metric}} = 1 - \frac{D_o}{D_e} = 1 - \frac{\sum_c \sum_k o_{ck\,\text{metric}}\, \delta^2_{ck}}{\sum_c \sum_k e_{ck\,\text{mertic}}\, \delta^2_{ck}} = 1 - \frac{\sum \boxed{o_{ck}} \times \boxed{\delta^2_{ck}}}{\sum \boxed{e_{ck}} \times \boxed{\delta^2_{ck}}}$$

我們在下面將以代數和矩陣形式談談名類、次序、等隔和等比數據的四種因量法而異的基本相異函數，至於較冷門的相異函數，讀者可參考 Krippendorff（2011）http://www.asc.upenn.edu/usr/krippendorff/mwebreliability4.pdf。公式(5)、(8)和(11)則對任何量法都適用。

名類量法。 在至今爲止使用過的名類數據中，使用哪種量法都不太重要，因爲它們本身沒有任何排序。數值是一個一個的，可以任意組合。名類數據有了數字表述──區碼、銀行私人密碼、足球員球衣號碼──互相加減都意義不大。兩個數值不是相同便是相異，不是配對便是不配對。

$$\text{nominal } \delta^2_{ck} = \begin{cases} 0 \text{ iff } c=k \\ 1 \text{ iff } c \neq k \end{cases}$$

	📖	✉	☎	💾	💻	📁
📖	0	1	1	1	1	1
✉	1	0	1	1	1	1
☎	1	1	0	1	1	1
💻	1	1	1	0	1	1
💾	1	1	1	1	0	1
📁	1	1	1	1	1	0

　　明顯地，相異矩陣的對角線單格中所有差異都是零（$_{metric}\delta^2_{c=k} = 0$），對名類量法而言，矩陣中非對角線中的所有差異都是相同的，即$_{nominal}\delta^2_{c\neq k} = 1$。

　　次序量法。 次序數據中的數值是等級，有著第一 > 第二 > 第三 > 第四，諸如此類的意義。只要是直線排序，加不加上數字標籤也沒太大關係，例如a > b > c > d……，或是有關態度的答案：完全同意 > 有點同意 > 無意見 > 有點不同意 > 完全不同意。次序相異全看兩個等級之間有多少個等級。

　　我們可以12.3.1節中的例子來說明次序相異，那兒的邊際頻度$n_{.c}$可作等級c來看待：$n_{1st} = 9$，$n_{2nd} = 13$，$n_{3rd} = 10$，$n_{4th} = 5$，$n_{5th} = 0$，$n_{6th} = 3$。加入第五個無用的等級，顯示任何兩個等級之間的等級數目決定次序相異，而不是其數值。

$$\text{ordinal } \delta^2_{ck} = \left(\Sigma^{g=k}_{g=c} n_g - \frac{n_c + n_k}{2} \right)^2$$

或：

$$\text{ordinal } \delta^2_{ck} = \left(\frac{\Sigma^{g=k}_{g=c} n_g - \dfrac{n_c + n_k}{2}}{n - \dfrac{n_{c_{max}} + n_{c_{min}}}{2}} \right)^2$$

c_{max}是最大的等級；c_{min}最小。
標準化並不影響$_c\alpha$。

等級：	1st	2nd	3rd	4th	4.5th	5th
1st	0	11^2	22.5^2	30^2	32.5^2	34^2
2nd	121	0	11.5^2	19^2	21.5^2	23^2
3rd	506	132	0	7.5^2	10^2	11.5^2
4th	900	361	56	0	2.5^2	4^2
4.5th	1056	462	100	6.3	0	1.5^2
5th	1156	529	132	16	2.3	0
$n_{.c}$:	9	13	10	5	0	3

$\delta_{1^{st} 3^{rd}} = 22.5$　　　$\delta_{4^{st} 5^{rd}} = 4$

　　爲了令這個相異函數的矩陣形式更容易明白，等級的頻度以長條圖置於矩陣下面，陰影部分代表兩個等級之間的差異。這個矩陣的數字代表著一個非對角線區域中任何兩個等級之間的等級數目的平方，還有在另一個區域內它們相等的數值。從未被使用過的第4.5個等級中，我們可以看到次序相異並不受指派的數值所影響，第四和第五個等級距離有多遠都沒關係，只有眞的被使用的等級才有關係。

　　等隔量法。等級不可以加減，但更爲人熟悉的等隔標尺則可以。等隔數據的代數差異顯示出兩個數值之間相距多遠：

interval $\delta_{ck}^2 = (c - k)^2$

或：

interval $\delta_{ck}^2 = \left(\dfrac{c - k}{c_{\max} - c_{\min}}\right)^2$

$c_{\max}$是最大數值；$c_{\min}$最小。
標準化並不影響$_c\alpha$。

	−1	0	1	2	3	4
−1	0	1^2	2^2	3^2	4^2	5^2
0	1	0	1^2	2^2	3^2	4^2
1	4	1	0	1^2	2^2	3^2
2	9	4	1	0	1^2	2^2
3	16	9	4	1	0	1^2
4	25	16	9	4	1	0

　　在這個等隔相異矩陣裡，一個三角區載著差異的平方，另一個則有代表它們的整數，試想像在這個矩陣畫一些相等差異的線，就等隔數據來說，這些線會與對角線平行，而且距離對角線愈遠，等隔便愈快收窄。

　　注意當所有等級的頻度都是一樣時，等隔與次序相異形成一定比例，它們的一致性係數變得一樣：$_c\alpha_{\text{interval}} = {_c\alpha_{\text{ordinal}}}$。

　　等比量法。在等比量度標尺中，兩個數值的代數差異的意義只在於它們距離零（它們的共同參考點）多遠。能猜出一位長者的歲數而誤差不超過一年可能很了不起，猜出一名嬰兒的歲數而誤差不超過一年則不是。損失一元對一位百萬富翁來說根本不值一提，但對身家只有一元的人來說則是件大事。年齡和財富均是等比標尺，頻度、比例和距離也是。小數值之間的代數差異比大數值之間的差異分量更大，這可從下面的相異函數見

320　到：

	0	1	2	3	4	5
0	0	$\left(\frac{1}{1}\right)^2$	$\left(\frac{2}{2}\right)^2$	$\left(\frac{3}{3}\right)^2$	$\left(\frac{4}{4}\right)^2$	$\left(\frac{5}{5}\right)^2$
1	1	0	$\left(\frac{1}{3}\right)^2$	$\left(\frac{2}{4}\right)^2$	$\left(\frac{3}{5}\right)^2$	$\left(\frac{4}{6}\right)^2$
2	1	.11	0	$\left(\frac{1}{5}\right)^2$	$\left(\frac{2}{6}\right)^2$	$\left(\frac{3}{7}\right)^2$
3	1	.25	.04	0	$\left(\frac{1}{7}\right)^2$	$\left(\frac{2}{8}\right)^2$
4	1	.36	.11	.02	0	$\left(\frac{1}{9}\right)^2$
5	1	.44	.18	.06	.01	0

ratio $\delta_{ck}^2 = \left(\dfrac{c-k}{c+k}\right)^2$

不同於等隔量法中相等差異線與對角線平行，等比量法中所有相等差異線交差在零點和向外伸展至無限，等比差異處於四十五度對角線的角度偏差的正切。

認識不同的量法，成爲演算的第三個步驟，把12.3.1節和12.3.2節計算的名類 α 普遍化。

把我們例子中的名類數值📖 => 1、✉ => 2、☎ => 3，💻 => 4，📁 => 5再編碼，會得出一個觀察疊合的矩陣，我們在12.3.2節已經見過：

觀察疊合

數值:	1	2	3	4	5	
1	**7**	$^4/_{(4-1)}$	$^1/_{(4-1)}$	$^1/_{(4-1)}$	0	9
2	1.33	**10**	$^4/_{(4-1)}$	$^1/_{(4-1)}$	0	13
3	0.33	1.33	**8**	$^1/_{(4-1)}$	0	10
4	0.33	0.33	0.33	**4**	0	5
5	0	0	0	0	**3**	3
	9	13	10	5	3	40

在這個矩陣的觀察疊合應用上公式(8)，上面界定的四個相異函數需要作出以下的運算：

對連數值也被視作無次序編排的名稱的「名類數據」來說：

$$_c\alpha_{\text{nominal}} = 1 - (40-1)\frac{\frac{4}{4-1}+\frac{1}{4-1}+\frac{1}{4-1}+0+\frac{1}{4-1}+\frac{1}{4-1}+0+\frac{1}{4-1}+0+0}{9(13+10+5+3)+13(10+5+3)+10(5+3)+5\cdot 3} = 0.743$$

對數值被認為是等級而等級分布決定差異的「次序數據」來說：

$$_c\alpha_{\text{ordinal}} = 1 - (40-1)\frac{\frac{4}{4-1}11^2+\frac{1}{4-1}22.5^2+\frac{1}{4-1}30^2+0+\frac{4}{4-1}11.5^2+\frac{1}{4-1}19^2+0+\frac{1}{4-1}7.5^2+0+0}{9(13\cdot 11^2+10\cdot 22.5^2+5\cdot 30^2+3\cdot 34^2)+13(10\cdot 11.5^2+5\cdot 19^2+3\cdot 23^2)+10(5\cdot 7.5^2+3\cdot 11.5^2)+5\cdot 3\cdot 4^2} = 0.815$$

對數值被理解為一個等隔標尺上一個個同等相距的點的「等隔數據」來說：

$$_c\alpha_{\text{interval}} = 1 - (40-1)\frac{\frac{4}{4-1}1^2+\frac{1}{4-1}2^2+\frac{1}{4-1}3^2+0+\frac{4}{4-1}1^2+\frac{1}{4-1}2^2+0+\frac{1}{4-1}1^2+0+0}{9(13\cdot 1^2+10\cdot 2^2+5\cdot 3^2+3\cdot 4^2)+13(10\cdot 1^2+5\cdot 2^2+3\cdot 3^2)+10(5\cdot 1^2+3\cdot 2^2)+5\cdot 3\cdot 1^2} = 0.849$$

對數值之間的差異有著絕對零的參考點的「等比數據」來說：

$$_c\alpha_{\text{ratio}} = 1 - (40-1)\frac{\frac{4}{4-1}\left(\frac{1}{3}\right)^2+\frac{1}{4-1}\left(\frac{2}{4}\right)^2+\frac{1}{4-1}\left(\frac{3}{5}\right)^2+0+\frac{4}{4-1}\left(\frac{1}{5}\right)^2+\frac{1}{4-1}\left(\frac{2}{6}\right)^2+0+\frac{1}{4-1}\left(\frac{1}{7}\right)^2+0+0}{9\left[13\left(\frac{1}{3}\right)^2+10\left(\frac{2}{4}\right)^2+5\left(\frac{3}{5}\right)^2+3\left(\frac{4}{6}\right)^2\right]+13\left[10\left(\frac{1}{5}\right)^2+5\left(\frac{2}{6}\right)^2+3\left(\frac{3}{7}\right)^2\right]+10\left[5\left(\frac{1}{7}\right)^2+3\left(\frac{2}{8}\right)^2\right]+5\cdot 3\left(\frac{1}{9}\right)^2} = 0.797$$

讀者或許會不明白為什麼$_c\alpha_{\text{interval}}$=0.849會大過$_c\alpha_{\text{nominal}}$=0.743，這個差異雖小，但卻很重要，答案可在計算這個數的觀察疊合的分布上。在上面的矩陣中，我們會留意到這些不一致性會較接近對角線，出現在相鄰的數值之間，而且數值1和5之間沒有極端的差異，等隔的$_c\alpha_{\text{interval}}$看來對不一致性分布上的排序敏感而名類的$_c\alpha_{\text{nominal}}$則不。差異雖小，但對其他的數據則可能很重要（更明顯的例子見12.3.4節）。等隔的$_c\alpha_{\text{interval}}$=0.849相當接近次序的$_c\alpha_{\text{ordinal}}$=0.815，這一點絕不令人意外，因為這兩個數都對數值的直線排序（不論有多細微）敏感（等隔差異假設數值之間間距相

同；次序差異的間距則依靠等級的分布）。如上所述，愈接近零點，等比量法對數值差異的加權便愈大。在觀察疊合中，沒有了4-5的不一致性，1-2的不一致性比3-4的不一致性大。這與人們對典型的等比數據的期望不符，因此 $_c\alpha_{ratio} = 0.797 < {_c\alpha}_{interval}$，對排序敏感也令 $_c\alpha_{ratio} > {_c\alpha}_{nominal}$。

$_c\alpha$ 的好處是可以分辨出不同的量法，只要信度數據中出現不一致性（$_c\alpha_{metric} < 1$），我們也可以知道在編碼過程中觀察員是根據哪種量法的，這個量法會產生出最大的 α。當疊合矩陣的非對角線單格內的不一致性完全是隨機的時候，所有 α 都等於 $_c\alpha_{nominal}$ 係數，任何偏差都指向信度數據中量法的出現及違反。

12.3.4　一些典型個案

12.3.4.1　二分數據，沒有數據遺漏

這類數據來自觀察者對 N 個分析單元的共同集指派一個數值如0或1。假設有位政治學家對克羅地亞報章中提到美國的地方感興趣，但卻不懂克羅地亞文，於是僱用三名克羅地亞人Jon、Han和Lee在一份克羅地亞報章的十二期中尋找出現過美國的地方，他們接到同一指示，要各自閱讀及作出編碼，在有提及美國的報章中記上1，沒有提及的記上0。他們的信度數據被列在下面的一個初步的信度數據矩陣中：

單元 u：	1	2	3	4	5	6	7	8	9	10	11	12
Jon:	0	1	0	1	1	0	0	0	1	1	1	1
Han:	0	1	0	1	0	0	0	0	1	1	0	1
Lee:	0	1	1	0	0	1	0	0	1	0	0	0

這個信度數據矩陣告訴我們，Jon和Han十二次中有十次（即83%）選擇相同，Han和Lee十二次中有六次（即50%），而Jon和Lee也有50%，不過是就不同單元，整體的一致性不是那麼明顯。此外，從百分比一致性看不出有沒有信度，即是數值的指派純由或然率決定。其實，純由

或然率決定的話，零度一致性和百分百一致性機會均等，而50%的或然率只出現在0和1都同樣可能的情況，在這個例子中不是。雖然百分比一致性有所不足，但它仍被經常採用，缺點是不能作出信度詮釋，除非一致性是100%。如這個例子偏離100%的話，百分比一致性並不可以信度來作詮釋，所以在這個情況下不宜使用，雖然文獻中不乏相反的意見。

不論是以直接或間接手法求α，都要建立一個數值乘以單元的矩陣：

單元u：	**1**	**2**	**3**	**4**	**5**	**6**	**7**	**8**	**9**	**10**	**11**	**12**	$n_{.c}$
數值： **0**	3	0	2	1	2	2	3	3	0	1	2	1	20
1	0	3	1	2	1	1	0	0	3	2	1	2	16
$n_{u.} =$	3	3	3	3	3	3	3	3	3	3	3	3	$36 = n.. = mN = 3 \cdot 12$

由於沒有數據遺漏，每個單元直行的總和都是一樣：$n_{u.} = 3 = m$位觀察者。總共有$n_{.0} = 20$個0的數值，$n_{.1} = 16$個1的數值，和$n.. = 36$個數值。

那位政治學家可能相信那三位編碼員知道什麼是美國，但卻不會知道她的編碼指示對編碼員來說是否清楚，他們又是否仔細看報，或者他們本身懷有什麼目的。無論如何，所有這些考慮對他們聲稱找出提及美國的地方來說都只是次要的。

12.3.1節中建議以直接方法找α，對所有二分數據來說，在這些極簡單的條件下，所有量法都得出一樣的$_c\alpha$，對這些數據用上公式(5)，我們於是有：

$$_c\alpha_{binary} = 1 - (36-1)\frac{0+0+\frac{2 \cdot 1}{3-1}+\frac{1 \cdot 2}{3-1}+\frac{2 \cdot 1}{3-1}+\frac{2 \cdot 1}{3-1}+0+0+0+\frac{1 \cdot 2}{3-1}+\frac{2 \cdot 1}{3-1}+\frac{1 \cdot 2}{3-1}}{20 \cdot 16} = 0.234$$

另一方面，間接求α的方法要先從上面數值乘以單元的矩陣以公式(7)取得觀察疊合：

$$o_{00} = \frac{3(3-1)}{3-1} + 0 + \frac{2(2-1)}{3-1} + \frac{1(1-1)}{3-1} + \frac{2(2-1)}{3-1} + \cdots + \frac{2(2-1)}{3-1} + \frac{1(1-1)}{3-1} = 13$$

$$o_{01} = o_{10} = 0 + 0 + \frac{2 \cdot 1}{3-1} + \frac{1 \cdot 2}{3-1} + \frac{2 \cdot 1}{3-1} + \frac{2 \cdot 1}{3-1} + 0 + 0 + 0 + \frac{1 \cdot 2}{3-1} + \frac{2 \cdot 1}{3-1} + \frac{1 \cdot 2}{3-1} = 7$$

$$o_{11} = 0 + \frac{3(3-1)}{3-1} + \frac{1(1-1)}{3-1} + \frac{2(2-1)}{3-1} + \frac{1(1-1)}{3-1} + \frac{1(1-1)}{3-1} + \cdots + \frac{2(2-1)}{3-1} = 9$$

也可以公式(10)取得預期疊合：

$$e_{00} = \frac{20(20-1)}{36-1} = 10.857 \quad e_{01} = e_{10} = \frac{20 \cdot 16}{36-1} = 9.143 \quad e_{11} = \frac{16(16-1)}{36-1} = 6.857$$

我們於是有以下兩個疊合矩陣：

觀察疊合

數值：

	0	1	
0	13	7	20
1	7	9	16
	20	16	36

預期疊合

數值：

	0	1	
0	10.86	9.14	20
1	9.14	6.86	16
	20	16	36

最後，就二分信度數據來說，公式(8)被簡約成一條出奇地簡單的公式：

$$_c\alpha_{binary} = 1 - (n_{..} - 1)\frac{o_{01}}{n_{0.} \, n_{.1}} \tag{12}$$

公式(11)則變成更基本的：

$$_c\alpha_{binary} = 1 - \frac{o_{01}}{e_{01}} \tag{13}$$

數量上，這兩條公式得出：

$$_c\alpha_{binary} = 1 - \frac{7}{9.1429} = 1 - (36-1)\frac{7}{20 \cdot 16} = 0.234$$

當比較兩個疊合矩陣的數字時，我們會見到觀察配對的數目只比預期的多少許，即是說這項二分編碼工作的信度很低，以任何標準來說產生數據的過程都不足以依靠。在這個個案中，(7 + 7) / 36或39%數據的不一致性中，政治學家不能知道報章有無提及美國，而(13 + 9) / 36或61%的一致性中，(10.86 + 6.86) /36或49%是出於或然率。更糟的是，政治學家永不會知道哪個配對有價值，哪個出與偶然而應被放棄。雖然數據樣本不大，但我們也不能得出任何結論（必要的樣本大小見12.5.3節），如果樣本夠大的話，以這些數據為研究問題找出的答案不會是合理的。$_c\alpha =$ 0.234代表的也正是這樣。

二分數據可以示範出α的兩個普遍屬性：疊合與偶發之間的關係和α如何把觀察疊合分隔開來。

12.3.4.2　疊合和偶發

在12.3.2節中界定並在圖12.5和圖12.6出現的疊合矩陣，不應和較多人認識的偶發矩陣混淆，後者傳統上多用來計算變數之間的統計學關聯或相關：

- 偶發矩陣以指派的數值來表列分析單元，總和等同觀察單元的數目。疊合矩陣的總和則等同觀察者為處理一組被觀察、閱讀、評價或量度的單元而使用的數值的總數目。
- 在表達信度數據時，偶發矩陣會提到觀察者；疊合矩陣則不會，因為與信度量度無關。
- 在表達信度數據時，偶發矩陣把代表不同觀察者使用數值的兩個變數作出相關；疊合矩陣則不會，只是表示數值如何疊合。
- 偶發矩陣內的數字可能不對稱；疊合矩陣的則是沿絕對配對數值的對角對稱。

・偶發矩陣的橫直軸在邏輯上是獨立的，從而得出它們在統計學上的
相關。疊合矩陣的橫直軸所載的是記錄指引中訂明以及所有觀察者
都使用的相同數值。

用以上討論的二分數據，來比較Han和Lee爲十二個單元編碼的偶發
矩陣（左邊那個）和他們編碼的疊合矩陣（右邊那個）：

Han的數值：		**0**	**1**		數值：		**0**	**1**	
Lee的數值	**0**	5	3	8		**0**	10	5	15
Lee的數值	**1**	2	2	4		**1**	5	4	9
		7	5	12			15	9	24

如果信度數據齊全，偶發矩陣與疊合矩陣的關係便很簡單：疊合是
所有偶發的總和，其反數除以$(m - 1)$，便是m位觀察者指派N個單元的疊
合矩陣中數值的總數目mN。以兩位觀察者來說，如果x_{ck}出現在偶發矩陣
內，即一位觀察者把x個單元訂爲c，而另一位則訂爲k，那麼其偶發矩陣
便有$o_{ck} = o_{kc} = x_{ck} + x_{kc}$。從以上的比較中可以證實這點。

根據由三位觀察者Jon、Han和Lee產生出的二分信度數據，這兩類矩
陣的關係如下：

$$\frac{\overset{Jon}{\underset{Han}{\begin{vmatrix}5 & 2\\0 & 5\end{vmatrix}}} + \overset{Han}{\underset{Jon}{\begin{vmatrix}5 & 0\\2 & 5\end{vmatrix}}} + \overset{Jon}{\underset{Lee}{\begin{vmatrix}3 & 5\\2 & 2\end{vmatrix}}} + \overset{Lee}{\underset{Jon}{\begin{vmatrix}3 & 2\\5 & 2\end{vmatrix}}} + \overset{Han}{\underset{Lee}{\begin{vmatrix}5 & 3\\2 & 2\end{vmatrix}}} + \overset{Lee}{\underset{Han}{\begin{vmatrix}5 & 2\\3 & 2\end{vmatrix}}}}{3-1} = \begin{vmatrix}13 & 7\\7 & 9\end{vmatrix}$$

12.3.4.3　以α分隔觀察疊合

對名類數據來說，$_c\alpha$決定於三個疊合矩陣內的數字：觀察疊合、預期
疊合和所有數值都絕對配對的理想疊合。以圖表示：

$$\begin{bmatrix} o_{00} & o_{01} \\ o_{10} & o_{11} \end{bmatrix} = {}_c\alpha \begin{bmatrix} n_0 & \\ & n_1 \end{bmatrix} + (1 - {}_c\alpha) \begin{bmatrix} e_{00} & e_{01} \\ e_{10} & e_{11} \end{bmatrix} \qquad (14)$$

公式(14)以α貫穿這三個疊合矩陣，帶出α的第三個詮釋：

　　${}_c\alpha$是存在於觀察疊合中絕對信度的體現程度。

這個代數關係可利用我們的二分信度數據來表示：

$$\begin{bmatrix} 13 & 7 \\ 7 & 9 \end{bmatrix} = 0.234 \begin{bmatrix} 20 & \\ & 16 \end{bmatrix} + (1 - 0.234) \begin{bmatrix} 10.86 & 9.14 \\ 9.14 & 6.86 \end{bmatrix}$$

$$\begin{bmatrix} 13 & 7 \\ 7 & 9 \end{bmatrix} = \begin{bmatrix} 4.68 & \\ & 3.74 \end{bmatrix} + \begin{bmatrix} 8.32 & 7.00 \\ 7.00 & 5.26 \end{bmatrix}$$

　　按這個對α的詮釋，數據顯示在三十六個可能達到一致的數值中，只有0.234.36或4.68 + 3.74 = 8.42而非13 + 9 = 22個觀察一致性值得信賴，但它們是哪些則不得而知。這個代數關係對所有名類數據都用得上，但當數值超過兩個時，（1 − α）只能預測非對角單格內疊合的總和而非個別的疊合，對角單格的預測則只限於受或然率主宰的部分。

　　12.3.4.4　兩位觀察者，數個名類數值，沒有數據遺漏

讓我們以下面的信度數據來看看一個普遍的情況：

單元u：	1	2	3	4	5	6	7	8	9	10	11	12
觀察者Mary：	a	a	c	c	c	c	c	b	b	b	b	d
觀察者Dave：	a	c	c	c	c	c	b	b	b	b	b	d

在每一條通往α的途徑上，數值c出現在單元u的頻度n_{uc}都被列舉出來，並放入如圖12.4的一個數據乘單元的矩陣中：

單元u：		1	2	3	4	5	6	7	8	9	10	11	12	$n_{\cdot c}$
數值：	a	2	1	0	0	0	0	0	0	0	0	0	0	3
	b	0	0	0	0	0	0	1	2	2	2	2	0	9
	c	0	1	2	2	2	2	1	0	0	0	0	0	10
	d	0	0	0	0	0	0	0	0	0	0	0	2	2
$n_{u\cdot}$：		2	2	2	2	2	2	2	2	2	2	2	2	$24 = n_{\cdot\cdot}$

由於有$m = 2$位觀察者，而每位都指派一個數值給$N = 12$ 個單元的每一個，所以沒有數據遺漏，數值的總數目是$n.. = 2N$，在這裡，$n.. = 24$個數值。以公式(5)計算，$_c\alpha_{nominal}$可以直接從這個數據乘單元的矩陣取得：

$$_c\alpha_{nominal} = 1 - (24 - 1)\frac{0 + \frac{1 \cdot 1}{2-1} + 0 + 0 + 0 + 0 + \frac{1 \cdot 1}{2-1} + 0 + 0 + 0 + 0 + 0}{3(9 + 10 + 2) + 9(10 + 2) + 10 \cdot 2} = 0.760$$

分子中的數量只有兩個是正數，分母則有六個，這可更清楚地從下面以α間接途徑得來的觀察疊合矩陣中，隨便一個非對角三角內的單格看到：

觀察疊合

數值：	a	b	c	d	
a	2	0	1	0	3
b	0	8	1	0	9
c	1	1	8	0	10
d	0	0	0	2	2
	3	9	10	2	24

預期疊合

數值：	a	b	c	d	
a	0.26	1.17	1.30	0.26	3
b	1.17	3.13	3.91	0.78	9
c	1.30	3.91	3.91	0.87	10
d	0.26	0.78	0.87	0.09	2
	3	9	10	2	24

　　明顯地，預期的錯配多於觀察到的錯配，比例是四比一，這也是觀察和預期配對之比，一致性隱隱然高於或然率。以公式(11)量化：

$$_c\alpha_{\text{nominal}} = 1 - \frac{1+1}{1.174 + 1.304 + 0.261 + 3.913 + 0.783 + 0.870} = 0.760$$

　　就兩位觀察者和名類數據來說，有一條演算上很容易的公式，方便用手計算：

$$_c\alpha_{\text{nominal}} = 1 - \frac{D_o}{D_e} = \frac{A_o - A_e}{1 - A_e} \tag{15}$$

當中，$A_o = 1 - D_o = 1/n.. \sum {_c}o_{cc}$ 是百分比觀察一致性

$\quad\quad A_e = 1 - D_e = 1/n.. \sum {_c}e_{cc}$ 是百分比預期一致性

A_o 和 A_e 分別是觀察和預期疊合矩陣內對角線內容的總和。

公式(15)提出了 α 的第四個詮釋：

　　$_c\alpha$ 是高於或然率的觀察一致性與高於或然率的最大一致性之比。

　　數字上，

$$_c\alpha_{\text{nominal}} = \frac{A_o - A_e}{1 - A_e} = \frac{\sum_c o_{cc} - \sum_c e_{cc}}{n.. - \sum_c e_{cc}}$$

$$= \frac{(2+8+8+2) - (0.261+3.130+3.913+0.087)}{24 - (0.261+3.130+3.913+0.087)} = 0.760$$

由於疊合中對角線的單格必比非對角線的少，公式(15)不用太多加和乘，所以以手計算和檢測最為方便。

公式(15)與Scott（1955）的 $\pi = P_o - P_e / 1 - P_e$(pi)以及Cohen（1960）的 κ（kappa）相似，但由於它依靠的是疊合，即信度數據中個別單元和可配對數值中可以組成一對一對的有限數目，而不是以 π 和 κ 界定個別數值的機會率，所以 $_c\alpha$ 處理的多是真實而小於無限的信度樣本大小。

補充一句，受百分比一致性影響的一致性係數之所以受歡迎，主要因為任誰都懂什麼是百分比一致性，要隨機修訂也容易。但百分比一致性通常都只限於兩位觀察者，不能處理兩位以上的一致性模式，更遑論處理名類量法以外的一致性程度。把公式(15)應用到其他情況的機會不大，這是為什麼 α 多依靠簡潔而不受這種種限制的公式(1)。

12.3.4.5 序列變數中沒有資訊的數值

要徹底描述一個變數——即是說所有分析單元都可被編碼，沒有一個會因編碼工具做不來而不被編碼——通常都會加進一個用來裝載所有預計不到、不合適或不肯定的特質的類別，一般稱作「NA」或「不適用」、「沒有答案」、「其他」、「以上皆不是」、「模稜兩可」或「決定不來」。這個類別不能提供內容分析者想知道的資訊，看不出量法特質，不可與主導的研究問題任何一方面相關起來，尤有甚者，要量度這類數據的信度只限於用名類量法。舉例來說，以由 -3 至 $+3$ 的語意分析標尺來評價物件，若加進「NA」的話，便算不出 $_c\alpha_{\text{interval}}$，也看不到因序列這些標尺數值而來的一致性。如果以一個誇大數值（如「999」）來代替「NA」（一個很普遍的做法），那麼雖然可以算出 $_c\alpha_{\text{interval}}$，但得出來的信度量數便不可詮釋，這個處理方法反映了一位觀察者的合理數值與另一位超出標

尺的判斷之間的巨大差異。

　　當資訊零的數值出現在次序、間隔或等比量法特質的數據中的序列變數，便要取得兩個分開的一致性係數，一個用來評價分清有關和無關特質的信度$_c\alpha_{binary}$，一個用來評價分清序列變數之間的信度（對後續的分析很重要）$_c\alpha_{metric}$。

　　做法是把原本的信度數據記錄在圖12.3：(a)為了分清有關與無關特質的信度，可以把所有富資訊的數值放在一個類別，然後照常進行；和(b)為了富資訊數值的信度，可以把資訊零的數值視作遺失數值。也有兩個做法可以轉化原本的觀察疊合矩陣，分別是(a)把富資訊數值的橫直行加出總和；和(b)剔除資訊零的數值。下面是一個數字例子：

原本的觀察疊合

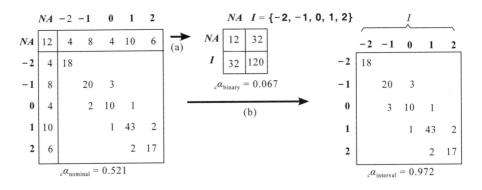

　　可清楚看到，把不含資訊因而不能解答研究問題的數值跟那些帶資訊的分開，能夠得出關鍵數據的信度量數。如這個例子顯示的一樣，應用一個適合帶資訊數值量法的一致性係數，可以拯救到一個被認為不可信的變數。

　　以上程序並不只限於用來清除概念上的設定類別，我稱後者為不含資訊的數值，以指出它們在最後研究結果的角色。以在最後分析中被棄用的數值來加強一致性量數是可行的，研究者也有可能一路相信他們的數據是一貫地可信而不自覺地用上那些並不可信的。每當研究者選擇性地利用一

個變數的數值時，應該分別檢查重要東西的信度和不重要東西的信度。

12.3.4.6　以資訊換取信度

到α的間接途徑，以及它所提供的疊合矩陣如何有用，相信至此可見一斑。我再說多一點，就是它可以辨識及消除因定義模糊而引起個別類別或數值的系統性混亂。一般來說，內容分析者對其需要用來解答研究問題的資訊都很清楚，但卻不容易為所需的詞彙下定義或以可重複的編碼指示把概念傳給編碼者。假設下面左邊的觀察疊合矩陣代表了原本的信度數據：

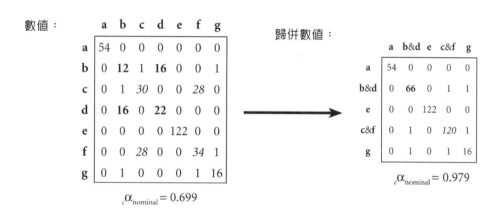

數值：

	a	b	c	d	e	f	g
a	54	0	0	0	0	0	0
b	0	12	1	16	0	0	1
c	0	1	*30*	0	0	*28*	0
d	0	16	0	22	0	0	0
e	0	0	0	0	122	0	0
f	0	0	*28*	0	0	*34*	1
g	0	1	0	0	0	1	16

$_c\alpha_{nominal} = 0.699$

歸併數值：

	a	b&d	e	c&f	g
a	54	0	0	0	0
b&d	0	66	0	1	1
e	0	0	122	0	0
c&f	0	1	0	*120*	1
g	0	1	0	1	16

$_c\alpha_{nominal} = 0.979$

原本數據的一致性量數$_c\alpha_{nominal} = 0.699$，一般來說是不能接受的。如果探研導致這個量數的不一致性，我們會留意到不一致性主要出現在四個類別中——**b**、**c**、**d**和**f**，**g**則很少，**a**和**e**完全沒有。再者，**b**與**d**好像有系統性的混亂，它們的疊合以「粗體」顯示，**c**和**f**的則以「斜體」顯示。明顯地，觀察者沒有分清這兩對數據而把它們作為相同般看待。但除了把不可信的變數整個置之不理外，我們還可以考慮把它們歸併。把**b**和**d**以及**c**和**f**歸併一起，會把系統性混亂消除，得出右邊的矩陣，$_c\alpha_{nominal} = 0.979$的量數可以接受。

不過提升信度也有代價，就是犧牲了**b**和**d**以及**c**和**f**之間的區別。在任何研究計畫中，只要失去的資訊不會影響計畫的成功，不可信的類別便可

以歸併。

這個例子用的是名類數據，所以類別可以任意互換和歸併。其他量法則只可歸併相鄰的數值，但這可能會改變了得出來變數的量法。舉例來說，把兩個等隔標尺的數值歸併一起，會改變了餘下數據的等距，令其從等隔變成次序。此外，尚有其他方法可以拯救系統不一致性相當明顯的數據（Krippendorff, 1970b, 2008），不過這已超出了α的討論範圍。

12.3.5　一些具爭議性的係數及對應

Riffe & Freitag（1996；引自Riffe, Lacy, & Fico, 1998）檢視了1971年至1995年間發表在《新聞學及大眾傳播研究》（*Journalism & Mass Communication Research*）的內容分析研究，發現其中只有56%對信度作出評估。Kolbe & Burnett（1991）在回顧1981年至1990年間的消費者研究文獻中，也留意到同樣現象：發表的內容分析研究有31%顯示對信度不關心；19%有提及信度，但沒有披露計算的方法；35%有報導百分比一致性，包括Holsti的；8%使用少為人知的測量方法（只在樣本中提到一兩次）；還有7%使用Krippendorff的α。（α的使用率自上文提及的軟體面世以來大幅增加；Hayes & Krippendorff, 2007。）Lombard, Snyder-Duch, & Bracken（2002）發現在1994年至1998年間《傳播摘要》（*Communication Abstracts*）內的兩百個內容分析研究中，有69%討論過信度。這些發現都令人失望。在這一節中，我將回顧一下文獻中最常見的一致性指標，以及討論它們的短處和跟$_c\alpha$係數的關係。

有些內容分析者犯了一個普遍但嚴重的錯誤：把個別觀察者的表現當作變數；在代表他們的偶發矩陣上施用既有的聯繫、相關或連貫性測量方法；以及把這些當為信度的量數來詮釋。相關係數──例如Pearson的積差r_{ij}──測量的是兩個邏輯上分開的等距變數，X和Y，以一個直線關係$Y = a + bX$的形式一同變異的程度，顯示出一個變數的數值預測另一個變數數值的程度。相比起來，一致性係數必須測量出$Y = X$的程度。高相關度表示數據接近「任何」迴歸線，而高一致性則表示它們接近四十五度線。如果某位觀察者經常地比另一位少兩點，或他們依從一條下面右邊的一個

偶發矩陣中灰點顯示的迴歸線，那麼相關度便是絕對，但一致性則不是，名類數據的交叉表列也是一樣。左邊的偶發矩陣中，●表示共同出現類別的非零頻度，兩組類別之間有著一對一的關係，關聯是絕對的，一位觀察者使用的類別絕對可以從另一位預測到，但由於類別並不相配，一致性完全說不上。

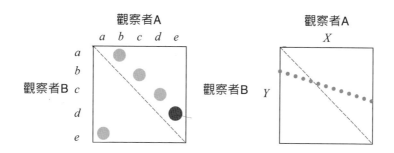

雖然相關係數被用作甚至被推薦爲信度的量數（Potter & Levine-Don-nerstein, 1999, p.277），特別是心理測驗的文獻（見Carmines & Zeller, 1979對信度及效度問題的豐富陳述；以及Salgado & Moscoso, 1996的回顧），從上面可見，在內容分析及其他產生數據的工作中使用相關係數，具有相當誤導成分。

　　我已在12.3.1節批評過百分比一致性（有時被稱爲「粗糙」一致性），但其變種以不同形式出現在文獻中，例如：Holsti（1969, p.140）形容Osgood（1959, p.44）的信度指標爲$2M / (N_1 + N_2)$，M是兩位讀者同意作出分類的單元數目，N_1是一位讀者辨認出的單元數目，而N_2是另一位辨認出的數目。雖然Holsti引述Bennett, Alpert, & Goldstein（1954）的論據和推介Scott（1955）的π（pi），提出對類似百分比一致性指標的適切批評，但很奇怪，很多內容分析者現仍無視經過多番發表反對這個無法詮釋的一致性量數的理由。舉例來說，Neuendorf（2002）和Lombard et al.（2002）非但不抗拒百分比一致性及其變種，反而視之爲一個（或許過於）「大膽」的選擇來討論。

　　Bennett et al.（1954）可能是第一批研究者，發覺隨可供編碼的類別增多，百分比一致性A_0便愈難取得，他們提出一個係數$S = (A_0 - 1 /$　335

K)/$(1 - 1 / K)$作補救，K是可供編碼的類別數目。值得注意的是，自初次提出以來，這個係數至少被重新發現了五次：Guilford的G（Holley & Guilford, 1964）、RE（隨機誤差）係數（Maxwell, 1970）、Janson & Vegelius（1979）的C、K_n（Brennan & Prediger, 1981）和最近的編碼者之間的信度係數I_r（Perreault & Leigh, 1989）。Perreault和Leigh起碼知道有S這回事，倡議這個係數的人所舉的理由，由對每一個類別公平和與他們的學科研究傳統吻合，到信度數據總體中的類別分布知識缺乏都有。S把所有類別看成有同等機會，如果運用得不平均，便會把一致性膨脹，特別是當某些類別完全沒有用上的情況，研究者於是可以藉加入未被或少為使用的類別，來操控信度以達自身目的。Perreault & Leigh（1989）認為經或然率修正的一致性係數如Cohen的κ都過於保守，但S（或I_r）則不然。相反的意見，見Krippendorff（2004b）。

針對S的短處，Scott（1955，也見Krippendorff & Bock, 2009, pp.347-349）提出他的信度指標π（pi），其形式如前所述為$_c\alpha_{\text{nominal}} = (A_o - A_e) / (1 - A_e)$：

$$\pi = \frac{P_o - P_e}{1 - P_e}$$

$P_o = A_0$是有配對類別的單元比例（百分比一致性）、$P_e = \sum_k \overline{p_k}^2$是一對對預期按或然率配對的數值的比例，由兩位觀察者聯合辨認出的信度數據中數值k的比例 $\overline{p_k}$ 計算出來。

事實上，$\overline{p_k}$ 是兩位觀察者在「單元總體」中賦予k數值的單元比例，P_e視觀察者為可以互換（這對測量信度來說是必須的），並把他們整體的判斷視作總體比例的最佳估計，其間假設他們之間的差別最終會互相抵銷。P_e因此成為在或然率占優勢的情況下，可以預期在總體出現的一致性。

其後，Cohen（1960）對Scott的π作出了一個不當的修訂，聲稱可以令一致性的測量更接近傳統的偶發方法，並稱之為κ（kappa）。這個係數在生物醫學及教育研究中甚為流行，但它不太適用來評估內容分析研究的信度。Cohen只不過以一個符合聯繫統計傳統的比例（我稱之為P_c），

取代了Scott的預期一致性P_e。κ被界定為：

$$\kappa = \frac{P_o - P_c}{1 - P_c}$$

其中，$P_o = A_o$是同一個配對類別的單元比例（跟Scott的π一樣的百分比一致性），但跟Scott的π中的P_e不同，Cohen的$P_o = \sum_k P_{AK} \cdot P_{BK}$，是$P_{AK}$與$P_{BK}$的積，$P_{AK}$是觀察者A使用數值k的比例，$P_{BK}$是另一觀察者B使用同一數值K的比例。其中，$P_C$是就算兩位觀察者以不同方式使用他們的類別也可接受（不作不一致性看待）而預計到的一致性，P_C是兩位編碼者在統計學上獨立的條件，與信度無多大關係。

　　Fleiss（1971）嘗試把Cohen的κ普遍化至一定數目的評分者，但可能出於無意地卻用了Scott的π，並稱之為*kappa*，以K表示。在只有兩位觀察者的情況下，K等同π，所以K不須理會。

　　一個例子會點出A_o、π、κ與α之間的不同，看看以下載著兩位觀察者記錄單元頻度的兩個偶發表：

	類別：	觀察者A			
		a	b	c	
	a	12	9	9	30
觀察者B	b	9	14	9	32
	c	9	9	20	38
		30	32	38	100

	類別：	觀察者A			
		a	b	c	
	a	12	18	18	48
觀察者B	b	0	14	18	32
	c	0	0	20	20
		12	32	56	100

	$A_o = 0.460$		$A_o = 0.460$
N 假設 ∞	$\kappa = 0.186$		$\kappa = 0.258$
N 假設 ∞	$\pi = 0.186$		$\pi = 0.186$
$N \geq 600$:	$_c\alpha = 0.186$		$_c\alpha = 0.186$
$N = 100$:	$_c\alpha = 0.190$		$_c\alpha = 0.190$

　　兩個表顯示的信度數據都有相同的百分比一致性A_O（對角線中的 46%），但它們不一致性的分布方式卻不同，而兩位觀察者的邊線頻度和也不一樣。在左方的表中，觀察者的邊線頻度一致，Scott的π和Cohen的κ都一樣，事實上它們也應如此。但當兩位編碼者的邊線頻度不一樣時，如右方的表所顯示一樣，κ比π大，表示一致性也大。明顯地這並非事實，對角線中只有46個單元，爲什麼κ會錯到如此？留意左表的54個錯配出現在兩個對角線以外的三角區域，而右表則只有一個。增加的不是百分比一致性，而是觀察者之間的系統性差異，或是從一位編碼者使用的類別到另一位使用的類別的預測能力。與κ不同，π與α並不受錯配數值出現的位置所影響。在產生內容分析數據的時候，誰造成不一致，以及當數據是名類數據時，哪些類別被混淆，其實並不重要。再者，預測能力與信度無關。因此，當偶發表中兩個邊線的和的分布不均時，κ爲其應該量度的一致性加上一個不一致性的量數！當不同編碼者對類別編碼的傾向有異時，κ會過度估計信度。

　　應指出Cohen（1960）在對κ的原先構想中，錯誤地批評Scott忽略了「因兩位裁判對類別的判定有不同傾向而引致的不一致性」（p.41），但他修訂的π恰恰有相反效果。κ把觀察者對現有類別偏好的不一致點算爲一致性，而非Cohen說的不一致性，這在概念上是一個重大的錯誤。Brennan & Prediger（1981）說「兩位獨立和事先不知情地產生相似邊線分布的裁判，必須比兩位產生出完全不同邊線的裁判，取得更高的一致性以得出一個kappa的數值」，點出了κ的特性。最先的兩位裁判因爲對邊線頻度達到一致而「在某一意義上受到懲罰」（p.692）。很多支持κ的人未經核證便重複了Cohen的錯誤。Zwick（1988）引述其他人時也提及這個錯誤，並建議在計算κ前測試邊線的同質性，但這做法只不過掩飾了κ的明顯不足。

　　上述的信度數據也顯示出樣本小有什麼影響，κ與π都假設樣本大小是明確及無限的，但α卻對樣本的大小敏感。假如編碼者使用n個數值，Scott和Fleiss的預期百分比一致性，$P_e = \sum_k \overline{p_k^2}$，會包括自我配對的數值比例$1／n$，這個比例並非或然率造成，而是$P_e$定義下的副產物，因此，$P_e$

會高估了預期一致性和人爲地把π（K也是）降低至觀察者實際所做出來的。相比起來，$_c\alpha$從其預期不一致性D_e（見12.3.1節的公式 (4)、12.3.2節的公式 (10)和12.3.4節的公式(15)）中把自我配對數值的比例1 / n剔出，因而不受其影響。$_c\alpha$把數值配對但不在D_o和D_e補替，π與K爲P_o配對數值但不補替，但爲P_e配對則補替。在這個α以小數點後三位數字表達的例子中，隨樣本大小增加至$N \geq 600$，$_c\alpha$與π在漸近線上變得不可區分。

最常見的一致性係數（Kolbe & Burnett, 1991; Lombard et al., 2002; Neuendorf, 2002）之間的結構性差異，加上Gwet（2002）的新近建議，可在還原爲最簡單的二元或二極形式中清楚看到。我們會以一個二乘二偶發矩陣來表示（並非12.3.2節討論的疊合矩陣），這個矩陣載有兩位觀察者以0或1爲N個單元編碼的比例a、b、c和d。

觀察者A的數值：　　　　0　　1

觀察者B的數值：　　0　| a　　b |　p_B

　　　　　　　　　1　| c　　d |　q_B

　　　　　　　　　　　p_A　q_A　　1

當：$a, b, c, d, a + c = p_A = (1 - q_A)$，以及 $a + b = p_B = (1 - q_B)$ 均爲被編碼單元的數目N的比例時

　　$\bar{p} = (p_A + p_B)/2 = (1 - \bar{q})$ 是總體的估算

　　1/2 是 0 和 1的邏輯機率

　　一致性 ＝ 1 － 觀察 / 預期不一致性

百分比一致性　　　　　　　　　$A_o = 1 - (b + c)$

Bennett et al. (1954)　　　　　$S = 1 - (b + c) / 2 \cdot 1/2 \cdot 1/2,$

Scott (1955)　　　　　　　　$= 1 - (b + c) / 2\overline{pq},$

Krippendorff (1970a)　$_c a = 1 - \dfrac{n - 1}{n}(b + c) / 2\overline{pq}$，這裡的$n = 2N$數值

Cohen (1960)　　　　　　　$= 1 - (b + c) / p_A q_B + p_B q_A.$

Gwet (2002)　　　　　　$AC_1 = 1 - (b + c) / \bar{p}^2 + \bar{q}^2$

明顯地，所有這些量數都含有錯配的比例（$b + c$），百分比一致性

的量數A_O到此止步,完全不涉預期不一致性,也對可供編碼的類別(只有兩個)和關於被歸類數據的總體完全沒有交待。

S有預期的成分,但以編碼工具中的類別數目來陳述之。在其二元形式中,兩個類別機會均等,預期不一致性是$2 \cdot 1 / 2 \cdot 1 / 2 = 1 / 2$或50%。除此之外,預期不一致性$S$對現有的類別數目敏感,但卻完全不涉觀察者使用數值的分布,也不理信度受關注的數據的總體。

在$_c\alpha$和π中,b與c兩個單格內的預期不一致性是$2\overline{p}\overline{q}$,由0的總體估計$\overline{p}$和1的總體估計$\overline{q}$而來。$\pi$與$_c\alpha$除了因素$(n-1)/n$外一模一樣,$_c\alpha$藉這個因素承認小樣本的存在,但$\pi$則不會。隨著樣本大小的增加,$_c\alpha$與$\pi$在漸近線上會變得不可區分。

相比起來,Cohen的κ以混合係數姿態出現(Krippendorff, 1978),其觀察不一致性$(b+c)$符合其他所有一致性係數,但其預期不一致性$p_Aq_B + p_Bq_A$跟關聯和聯繫量數相似。其實,它就如為人熟悉的X^2計算預期不一致性一樣,計算的是兩位觀察者對這些類別的選擇──一位是p_A和q_A,另一位是p_B和q_B──在統計學上的獨立性。然則,在評估信度的一致性係數中,觀察者必須是可以互換而非不相關的。個別觀察者選擇什麼類別,之間的聯繫和預測性都不是問題。明顯地,κ的預期一致性與兩位觀察者的關係有關,而非與被抽取作樣本的單元所指派的數值總體有關,信度主要關心的是這件工作做得有多好。

至於編碼者做些什麼以及信度數據要表現出什麼才可信,Gwet的AC_1就更難解釋,它跟其他係數不同,不是把觀察得來的「不一致性」$(b+c)$的比例除以預期不一致性,而是除以a及d單格內的預期「一致性」$(\overline{p}^2 + \overline{q}^2)$,接著從絕對信度$AC_1 = 1$減去這個比例。AC的標尺主要是發展出來在低變異(見第12.5.1節)的時候為百分比一致性A_0加權的,但AC的標尺並不容易理解。其實,只有在$a = b = c = d = 1/4$時,$AC_1 = 0$才會出現,但這個參考點對信度量度來說充滿疑問。

為了把這些一致性係數的結構跟我們對信度的構思扯上關係,我想說明一點:當數據的可信性成疑,和需要弄清楚被研究現象是否可靠地區分出來時,便出現對信度的關注。重要的是從現象總體抽取出來單元的編

碼，而非觀察者之間對類別的選擇如何相關。由於研究者不可直接接觸到抽取信度數據樣本的現象整體，所以，他們必須從他們可以合理地信任的地方估計其組成。信度的一個基本假設，是多數人的感覺比任何一人的更可信，因此，α估測的是從儘量多（起碼兩位）的觀察者的判斷而來現象整體的類別分布，並假設觀察者之間的差異會互相抵銷。明顯地，π、K和$_c\alpha$以總體中數值的估計分布來表達其預期不一致性，Ao、S和κ指的並不是這個總體，而AC_1則造出一個與之矛盾的類別。

我們來到對α的「第五種詮釋」。根據以上，$_c\alpha$的信度標尺是立足於兩個假設點上：一是所有觀察者把同一概念應用在同一組現象上，可以——暫且不理抽樣——對蕪雜現象給予絕對可信的類別；二是個別觀察者對編碼工作並無相同概念，也對同一現象反應不一。在對現象整體缺乏認識的情況下，自這個總體中抽樣的單元的類別分布，可視作現象整體中的類別的最佳估計。在這個標尺上，

> $_c\alpha$是獨立及可互換的觀察者對未知特定現象有著相同而非隨機反應的程度。

因此，$_c\alpha$代表的總體估算，是以其類別可以可靠地指派給一組特定的單元，或是隨機分布於這些單元的程度來表達。κ與現象總體的估算無關，因此不能用來推算有關現象數據的機率。

大概因為前述Cronbach（1951）的alpha也被稱為一種信度的量數，它在內容分析的文獻中占一席位。但這個係數並非用來衡量編碼，而事實上亦不能。在其二元形式中，它是Kuder & Richardson（1937, p.158）的KR-20，它測量的是個別編碼者判斷的連貫性，它把個別觀察者的變異（$\Sigma_i p_i q_i$）作為「真實」得分的變異，並以變異總和（σ_T^2）的一個比例來表達，是真實得分和測量誤差（Carmines & Zeller, 1979）的總和。它為人熟悉的定義是：

$$\text{Cronbach 的 } \alpha = \frac{m}{m-1}\left(1 - \frac{\Sigma_i p_i q_i}{\sigma_T^2}\right) = 2\left(1 - \frac{p_A q_A + p_B q_B}{a(p_A + p_B)^2 + (b+c)(p_A - p_B)^2 + d(q_A + q_B)^2}\right)$$

它屬於相關係數的家族，不可看作成一個一致性量數。不論它們在其他實證範疇的受歡迎和使用程度，百分比一致性A_0、Bennett et al.的S、Colen的κ、Cronback的alpha，以及所有的相關係數都不適合用來衡量編碼數據的信度。

除了Krippendorff的α外，上面的係數全部都是為只有兩位觀察者產生出來的名類數據而設，這是由於它們修訂的百分比一致性，是一個針對類別是配對還是不配對的量數，如前所示，$_c\alpha$適合所有常見的量法，名類量法只是其中最簡單的例子，$_c\alpha$也適用於任何數目的觀察者，並不僅限兩位。再者，$_c\alpha$可以處理遺失的數據，並隨小樣本而調整。樣本大小增加，兩位編碼者的$_c\alpha_{nominal}$接近Scott的π，如果編碼者數目不變，它會等同Fleiss的K。就兩位編碼者來說，$_c\alpha_{ordinal}$中的D_0跟Spearman的等級相關係數p（rho）中的D^2 / N一樣；而$_c\alpha_{interval}$則等同Pearson et al.（1901）的階級內相關係數R_p，後者是把相關係數r_{ij}應用於疊合矩陣而非偶發矩陣（Krippendorff, 1970a）。這些對應令α與傳統統計關係密切，其普遍性可見一斑，究其實，π、K與R_i都是α的特殊個案。α令研究者可以把統一的信度標準應用到很多不同的數據上。

S、κ、AC_1，以及其他這裡沒有討論過的係數，只適用於兩位觀察者的情況，這是因為它們以不同形式修訂的百分比一致性均是適用於兩位觀察者身上。很不幸地，這個純概念上的限制令主流的編碼信度測試均以兩位編碼者進行，這其實是不足夠的，但α卻可以超越這個限制。有人建議過把一致性係數用於多位觀察者，筆者也曾走進死胡同裡（Krippendorff, 1971）。剛才提過，Fleiss（1971）就名類數據把π普遍化至一個特定數目的觀察者，他誤稱之為$Kappa$，引起過一些混淆（Siegel & Castellan, 1988, p.286）。π是K的一個特殊個案，而K只是α的一個特殊個案。

由於這些係數的數學結構並不明顯，大部分研究者對不同種類的信度數據用上不同的係數。其他的如Landis & Koch（1977）以主流意見來考慮類似κ的一致性。Hubert（1977）則只接受完全共識。Craig（1981）提出改良Scott的π以解釋觀察者中的主流判斷。筆者就多位觀察者發展出的α，靈感來自Spiegelman, Terwilliger, & Fearing（1953b）以主觀判斷

排列名類數據多觀察者的不一致性的不同模式。α的D_o和D_e中每一對的差別總和$\Sigma\Sigma\delta^2$，非常接近它們的主觀等級，而且也符合變異之道，令我有信心把這函數應用在任何數目的觀察者上。其實，就多位觀察者而言，$_c\alpha_{interval}$可以變異分析來表達（Krippendorff, 1970b）。

有些學者以一致性係數是較靈活還是較保守來作排列（如Lombard et al., 2002），認為選擇哪些係數只是態度問題，視乎研究者有信心處理多少位編碼者。這個看法忽略了係數之間數值差異的原因。舉個例看，如上所示，κ一般比π大，遇上較大的樣本時也比α大，但這並非是因為κ比π更靈活，而是把觀察者的邊際數值分布的不一致性加進其一致性內。從文獻所得，κ令對邊際分布一致的編碼者束手無策，π與α則不。把未用過的類別加進一個變數內，可以把S改良。百分比一致性不能用來點出信度的欠缺，換句話說，當應用到同一數據上，有些係數會比其他的高。其實，係數的絕對數值關係不大（見12.5.4節有關標準的討論），它們是否可以作出比較更為重要，還有重要的是不可信性對研究結果的效度的影響。因為它把一個普遍的數學形式加諸於多種信度數據上，α能夠以一套連貫的信度標準來衡量不同數據，和產生它們的測量工具。

α的多樣用途仍在發展中。在本書的第一版中，我開始勾畫出幾個診斷性方法——用來計算個別單元的信度、在一組觀察者中辨識不可靠的觀察者、決定觀察者所用的量法、追尋編碼決定等級之間不一致性的流程（Krippendorff, 1980b, pp.148-154）。近年的發展包括分開隨機和系統性的不一致性（Krippendorff, 2008），以及評價單元的多重描述信度的算法（Krippendorff, 1992），這裡描述的$_c\alpha$，每個分析單元只可指派最多一個數值。12.4節中討論單元化信度的計算，包括電腦輔助質化數據分析（QDA；見第十一章11.5節），是新鮮的事物。要討論α的多種分析可能性並非本書範圍之內，相信要留待其他的著作。

12.4 把有限連續體單元化的一致性

大部分的內容分析抽取的樣本都是龐大而完整的文本：書籍、演說、敘事、電視節目、錄像、訪問謄本、電郵訊息或網站，它們基本上都是或

可以看成是有連序的文本即有限的連續體。我們不會有太大困難閱讀這些連續體，並從中得出有意義的資訊，但要有系統地分析它們則不容易，除非我們可以在其中辨識出與研究問題相關的部分，並以適當的分析字眼來分類或量度它們。這一節我們將談談把特定連續體單元化的信度。

把自然的單元表列、比較或點算，問題好像不大。第八章討論不同的較易辨識的單元，只要這些單元存在，我們的注意力便可移向編碼的信度，但可以持續地應用上的單元並不是經常出現的。在這些情形下，內容分析者傾向為遷就他們的分析目的而界定標準單元。書頁、電視新聞的三十秒時段、電影鏡頭，或文章的頭一百個字，都是很容易辨識及點算的，而且令研究員覺得很客觀，不過同時也會製造出沒有意義的數據。舉例來說，題材並不可以從書頁中看出來，把訪問編碼成一個個三十秒的時段，也可能會把一問一答的流序切割成不相關的部分，一個個電影鏡頭對剪接師來說可能很重要，但與觀眾認為他們看到的東西可能風馬牛不相及。單元若與被研究的現象扯不上關係，數據便可能出現連分析者都不知道的不肯定性。

另一頭，質化學者提倡使用閱讀文本過程中出現的單元。其實，用質化數據分析軟體來引述演說、擷取報章資訊、劃分話題的轉變，或突出和編碼文本段落都更有效，但若沒有方法測試這些單元化工夫的信度，則任何據此得出的推論在知識學上都是站不住腳的。

我認為單元化的信度少被關注，主要原因是沒有適合的一致性量數。Guetzkow（1956）是第一個討論單元化信度的人，但不幸地，他的係數衡量的是兩位觀察者就辨識的單元數目達至一致的程度，而不是背後的連續體，對觀察者是否就同一現象作出報告完全沒有觸及。Osgood（1959, p.44）及Holsti（1969, p.140）的相似百分比指標（測量兩位編碼者是否挑選相同或是不同種類的預設單元）處理的不是不平等的種類，而且更重要的是，沒有把或然率也考慮在內。我提出克服這些問題的一種方法（Krippendorff, 1995a, 2004），就是與α家族的係數有著相同特性的一個單元化的係數，但因為它相當複雜，令不少用家卻步。本書第三版的一

印中，我將之簡化，但一個法國研究團隊[1]，以人工信度數據不斷重複測試，發現了一個盲點，令我不得不收回這個簡化版本。

以下我將會介紹兩個經過測試證明有用的單元化係數。12.4.2節以一個新的一致性係數$_u\alpha$來取代有問題的一致性量數，新的係數保存了單元的相鄰性（完整及連貫）的同時，測量辨識單元一對對的重疊以及對類別或評價達到一致的程度。12.4.3節討論一致性係數$_u\alpha$，這個係數把$_c\alpha$引申至可以為不同長度的連續體段落編碼，大大提高$_c\alpha$的分析能力，但卻犧牲了單元內的相鄰性。對於要把大量文本材料量化的研究者來說，這個信度量數可能幫得上忙。

12.4.1　從單元化而來的信度數據

單元化包括兩個分析步驟。首先，在一個特定連續體內辨識彼此互斥及相鄰，可用來解答研究問題的段落為分析單元，然後對之進行分類及評價工作。如所有信度測試所要求的一樣，衡量單元化信度的數據必須由兩位或以上獨立工作的觀察者、評判、注釋者、編碼者或分析者產生，圖12.7展示這些數據。辨識單元可以相鄰，也可以由不相干的事物分隔。對任何一位觀察者來說，單元可以不重疊，或可以屬於多過一個類別。

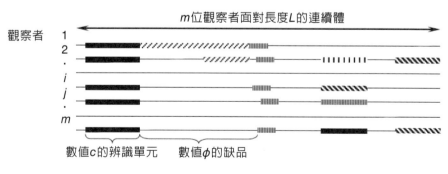

圖 12.7　從單元化而來的信度數據

---

[1]　2012年12月6日 與法國 Université de Caen Basse-Normandie 的 Stéphane Bouvry, 、Yann Mathet 和 Antoine Widlöcher 的通信。

下面使用的術語包括：

- S段落 ── 辨識單元或它們之間的間隔 ── 逐一就每一位觀察者以數字連續標示：

  觀察者i：1, 2, 3, . . . , g, . . .

  觀察者j：1, 2, 3, . . . , h, . . .

- 對所有觀察者都一樣的連續體，開首是B，長度為L，上面每一段落S_{ig}以其結尾定位：End_{ig}（圖12.8）。

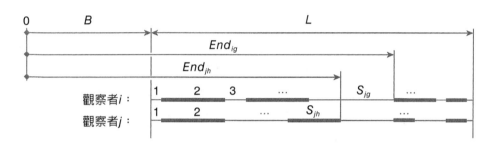

🖋 圖 12.8　在連續體上為段落─單元及其間隔─定位

- 長度 ── 以整數計

  段落 S_{ig}：$L(S_{ig}) = End_{ig} - End_{ig-1}$

  交接 $S_{ig} \cap S_{jh} \neq \{\ \}$：$L(S_{ig} \cap S_{jh}) = \min(End_{ig}, End_{jh}) - \max(End_{ig-1}, End_{jh-1})$

  合集 $S_{ig} \cup S_{jh}$：$L(S_{ig} \cup S_{jh}) = \max(End_{ig}, End_{jh}) - \min(End_{ig-1}, End_{jh-1})$

- 每一個段落S_{ig}都被指派一個數值c_{ig}。

  對辨識單元（相干事物）來說，數值c_{ig}由觀察者指派。

  對單元之間的間隔（不相干事物）來說，數值$c_{ig} = \Phi$如常指派。

  當單元只出現在連續體上而非經分類或評價，所有辨識單元均以同一數值$c \neq \Phi$標籤。

- $_U\alpha$接受三種量法差異（見12.3.3節），等隔量法並沒有給標準化：

  當單元未經分類、評價或編碼：$_{metric}\delta^2_{c_{ig}c_{jh}} = 0$

當單元已經分類但未經評價：

$$_{\text{metric}}\delta^2_{c_{ig}c_{jh}} = {}_{\text{nominal}}\delta^2_{c_{ig}c_{jh}} = \begin{cases} 0 & \text{iff} \quad c_{ig} = c_{jh} \\ 1 & \text{iff} \quad c_{ig} \neq c_{jh} \end{cases}$$

當單元被指派等隔數值：$_{\text{metric}}\delta^2_{cigcjh} = {}_{\text{interval}}\delta^2_{cigcjh} = (c_{ig} - c_{jh})^2$

12.4.2　把相干事物單元化及分類的 $_U a$ 一致性

單元化要做到最好，由幾位觀察者辨識的單元必須在連續體上屬同一段落，也要屬同一類別。與這兩個目標相差多遠，以一個相異函數 $_U \delta_{igjh}$ 計算，圖12.9顯示這些差異。

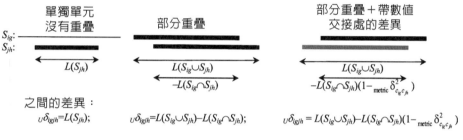

🛩 **圖 12.9　辨識單元之間差異的三種組合**

由此，差異 $_U\delta_{igjh}$ 有兩部分：三個組合中都可以輕易見到單元不重疊部分的長度，加上它們交接處的長度，由一個適用的量法差異加權，顯示在右邊的組合中。當所有單元屬同一類時，$_{\text{metric}}\delta^2_{cigcjh} = 0$。

觀察不一致性 $_U D_o$，把 m 位觀察者提供的 $m(m-1)/2$ 對連續體遇上的差異 $_U\delta_{igjh}$ 加起來。

$$_U D_0 = \sum_i^{m-1}\sum_{j>1}^m \sum_{g,h} \begin{cases} L(S_{ig}\cup S_{jh}) - L(S_{ig}\cap S_{jh})(1 - {}_{\text{metric}}\delta^2_{c_{ig}c_{jh}}) & \text{iff} \quad S_{ig}\cap S_{jh}\neq \text{ and } c_{jh}\neq\phi\neq c_{ig} \\ L(S_{ig}) & \text{iff} \quad S_{ig}\subseteq S_{jh} \text{ and } c_{ig}\neq\phi \text{ and } c_{jh}=\phi \\ L(S_{jh}) & \text{iff} \quad S_{jh}\subseteq S_{ig} \text{ and } c_{ig}=\phi \text{ and } c_{jh}\neq\phi \end{cases} \quad (16)$$

若想瞭解或然率會帶來什麼，首先看看兩個單元之間可能出現的差異的總和和數目，顯示在圖12.10中的長度是 $a = 4$ 和 $b = 6$，$_{\text{metric}}\delta^2_{cacb}$ 被簡寫

成δ^2：

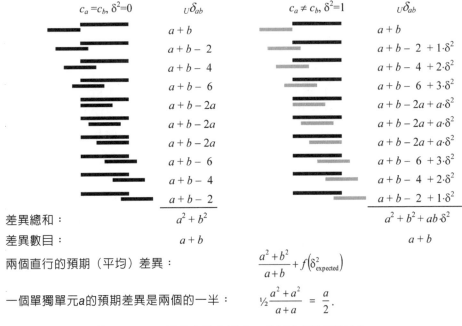

差異總和：$\qquad\qquad a^2 + b^2 \qquad\qquad\qquad\qquad a^2 + b^2 + ab\cdot\delta^2$

差異數目：$\qquad\qquad a + b \qquad\qquad\qquad\qquad\qquad a + b$

兩個直行的預期（平均）差異：$\qquad \dfrac{a^2 + b^2}{a+b} + f\!\left(\delta^2_{\text{expected}}\right)$

一個單獨單元a的預期差異是兩個的一半：$\qquad \dfrac{1}{2}\dfrac{a^2 + a^2}{a+a} = \dfrac{a}{2}.$

✈ 圖 12.10　單元交接的組合：差異的總和及數目

接下來，要考慮當單元隨或然率被分類或評價時，會觀察得到的預期（平均）量法差異。m位觀察者為單元編號：$u = 1, 2, 3, \ldots\ldots, N_u = \Sigma_i^m \Sigma_g 1$ iff $L(S_{ig})_{cig\neq\varphi}$，把所有單元配對起來（但每個單元不與自己配對），平均差異（見上面的$ab\cdot\delta^2$）變成：

$$\delta^2_{\text{expected}} = \frac{\sum_u^{N_u-1} L(S_u) \sum_{v>u}^{N_u} L(S_v)_{\text{metrix}}\, \delta^2_{c_u c_v}}{\sum_u^{N_u-1} L(S_u) \sum_{v>u}^{N_u} L(S_v)} \qquad (17)$$

由此得出所有預期差異總和的預期不一致性$_uD_e$：

$$_uD_0 = \sum_i^{m-1}\sum_{j>1}^{n}\sum_{g,h}\begin{cases}\dfrac{L(S_{ig})^2 + L(S_{jh})^2}{L(S_{ig}) + L(S_{jh})} + L(S_{ig}\cap S_{jh})\,\delta^2_{\text{expected}} & \text{iff}\quad S_{ig}\cap S_{jh}\neq\text{ and } c_{jh}\neq\phi\neq c_{ig}\\[2mm] L(S_{ig})/2 & \text{iff}\quad S_{ig}\subseteq S_{jh}\text{ and } c_{ig}\neq\phi \text{ and } c_{jh}=\phi\\[2mm] L(S_{jh})/2 & \text{iff}\quad S_{jh}\subseteq S_{ig}\text{ and } c_{ig}=\phi \text{ and } c_{jh}\neq\phi\end{cases}\qquad (18)$$

以及用來衡量單元化及／或把相干事物分類或評價的$_U\alpha$一致性：

$$_U\alpha = 1 - \frac{_UD_0}{_UD_e} \qquad (19)$$

舉例來說，看看圖12.11中的數據：

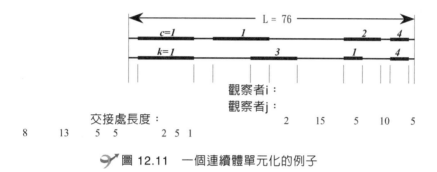

🖋️圖 12.11　一個連續體單元化的例子

上面連續體的單元化，由兩位觀察者一起辨識九個單元，冠以數值c = 1, 2, 3, 4和5，單元之間十個間隔標籤為$c = \Phi$。由五個單元的組合得出的觀察不一致性：兩對絕對配對、兩對部分重疊，和一個單獨的單元。$_U\alpha$沒有把五個不相干事物跟其他不相干事物的交接計算在內。當單元經過分類、未排序，而可以應用上名類量法時，我們根據公式(17)會得出：

$$\delta^2_{expected} = \frac{15(15 \cdot 0 + 10 \cdot 1 + 5 \cdot 1 + 15 \cdot 0 + 13 \cdot 1 + 5 \cdot 0 + 5 \cdot 1) + \cdots + 3(5 \cdot 0 + 5 \cdot 1) + 5(5 \cdot 1)}{15(15 + 10 + 5 + 15 + 13 + 5 + 5) + \cdots + 3(5 + 5) + 5(5)} = \frac{2259}{3184} = 0.710$$

根據公式(16)、(18)和(20)，一致性的量數是：

$$_U\alpha = 1 - \frac{_UD_0}{_UD_e} = 1 - \frac{(15 - 15(1-0)) + (23 - 5(1-1)) + 3 + (10 - 5(1-1)) + (5 - 5(1-0))}{\frac{15^2 + 15^2}{15 + 15} + 15 \cdot 0.17 + \frac{15^2 + 13^2}{15 + 13} + 5 \cdot 0.71 + \frac{3}{2} + \frac{10^2 + 5^2}{10 + 5} + 5 \cdot 0.71 + \frac{5^2 + 5^2}{5 + 5} + 5 \cdot 0.71} = 1 - \frac{36}{65.2} = 0.448$$

從圖12.11可見，也從這個量數可知，這個信度遠遠不可接受，它只可作這次示範之用。

假若 $_U\alpha$ 的相異函數爲 $_{metric}\delta^2_{cigcjh} = 0$，便可得出未經分類或評價的單元化信度 $_U\alpha = 0.408$。明顯地，單單從連續體上辨識出單元，在這個牽強的例子中導致大部分的不可信性。分類只比或然率高出少許。

$_U\alpha$ 一致性係數的幅度是：$-1 \le {_U\alpha} \le +1$。當單元化全靠或然率，即是圖12.10中差異的所有組合可能的平均值以公式(17)表達，$_U\alpha = 0.000$。當單元並不互相交接，$_U\alpha = -1.000$。當編碼比或然率還差的話，不經編碼的 $_U\alpha$ 會比較大，相反則會較小。

12.4.3　為不同長度段落編碼的 $_U\alpha$ 一致性

以下三個 $_U\alpha$ 一致性係數衡量的是一個連續體的所有交接部分，而並不只是其辨識單元。圖12.11的例子中，$_U\alpha$ 不把不相干段落之間的五個交接處計算在內，$_U\alpha$ 也可以解釋它們，但這並不使 $_U\alpha$ 強過 $_U\alpha$，只是不同而已。

$_C\alpha$ 以一個觀察疊合矩陣來界定，在這裡，$_U\alpha$ 則是以一個連續體上的交接處長度的觀察疊合矩陣來界定，見圖12.12。

$$\ell_{ck} = \frac{1}{m-1}\sum_i^m \sum_{j\ne i}^m \sum_{g,h} L\left(S_{ig\,\text{valued}\,c} \bigcap S_{jh\,\text{valued}\,k}\right) \tag{20}$$

🔧 圖 12.12　所有交接處觀察疊合的矩陣

觀察不一致性跟公式(6)的類同：

$$_uD_o = \frac{\sum_c \sum_k \ell_{ck\,\text{metric}} \delta_{ck}^2}{\ell_{..}} \qquad (21)$$

要注意，把公式(20)和(21)中的交接處長度相加起來，會令它們之間的相鄰消失。在以下的單元化中，

圖12.12中的疊合會計算出A是絕對一致性，但卻忽略了其明顯的段落性，也未能區分B和C。不過，以下預期疊合的定義可照顧到相鄰性這回事：

$$\varepsilon_{c \neq k} = \ell_{..} \frac{\ell_{c.} \ell_{.k}}{\ell^2_{..} - \sum_l^m \sum_g \begin{cases} L(S_{ig\,\text{valued}=\phi}) \\ (L(S_{ig\,\text{valued}\neq\phi}))^2 \end{cases}} \quad ; \quad \varepsilon_{c=k} = \ell_{..} \frac{\ell_{c.}^2 - \sum_l^m \sum_g \begin{cases} L(S_{ig\,\text{valuedc}=\phi}) \\ (L(S_{ig\,\text{valuedc}\neq\phi}))^2 \end{cases}}{\ell^2_{..} - \sum_l^m \sum_g \begin{cases} L(S_{ig\,\text{valued}=\phi}) \\ (L(S_{ig\,\text{valued}\neq\phi}))^2 \end{cases}}$$

$$(22)$$

預期不一致性於是變成：

$$_uD_e = \frac{\sum_c \sum_k \varepsilon_{ck\,\text{metric}} \delta_{ck}^2}{\ell_{..}} = \frac{\sum_c \ell_c \cdot \sum_k \ell_{.k\,\text{metric}} \delta_{ck}^2}{\ell^2_{..} - \sum_i^m \sum_g \begin{cases} L(S_{ig\,\text{valued}=\phi}) \\ (L(S_{ig\,\text{valued}\neq\phi}))^2 \end{cases}} \qquad (23)$$

以觀察疊合訂定的 $_u\alpha$ 一致性是：

$$_u\alpha = 1 - \frac{_uD_o}{_uD_e} = 1 - \left(\ell_{..} - \frac{1}{\ell_{..}} \sum_i^m \sum_g \begin{cases} L(S_{ig\,\text{valued}=\phi}) \\ (L(S_{ig\,\text{valued}\neq\phi}))^2 \end{cases} \right) \frac{\sum_c \sum_k \ell_{ck\,\text{metric}} \delta_{ck}^2}{\sum_c \ell_c \cdot \sum_k \ell_{.k\,\text{metric}} \delta_{ck}^2} \quad (24)$$

　　注意公式(24)中右邊的比例，與公式(8)中$_c\alpha$的比例相呼應，括號內看似複雜的算式要解釋一下。$_c\alpha$的計算中，預期不一致性的估算，假設的是n..個觀察數值互相配對（但不與自己配對），因而得出n..(n..-1)對而非n..^{2}，這解釋了如在公式(5)和(8)中$_c\alpha$定義中的「(n..-1)」。公式(24)的括號作用也一樣，但不包括相鄰單元。如果所有單元的長度均是$L(S_{ig}) = 1$，括號變成$(\ell.. - 1)$，跟$_c\alpha$一樣，而且證實$_u\alpha$為不同長度的相鄰單元的一個$_c\alpha$普遍形式。在公式(20)和(21)中看不到它們之間的相鄰性，其實只要把辨識單元的長度L（$Sig_{valued \neq \phi}$）開方，便可以在公式(22)和(23)找到。

　　圖12.11的數據會得出以下所有交接段落的表列：

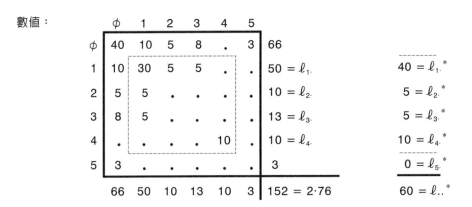

　　鑑於ϕ屬名類，公式(24)會得出：

$$_u a_{nominal} = 1 - \left(152 - \frac{(15^2+15^2+10^2+5^2+31)+(15^2+13^2+3^2+5^2+5^2+35)}{152}\right)$$

$$\frac{2(10+5+8+3+5+5)}{2(66(50+10+13+10+3)+50(10+13+10+3)+10(13+10+3)+13(10+3)+10\cdot3)}$$

$$= 1 - (152 - 7.1974)\frac{72}{15870} = 0.343$$

　　$_u\alpha$衍生出兩個形式，第一個$_{\phi|u}\alpha$，衡量的是區別相干與不相干事物之間的信度；第二個$_{c|u}\alpha$，則是評估辨識單元編碼的信度。

$_{\phi|u}\alpha$的定義實際上把疊合矩陣重組成一個二乘二的矩陣，圖12.12以虛線分成四等區。根據公式(12)，$_{\phi|u}\alpha$的定義以下面的形式示範：

$$_{\phi|u}\alpha = 1 - \frac{_{\phi|u}D_o}{_{\phi|u}D_e} = 1 - \left(\ell_{..} - \frac{1}{\ell_{..}} \Sigma_i^m \Sigma_g \left\{ \frac{L(S_{ig\ valued=\phi})}{(L(S_{ig\ valued\neq\phi}))^2} \right\} \frac{\ell_{\phi.} - \ell_{\phi\phi}}{\ell_{\phi.}.(\ell_{..} - \ell_{.\phi})} \right.$$

$$= 1 - \frac{0.3421}{0.5158} = 1 - (152 - 7.197)\frac{66-40}{66(152-66)} = 1 - (152 - 7.197)\frac{26}{5676}$$

$$= 0.337 \tag{25}$$

$_u\alpha$的另一個版本，針對的是比較普遍關於把單元化事物編碼的信度問題。$_{cu}\alpha$評估的是圖12.12的那個次矩陣，所有以Φ標示的不相干事物的疊合都被剔除。因為把不相干的事物也包括在內，所以$_u\alpha$只可應用在名類量法上，但$_{cu}\alpha$卻可應用到所有適合的量法上。這個次矩陣有自己的邊線總和，以*號在圖12.12的右方列出。

其觀察不一致性是：

$$_{cu}D_o = \frac{\sum_{c\neq\phi}\sum_{k\neq\phi}\ell_{ck\ \text{metric}}\delta_{ck}^2}{\ell_{..}^*} \tag{26}$$

注意：那些構成次矩陣的段落，與整個矩陣的段落S_{ig}不同，它們是有數值單元之間的交接：

$$S_{ig}^* = \cup_{j\neq i,h}\left(S_{ig\ valued\neq\phi} \cap S_{jh\ valued\neq\phi}\right) \tag{27}$$

它算出來的預期不一致性被界定為：

$$_{cu}D_e = \frac{\sum_c\sum_k \left(\sum_i^m\sum_g L\left(S_{ig\ valued\ c}^*\right)\right)\left(\sum_i^m\sum_g L\left(S_{ig\ valued\ k}^*\right)\right)_{\text{metric}}\delta_{ck}^2}{\left(\sum_i^m\sum_g L\left(S_{ig}^*\right)\right)^2 - \sum_i^m\sum_g L\left(S_{ig}^*\right)^2} \tag{28}$$

要明白 α 為什麼會產生出數值，通常只要把觀察和預期疊合比較一下，後者是：

$$\varepsilon^*_{c=k} = \ell^* .. \frac{\left(\sum_i^m \sum_g L\left(S^*_{ig \text{ valued c}}\right)\right)^2 - \sum_i^m \sum_g \left(L\left(S^*_{ig \text{ valued c}}\right)\right)^2}{\left(\sum_i^m \sum_g L\left(S^*_{ig}\right)\right)^2 - \sum_i^m \sum_g \left(L\left(S^*_{ig}\right)\right)^2}$$

(29)

$$\varepsilon^*_{c \neq k} = \ell^* .. \frac{\left(\sum_i^m \sum_g L\left(S^*_{ig \text{ valued c}}\right)\right)\left(\sum_i^m \sum_g L\left(S^*_{ig \text{ valued k}}\right)\right)}{\left(\sum_i^m \sum_g L\left(S^*_{ig}\right)\right)^2 - \sum_i^m \sum_g \left(L\left(S^*_{ig}\right)\right)^2}$$

由此圖12.12中的數據產生出以下的偶發次矩陣，為方便計，我們加入了等隔差異的矩陣：

觀察疊合（見公式(20)）
數值：

	1	2	3	4	
1	30	5	5	.	40
2	5	.	.	.	5
3	5	.	.	.	5
4	.	.	.	10	10
	40	5	5	10	60

預期疊合（見公式(29)）

	1	2	3	4	
1	22	4	4	8	38.0
2	4	.	0.5	1	5.5
3	4	0.5	.	1	5.5
4	8	1	1	1	11.0
	38	5.5	5.5	11	60.0

$interval \delta^2_{ck}$（選定的）

	1	2	3	4
1	0	1^2	2^2	3^2
2	1^2	0	1^2	2^2
3	2^2	1^2	0	1^2
4	3^2	2^2	1^2	0

$_{cu}\alpha$ 以公式(26)和(28)來界定，但也可以觀察和預期偶發公式(30)來表達：

$$_{cu}\alpha = 1 - \frac{_{cu}D_o}{_{cu}D_e} = 1 - \frac{\sum_{c \neq \phi} \sum_{k \neq \phi} \ell_{ck \text{ metric}} \delta^2_{ck}}{\sum_{c \neq \phi} \sum_{k \neq \phi} \varepsilon^*_{ck \text{ metric}} \delta^2_{ck}}$$

$$_{cu}\alpha_{\text{interval}} = 1 - \frac{2(5 \cdot 1^2 + 5 \cdot 2^2)}{2(4 \cdot 1^2 + 4 \cdot 2^2 + 8 \cdot 3^2 + 0.5 \cdot 1^2 + 1 \cdot 2^2 + 1 \cdot 1^2)} = 1 - \frac{50}{195}$$

$$= 0.744$$

(30)

$_{cu}\alpha_{\text{nominal}} = 0.460$ 比 $_{cu}\alpha_{\text{interval}} = 0.744$ 小很多，這是因為來自非對角三角中不配對的疊合的分布非常不平均。尤其是有著最大等隔差異的疊合（在4-1單格中），雖然有最高預期，但卻沒有出現。

預期疊合的次矩陣中有兩個空的單格，這是因為避免了把段落 S^*_{ig} 相互

配對而起的誤差,由公式(29)中的分子 $\varepsilon^*_{c=k}$ 完成。由於次矩陣只載有分別是2和3的一個 S^*_{ig},所以兩類共同出現的機會是零。同樣道理,1-1和4-4的單格中的預期疊合也相互配對的四個數值1和兩個數值4的段落 S^*_{ig}。

這也解釋了預期疊合的邊際總和爲什麼只與觀察到的接近。當單元多起來(眞實數據多會出現的情況)時,它們的邊際總和與觀察到的變得漸近的相等。

最後,上面的數據顯示了這些係數的不同範圍。$_u\alpha$ 解釋了連續體的100%,$_v\alpha$ 解釋了 56 / 76 = 74%,而 $_{cu}\alpha$ 僅解釋了 60 / 152 = 29%。這些差異是由於這兩個係數對不相干事物有不同處理方法。$_v\alpha$ 解釋的是一個連續體上所有辨識單元所占部分,包括與不相干事物交接的單元,$_{cu}\alpha$ 則完全不顧後者。對關心編碼信度的研究者來說,不理 $_{cu}\alpha$ 是無可避免,而且是必須的,尤其是區分相干與不相干段落的信度可以用 $_{\Phi|U}\alpha$ 來衡量。

三個 $_U\alpha$ 一致性係數的幅度是:$-1 \leq\ _U\alpha\ \leq +1$。當一致性全靠或然率時,$_u\alpha = 0.0000$。

12.5 α的統計學屬性

所有一致性係數α都是統計學量數。以下我將扼要地討論接受或拒絕它們作爲信度的指標的四個條件和預防工夫:不足的變異、抽樣考慮、統計學的顯著度,和數據的信度標準。

12.5.1 不足的變異

當信度數據的變異不足時,通常都會出現令人困惑的情況。試看這個極端的例子:

信度數據									觀察疊合				預期疊合		
單元:	**1**	**2**	**3**	**4**	**5**	**6**	**7**	**8**		**0**	**1**			**0**	**1**	
觀察者A:	0	0	0	0	0	0	0	0	**0**	14	1	15	**0**	14	1	15
觀察者B:	0	0	0	0	0	0	0	0	**1**	1	0	1	**1**	1	0	1
										15	1	16		15	1	16

在這個例子中，觀察和預期疊合的矩陣一模一樣，$D_0 = D_e$及$_c\alpha = 0$。統計學的新手通常很難接受這個情況，他們認為「0」的數值明顯地有相當的一致性，八個單位中有七個或88%之多，$_c\alpha$怎會得出沒有信度的結論？這個論據不但把百分比一致性與高於或然率的一致性混淆，也忽略了所有數據都需要有變異或資訊，這不僅要來解答研究問題，也為了找出數據或用來編碼的工具的信度。在這個個案中，或許被編碼的材料大部分都屬同一類，或許觀察者覺得工作沉悶而慣性地填上分數——我們無從知曉。但在第八個單元中有位觀察者發覺有不妥的地方，在唯一一個與其他有差異的單元中，兩位觀察者不能達到一致，因而$_c\alpha = 0$，事實亦應如此。當我們關注的是數值變異不大的數據信度時，罕見的例外總是特別重要的。看一個醫療診斷的例子，大部分人都是健康的，眾多疾病其一的病徵肯定是罕見的例外，如果測試得出剛才的信度數據，那麼測試便不那麼可靠，而接近零的$_c\alpha$是完全可以接受的。

如果我們假設觀察者B也把「0」指派到單元8上，這樣一致性便達百分百，但我們更無法證明兩位觀察者妥切地執行他們的工作。他們可能分心或另有考慮——就算他們保證絕對不會——或為免麻煩而事先協定把所有東西都填上「0」。事實上，他們成了一個壞了指針的測量工具，如一個壞了的溫度計一樣，顯示的溫度永遠一樣。任何一個正常運作的測量工具，都必需顯示其對外在現象敏感。在絕對沒有變異的情況下，$D_0 = D_e = 0$。數學上，$_c\alpha = 1 - 0/0$是不可測定的，因為它可以是0，也可以是∞。我說$1 - 0/0 = 0$，因為沒有變異的數據是不能用的。

再假設兩位觀察者對單元8都指派「1」，則觀察者A對這個數值的改變初衷會令$_c\alpha$從0升至1，這會令人意料不到，雖然兩個1都是罕有的數值，單以或然率計，它們可以如被觀察般在一個單元內出現而得出$_c\alpha = 1.00$，也可以在兩個不同的單元內出現而得出$_c\alpha = -0.71$。$_c\alpha$起碼對某些變異敏感。

沒有變異的數據不單通過不了信度測試，而且也不能和其他任何事物相關，它們完全沒有任何分析的意義。當變異偏低或是零時，想確保其編碼或單元化指引能得出可靠數據的內容分析者，可能要多花點工夫去抽取

或製造出另外一些樣本來測試它們是否如此。在比較近期的一篇文章中，我討論這些信度數據的邊緣例子，指出數據是否值得信賴，不單看觀察者之間是否有高的觀察一致性，還得看一致性是否有足夠的資訊（Krippendorff, 2011a）。Feinstein & Cicchetti（1990）和Cicchetti & Feinstein（1990）認為Cohen（1960）的κ（kappa）的低變異問題相當矛盾，並提出改進方法，正如Gwet（2008）對Scott（1955）的π（pi）所做的一樣。無論如何，我認為數據的變異或資料性，應該跟數據是否以高於或然率代表被觀察的現象分開處理。

12.5.2　統計學的顯著度

研究者通常犯的錯誤之一，是在統計學上可以安全地拒絕零假設（一致性以或然率出現）的情況下，接受或拒絕數據的可靠性。但測量數據信度的理由是確保它們不太偏離絕對一致性而非偏離或然率。在α的定義中，或然率一致性只是一致性標尺上信度被認為是零的一點，另一點是一致性與信度都是絕對的。由於α的分布是未知的，只在表面上接近一個X^2分布，而數學估算也只是大約估算，我們決定以拔靴法（bootstrapping）得出α的分布，即是從現存信度數據中抽出數千個次樣本，計算每一個的α，從而產生出一個可以在觀察疊合的限制下出現的α理論性數值的或然率分布（見Krippendorff, 2011b；以及Hayes & Krippendorff, 2007）。圖12.13顯示一個典型的拔靴α數值分布，α有兩個統計學的參數頗為重要：

· 在選定顯著度p中α的「信賴區間」（兩邊）：

$$\alpha_{\text{largest}} \geq \alpha_{\text{observed}} \geq \alpha_{\text{smallest}}$$

· 未能達到最小可接受信度α_{min}的可能性q：

$$q \mid \alpha < \alpha_{\text{min}}$$

計算出來的α有$(1 - p)\%$機會變異,這個幅度稱爲信賴區間。未能達到所需信度的可能性q,是錯誤地接受一些比接受標準低的數據爲可靠數據的可能性,後者測試的不是零假設,而是數據達最低信度要求的假設。

用12.3.1節的數字例子,我們計算出$_c\alpha_{nominal} = .743$,從這些數據抽出20,000個樣本之後,99%信賴區間在$\alpha_{smallest} = .615$和$\alpha_{largest} = .860$之間,而未能超過$\alpha_{min} = .667$的可能性q是.198。

12.5.3 抽樣考慮

一個經常出現的問題,是單元樣本要有多大,α才有意義。這個問題沒有簡單的答案,我將在以下討論關於抽樣信度數據的兩個不同問題,然後提出一項實際建議。

要建立「數據的信度」,信度數據便需代表信度正受關注的數據的總體。足夠的樣本大小,與不同類別中單元的比例恰成反比,罕有但重要的類別,必須有足夠數量才可在其後的分析對信度的計算有著同樣影響(見12.5.1節討論的例子)。簡言之,每一個單元的類別,出現次數都應該足以隨機產生出五次一致性(我會在下面更清楚地說明)。

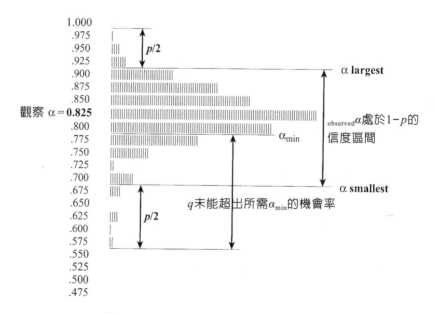

✈ 圖 12.13　α的拔靴分布和相關範圍

　　當研究結果特別重要或當數據數量並不太過龐大時，內容分析者會為所有數據進行編碼，這個額外工作會很費時，成本也高，但卻會保證測量到的α是數據總體的α（其他優點見12.5.4節）。但把所有數據編碼，只能解決兩個抽樣問題的其中之一，沒有解決的是挑選足夠數目的編碼者。

　　要取得每一種情況的「必需樣本大小」，我們採用Bloch & Kraemer（1989, p.276）的方程式3.7，這方程式估計2×2表中二分數據的變異。就兩個觀察者來說，要區分c數值與not-c數值，最少要有「單元數目N」，即：

$$N_{c|not-c} = z_p^2 \left(\frac{(1+\alpha_{min})(3-\alpha_{min})}{4(1-\alpha_{min})P_c(1-P_c)} - \alpha_{min} \right)$$

這個數原來與數值c的機會率P_c（並非Scott的π中預期百分比一致性P_e或Cohen的κ中的p_c），最少可以接受的信度α_{min}（低過這個信度的話，數據便需放棄），和以單尾檢定的相對z_p值代表的理想的統計學顯著度p有關。

✈ 表12.2　編碼用的數值所需的數目n..

最小可接受的 α：	.667				.800				.900			
顯著度水平p：	.100	.050	.010	.005	.100	.050	.010	.005	.100	.050	.010	.005
Pc = .500; V = 2個數值	36	60	119	146	62	103	206	252	128	211	422	518
= .333; = 3	41	67	135	165	71	116	233	285	144	238	477	584
= .250; = 4	49	81	161	198	84	139	277	340	172	283	566	694
= .200; = 5	58	95	190	233	99	163	326	400	202	332	667	815
= .167; = 6	67	110	220	270	114	189	377	462	233	384	768	941
= .143; = 7	76	125	251	307	130	214	429	526	265	436	872	1069
= .125; = 8	85	141	281	345	146	241	481	590	297	489	980	1198
= .111; = 9	95	156	312	383	162	267	534	654	329	542	1083	1328
= .100; = 10	104	172	344	421	178	293	587	719	361	595	1190	1459
= .050; = 20	200	329	657	806	340	560	1119	1372	657	1131	2263	2775
= .020; = 50	487	802	1604	1966	825	1360	2719	3334	1675	2759	5534	6765
= .010; =100	966	1591	3182	3901	1640	2701	5403	6624	3307	5448	10896	13359

由於信度牽涉類別或編碼用的數值，表12.2列出三個最小可接受信度 α_{min} 所需的 $2N_{c|not-c}$ 數值數目──「觀察者×單元」、四個統計學顯著度 p 水平，和幾個機會率 P_c，後者以同等機會數值數目 V 表達。

計算「數據的信度」時，$P_c = P_{min}$ 是所有觀察者提出數值總體中最少出現的數值的機會率。舉例來說，假設這個機會率為 $P_{min} = 0.125$，如果 α 要超過最小可接受信度 $\alpha_{min} = .800$，而且所有 α 的95%（顯著度水平為.05）均要符合這項條件的話，根據表12.2，最小的數值數目為241，兩個觀察者需最低限度為121個單元編碼，三個觀察者則是81個單元，如此類推。

相比起來，計算「編碼指引的信度」時，目標是一個變數的所有數值的平均分布和 $P_c = 1 / V$，假設有 $V = 5$ 個數值來為該變數編碼，則 $P_c = 1 / 5 = 0.2$，所需的數值數目只是163或每個數值33個，不論觀察者人數多少。

先驗地決定最不可能出現的數值有個問題：在為數據編碼前，我們怎麼知道這個頻度？解決方法有：(1)一開始便假設所有數值以均等機會出現；(2)讓挑選出來的觀察者為當時所需數目的單元編碼；(3)找出出現次數最低的數值的真實機會率，為所欠的數值數目編碼；(4)有了結果之後，重複第三步直至得出足夠樣本為止。

所需的數值數目可以由不同的「觀察者×單元」組合產生，但為求這兩個數字達致平衡，必須謹記進行信度測試的目的。被編碼的單元樣本不但要代表數據或編碼指引，所僱用的觀察者的資歷也要容易在別的地方找到，使信度測試也包括可重複性。

12.5.4　數據的信度標準

測試信度的最終目的是確保不可信不足掛齒，使得編碼可以繼續或開始分析數據以解答研究問題。下面我將回答三個關於合理標準的常見問題。

什麼是可以接受的信度水平？在不可能達到絕對一致性的情形下，我們可否要求 α 最低限度是.95、.90或.80？不幸地，雖然每一位內容分析者

都面對這個問題，但卻沒有既定答案。為了弄清楚不同的信度水平可以如何詮釋，我一位來自荷蘭的同事Marten Brouwer設計了一個實驗，他給予一群只懂英語的編碼者一組複雜的荷蘭文字，要他們以那些文字來形容美國電視劇的人物，那些荷蘭文字完全不似英文的任何字，而那些說英語的編碼者連發音也不會，但那些字一定喚起某些與性格特徵連貫的聯繫，因為一致性達$_c\alpha = .44$。沒有正常人知道觀察者不懂這些文字而仍會從他們做出的記錄中得出他們觀察或閱讀到的東西的結論。這個一致性比或然率高出很多，但卻是基於觀察者心中無法可知。這個發現給了我們α的數值尺上的另一個參考點，一個我們不該接近的參考點。在進一步探究獲得的一致性和牽涉在內對類別的理解後，我們採取以下策略：

- 只依賴信度$\alpha = .800$以上的變數
- 只考慮信度介乎$\alpha = .667$和$\alpha = .800$之間的變數作暫時結論

　　這些標準經已被社會科學中的無數內容分析採用過，而且可能繼續成為指引。其他係數也有相似的指引，例如Fleiss（1981）便提出了Cohen's K（kappa）的指引。無論如何，依賴α的拔靴分布令我們的準則更可靠，因為這個分布沒有參數性的假設，也能處理罕有的數值用途包括應用在不同的樣本大小。基於此，我們的建議可以修正為：

- 不接受信賴區間少於最低可接受信度α_{min}如.800但不低於.667的數據。
- 確保未能超越最少可接受信度α_{min}的可能性q是合理地小，如得出錯誤結論的可容忍風險.050。

　　我在提議這些水平之中亦有所保留，選擇信度標準應視乎加諸於研究結果上的效度要求，特別是得出錯誤結論的代價。如果內容分析的後果會影響某人，如法庭程序，分析者便不應依賴得出錯誤結論的機會率少於一般被接受的（如在汽車意外中死亡的機會率）數據。但大部分內容分析的結果都不會有戲劇性的後果，因此，研究者可以採用較低的標準。就算分界點是$\alpha = .800$——意思是只有80%的數據是以高於或然率的程度編碼或謄寫——相對於工程、建築和醫學研究的標準來說都是非常低的。

　　不論內容分析是探討性抑或是有行動後果，研究者都不應忽略信度、

把信度標準定到低至其發現不可取、以欺騙手法產生信度數據，或應用欺瞞性的一致性量數來製造信度的假象。在內容分析中，「毫無合理疑點」這一句有實際意義。

個別的變數有特定的α數值，那麼數據整體有多可信？α是按不同變數界定，而大部分內容分析都會有很多變數。理想地，數據語言的變數在邏輯上都是獨立、概念上並不重複，還有觀察上的不一致都會同等地影響研究的結果。在這些情況下，每一個變數都重要而都一定是可信的。

要從一個複雜工具的變數的信度，得出一個平均值來作為整體數據信度的量數的做法，是錯誤的，平均值的計算假設高與低的數值互相抵銷，典型的內容分析包括文書變數、出版日期、長度和通常都絕對可信的以機械方式取得的量數，而重要的變數多是很難進行編碼和最終都比較沒那麼可信的，把這些信度平均化的研究者會因大意而得出錯誤的結論。

可以合理地求取平均值的情況，是把幾個變數的數值加起來或平均化以得出一個複雜的指標。如果在這個指標某一處得分與在另一處得分是完全一樣，而一個變數的遺漏剛好填補了另一個變數的冗餘，因而一個變數的一致性平衡了另一個變數的不一致性，亦只有在這個情況下，把信度平均化便顯得合理，但這些嚴格的條件不易滿足。

一般來說，當變數對研究工夫同等重要時，任何不可信的變數可以成為整體數據顯著度的瓶頸。因此，對多變數數據來說，變數中最低的α是所有數據的信度，這個準則可能顯得有點嚴厲，但卻與在進一步分析階段放棄不可信變數這個普遍做法一脈相承。數據一經蒐集，把不可靠變數預期提供的資料剔除，是改良餘下變數的聯合信度的唯一有效策略。

究竟有沒有一條最終的準則來判定數據的信度？我們有理由在分析的初段測量信度，但以閱讀、單元化、編碼或謄寫文本來取得可供分析的數據，一般是內容分析、甚至任何實證研究中最不可確定的一部分。從數據到結論，其中分析上的轉變應是透明及清楚表述的，令其他人也可以檢視及重複分析過程。我在12.1節提過不可信性限制了得出有效結果的機會，因此，數據中就算有小小的邊際不可信性，也要窮根究底，不過會遇到起碼兩個困難。首先，如α般的一致性係數，計算的是編碼者得出共識的或

然率，卻說不清數據中哪些是或然率的產物，哪些不是。有疑點的數據很難跟較明確的數據分開，要窮根究底更加不可能。其次，分析程序如何受不可信性影響，每個個案都不同，有些影響不大，有些則對數據中無相關的變異十分敏感。

舉例來說，假使在分析中把一個變數的幾個類別拼合成一個，則這些類別的混淆便影響不了結果。而事實上，把不可信的類別拼合成一個，是提高數據信度的一個好方法，只要研究者可以接受因合拼而失去某些資訊。假設分析者以計算出來的相關度，又或是平均化了幾個變數而得的一個合成指標來解釋結果，這樣做有可能抵銷了一些數據上的不可信性。Shannon的資訊理論（見Shannon & Weaver, 1949）提出只要數據有足夠的冗餘，就算不完全排除，也可減低潛藏在數據內的噪音，這每多在研究者為求得出雖然抽象但簡單的研究問題答案而簡化了數據的多元性時出現。究竟分析者有沒有讓噪音影響研究結果，只有直至分析完成時也把信度考慮在內才可知道。

數據的終極信度測試有以下幾個步驟：

1. 重複製造數據的過程，使所有數據得以被分析。
2. 就每一個版本分別作出擬進行的分析。
3. 比較每一次得出的結論（研究問題的答案）。

相同的結論會顯示有足夠的信度，就算不可信性在編碼階段已出現而在處理數據時有可能被剔除。不能取得相同的結論是因為不可信的數據進入了結果。很多時候，不可信的數據會導致統計學顯著度偏低。

重複製造數據的工作無疑會增加分析的成本，但為了信度，這是必要的。誠然，分析者可以找出捷徑，為中期取得的結果進行分析，如果滿意才繼續，又或是以較大的數據次樣本來重複分析，以支持最後的結論。測試製造數據的信度當然是最容易的捷徑，但除非數據近乎完美，否則捷徑往往是不足夠的。

再問一次：信度與效度有何關係？單元化及編碼的信度，保證數據充分反映被人分成單元、區分、觀察、體驗或閱讀，或被工具量度的真實現象。信度不能告訴我們關於現象本身的任何事，它只是量度個別現象——

不是製造數據過程的外在情況 ── 能解釋研究者假設的程度。就算把整個分析重複一次，也不會改變數據及其來源，或是文本及其文脈之間的關係。因此，雖然不可信的數據對研究計畫有不可預測的影響，但絕對可信的數據及其清楚訂明的系統分析，也不擔保結論代表什麼。無論多麼嚴謹，以數據來捕捉現象，始終需要對產生它們的人或事有很大的信心。效度則是另一樣東西，我們在第十三章再談。

CHAPTER 13
效　度

　　核證令人可以更加信賴科學研究的結果，為發展出理論和在現實中造成實際影響提供基礎。本章提出一系列的核證方法，供內容分析者用來證明其研究的價值，也示範分析者可以如何為他們的努力進行量化評估。

13.1　什麼是效度

　　效度是研究結果的質素，令我們接受其為真實的，是關於真實的人、現象、事件、經驗和行為的。如果一個測量工具能測量出使用者聲稱它所測量的，那便是有效的測量工具。如果從現有文本中得出的推論，經得起獨立存在的證據、新的觀察、其他理論或詮釋的考驗，或可以影響行為的話，那內容分析便是有效的。

　　Riffe, Lacy, & Fico（1998）提出：「內容分析以及其他研究的效度問題的核心……是研究應該向儘量多的人說出儘量多的真理。」（p.150）本章的重點是「真理」的意義，研究應針對「儘量多的人」這個概念，帶出表面效度、社會效度和實證效度之間有用的區別。

　　「表面效度」是「明顯」或「普遍的真理」。當我們因為研究發現「有道理」──即是「表面上」有可能和可信──而不需作出或期望聽到詳細理由而接受它們時，我們依賴的便是表面效度。以一件事件在媒體中被提及的相對頻度來測量公眾注意力，其實是有道理的。以討論中出現的另類論據來測量政治磋商的質素，也是有道理的。經過實證驗證之後，表面效度可能站不住腳，但在研究被接受時卻顯得恰好。表面效度並不等同期望，舉例來說，70年代沒有人會留意到少數民族比主流民族更易成為

美國電視劇的取笑對象，直至內容分析者展開這方面的研究和找到相關為止，這類發現在事後才顯得理所當然。雖然表面效度源自常識和共識，它基本上是假設其他人都會同意的個人判斷。

內容分析者可能比使用其他研究方法的研究者更依賴表面效度，原因是內容分析基本上是關於文本的閱讀、符號的意義和如何看映象，所有這些都植根於常識和進行詮釋的共同文化中，測量會有一定困難，但在某一時刻則通常都會相當可靠。這不是說其他研究並不依賴表面效度，其實就連最嚴謹的研究者，都不會使用違反常識的方法或發表違反常識的結果。表面效度是所有其他效度的守門人，要解釋表面效度如何運作非常困難，然而它卻無處不在。

「社會效度」是那些研究發現的特質，因發現對重要社會題目如電視暴力、饒舌音樂（rap music）中的反社會訊息、宣道中的種族歧視、電臺節目中的煽動言論，和政治宣傳廣告中的不文明等公開討論有貢獻，令我們接受那些發現。檢視這些公共課題的研究，由關心而希望把研究發現化成行動的擁護者及反對者肯定。根據Riffe等人（1998）的說法，社會效度是「研究者製造出來的內容分析類別在學術圈子以外有關聯和意義的程度」（p.137）。與表面效度不同，內容分析研究的社會效度通常都甚富爭議、經多番商討和廣受大眾關注。社會效度高的內容分析，可以吸引公眾的注意力、提出實際方案和吸引資助。在研究方面得到公認的權威，對研究發現的社會效度來說相當重要。處於科學家的有利位置，內容分析者不知不覺成為這類權威，特別是當他們在國會聽證會上或向支持特別公共議題的團體，以無可反駁的量化語言來解釋其發現時。因為研究者的聲譽而接受研究，或因為其提出的證據而接受研究，界線通常都模糊不清。就連有實證傾向的測試心理學家也逐漸開始對社會題材重視。由美國教育研究協會（American Educational Research Association）、美國心理學會（American Psychological Association）和國立教育測量公會（National Council on Measurement in Education）訂立的《教育及心理測試標準》（*Standards for Educational and Psychological Testing*）最新一期（1999），很大部分都與公平、研究者對接受測試的人的責任，以及測

試與公共政策有關。在這些標準中，社會效度的關注，直如測試後可能出現的社會或心理後果的關注。雖然大部分研究者都喜歡這類效度，但它與實證效度無關，後者正是本章餘下部分要討論的。

「實證效度」是現存證據和已建立的理論支持一項研究過程不同階段的程度；具體推論克服額外數據、其他研究的發現、在研究者的研究問題範圍內遇到的證據等挑戰的程度；或相對於邏輯或過程而基於觀察、實驗或測量的批評。Campbell（1957）稱後者為「內部效度」。實證效度不能否定直覺（表面效度），也不能夠完全自絕於社會、政治及文化因素（社會效度）──科學研究畢竟是由研究者的同業來評定，他們可能各有其理論日程，而且很難不沾上社會及政治的關注，但我在下面將把實證效度與表面及社會效度分開，把它看成主要在科學圈子內建立，並建基在以實證證據看待研究成果、研究過程，以及取得數據的情況的理性論據上。

討論實證效度時，有幾部內容分析的課本跟從美國心理學會的《心理測驗和診斷技術的技術性建議》（*Technical Recommendations for Psychological Tests and Diagnostic Techniques*）（1954），一部界定心理學家在發展出個人特徵或能力的測試時面對的效度問題種類的經典著作。除了表面效度，1954年的《建議》區分的主要效度類別是內容效度、建構效度、準則相關效度和預測效度。《建議》單純聚焦在證據，因而沒有提及社會效度，後者涉及比心理測驗更宏觀的問題。

「內容效度」是一項心理測試可以捕捉所有測試企圖測量的概念的程度。舉例來說，要測量申請人是否適合一份工作，需要的是工作要求的完整清單，而不單是智商測驗或動機測量。

「建構效度」承認社會科學中很多的概念，如自尊心、疏離感、種族偏見，都很抽象和不可直接觀察。如果要核證自尊心，我們首先要列出自尊心這個概念下可觀察得到的行為和語言反應，然後作出測量和將它與量數作出相關，最後檢視每一個相關是否支持一個自尊心理論所預測的。

「準則有關效度」有時被稱為「工具性效度」，是一個量數與外在物事相關或估計外在物事的程度。舉例來說，智商可與平均積點（grade point average）相關。習慣上，準則有關效度可分為兩類：共存的和預測

367

的。「共存效度」出現於與測驗吻合的相關，「預測效度」則與估計未來可能出現的特質的變數有關。

這些經典的區別經歷過很多轉變，上面提過的《建議》讓路給1985年出版的《教育及心理測試標準》（*Standards for Educational and Psychological Testing*），接著是1999年的《標準》，至此再無效度種類的區別，只提及「效度證據」的種類（見American Educational Research Association et al., 1999, p.11）。它們也看到所有量數都建基於理論架構，因而有以「測試內容」、「反應過程」、「內部結構」、與「其他變數的關係」，和上述的「測試後果」（pp.11-17）等核證證據的分類。關於這些效度概念的議論仍然持續著，但要認清一點，即以上全部聚焦在一套科學探究的理論，即測量理論上，和主要傾向於個人的心理測試。量數只不過是內容分析可以提供的一部分，而有關個人或群眾的心理特徵的推論在內容分析中很少，雖然也不是沒有。

要瞭解對進行內容分析有用的效度概念，我們必須記著，所有實證的核證工夫都講求證據和已建立的理論，以確保研究結果可以嚴肅對待。當目的只不過是要建立一套理論，一項研究計畫可能只對一個細小的科學團體重要。但當研究會影響政策——當發現會幫助商業決定、在法庭上提出證據、把人們分類，或以其他方式影響人們的生活——錯誤的結論便會帶來代價昂貴的結果。核證減低了基於誤導的研究發現而作出決定的風險，關心測試的內容分析者和心理學家要面對不同的風險。

內容分析者要使用傳統的核證方法，起碼會遇到三種障礙：實質的、概念的和方法學上的。要瞭解這三種障礙，讓我們回到內容分析的概念架構（如圖2.1所示）。

實質上，對內容分析者來說，最重要是接受使用文本是因為它對其他人而非對分析者的意義，始於生產、閱讀和詮釋文本，進而建構、維持或拆解社會現實。內容分析的目標，遠較分析個人如何以事先準備好的答案回答測試問題複雜。Potter & Levine-Donnerstein（1999）為三類內容分析提出了有用的區別，大膽稱之為描述顯露內容的、就隱藏模式提供推論的和提出詮釋（他們稱「作出投射」；p.261）的內容分析。第一類符合

內容分析的測量概念，就應用上述效度種類來說問題不大，但與第二章的結論有所矛盾。第二類指向一個文脈——如Potter和 Levine-Donnerstein建議的專家文脈，以及賴以建立效度的既有理論。圖2.1表示的正是這個科學團體或任何特定持份者組織提供這個文脈的情況。他們描述的第三類內容分析，容許內容分析者更多想像的空間，但受制於指定的文本使用者總體的認知框框和推斷法則，這些使用者的想法既是分析的焦點，也是效度的來源。這個民族學和聽來甚富詮釋意味的構思，與第二章勾畫第二類內容分析的定義沒什麼不同，除了作者容許研究結果更加天馬行空。Potter和Levine-Donnerstein證實在這類內容分析中，效度標準不能抽離於特定的文脈，但分析只適用在被分析文本對其有意義的個人構思上。對文脈敏感，令內容分析有別於其他的研究方法，並提供了接受其結果的準則。

要核證內容分析，「概念上的障礙」來自「內容內在於文本」這個定義的不足（見第二章），與努力僅僅是要描述「它」。毫無疑問地，所有描述都是抽象因而是隨意的，把內容想像成內在於文本中，令內容分析者可以應用他們喜歡的任何可靠的類別計畫。這樣看待內容的內容分析者，會混淆了他們對內容的描述和其他人如何閱讀或使用同樣的文本，因而不似需要再作任何核證。舉例來說，假設一項大眾傳媒娛樂的內容分析的結論，是美國由物質轉向精神的價值，除非分析者願意承擔定義的責任，並說明在何處（被分析媒體除外）可以觀察到這個轉變、這個轉變會在誰的生命中造成差別，或哪些變數會與這個抽象的結論相關，足以令它的描述變得真實，否則便無法核證這個發現。正如第二章所述，內容存在於文本內以及內容分析描述的只不過是這個內容之所以流行，其中一個原因是在實證上核證或否定這些發現是完全不可能的。在缺乏細節去核證或否定內容分析的發現的情況下，研究者可以輕易地透過自己的修辭、公眾聽證和著作來控制的表面及社會效度，變成了唯一的選擇。

核證的「方法學障礙」較難克服。看看以下的一個三難局面：(1)如果內容分析者找不到關於他們推斷之事的獨立證據，那麼有沒有效度都不能成立，起碼直至到有關數據出現為止，內容分析與一切預測工作都面對這個認識學上的侷限。(2)如果分析者擁有關於他們文本的文脈的證據，

即關於被分析文本的現象的證據，但卻在發展其分析建構上使用了，則該證據便不再獨立於研究結果，因而也不可用來核證發現了。最後，(3)如果分析者擁有共時證據可以核證他們的推論，但卻不用在分析上，那麼進行內容分析便沒有意思，最多是多了一個個案去支持分析。內容分析者只要依靠關於研究現象不同形式的不完美和非直接的核證證據，便可以解決這個三難局面的一部分。我將在以下部分針對這方面討論一下。

13.2　核證證據類型

心理測試和內容分析的一個基本區別，是後者是關乎一個相對於特定文脈的文本體系（見第二章），前者則並不接受那種關係和它所包含的推斷步驟，內容分析者於是必須以實證手段示範出其研究是對文脈敏感的。再者，必須留意內容分析的數據、文本和發現，雖然毫無疑問是透過語言使用者、讀者／作者、構思者和行為者，但卻不一定是關於個人的。即是說有關效度的心理學測量理論構思，必須以模型理論構思擴展，如圖9.1勾畫的一樣。這個知識學上的轉移需要的核證證據，與上述《標準》界定的證據有所不同，而內容分析可以摘取部分的構思。首先，內容分析可以有三類核證證據：

- 證實處理文本手法有用的證據，文本是什麼、有什麼意義，以及它如何及表達什麼東西（這跟《標準》所說的「基於測試內容的證據」有少許關係；American Educational Research Association et al., 1999, p.11）。
- 證實內容分析作出的不明式推論有用的證據（分析者關注的是他們依賴的分析架構是否有效，這跟《標準》稱為測試的「基於內在結構」的證據有少許關係；p.13）。
- 證實結果有用的證據，不論內容分析對其他研究者的研究問題是否有貢獻，還是在事實中找到（這跟《標準》以「基於跟其他變數有關的證據」討論的較古老的「準則有關效度」有少許關係）。

這些區別跟以下要簡述的區別，可見於圖13.1。

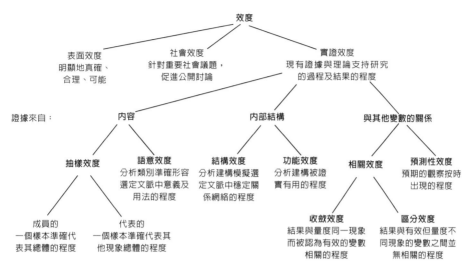

效度

表面效度
明顯地真確、
合理、可能

社會效度
針對重要社會議題，
促進公開討論

實證效度
現有證據與理論支持研究
的過程及結果的程度

證據來自：　　　　內容　　　　　　　　內部結構　　　　　　與其他變數的關係

抽樣效度

語意效度
分析類別準確形容
選定文脈中意義及
用法的程度

結構效度
分析建構模擬選
定文脈中穩定關
係網絡的程度

功能效度
分析建構被證
實有用的程度

相關效度

預測性效度
預期的觀察按時
出現的程度

成員的
一個樣本準確代
表其總體的程度

代表的
一個樣本準確代表其
他現象總體的程度

收斂效度
結果與量度同一現象
而被認為有效的變數
相關的程度

區分效度
結果與有效但量度不
同現象的變數之間並
無相關的程度

✈ 圖 13.1　內容分析中核證工夫的分類

　　證實處理文本手法有用的證據，多與內容分析的抽樣和記錄階段有
關，這些證據可分成兩類：

・「抽樣效度」的證據，跟文本的樣本表達現象總體的準確程度有
關。理想地，內容分析者使用保證有代表性的抽樣計畫來積極抽取
樣本，但在很多實際情況中，文本出自其來源的選擇，因此帶有其
偏見，內容分析者可能控制不了這些偏見，但卻想知道這些樣本是
否可以信賴和可以信賴到什麼程度。

・「語意效度」的證據，釐定文本分析的類別與文本在特定文脈中的
意義之間對稱的程度。人類學寧取內在而非外來的分析類別，以及
民族學者努力向被訪者核證他們的詮釋等，顯示他們對語意效度
的關注。內容分析也顧及其他的文脈，只需是文脈即可。其他的研
究工作（如心理測試和民調）則以控制可能答案的範圍而並非探討
問題對被訪者的意義來避開語意效度。語意效度與內容分析關係密
切。

證實內容分析的不明式推斷有用的證據，告訴我們使用的分析架構作

爲模型來說究竟有多稱職。這樣的證據也可分成兩類：

- ・「結構效度」的證據，顯示的是現存數據或既定理論，和模擬關係或內容分析使用的推斷法則之間的結構性對稱。
- ・「功能效度」的證據，顯示的是內容分析所做的，和成功的分析已經做過的之間的功能對稱，包括特定的文脈如何運作。假如這些行爲在多種情況下不斷共同變化，可以肯定的是它們之間有著一個共同的架構。

如此區分結構效度和功能效度，是基於Feigl（1952）作出的：

> 核證和平反兩類證實方法。在這個情況下，「核證」是一種證實方法，按照這個方法，一項分析程序是否可以接受，端視乎它是否可以從獨立於程序的普遍原理……理論（或數據）中得出來。另一方面，「平反」可能令一項分析方法因爲可以作出準確預測（比或然率高）的理由而被接受，而不需顧及方法的細節。演繹和歸納的法則對（建構）核證重要，而手段和特別目的的關係爲（建構）平反提供了基礎。（Krippendorff, 1969b, p.12）

在1980年版的《內容分析》中，我稱這兩類效度爲「建構核證」和「建構平反」（Krippendorff, 1980b），但由於建構效度在心理測試的文獻中有稍爲不同的定義，我這個稱謂造成了一些混亂，因此我需要在稱謂上作出改變。無獨有偶地，Selltiz, Jahoda, Deutsch, & Cook（1964）稱平反爲「實用效度」，因爲「那麼研究者便不用知道測試表現『爲何』是他所研究的特徵的一個有效指標」（p.157）。

最後，還有內容分析結果的效度──準則爲本的效度或工具性效度。支持結果的方法有二：

- ・「相關效度」的證據，檢定以一種方法取得的發現跟其他被認爲更有效的變數取得的發現的相關程度。要相關，所有變數必須一起並同時存在，結果因此也稱爲「同時效度」。相關效度需要同時出現「聚焦效度」（或聲稱表示文脈特徵量數的高度相關）和「區別效

度」（或與企圖別除文脈特徵量數的低度相關）。

· 「預測性效度」的證據，建立內容分析答案準確地預測事件、辨認
屬性或描述狀況的程度。與選擇研究問題的可能答案相近，預測道
出可以期待什麼、什麼不會發生。預測可以是關於先於文本出現
的、同時出現的，或後於文本出現的現象。

13.2.1 抽樣效度

每當一個文本的樣本跟被研究現象的總體有分別時，抽樣效度便變得
重要，差別並不限於大小，而是組成部分，大小問題不難處理，但不同的
組成會影響就抽樣文本進行的內容分析。如前所述，抽樣效度是一個樣本
準確地代表總體的程度。首先，我們要區分兩個情況：

(a)樣本包括了被研究總體成員的一個「子集」。

(b)樣本包括了樣本及抽取樣本的總體以外的現象的「代表」。

第一個情況中的證據——從被研究總體中抽取一個樣本，如第六章所
述藉「統計抽樣理論」已經廣為人熟悉，不論是樣本的中位、比例、變異
或分布準確度，統計學理論都可測量到抽樣誤差，這誤差是一個樣本「無
效」的尺度：

$$\text{抽樣效度(a)} = 1 - \text{抽樣誤差} = 1 - \frac{\sigma}{\sqrt{N}}\sqrt{\frac{n-N}{n-1}}$$

其中σ是總體的標準差，顯示出類別的多樣性；n是總體的大小；N則是樣
本的大小。

在傳統的抽樣理論中，抽樣誤差隨三項因素變化。首先最重要的是樣
本大小N。樣本愈大，抽樣誤差愈小，而抽樣效度(a)愈大。第二是總體內
類別的多樣性，以標準差σ表示。若有兩個同樣大小的樣本，從多樣化較
高的總體抽取的樣本，其抽樣誤差會更大，比起從多樣化較低的總體抽取
的樣本，其有效的機會更低。第三是總體的抽樣比例，隨著樣本愈來愈涵
蓋廣泛，$(n-N) \rightarrow 0$，抽樣誤差會減少而抽樣效度(a)會增加。

　　第二個情況——根據所代表的東西抽取樣本代表——的證據得來不易，但往往是內容分析者想得到的。清楚點說，如我在第二章說過，內容分析者並不因為文本、映象或分布特徵本身的價值而研究它們；他們使用文本，只為知道其使用者心中所想、文本關於什麼、它們有什麼意義、有什麼用、對什麼人有意義和有用等。意義、援引、用途或內容與文本的單元之間，很少有一對一的對應關係。抽樣理論並不提供一個簡單的測試方法，去證明一個樣本是否準確反映內容分析者意圖透過這些文本瞭解的現象。此外，內容分析者接觸到的文本，通常都經過其他人——遵從體制規則的組織；有著特別意圖因而選擇或不選擇某類資訊的個人；或有其本身科技或經濟過濾器的傳播媒體——事前的抽樣。傳播研究者一路以來都是研究現實如何在大眾傳媒中構築、表達和錯誤表達，但卻很少在核證工夫上使用這些發現。新聞的守門人角色、書寫中意識型態／種族／性別的偏見、當事人為政治上尷尬的故事化裝，以及新聞機構對特別故事的關注（即是否給予某些人士一個發聲平臺）等概念，已經是司空見慣而且被量化了的。

　　假如被研究的現象需要準確地在研究者分析的文本中反映出來，則抽樣工作便必須消除因挑選文本而引起的偏差，抽樣效度(b)的核證證據有兩類：

- 對要比較其中一個樣本的現象總體的認識
- 對現存文本來源的自我抽樣做法的認識

　　要測量一個文本單元的樣本有多忠實反映代表現象總體的程度，一個來自著名的偶然係數C的簡單百分比數值相當有用。作為效度測量的化身，$1 - C^2$，它只與比例有關，並有兩個版本，分別照應上述兩類核證證據：

$$抽樣效度（b）= 1 - C^2 = \frac{1}{1 + \sum_i \frac{(P_i - P_i)^2}{P_i}} = \frac{1}{1 + \sum_i P_i \frac{b_i^2}{1 - b_i}}$$

其中P_i是被觀察到在樣本中代表類別i現象的比例，p_i是代表總體中類別i現象的比例。當已知或可以確定時，p_i在抽樣效度(b)的方程式第一個版本中成為核證證據。當代表類別i的偏差b_i，代數上等同（$1 - p_i/P_i$）已知時，b_i成為抽樣效度(b)方程式第二個版本中的核證證據。研究偏差、測量或估計b_i，都比較普遍、易於進行，和有別於測量p_i比例的設計，因此才出現兩個版本。

　　以上所述抽樣效度(b)的第一個版本，隨樣本中被觀察比例P_i和總體中的比例p_i而改變，後者是核證證據，必須獨立於樣本地取得。當所有類別i的$P_i = p_i$時，抽樣效度是整體，而隨著兩個比例之間的差別愈大而減少。

　　抽樣效度(b)的第二個版本，隨樣本中被觀察比例P_i和自我抽樣偏差b_i（$= 1 - p_i/P_i$）改變，後者是被抽樣文本的來源過分或不足以代表類別i的程度。偏差b_i作為核證證據，也必須獨立於樣本來取得。如果所有類別i的這個偏差$b_i = 0$，則抽樣可以如常進行。如果這個偏差偏離0，則抽樣效度(b)便會減少。假若知道來源的偏差b_i，我們可以藉轉變機會率抽樣技術修正已知的偏差（第六章6.2.4節），或以$P'_i = (1 - b_i)P_i$來轉變一個偏差樣本中的比例P_i，從而得出一個有效的樣本。

13.2.2　語意效度

　　語意效度是文本的分析類別，跟這些文本對特定讀者的意義，或它們在某一文脈中扮演的角色的相應程度。幾乎所有內容分析都根據文本的意義與其呼應：本義、涵義、影射、暗示、關聯、隱喻、框架、用法、象徵特質等等。文本的使用者可作為一項內容分析採用的類別的核證證據的來源。內容分析較古老的定義中，唯一提到的目標便是準確地描述這些意義，不論是符號載體的分類（Janis, 1943/1965）、「傳播的顯露內容」的描述（Berelson, 1952, p.16；Berelson & Lazarsfeld, 1984, p.6）、編碼（Cartwright, 1953, p.424），或「把不同文字模式放進一個分類系統（的類別）」（Miller, 1951, p.96）。雖然大部分人都明白，能準確地描述這些意義，內容分析才會成功（不計其最終的推論目標），但怎樣才算

準確和特別是誰的意義才算有效，全都視乎分析選用的文脈。

在第二章中，我說過就算是致力純粹描述工作的分析者，也必須承認自己及其他人可以依靠一個文脈來核證工作成果。假如內容分析者聲稱可以而不靠任何具體用途和使用者──作者、讀者、新聞編輯、專家、社會體制、標準辭典或字典，甚至分析者自己的論述團體──的文脈而描述意義，那麼便無法知道什麼可以核證或推翻這些描述，分析者只能依靠表面效度或自己的科學（社會或政治）權威。雖然語意效度廣為內容分析者重視，但卻很少受到正式測試。

研究者可輕易採取一個客觀的角度，認為意義是永恆而且是如一般字典所界定的，或是採取一個民族學的角度，把意義交回特定文本的作者手裡。無論如何，這兩個極端都忽略了所有描述都必會簡化或抽象化，而且通常都從描述者的問題出發這個事實。類別永遠都比它們分類的物事抽象，其實，內容分析者很少以被分析文本的獨特意義作為他們推論的基礎；他們分析的層次比一般說話更抽象。語言行為、獨白、自尊、民族偏見、性騷擾和誹謗等概念，還有社會和反社會行為等的區別，往往都非常抽象，也不一定有著被分析文本的來源的意義。以讚賞、攻擊和辯護等形式（Benoit, Blaney, & Pier, 1998）區分政治競選論述的功能，在分析上有用，但卻未必可以幫助候選人進行競選活動。使用抽象類別，對內容分析來說，令語意核證等同心理測試的內容核證。舉例來說，為了找出應徵者是否適合某一工種而設計的測試的內容效度，是該測試可以包括工作所有要求而非只有幾項突出資格的程度。同樣地，「讚賞」、「攻擊」和「辯護」等類別的語意效度，應該是這些類別包含所有政治競選論述功能，同時清楚界定這三個類別的程度。

分析政治文件中的價值的準備工夫，可以作為反覆使用語意效度準則的一個例子。在這個研究中，我們首先找來一堆政治學家輕易辨認為「充滿價值的陳述」，就是我們在文件中用來檢視其作者流露的價值那類。要再得出這些專家的區別，我們制定了明確的記錄指引。編碼者作出同樣區別的能力人人有異，一個我們原本希望使用的電腦程式原來幫助不大，長話短說，我們首先發展出一張在文件找到的政治價值──民主、自由、進

步，諸如此類的清單，也容許加進其他的。後來發現不理想，不少充滿價值的陳述並不包括清單上的價值。我們於是考慮不同的思考模式，帶領我們找出隱藏的目的、過程的優先選擇、決策的準則等等，並加進我們漸漸成形的指引，然後再應用於清單上。慢慢地，我們把我們指引中建議充滿價值和價值中立的陳述的區別，和專家團作出的區別之間的距離收窄（Krippendorff, 1970c）。或許有人會質疑，我們以專家來爲我們語意核證的工作提供證據，我們其實大可參考另一個總體，但由於時間有限，而且我們的分析將對政治學文獻有用，理論上的考慮似乎支持選擇這個文脈的決定，而我們亦滿意這個工具合理地接近我們信任的他們的共識，知道他們在討論什麼東西。

語意效度理據面貌各異。一般查詢者是一個把文字標籤，然後分析標籤字的電腦程式，要核證一般查詢者字典內的字，Dunphy以一個KWIC（keyword in context）清單來探討標籤字的不同意義。舉例來說，關鍵字*play*（見圖11.1）顯示出無數事前料不到的意義，只找單字標籤的電腦程式會混淆這些意義（Dunphy, 1966, p.159）。針對這些語意問題，Stone, Dunphy, Smith, & Ogilvie（1966）發展出一些所謂解疑程序，深入同音字的語言環境，找出更正確地辨識其意義的線索。這些規則增加了查詢者根據一般英文讀者的習慣分辨文本單元的能力。究其實，研究者這些努力是爲了改善電腦標籤文字的語意效度。

讓我們看看電腦文本分析方法對*self*與*other*所指的區別（見第十一章11.5.1節）。假設*self*、*I*、*my*、*myself*、*me*、*mine*、*we*、*our*、*ourselves*和*us*等字被標籤成*self*，而*other*、*you*、*your*、*yourself*、*he*、*his*、*him*、*himself*、*she*、*hers*、*her*、*herself*、*them*和*themselves*被標籤成*other*，若句子是分析單元，這兩個標籤會在樣本中所有的句子裡分辨出兩個句子子集，我們要取得這些字典字的語意效度的證據，可以分開要求每位讀者把抽樣句子分類成關於作者「自我」和關於作者認爲是「其他人」的句子。圖13.2中，虛線圍著的是兩個被標籤句子的集，實線圍著的是將成爲核證證據的集，這兩類集重疊的程度，是這部字典使用這兩個標籤的語意效度的質化指標。在電腦產生的文本分類中，語意效度很少如這個圖所示的一

樣，但我們只對語意效度是什麼有興趣：效度不明確的分類和我們有信心的一個之間的完全重疊。

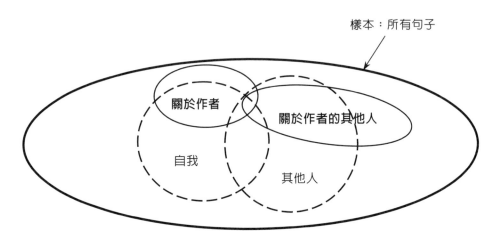

樣本：所有句子

關於作者

關於作者的其他人

自我

其他人

✈ 圖 13.2　兩個類別的語意效度的質化圖示

　　學者質疑內容分析的語意效度的一個傳統方法，是製造相反的例子。這個策略在語言學中甚為普遍，只要一位語言學家聲稱一套文法可以解釋所有符合文化的句子，另一位便會提出這套文法辨認不出的例句。Osgood（1959, pp.73-77）批評自己的偶發分析的方法較接近內容分析，他用這個策略來抵銷其分析的誇張之處。根據他的偶發分析，下面的陳述是表現 *love* 和 *mother* 關聯的例子：

　　1. I love my mother.

但以下的陳述也是：

　　2. I loved my mother more than anyone else.

　　3. Mother loved me.

　　4. I don't love my mother.

　　5. Have I always loved my mother? — Hell no!

　　6. My beloved father hated mother.

由於 *love* 和 *mother* 共同出現於以上六句中，偶發分析會把它們歸類

為*love-mother*共同出現的同一相等級別。但相對於第一句陳述，第二句陳述顯示出偶發分析對表達關聯的語言特徵敏感度不足——「more than anyone else」與頻度無關。第三句陳述顯示出這個分析不能區分出主動句和被動句——即是愛的目標。第四句陳述顯示它不能處理負句，第五句陳述顯示其不能捕捉諷刺，而第六句則顯示其對文法建構的敏感度不足。Osgood當然並不是以這些觀察來否定其方法；相反地，他用它們來釐清一點：存在於人心中一對對概念之間統計學上而非邏輯上的關聯。在這裡，就算否定兩個概念之間有關係，也會成為它們之間有著某種聯繫的證據。

法律專業內的一項內容分析可作為最後一個例子。在德州法庭一宗誹謗案*Wood, et al. v. Andrews, et al.*（達拉斯郡訴訟編號94-8888-C，1997）中，二十名受僱於一所精神病院的心理治療師的原訟人，聘用了一名內容分析家來客觀地建立媒體報導對他們誹謗的言論。言論源於其中一位與訟人，一名代表病院前病人（其中一人同為與訟人）的律師，該批前病人正控告病院虐待病人、專業失當、非法獲利和保險詐騙。內容分析家蒐集了1993年至1996年間五十二篇提到該精神病院的報章報導，其中三十六篇有提及該名律師與訟人，十六篇則沒有。她檢視了前者，對照後者，接著歸納出970條主張，每一條都歸入她從閱讀這些報導得出的十六個類別之一，她最後從這些類別的統計中得出她的結論。

與訟人也請來專家覆核內容分析家的研究和發現，專家提出對分析家使用類別的語意效度的質疑。雖然她相當小心地進行分析，使用的類別可以追溯至原本的主張，但她的結論卻無關痛癢，因為她的類別忽視了案中扮演重要角色的文脈：法律下誹謗的定義。德州法律以相當具體的語言來界定何謂誹謗，誹謗言論必須符合以下準則：

i. 有意圖公開或在金錢上傷害一個人，或不理會傷害另一人的後果

ii. 明知不真實

iii. 被閱讀和理解成事實

iv. 導致讀者改變其言談至抹黑一個人的公眾形象、批評該人的誠實、操守、美德或名譽，和

379

v. 眞的招致該人經濟損失，或令該人受到極度憎恨、鄙視和嘲笑

換句話說，誹謗類別中的主張必須(i)含傷害意圖，(ii)被知道是不眞實的，和(iii)被當作是事實來閱讀。準則iv和v的證據，相信要來自觀察或證供。內容分析家的類別，把原訟人的醜聞追溯至與訟人，卻未在法律規定的類別中提供答案。舉例來說，保險詐騙的指控如果是眞實的話，無論說過多少遍，都不構成誹謗。而嚴厲批評原訟人的主張，可能不含傷害意圖。在這個情況下，一項語意有效的內容分析，會令文章以可以應用適用法律的類別來解答問題，而非一般讀者會如何理解新聞的報導。我們可以總結這位分析家的類別在指定的文脈中並無語意效度。

語意效度承認記錄單元若放在一個類別的話會各有不同，但與分析相關的意義則不變，而不同類別的單元一定在相關意義上有分別。相關意義是重要的，因爲文本的詮釋可以無窮無盡，而內容分析者針對的只是具體研究問題。在以上的多個例子中，如果偏離了這個理想，則分析程序需要改動、類別需要再界定，或發現應該被否定。

我現在將提出一個分類語意效度的簡單測量方法，然後示範如何應用到文本搜尋的語意效度的評價上。首先要注意的是，把一個樣本的單元分到幾個彼此互斥的類別中，即等同把那個樣本劃分成彼此互斥的單元集。一個方法的語意效度，是透過比較其劃分與另一個作爲核證證據的方法的劃分來建立的。理想地，這些劃分是一樣的，但實際上它們卻很少一樣。分類語意效度的一個最低量數可以如此界定：假設

j 代表一系列分析類別1、2、3、……其中之一；

n 爲以兩種方法分類的文本單元樣本的大小；

A_1、A_2、A_3、……A_j、……爲以這個方法區分出彼此互斥的單元集；

E_1、E_2、E_3、……E_j、……爲核證證據，以另一被認爲有效的方法區分出的彼此互斥的單元集；

∩爲兩個集的交集，代表兩邊皆共通的單元（即布爾邏輯的AND）；及

#爲列舉（點算）一個集的成員的工具。

根據這套符號，當兩個劃分完全一樣時，所有A_j和E_j都會載有相同單元，就所有類別j來說，$A_j = E_j = A_j \cap E_j$，測量結果應為1，顯示語意效度是完美的。任何偏離這個理想都應該得出少於1的數值。一個符合這些要求的量數是：

$$語意效度 = \sum \#(A_j \cap E_j)/n$$

我們可以應用更先進的統計如Cohen（1960）的，或一個會把量數拓展至不同量法的係數，或如圖13.2般容許重疊的集群。無論怎樣，這裡我們只談談最簡單的語意效度。

關於評價文本搜尋的語意效度，我們在第十一章中說過，在文本數據庫搜尋相關文本單元，是以制定適合的詢問開始。制定這樣一個詢問，牽涉到一定程度的語言學知識，主要因為進行搜尋相配字體串的文本總體，有別於被搜尋文本的意義總體。一個語意學上有效的詢問，能辨認出所有相關的文本單元或文件，但詢問可能會辨認不到與研究問題相關的文件，或未能剔除與該問題無關的文件。我們要記著，相關與否，端視乎內容分析者如何理解研究計畫的目的。相對來說，搜尋結果則是按特定詢問找出配對的字體串。

資訊檢索主要是關於特別詢問是否能檢索出載有所需字體串的文件，或檢索出沒有配對的文件。從這方面的技術性文獻中，可以見到學者用過兩種評估搜尋器質素的準則：準繩和喚起。「準繩」是搜尋器列出跟查詢配對的文件的把握。「檢索」是搜尋器得出總集內所有配對文件的能力（Rijsbergen, 1979）。

技術性錯誤可以影響文本搜尋的語意效度，但這裡要談的是，比較電子文本搜尋的結果（檢索到或檢索不到的文本單元），和以人類判斷取得的核證證據（相關或不相關的文本單元）。實際效果是，文本的宇宙可劃分成下面的頻度表：

文本單元	相關	不相關	
檢索	*a* 正確加入	*b* 做到	*a*+*b*
檢索不到	*c* 錯漏	*d* 正確剔除	*c*+*d*
	a+*c*	*b*+*d*	*n*

在這個表中，*n*是搜尋的文本宇宙的大小。把上面提過語意效度的量數應用到這個過分簡單的情況，我們得出：

$$語意效度 = (a + d)/n$$

文本搜尋的語意效度受兩個誤差左右，第一個是：

$$做到誤差 = b/(a + b) 〔或1 - 準繩〕$$

即錯誤地檢索出不相關文本單元數目*b*跟檢索單元總數（*a* + *b*）的比例。在搜尋報章報導中的自我援引，Bermejo（1997）發現這個誤差為16%，這已經算是很好的了。另一個誤差是：

$$錯漏誤差 = c/(a + c) 〔或1 - 檢索〕$$

即搜尋未能辨認的相關單元的數目*c*跟文本宇宙中相關單元的總數（*a* + *c*）的比例。在一項涉及由三份報章中檢索家庭暴力報導的試點研究中，Wray & Hornik（1998）發現10%、19%和29%的做到誤差，和12%、20%和25%的錯漏誤差，雖則他們以準繩和檢索等字眼發表其結果。這兩個量數如何減低文本搜尋的語意效度，可見於這條方程式：

> 語意效度 $= 1 - (a + b)/n$ 做到誤差
> $-(a + c)/n$ 錯漏誤差

　　但在典型的文本搜尋中，這兩個誤差很少具同等重要性。當一個搜尋結果直接載有問題的答案——即不需進一步分析時，兩種誤差有著相同分量，語意效度的單一量數便可以接受。但當搜尋的目的是辨認出文件以作進一步檢視時，做到誤差只會增加編碼者的工作（編碼者通常都可以輕易地在閱讀後刪除不相關的文件），而錯漏誤差則會令內容分析者取不到可以得出不同結論的相關數據，因此有需要分別解釋這些誤差。

　　衡量文本搜尋的語意效度的一個難題，是 c 與 d 一般都不可知。事實上，我們不能測量錯漏誤差，除非找到一個方法檢視或最低限度估計未檢索的文件數目和正確剔除的比例。對有限的文本數據庫來說，現存文本宇宙的大小 n 很可能是已知的，或者至少都可以作出估計。但不幸地，很大的數據庫的 n 可能大到難以作出有意義的計算。無論如何，這些限制並不適用在內容分析類別比較常見的語意核證上，後者的樣本大小多是有限和可以控制的。

13.2.3　結構效度

　　當內容分析者質疑採用的分析架構，是否準確地代表現存文本的所知用途、穩定的意義、語言習慣、產生意義的做法和特定文脈中的行為時，結構效度便成為值得關注的問題。因此，結構效度衡量的是分析者不明式的推論是否可靠（見第二章2.4節），主要從經分類的文本，其次從分類的過程，而後者則有賴編碼者去支持編碼／記錄過程中隱含的推論或詮釋。證據可以包括現存文本和內容分析目標和有關的理論之間穩定關係的顯著例子。當重新設計一項內容分析，因而沒有成功或失敗的歷史參照時，結構效度是唯一增加其推論說服力的方法。

　　歷史學者的工作很明顯屬於這一類。雖然常言道歷史不會重演，但某些模式極可能會重演，並可藉普遍定律來解釋，特別是有關人性／社會方面的。要歷史學家接受這些模式，它們必須是在一個特定的歷史文脈

中相對地恆久。Dibble（1963）分析歷史學家支持和反對歷史文獻中對事件的事實性質的推論，爲歷史解釋的結構效度區分出四類證據或普遍定律。有一類證據涉及製造需要核證的記錄的社會體制的角色和做法，用的是本身的操守和保存某些特定的文件，這些是Dibble稱之爲「社會簿記」做法的社會學普遍定律。第二類涉及描述他們所見所聞的證人的特徵，是關於記憶如何運作、興趣的影響，以及在情緒上或意識型態上界入事件的影響等心理學普遍定律。第三類證據涉及敘事的結構跟被敘述的事件有何關係，是關於文本如何被組織，和當時對讀者有何意義的語言學或文學普遍定律。最後，是關於文件如何傳達、誰接觸或再生產它們、它們如何到達目的地、如何被過濾或歸檔，以及如何淡出或消失的物理學普遍定律。Dibble認爲歷史學家以這些普遍定律來核證或否定他們的推論。這一切都跟內容分析者的工作相似，而且可能比內容分析者做得更有系統。

第九章談過Leites, Bernaut, & Garthoff（1951）從慶祝列寧壽辰的演說中得出的推論，是另一個獨特情況下結構核證的特別透明例子。一旦研究者有了分析建構，有關現存演說的推論便自然出現。他們建構的效度，由富經驗的蘇聯問題專家根據政治論述如何在蘇聯運作，特別是接近列寧的政治局成員會如何避免顯露私交來建立。只要得出其建構的結構效度，其應用的結果便會被接納，稍後更會被證實爲正確。

Osgood, Saporta, & Nunnally（1956）根據當時流行的情感認知理論，特別是經無數對照實驗驗證的認知不協調理論，設計出他們的評價主張分析。這是唯一使用過的核證證據，研究者透過它，嘗試建立他們分析程序中的演算，與已知的個人認知有著結構上的相應。評價主張分析是由Cuilenburg, Kleinnijenhuis, & De Ridder（1986）和Kleinnijenhuis, De Ridder, & Rietburg（1997）等人，基於早期提出但驗證次數不多的結構效度延展出來。

13.2.4 功能效度

功能效度是分析建構在使用而非結構上證明有用的程度。一項內容分析是經其使用的歷史，特別是沒有任何重大的失敗來證明有用的。「有

用」和「成功」當然可以有很多意思，而這些概念只在同一個實證文脈內有不同方法互相競爭下才有意義。要證明一項內容分析有用，一定要先示範其分析建構，即分析者從現存文本到特定研究問題的答案的解釋，在一段期間中和在很多實證情況中均是有用的。結構效度的證據基於對文脈的認識和該認識如何內置於分析程序的對應，而功能效度則建基於究竟行不行得通或行得有多好。

功能效度存在已久，但卻另有名稱。Janis（1943/1965）提出，由於不可觀察的意義在文本（或如他喜歡稱爲「符號」）與可觀察行爲之間起著中介作用，我們只可「從其生產力推斷出效度」（p.65）來間接地建立有語意傾向的內容分析的效度。他這樣寫道：「只在其產生的結果是與其他變數有關聯的情況下，內容分析的程序才是有用的。」（p.70）。實際上，Janis的論點是由於沒有核證證據顯示觀眾如何理解特定訊息，只有在「類別……以變數形式出現在很多眞實的實證提案」（p.65）時，援引、歸因、主張和猜測才可站得住腳。只要結果與被認爲有趣的其他現象有關聯，他便不理會分析如何或爲什麼會產生那些結果。

有一個例子是應用神經細胞網絡理論以計算共同出現文字的軟體CatPac（Woelfel, 1993, 1997）。這個系統的設計者在其運作中滲進了幾個意念：概念以單字代表；文字在文本中有多接近和共同出現的頻度，影響它們如何儲藏在作者或讀者的腦中及怎樣取出來；隨著使用，它們之間的配對關係也增強；時間上較近的共同出現會蓋過早期的等等。這些提案每一個都有說服力，可以在結構上核證程序，所以，CatPac被稱爲是一個可以進行「語意網絡」分析的系統。無論如何，產生結果的演算非常複雜，加上我們對人腦如何發展出概念所知不多，所以，人們如何構想概念，和演算程序如何得出其結果之間的關聯也還是空白一片。

無論如何，CatPac已經廣爲採用並被對大衆傳媒、營銷、政治、圖書援引和其他範圍感興趣的研究者應用在不同的數據上，而且技術隨時間不斷改善，有時候表面效度的缺乏，令開發商不得不作出調整，例如剔除功能字眼和字根、按屈折變化把被認爲是無意義的字彙變化減少。CatPac的應用，很自然地轉移到較有前途的範圍，特別是當結果與其他重要現象有

關聯或可以幫助作出實際決定，它已在證明本身有實際價值、有用和成功的崗位上生根。CatPac真的可以計算出語意網絡嗎？不是語言學家和人工智慧界的研究者所想的一樣。CatPac重演人腦神經細胞的活動？肯定不是結構上的。無論如何，它為使用者採用，與其他演算技術競爭，可看成是示範其功能效度的有力證據。

13.2.5　相關性效度

有一個知識學上的事實（這事實卻不是常常在心理測試的文獻中見到），就是測試結果和其他變數的相關，是把現象的量數而非現象本身放在一起。相關並不可跨越量數與現象之間的知識學上的鴻溝，相關也不能作出預測——正如我將在以下解釋的一樣。相關只能衡量一個量數可以代替另一個的程度，假如一系列的量數都互有相關，那麼那些有著絕對相關關係的，便毫無疑問可以互相代替；沒有絕對相關關係的，則只可按其相關程度互相代替。相關性效度的基本原理，是相關愈高，效度也愈大。效度永遠來自某些地方——一個或多個信得過的變數，其效度早已確立或獨立於建立相關性效度的工夫。假如報章的罪案報導的內容分析結果，和對罪案的民調結果有著較高度的相關，比兩個變數的任何一個與官方罪案數字為高的話（Zucker, 1978），則內容分析和民意調查便可以互相代替，但任何一個也不可以取代罪案數字。如果一開始便沒有一個變數值得信賴的話，那麼效度也不會成為問題。圖13.3顯示出相關性效度的大概。

Campbell & Fiske（1959）把以相關統計作核證的意念，發展成一套完善的方法。他們運用Popper可否定性的理論，認為一項新方法的相關性效度，並不只是需要跟要測量的行為已確立的量數有著高度相關，而是也要跟其意圖區分開來的行為的量數有著低或零的相關。前者稱為「收斂效度」，後者稱為「區別效度」。這樣子研究結果有兩種方法在相關上無效：與量度被研究現象的已知量數有著低度相關，和與量度截然不同的現象或獨立於被意圖測量的現象的已知量數有著高度相關。

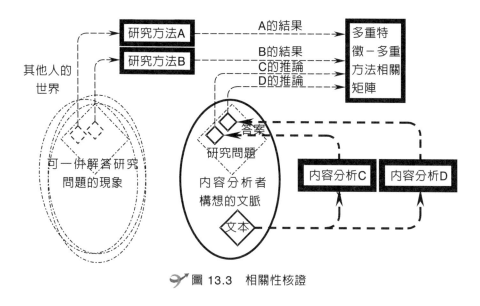

✈ 圖 13.3 相關性核證

　　要示範一個量數兼有收斂效度和區別效度，我們必須計算多種行為量數之間一排的相關性係數，每一個都以幾個獨立方法取得，以Campbell和Fiske稱為多特徵－多方法矩陣（也見Alwin, 1974）的一個矩陣列出來。詳細討論這個方法，並非本書範圍之內，但表13.1展示了這個矩陣的一個例子（關於這方法的更多資料，見Krippendorff, 1980b），它比較了三位研究者：Holsti（H）、Osgood（O）和Saris（S）（見Saris-Gallhofer & Morton, 1978）以電腦執行Osgood情感意義的主要語意分析標尺：評價（E）、力量（P）和行動（A）（見第七章7.4.4節）。

　　在這個表中，所有跟本身的相關均列在主對角線上，全部是1，因而資訊性不高。收斂效度出現在三個多方法方塊對角線上的高度相關，理想是1。在這些子矩陣中，它們全都重要並以星號表示，但卻在比較的情感上各有不同。評價方面的量數，互相的相關最高，其次是力量的量數；行動方面的量數在三者中最低。這結果跟其他研究的發現一致，表示好與壞的判斷——英雄與惡人、成功與失敗、美與醜——易於測量、比起其他兩個能解釋語意分析標尺上更多變異，而且一般在內容分析中更為可靠。當多方法方塊內的非對角線相關比對角線的更低，理想是0時，出現的是區

387

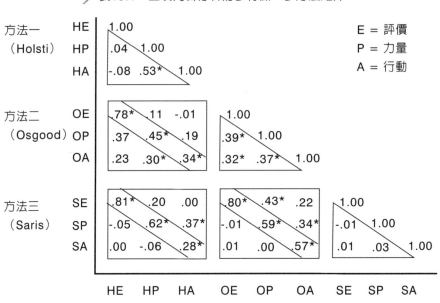

表13.1　三項內容分析的多特徵－多方法矩陣

別效度。它們雖然較低，但仍然距離理想甚遠。事實上，OA與HP、OA 與SP，和OP與SE之間意外地顯著的相關，顯示情感意義的三個層面在這 些方法中的分別並不是那麼明顯。無論如何，罪魁禍首是那三個單一方法 的三角。根據Osgood的方法，三個層面都有顯著相關，即三種意義之間 區別並不太清楚。以Holsti的方法，只有行動與力量層面之間的相關表示 沒有區別，而在Saris的方法中，非對角線的相關接近理想的0、互相獨立 和顯示出高度的區別效度。

　　這裡的討論並非要得出三個方法的普遍定律，它們可以因很多理由而 不同（見Saris-Gallhofer & Morton, 1978）。我在這裡的目的，只是指出 收斂效度和區別效度如何在相關核證中發揮作用。

　　另一個例子是Cappella, Price, & Nir（2002）所做論據質素指標的核 證，這批研究者在研究2000年美國競選期間的網路討論時發展出他們的 指標，他們點算參與這個研究的人為支持自己立場可以提出的論據數目， 以及更有趣的，這些參與者可以想像其他人為反對其立場而提出的論據數

目。Cappella等人有自知之明，不聲稱他們測量的是意見質素，因為單一層面可能不會通過語意效度的測試。他們為量數所取的名字——論據庫，更貼切地反映它所測量的。為了測試其收斂效度，他們示範出它與無數變數有著高度相關，可以看成是衡量著一個共同架構，包括政治知識、政治興趣、彈性（被訪人是否樂意參與不同的討論小組），以及大眾傳媒的曝光。他們留意到：

> 那些有能力寫出其意見的理由和為相反意見找到理由的人，也對政治表示興趣、實際政治知識更準確，和政治觀點來自印刷及廣播媒體，就連私人溝通也是更政治化和多元的。加上有數據顯示，學歷高和擁護其意識型態和政黨的人，其論據庫也更豐富，我們有收斂效度的有力證據。（pp.83-84）

Cappella等人卻沒有示範出區別效度，因此，他們的量數究竟區分出什麼便不得而知了。它很可能包括了一般溝通和社會技能與智慧，這些都超越了界定一個豐富了民調研究者詞彙的量數的意圖。

13.2.6 預測性效度

預測把現有知識帶到仍未被觀察的境界。預測的現象可能早已出現過（如歷史事件、已去世者的特徵、收到訊息的先決條件）、可能跟被分析文本同時存在（如態度、心理病態、個人才能、某人受問題困擾的程度、文化氣候）、或可能在不久或很久之後才出現（如具說服力的訊息帶來的後果、未來僱員的成功、趨勢的持續）。我認為預測性效度有兩個界定準則，第一個注重證據的本質，如《標準》（American Educational Research Association et al., 1999）所載：對相關效度來說，核證證據必須是共同存在的，但對預測效度來說卻並不需要，而事實上也通常不會。第二個界定準則要求預測要具體，要選擇一系列觀察，少於所有可以想像的——正如任何研究問題的答案，都必須剔除一些邏輯上可能的答案。到最後，當核證證據停留在一系列預測觀察中，預測便被核證了。

　　為了劃清相關性效度和預測性效度，我回到Cappella等人（2002）的論據庫量數，這些研究者不只在屬於同一建構的變數（如上所述）找到高相關度的論據庫，而且也在他們認為由論據庫測量出的參與帶來的變數中找到。他們觀察到有兩類參與：樂意參與政治題目的小組討論，和樂意在參與中積極交流（p.89），兩者都跟論據庫有著高度的相關。由於這項研究的所有數據都共同存在而這些變數都相關，所以建立起來的效度也是相關性的，就算我們說參與是果而非因。

　　無論如何，不理因果關係，一旦研究者提出發現，以求在可想像的選擇中作出選擇，和開放這些選擇的證據以供考慮，預測性效度便會出現。事實上，當Cappella等人提出論據庫豐富的人也更樂意參與政治討論時，他們所作的具體預測是可以以未來數據來檢證的。要確立他們的預測效度，需要與後來的觀察吻合──不是相關，而是有豐富論據庫的人是否真的參與，和參與有多頻繁的觀察。

　　預測性核證的一個經典例子，是George（1959a）嘗試評價FCC對二次大戰德國本土統戰所作的預測。FCC分析員的所有推論都有文件記載，戰後George能夠以當時可以接觸到的文件一一配對那些推論，他把每一個有核證證據支持的推論評為正確、差不多正確或錯誤，示範出FCC分析員的預測高於或然率。George的研究（其實比這裡說的要複雜得多）道出了分析者如何可以把後來的證據用於預測上。

　　重複一次：預測並不可用相關來核證。一個行得慢的腕錶跟標準時間有高度相關，但始終是不準確的。除非我們知道腕錶的偏差，否則我們不會知道正確的時間。越戰期間，美國政府透過媒體發布的死亡數字，可能與軍事行動有高度相關，但過了不久，便無人再相信那些誇大的數字。要猜測一份未署名文件的作者身分，顯示那份文件與作者的選字和身分有相關並不足夠；那份未署名的文件必須追溯至一位作者，並排除了所有其他人。

　　從文本中預測出過去、現在或未來發生的事，也必須排除那些預期不會發生的事。如果內容分析對研究問題的所有答案都接受的話，跟全部都不接受同樣沒好處。內容分析愈是富選擇性，它提供的資訊便愈豐富。當

後來的觀察出現在曾經被預測的觀察中,後來的觀察便檢證了預測(永遠或最低限度高於或然率)。

量化預測性效度的適當量數,跟用來衡量語意效度的一樣,兩者都跟有效的表述有關──在語意效度來說是意義、所指事物或文本用途;在預測性效度來說,是究竟研究問題的答案是否有事實支持。預測性效度的適當量數,並非相關而是一致性。

圖13.4覆蓋在圖2.1上面,把本章討論的核證工夫置於內容分析(在第四章討論)的組成部分之內。

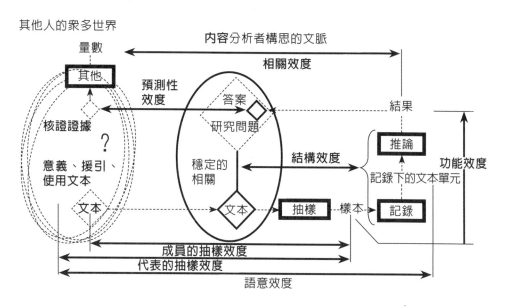

圖 13.4　不同效度種類的比較

CHAPTER 14
實務指引

最後這一章討論內容分析的三個起步點,就每一個起步點的步驟作出建議、提出可能會在研究過程中出現的問題、點出內容分析者需要作出決定的地方,以及建議他們在作那些決定時需要考慮什麼。本章回顧整個內容分析的過程,從構思內容分析者面對的研究問題,至報導其結果,為先前各章提供更充足的資料。

＊　　　＊　　　＊

在上面各章中,我已逐一介紹了內容分析牽涉到的概念,並就內容分析者需要面對的概念和方法學上的問題提出解決方法。在這一章我將從實務出發,把這些概念重申一次,令讀者遇到內容分析可以幫得上忙的研究問題時,知道他們可以做到些什麼、需要做些什麼以及為什麼那樣做。

好像大部分社會研究一樣,內容分析涉及四個工序:

- ・設計分析(14.1節)
- ・撰寫研究建議書(14.2節)
- ・應用研究設計(14.3節)
- ・敘述結果(14.4節)

這些工序並非彼此互斥,也不是完全依序出現。誠然,所有研究都是以構想研究過程開始的,但由於內容分析需要很多準備功夫,設計階段可能成為研究建議書的一部分。資源充足的研究者(學生也是一種資源),可能不用寫正式的研究建議書,但他們最好心目中也要有這樣的建議書。很多時候,內容分析的設計跟應用該設計是雞與雞蛋的關係,看似完美的

設計在應用過程中可能暴露出缺點，令研究者不得不折返籌畫階段去抽取更多數據作樣本、重新構想數據語言、改良編碼指示，甚至大幅改變原先採用的方法。這就是科學研究中的詮釋循環。

14.1　設計分析

　　設計針對的東西，必須經過有方向的努力才會找到——這裡指的是一個由可能得到的觀察、文本、聲音和影像，到針對一個研究問題的敘述性答案的程序（見圖4.2）。一個研究設計包含了詳細的指明，引導人們如何處理數據和令研究可以被複製和經過嚴格驗證。除了直接處理現存文本之外，發展一項設計研究是內容分析中最富挑戰的一環。在設計一項研究的過程中，分析者釐清其研究興趣、學會接受其閱讀是有別於其他人的、探討他們想解答的問題、投進現存文獻中找尋關於分析文脈的洞見，以及探討分析上不同的可能性——直至可以逐步說明，有望得出有用的結論（見第四章）。

　　研究者可從不同起點進入內容分析，每個起點雖非同樣可取，但每項研究的環境也很少一樣。以下我將以三個介入點來討論內容分析：

・「文本驅動」的內容分析（14.1.1節），源自現存文本豐富到可以刺激起分析者的興趣。由於研究問題會隨著分析者介入文本而出現，所以，文本驅動的分析也稱為「碰運氣之旅」。

・「問題驅動」的內容分析（14.1.2節），源自分析者相信文本可以就現時接觸不到的現象、事件或過程的問題提供答案。分析者從研究問題開始，著手由選出適合的文本經分析途徑找出答案。

・「方法驅動」的內容分析（14.1.3節），源自分析者渴望應用已知的分析程序至一向以其他方法探討的領域。

14.1.1　文本驅動的分析

　　如上所述，文本驅動的分析從文本體系入手：一疊有趣的私人書件、一系列錄音訪問、名人日記、漫畫集、真實出現過的談話謄本、會議程序（發表的文章集）、一個媒體（報章、專業期刊、電影）的一段重要時

期、競選演說、某一罪案的新聞報導、人類學田野工作的筆記、家庭相片集、不同國家出版的雜誌中的廣告、對企業股東作出的報告、某一院校的圖書館館藏、介紹某一藥物的文章、電話簿等等。

由於心目中沒有明確的研究議題，研究者通常都會以掌握選出來的文本體系開始。他們可能先進行一些「例行公事」——把文本歸類、把文本體系「包裝」成可以獨立處理的單元。當研究者掌握了文本的數目，他們可能會探討明顯的文本互涉：引述、援引、重疊、再闡述、詳解、次序排列。他們可能也留意到文本之間如何互相繁衍、回應和解釋。文本互涉令文本之間出現一個依賴網絡，提供閱讀文本體系的可能途徑，如按敘述整體、文類或歷史時序，又或是根據不同源頭之間的互相回應。文本互涉的建立等同閱讀的方法，但這些閱讀方法往往也是分析者的閱讀方法。

接著是閱讀文本，以總結出這些文本整體對分析者的意義、它們表示、意味或提出什麼，或可以如何使用它們。假如文本體系大到沒有人可以在閱讀過程中記得所有相關的細節，內容分析者可以利用多種電腦輔助工具，包括質化數據分析（QDA）軟體如QSR的NVivo、R的RQDA，或是用Concordance、VBPro、WordStat或TextQuest等軟體來檢視文字頻度和KWIC清單。連普通的文字處理程式如Microsoft Word的搜尋功能，也可用來進行簡單的內容分析。ATLAS.ti特別適合用來製造文本的網絡。這些分析工具的好處在於保證文本的探索是有系統的，彌補了人類選擇性閱讀和記憶的傾向。文本驅動的分析也稱為「詮釋性」或「質化」，與「量化」（見第四章4.1.2節）有別，第十一章談到電腦輔助工具時曾以QDA討論過（見11.5節）；這些分析始自Glaser & Strauss（1967）的扎根理論（grounded theory）。

就算有QDA軟體的幫助，也要注意文本的探討，本質上是受制於單一分析者的構思和閱讀能力。軟體提供了方便，但卻不保證過程可以重複。

當文本數量超過個人能力範圍之外，團體合作便不可或缺，協調數位分析者的工作便變得異常重要。一起合作的分析者需要對分析達成共識；此外，由於個別閱讀免不了會出現差異，分析者需要把閱讀化成相類的 395

類別，這會令分析更靠近第四章所形容的程序──不論分析是質化還是量化。我將在14.1.2節繼續討論這點。

大型計畫內分析者之間的協調，也需要分析者克服認為其閱讀才是重要的誘惑，這往往與「內容」存在於文本內，是文本的內在特質，每個人都應該知道「它」是什麼這個想法相同（見第二章）。明顯地，文本可以不同方式閱讀，對不同讀者有不同意義。明乎此，分析者便會在閱讀時聆聽其他讀者──文本的作者、觀眾和使用者──的聲音，去瞭解文本對他們的意義、語言對其詮釋的作用、文本在其使用者的生命中扮演的角色及可以扮演什麼角色，以及表述的聲音屬誰、誰人在聆聽、回應，和誰的聲音在這些文本中被壓抑。除非他們顧及另類閱讀方式，否則內容分析者的分析只會受自己的理解所侷限。如果閱讀時心目中有其他的聲音（見Krippendorff, 2006），分析者的視野會開始擴展，感受到他們需要建構的文脈，要容納下與文本有關的不同的人，還有決定文本的先決條件、同步的詮釋和實際後果的制度。當這個文脈在概念上變得清晰時，分析者覺得他們可以解答的問題也會變得清晰。從表示這個文本驅動起步點的圖4.3中，可以看到這些問題不只因其他讀者或使用者的虛擬聲音，也因文脈文獻的作者所說的而出現。

但質化內容分析者一般都止於在其對文本的詮釋上，我剛作出的建議是要質疑文本可以驅動分析的想法。與律師愛說的不同，文件其實不會告訴我們什麼──詮釋永遠是由聰明的讀者作出，而文本亦免不了有多個意義。雖然表面上客觀的電腦搜尋容易令人忽略這個事實，但這些查詢永遠都是由詮釋搜尋結果的同一批分析者提出的，當分析者承認他們在概念上有參與時，並引申開來其他閱讀也變得有可能，特別是當他們需要訓練編碼者遵守書面的記錄／編碼指示時，他們的分析便不可再被認為是由文本驅動的了。至此，我們來到下一個可能是更適合的起步點。

14.1.2 問題驅動的分析

問題驅動的分析源自知識學上的問題，源自渴望得到現今無法得到的知識，和相信對現存文本和其他數據進行系統性閱讀會得出答案。由此入

手的內容分析者，投入的多是真實世界的問題：嘗試為病人診斷的心理分析家；嘗試找出證據以支持或否定抄襲指控的律師；希望弄清一件歷史事件如何出現的歷史學家；立志找出佚名作品原作者的文學或鑑證專家；嘗試預測教科書可讀性的教育家；企圖證實電視競選報導對公民社會有壞影響的傳媒研究者；在敵國本土廣播中尋找軍事情報的統戰分析者；渴望找出政治候選人的辯論中有多少公民知識的修辭學家。所有這些都是知識學上的問題，針對被認為重要而卻一無所知的事。內容分析者必須把這些問題化為研究問題，然後嘗試透過有目的地審視文本來解答。在第三章中，我討論過分析者可從文本中取得的不同推論；這裡的焦點在分析者要達至那些推論可採取的步驟：

- 制定研究問題
- 確定穩定相關
- 鎖定相關文本
- 界定及找出文本中相關的單元
- 抽取這些文本單元的樣本
- 發展編碼類別及記錄指示
- 挑選一個分析程序
- 採納標準
- 分配資源

14.1.2.1 制定研究問題

制定研究問題是分析者面對最重要的概念上的任務，因為這關乎研究設計是否成功。如第二章所述，內容分析提出的研究問題有以下特徵：

- 它們關乎有問題的現存文本的文脈中觀察不到的現象。
- 它們包含數個可能的答案。
- 它們提供起碼兩種從這些答案作出選擇的方法——就算不是實際上，也是在理論上。

上面第一個特徵重申了內容分析的目標：從文本就外在現象作出不明式的推斷。在第二章（2.4節）中，我解釋不明式是一種推理形式，由特定文本出發，透過照顧其文脈的解讀方法，得出研究問題的特定答案（即

397

由細節到細節），跟演繹法（由細節到普遍）和歸納法（由普遍到細節）不同。這些答案必須解決一個問題，不論是解開一個重要謎團或支持一個行動的決定都好。

上面第二個特徵，要求研究問題必須包含幾個可以想像的答案──既非一個任何事也會發生的開放境界，也非分析者意圖證明的單一答案。

第三個特徵令人想到就算有充足理由，單是解答一個研究問題仍不足夠。研究者應想出最少另一個解答該問題的方法，這個方法不經內容分析也能起碼在原則上核證內容分析者提出的答案：額外的觀察、與已知被核實的量數相關，甚至按內容分析提供的資訊行事而更成功的觀察（見第十三章）。內容分析應該可在原則上得到核實，而這包含另類方法或獨立證據。

初學內容分析的人需要明白，並不是所有問題都能成為研究問題。舉例來說，一個電腦程式是否適合分析一個文本體系，這個問題屬於軟體相對於現存文本屬性的問題──它並不針對被分析文本的文脈。我們是否可以測量文本的某項特質，也不能成為研究問題，因為它與分析者的能力有關，只要研究者進行分析便可得到答案，跟特定的分析文脈無關。作者使用某表達方式的頻度，也非適當的研究問題，點算是對文本體系作出的工作，其結果除了是有人數過一些東西之外，並不會告訴我們什麼。這適用於所有抽象事物的演算上：種類／代替品比率、字彙大小，和文本內不同的相關。不幸的是，我們見到很多研究者僅僅宣布點算是社會或政治上重要現象的指標，而沒有說清楚核實他們結論的方法。比方說，點算電視上暴力行為出現的次數，除非我們隱隱覺得次數高對我們希望保存的某些東西不利，否則便沒有意思。更差的是排斥另類答案的假問題。1930年代，很多新聞工作者為了「客觀化」先入為主的公眾關注，把內容的類別量化。內容分析者一定不要以為在公眾辯論中，證實自己的觀點便是探討一條有多個答案的研究問題。

實際上，研究問題的第三個定義特徵，要求答案必須在原則上可以核實（見第二章及第十三章）──說在原則上，是因為很多內容分析的情況都會令實際核實變得不太可能。舉例來說，歷史永遠發生在過去，已經無

法觀察，雖然可以說它曾經可以觀察。遺留下來的歷史事件痕跡，只不過是事件本身的非直接指標，文本也一樣。關於歷史事件的推論，最好與遺留下來的其他痕跡相關。要找出相關的痕跡、評核其可信性，以及把其連結上內容分析的適當領域，分析者需要對分析的文脈有相當的見地。心理治療診斷提供的是另一個例子。沒有治療師可以進入病人的心靈，因此符合了研究問題的第一個定義特徵。美國心理治療協會的《精神疾病診斷與統計手冊》（2000），列出所有公認的精神疾病供治療師選擇，我們可以不同意這張清單，但它卻符合了第二個特徵。參考已知的精神疾病嚴謹地作出的診斷，可能會由其他治療師證實、由獨立的測試核實，或由成功的治療證明。同樣地，一位作者是否有抄襲這個問題，在沒有目擊者或被告不招認的情況下，可能永遠沒有答案。作者的招認，可以核實或否定有系統地比較兩個文本得出來的結論。內容分析者解答過的一些比較傳統的問題，關乎不同觀眾可從接觸特定傳媒訊息和報章編輯的政治傾向學到什麼，要核實這些媒體訊息的推論，內容分析者把他們的結果和調查結果、訪問專家得來的資料，和焦點小組數據——所有這些都是社會科學家非常重視的檢證來源——比較過。內容分析者應具體說明什麼可以核實或否定其結果，就算沒有進行過任何核證／否定工作也好，因為這樣做，他們便可把內容分析與可從多種方法確認的現實接軌。

　　制定得宜的研究問題，不只可指導一項研究設計，也占內容分析者建構起來的世界——進行分析的架構——的三分之一。研究問題關乎那個世界不可確定或變異的部分（見圖2.1），分析者接下來的兩步則關乎他們的世界內穩定的部分。

14.1.2.2　以研究問題確定穩定的相關

　　內容分析以分析文本解答研究問題，文本一般包括映像、聲音、網站、富象徵意義的事件，甚至包括數字數據，只要在特定文脈中有意義便行。內容分析使用的不明式推論，假設分析者對研究問題與現存文本之間的關係有一定認識，這份認識不需也通常不會是純語言或語意的。內容分析者很少對說出來的話、根據字典定義或標準讀者所說的感興趣，他們對

沒有說出來的同樣感興趣──即文本揭露不為人提及的現象，例如：個別讀者可能忽略在影響、後果及使用上出現的意識型態信念或種族偏見。後一類推論多著重統計學知識，需要使用複雜的分析工具。我在第二章中以穩定相關來描述這些關聯，說它們穩定或長久，因為只有假設它們不變異，起碼在分析過程中，它們才可以證實內容分析要作出的推論。如果答案無法與任何可以觀察或閱讀，或以文本達成的東西有關聯，則問題便根本不可能有答案。

一路以來，內容分析者集中關注「語言援引」、態度的「表達」，以及「評價」，假設的是文本單元與其所指、表達、細述或「裝載」的現象有一對一的關係。近來，內容分析者視文本為有關現象的「統計學相關」，例如：以圖書館書籍的破損程度衡量某些題材是否受歡迎，或依賴民意表達的關注和投票之間的相關。這些相關一般都源自其他著重頻度、偶發和變異的研究方法，如民調研究、媒體影響研究、感知實驗，以及文化認知理論。文本也可被看成是有關現象的「副產物」，正如當研究者從傳媒報導推斷出傳媒工業的結構；也可被看成是「因」，正如當研究者企圖推斷出觀眾的感知或媒體導致的焦慮；也可被看成是「果」，正如當研究者分析醫療紀錄以得出患者的人口特徵；或可被看成是「工具性」的，正如當研究者把文本看成是文本生產者作出操控的證據，如在政治或公共衛生運動方面。Webb, Campbell, Schwartz, & Sechrest（1966）為這個可能關聯的名單，加入有關現象留下的「物理痕跡」，還有體制保存下來的「精算紀錄」（非為分析者保存的）。Dibble（1963）也意識到後者，而George（1959a）曾使用穩定相關的複雜社會政治網絡來回答研究問題（見第九章和圖9.2）。人工智能模型也解釋了內容分析者世界內其他穩定的東西，使他們能從不多的文本證據中取得答案。

在這個階段，分析者的任務是確定出這些相關的一個可靠網絡，讓研究者可以視之為穩定和普及的（不因時間和不同情況變異）、肯定的（可作出測定和被測定）和有選擇性的（能夠把可能答案收窄至一個研究問題）。內容分析者為此會卯盡全力，包括過去關於文本－文脈關係的實證研究。我在第四章（4.2節）提出幾個設計，為在內容分析的事先準備找

出實證的知識。從現存關於有關現象怎樣在一個社會系統中傳播的理論和模型，也可找出所需的證據。第九章舉出多個分析建構的例子，簡單的如上述一對一的相關，複雜的如政府怎樣透過其出版物控制民意的模型。上面見到，因果並非唯一的途徑，而相關也不一定要直接。內容分析者常常詬病普遍性理論的闕如，而聲稱放諸四海皆準的理論太天眞。其實，現行穩定性的另一個重要知識源頭，關於特定文本文脈的文獻，往往包括了情況具體的描述、受時間限制的「微型理論」，和前設多多的提案，全部都可以對內容分析者的工作提供幫助。這些「如果－那麼」的提案，可從一般閱讀、已知的典型反應、廣泛流傳的民間話語、比喻、口語等得出來。這樣的一個提案網絡應該可以理出一條由現存文本到達所需答案的途徑，內容分析者需要製造的，便是這麼一條有堅實支持的途徑。

要假設這個穩定相關網絡的存在，分析者可能需要留意可以證實其穩定性的條件，和它們什麼時候會變得不可靠。舉例來說，從大學本科生得出來的相關，可能在其他群體不適用，或起碼需附加條件。遇上危機，組織的規矩會受到破壞或被取代。時間夠長的話，說話表達的意義可能會改變及／或會因應社會情況而變異，又或是因文化而異。有些內容分析者輕易相信語言是放諸四海皆準的，或以爲一旦找到了相關，相關便不會在其他狀況下改變（見圖2.1）；但若假設不穩定的相關是穩定的話，內容分析者會受到嚴重誤導。

明顯地，對所需相關的認識，是受到如何界定文脈所影響。政治科學家尋找的相關，與心理治療師能考慮的不同，社會學家和傳播研究者進行內容分析，心目中的限制各有不同，而他們爲特定文本各自建構的世界，極可能互不相干。

一個穩定相關的網絡，是內容分析者建構起來的世界的下一個重要部分（見圖4.2），目的是把文本的多元性導向研究問題的可能答案。分析者的下一步，通常被認爲是內容分析的起點：找出相關文本。

14.1.2.3 鎖定相關文本

在內容分析中，分析者的問題由文本決定，因此必須從這個意義上具

有資訊性的文本總體中抽取樣本。只要有證據顯示或可以假設與研究問題的答案之間有穩定相關的文本，便可計算在內。在企圖作出推論的途徑上反其道而行，經過穩定的相關從被研究的現象回到現存文本，內容分析者可以證明到文本總體和特定研究問題是有關聯的。

如上所述，內容分析者慣於假設文本單元和被研究的現象、它們所指的、表達的、「裝載」的之間有著一對一的關係。在這個假設之下，挑選文本（包括閱讀和點算）簡直便等同挑選研究問題針對的現象（包括觀察和列舉）。這樣做，便不易見到文本在社會情況下通常扮演的複雜角色。舉例來說，為了推斷出一個文化不同時期中成就動機的變異，McClelland（1958）尋找「製造、商議或慶祝」成就的訊息，涉獵的不只是流行文學、傳記和藝術中的表達方式，還有希臘花瓶和郵票上的圖案。內容分析者一直以來都有分析不同國家政治菁英所讀的報章，以推斷那些國家的市民的政治取向，這個選擇建基於一個假設，即政治議題的設定和公共辯論的促成，是由所謂菁英報章而非地方報章作出，後者多會重印菁英報章的報導，因此資訊量不高。為了暴露一位作者的種族偏見，內容分析者可能要從該名作者不為發表而寫的文字中抽取樣本，例如：私人日記、給親友的信，或其特別向同族人發的文本。當文本製造者會受分析結果影響，內容分析者需考慮製造者對文本會被如何分析及／或閱讀知道些什麼，並集中在製造者不易察覺或不能控制的文本特質上，這會排斥了傳播的工具性。

雖然這些選擇的邏輯很清楚，但內容分析者如何找出他們想分析的文本有多少資訊，卻不是容易說清楚的。閱讀一個小樣本是一個好的開始，檢視頭條或摘要，以決定文本是否相關也很普遍，雪球抽樣法便是從援引網絡找到主要刊物（見第六章6.2.6節）。只要有根有據，專業知識也會令分析者找到適當的總體。一份刊物的聲譽，也是鎖定相關文本的另一個準則。更多時候，內容分析者要接受手上的文本。戰時的統戰分析者和監察國際協定執行的分析者，需以他們截聽到的東西開始。對文學家的研究，受制於他們所寫過的，和寫關乎他們和他們那個時代的東西。談話分析者要得到准許才可做記錄，所以，很多機密談話都不包括在內（偏差因

此而起）。

　　網路以及大型、全文本的電子數據庫和數碼圖書館，大大地擴展了可作內容分析的文本數量。瀏覽器、文本搜尋器，以及電腦輔助文本分析工具（見第十一章11.3節），可以分階段鎖定相關文本。文本開採開始時可能靠的只是一種朦朧的直覺，撒下一個刻意包括所有想像得到的文本的大網，只爲試試究竟有些什麼東西。只要不明式邏輯利用得宜，分析者一般都可以發展出愈來愈仔細的文本解釋、弄清楚現存文本如何與研究問題有關，以及不斷地收窄搜尋。在這個探索的過程中，內容分析者發展出對現存文本的看法和分析方法，同時把文本樣本化成可以控制的大小。搜尋器可以辨識的東西一般都十分有限（見第十一章11.3節），它們的檢索結果和有關物事之間永遠有一道鴻溝（見第十三章13.2.2節中對語意效度的討論）。話雖如此，從電子數據庫、網頁和線上交流抽取樣本的技術天天在進步，爲內容分析者提供愈來愈豐富的文本數據資源。

　　內容分析愈來愈多被應用到從網路討論區、電郵、部落格、臉書及推特得來的文本，這可能引起道德上的問題。誠然，大部分內容分析都依靠公開文件、報章、書籍、電臺廣播、企業對股東的交代，或公開了的歷史文獻，產生它們的機構有很多已經不存在或作者已死。內容分析涉及的道德問題過去多是集中在產生文本資料的一方，例如：心理治療過程一般都由心理治療師記錄下來，他們的專業操守令他們在發表文章時不會透露病患的身分。雖然公眾與私人的空間界線不是常常都那麼清晰，但我認爲對內容分析者有用的網路數據有兩類，分析網站、部落格、法庭紀錄以及以公眾爲受眾的文件，在道德上是中立的；但對那些並沒想過文章會被公開的個人來說，內容分析者很容易無意中侵犯了他們的隱私，這些人不會知道他們的文章會被用作何種分析，因而會感到被冒犯。在網路上，就算用假名也不一定可保障作者或講者的身分，因爲高效能的搜尋器可以找出引文來源。根據Eysenback & Till（2001），從討論區蒐集網路數據有三個方法：非干擾性的、取得同意的、透過參與討論的；他們也討論了三者方法學上的缺點。Sixsmith & Murray（2001）進一步從同意、隱私及匿名層面討論了分析網路留言及檔案的道德問題，以及解讀他人聲音的問題。　403

　　雖然困難重重，但有了制定得宜的研究問題，加上對特定文脈中出現的相關網絡的理解，和對使用別人未必有心的言論保持尊重與警惕，內容分析者便可以蒐集不同的數據來展開工作。分析者決定了分析文本總體有多大，便完成建構內容分析的世界（見第二章），我們接著看看內容分析的組成部分（見圖4.2）。

14.1.2.4　界定及找出文本中相關的單元

　　要把一項涉及大量文本的內容分析做好，其中一個方法是把它分成較小的單元，然後逐一處理。第五章按其在分析過程中的功能，區分出三類分析單元：「抽樣單元」是挑選出來作分析用的彼此互斥的文本單元（見第六章）；「記錄單元」也是彼此互斥的，等同或存在於抽樣單元內，不同的是以數據語言分別描述、編碼或記錄；「文脈單位」則限制了決定一個記錄單元的意義時參考的文本數量（見第七章）。第五章也提到「列舉的單元」，這類單元經常跟記錄單元接壤，有時以篇幅尺寸、字體大小、圖片大小、不同種類文字的比例等數字形式出現。

　　在文本開採中，單元可以鄰近工具界定（見第十一章11.3.2節）：載有符合搜尋東西的文本部分、文件、文章或段落。搜尋的結果可作為抽樣單元或記錄單元，文本搜尋可能會直接提供分析者研究問題的答案，但事實上這卻很少機會出現。

　　分析單元的界定有重大影響。當單元是彼此互斥時，點算的結果是得出可資比較的頻度；當有重疊時則否。把單元分開，也會切斷它們之間的關係，失去存在於文字或詞語之間的資訊。舉例來說，把單字作為單元，會忽略了它們在句子中的角色，使其失去句法意義；視句子為單元，則會忽略了其在段落、連貫的意念和較長論據等的角色。因此，「只有在單元之間的關係並不決定研究問題的情況下，把文本單元化才有用。」上面提過的文脈單元，旨在起碼保存記錄單元周圍的一些資訊。一般來說，如果單元過小（如文字或短句），語意效度會受到影響，內容分析會變得膚淺；如果單元過長（如整份文件、網頁、書籍、電視節目），內容分析會變得不可靠（見第十二章12.1節）。

14.1.2.5　為文本抽樣

假如相關文本的總體太大，內容分析者可以挑選這些文本的代表樣本。抽樣以看似毫無偏差的文本樣本開始，對之進行分析看看它可否解答研究問題；如果達不到標準，一是繼續進行抽樣，直至問題的合理答案出現為止；一是宣告失敗，重新設計內容分析。

第六章提出了一些合適的抽樣策略，但由於文本與內容分析的目標均是關乎外在於或圍繞文本的現象，內容分析的抽樣跟其他研究技術的抽樣——如抽出個人以作民意調查——不同。在內容分析中，研究者抽取文本樣本時需要注意兩個總體：與研究問題答案有關因而可得出研究問題答案的現象「總體」，以及代表這些現象的文本總體。在抽樣過程中，研究者必須給予這兩個現象得出研究問題答案的平等機會。

第六章也討論了研究者取得與研究問題不相干的文本的問題（見上面14.1.1節關於文本驅動分析的討論）。假如文本未經抽樣取得，其代表性便沒有保證，它們會因其源頭的選擇而有所偏差。舉例來說，歷史文件流傳下來的原因，通常都不會與它們會否成為研究對象有關。政治家有很多理由隱藏令他們尷尬的消息，而電視新聞並非關於外面世界發生的事，而是代表了傳媒機構認為有新聞價值以及可以在現有節目安排中播放的東西。當現存文本的總體不大時，內容分析者可能進行不了抽樣，因而需要克服文本本身出現抽樣偏差的問題；見第十三章13.2.1節樣本效度（b）。

14.1.2.6　發展編碼類別及記錄指示

我說過，當文本數量超過單一一名研究者的分析能力而需要團隊合作時，或更重要的，當他們的結果要符合科學標準而需要在其他地方複製時，分析者不單要合作，更要行動一致，否則其結果將不可作出比較。這裡所需的協調有賴制定清晰的編碼指引（見第七章），以同一分析術語，即一套數據語言（見第八章）去描述同一些文本單元。要保證可以複製，這些指示可以包括以下：

　· 編碼者（觀察者、詮釋者、裁判）所需資格的清單。

．用以刻度編碼者想法的培訓程序和指示資料的描述。

．記錄和文脈單元的操作定義，以及如何分辨兩者的規則。

．編碼者要應用來描述、翻譯或歸類每一個文本單元的數據語言（類別或分析語言）中句法（形式）和語意（意義）的操作定義（理想地，這些定義將影響編碼者如何閱讀和記錄文本。這些定義也可加上什麼不應該編碼及為何不應該編碼的例子。見MacQueen et al., 1998；也見Krippendorff & Bock, 2009，第4.1章）。

．用來記錄和輸入數據以供處理的表格或電子記錄副本：空白表格、模範問卷和初步表列。

　　最常見的是，數位編碼者應用這些指示在一個龐大文本體系之前，分析者需要以一個較小的樣本作事前測試，然後修訂、再測試，直至達到合理的信度標準為止（見第十二章12.6.4節）。

　　發展出合適的編碼類別以及記錄指引，有幾個著名的策略，但不幸地，很多內容分析者使用的類別，都是特別為現存文本量身訂做的，基本上每一項內容分析都是重頭做過，在精神上幾乎是文本驅動的。雖然這個策略令編碼工作變得容易和增加信度，但它製造出來的內容分析的結果並不可相互比較，也因此對推動理論貢獻不大。雖然創意永遠是好事，但沿用已經在別的地方證明有用的概念的內容分析者，擴大現有知識領域的機會更大。

　　很多分析者使用的第二個策略，是採用已經發表有著相同目標的內容分析的記錄指示。在第七章及第八章中，我討論過多種類別系統，讀者也可在Berelson（1952）、Holsti（1969）、Weber（1990）、Gottschalk（1995）、Roberts（1997）、Riffe, Lacy, & Fico（1998），以及Neuendorf（2002）等人的著作，以及《內容分析讀本》（Krippendorff & Bock, 2009）中找到其他例子。此外，還有內置於電腦程式中的類別，特別是各類字典（見第十二章12.5.1節）。有些內容分析只使用幾個變數，另一些則用上很多。有些只有短短一頁指示，其他的則是厚厚一冊（如Dolland & Auld, 1959; Gottschalk & Gleser, 1969; Smith, 1992b）。

如果現有的編碼類別證實可靠，可以得出研究問題的答案，那麼便不需要

設計出新的方案了。

第三個策略是從現存關於分析文脈的文獻或理論入手。假如這個文脈的解釋或理論可以轉化成文本編碼的類別，那麼分析者便可以馬上知道文獻建議的穩定相關為何，Osgood, Saporta, & Nunnally（1956）正是重複使用這個方法來發展出評價主張分析，這個分析把認知平衡的理論操作化，得出如「態度物體」、「聯繫者」和「共同意義詞」等理論概念。找不到理論的話，內容分析可向官方的分類系統中尋找類別。如果分析者需要描述職業類別，他們可以參考聯邦貿易局的官方名冊，或職業地位和聲望的社會學研究。對心理分析研究來說，美國心理治療協會的《精神疾病診斷與統計手冊》（2000）不可或缺。由於這些類別廣為人用，採用它們的內容分析因利成便，可以分享按這些類別得出來的實證發現。同樣的道理，如果內容分析是要提供變數，以測試（如政治辯論的參與）特定假設的話，那麼分析者便可能在同樣範圍出現過的研究中找出他們的類別，Cappella, Price, & Nir（2002）正是這樣做，他們從Kuln（1991）對日常生活中的實際思惟研究中，得出其論據庫源指標（argument repertoire index）。從其分析的文脈中已建立的理論得出類別，研究者可以避免過分簡約的制定，還可取材自現存的豐富構思。

一套數據語言的類別除了可靠之外，也應在可能範圍內進行語意效度的測試（見第十三章13.2.2節），這對電腦字典來說特別重要，因為電腦字典雖然絕對可靠，但卻可以擷取或轉化文本至無法辨認。在第十一章中（11.4.1節），我討論了幾套電腦字典，並描述了如何發展出適合電腦處理的類別（也見Krippendorff & Bock, 2009，第5.2章），可以作為替電腦編碼字典編寫程式的模式。

14.1.2.7 挑選一個分析程序

最好的分析程序，跟現存文本的文脈內發生的事如出一轍。圖9.1顯示的內容分析的推論元素，是假定文本－文脈相關為穩定的一個程序性模型。例如：評價主張分析（見第九章9.2.3節）模擬的，便是由共同意義詞語至物體，和由一個態度物體到另一個態度物體的態度轉移，它演化了

一套心理學提案，等同一個非常特別的分析架構。這個分析，只有在研究問題針對的是態度，和當文脈和過程的理論化一致時最為適合。語意網絡分析（見第十一章11.4.3節）的結構很不一樣，它是從認知的演算理論而來，當這些理論被證明是有效時最為適合。

設計優良可供分析者選擇的分析程序並不多，要在市場上的電腦程式中選擇一個，或從現有元素拼合一個分析程序，或重新建構一個，內容分析者應考慮以下三件事：(a)弄清楚自己要分析文本而選擇的分析文脈中的穩定相關網絡；及(b)找出文本是怎樣在分析過程中被看待、處理或轉化，為了(c)挑選出一個程序，以演算出穩定相關網絡的最佳模型，因而最有可能得出研究問題的有效答案。

要挑選分析程序殊非易事，分析者應該留意推銷文本分析軟體的人多會誇大其軟體的功能──承諾可以從文本中抽取概念，但事實上卻只可計算統計學上突出的文字共同出現次數。說一套軟體可以擷取內容、模擬文本，或自動發展並測試理論，其實細看之下只有令人失望地簡單的程序，遠遠不符其聲稱可以做的事。同樣地，理論家往往超越現有證據而誇大其計畫的分析潛力，更令人感到沮喪的是，大部分市場上的電腦程式都把其算法的假設封存，令外人無法得知。這些都是分析者難以作出適當選擇的一些原因。

著名的例外是LIWC（Linguistic Inquiry and Word Count）軟體（Pennebaker, Francis, & Booth, 2001; Pennebaker & Stone, 2001），它師法字典（見第十一章11.4.1節），清楚列出其豐富多元的字典，向使用者提供多種選擇，令他們在已有單字的頻度功能之上更可應用自己的分析建構（見Krippendorff & Bock, 2009，第7.7章）。

14.1.2.8 採納標準

由於內容分析研究問題的答案，是從文本中得出關於尚未被觀察到的現象的推論，這些答案的效度永遠是假設性的，有了標準，便可以減低這些答案的不肯定性。不肯定性受三項因素影響：

‧被分析文本的文脈的性質

‧分析者對文本─文脈相關的認識程度

‧進行分析的嚴謹程度

文脈的性質其實並非分析者可以控制,有些文脈結構繁複,其他則較為開放,甚至故意模稜兩可。又有一些,文本與研究問題答案之間的關聯是直線和直接的;其他的則是混亂或隨機的,分析者可以作出的推論的肯定性因而大受限制,一不小心,內容分析者便會過分簡化了文脈的建構。

對這些相關的認識又是另一回事,沒有內容分析可以缺少這方面的認識,但卻又很少完全沒有。內容分析者是稱職的讀者,起碼以自己的語言來說,他們不會放過任何他們不明白的事。在永遠存在的表面和社會效度之外,內容分析者可能要為抽樣、語意、結構和功能效度進行測試(見第十三章),和基於這些測試證明其發現的效度,把適用的文獻和自己實際經驗中的資料,化成自己的一套解說。在論證內容分析結果的效度時,正反兩方都要依據科學標準,這些標準雖然滲透在科學成就的討論中,但可能不能量化,反證了科學研究的修辭本質。

不肯定性的第三個源頭──進行分析不夠謹慎,起碼以兩種方式出現:以合適的信度係數測量(見第十二章)分析前段的不可信性,和在得出結果的分析設計上,後者也稱為內部效度(見第十一章)。編碼者之間的爭議,最容易出現在內容分析的記錄/編碼階段,並反映在信度測試中。

但標準應該訂到多高呢?明顯地,當內容分析的結果關係到法庭上被告者的生死,或重大商業決定,或戰時的百姓生活時,標準需要夠高,比僅關乎內容分析者聲譽的學術著作為高(見第十二章);但要達到高標準,成本必定昂貴,可能更需要嚴謹的準備工夫(見第四章4.2節)、大量數據(見第六章)、更先進的分析技術等等。內容分析者可能不想開展標準高得無法達到的計畫,不論是從所需資源或其需承擔的責任出發。

抽樣、語意、結構和功能效度的標準,應與結果所需的效度水平有關。要決定這類標準,研究者可能要反其道而行,先從結果要有多肯定、普遍或選擇性出發,至到少不免的瑕疵會帶來什麼影響。

信度──由兩個或以上的分析程序、編碼者或工具的一致性決定(見

第十二章）——與效度（見第十三章）之間的關係非常透明。高信度是高效度的先決條件，但高信度卻無法保證有高效度，就算電腦內容分析可以任意重複，但也可以是完全無效的。在第十二章（見12.6.4節）中，我討論了信度的標準以及一個方法，以測試不可靠數據所帶來的後果。評價一個內容分析的設計（內部效度），本質上是一個質化的工作。

14.1.2.9　分配資源

內容分析者要組織的東西不少：分析程序、人手安排，以及罕有資源。有些活動會留給主要的調查者，有些則會交予需要培訓及指導的助手或專業研究公司。有些工序必須順序進行（例如：文本的抽樣便需在編碼之前，而編碼又需在分析之前），其他則可以同時進行。有些工作需時較短（如以電腦程式運算），其他則會是瑣碎的（如閱讀文本及以人手為文本編碼、大部分的準備工夫，以及清除不潔數據）。有限資源——不論是合資歷的員工、分析工具或財政，也會為計畫增添限制。除非一項內容分析規模不大且只屬探索性質，否則分析者必須有效率地去組織其工作。

有不少工具可以幫助分析者組織研究的過程，這些工具大多以一個網絡去分析一項研究計畫中互相關聯的活動。在這樣的一個網絡中，箭頭代表一個人或小組可以做的工作，以時間和成本接上每一個箭頭，研究者可以計算出所需的資源、窺見可能出現的瓶頸、指派人員同時或順序進行活動，以及預計完成計畫所需最短和最長的時間。

內容分析者可能會覺得有用的計畫工具，有電腦程式應用的流程圖、程式評價及回顧技術（Program Evaluation and Review Technique, PERT）、臨界路線方法（Critical Path Method, CPM）和Gnatt圖（有興趣的讀者可在網路上找到有關資訊）。這些方法令研究者找到最便宜或最快速的途徑取得研究結果，並把現有技術和資源與組織分析工作的可能方法配對起來。

14.1.3　方法驅動的分析

當方法驅動的分析是基於Abraham Kaplan（1964, p.28）所稱的「工

具法則」（當孩子發現如何使用槌子，任何東西便變得需要鎚打一下）時，分析便是不可靠的。同理，當研究者迷上了某一項分析技術而成爲專家時，他們也可能會對任何東西都應用上同一技術，並且樂而爲之。科技便有這種吸引人之處，內容分析者，特別是使用電腦輔助文本分析軟體的，也不例外。要掌握任何複雜的分析技術，分析者一般都要投入相當時間，因而會覺得愈來愈難超越自己的專業範圍，換個角度看事物。不從現實問題出發，內容分析者反而會囿於本身的技術專長，自然地尋找可以應用其方法的研究領域。以方法驅動的分析得出來的見解，反映的極有可能是特定方法產生出來的東西，而非探索對象的實際運作情況。

正面點看，當研究者進行方法驅動的分析，特別是關注效度時，他們在遇到其方法上的侷限的同時，也拓闊了它的應用範圍。舉個例子，糅合兩個意念——神經細胞網絡自我組織和在抽象空間內截然不同的社會物體的移動（Woelfel & Fink, 1980）——的軟體CatPac，原本是用來追蹤廣告及公關活動，後來移用到研究如何充分利用大眾媒體的訊息，以致分析社會境況中的傳播、圖書及詞彙網絡（Barnett & Doerfel, 1977）。CatPac現在主要是一個質化數據（特別是文本）的聚類程式。發展至今，該軟體遭遇過失敗及批評，但也嘗過成功的滋味，它吸引到用家，現已找到定位。

方法驅動的內容分析比問題驅動的分析較少遇到設計上的問題，主要是因爲只要選好一個方法，分析上的選擇便少了。例如：CatPac把記錄單元界定爲通常是單字的一串串字體，卻不確定其意義，而是直接應用一個算式在這些字上，它基於文本特定範圍內文字共現的資訊而把文字聚類，得出來的聚類可被解釋爲代表了講者心目中、組織文化中或市民大眾的概念。CatPac的「粉絲」認爲自動配對是這套軟體最有價值的地方，但批評它的人則認爲不可沒有人類的參與。一旦選上一種方法，可以解答的研究問題通常都固定了。對CatPac來說，研究問題關乎文本單元的聚類，被視爲在幾重抽象層面形成概念的過程，而且顯現在被分析文本的源頭中。

要設計方法驅動的內容分析，分析者通常只有五個預備步驟要做：
・鎖定相關文本並抽取樣本

411

‧在這些文本的文脈中確定其穩定的相關

‧以因應方法及文脈不同而有異的方法預備文本

‧採納標準或準則

‧分配資源

在方法驅動的分析中鎖定相關文本及抽取樣本，難處不在找出與研究問題的答案相關的文本，而是在鎖定容易以這種方法處理的文本。

關於以上第二個步驟，方法驅動的內容分析者，並不傾向為了尋找分析的路向而探討文脈中的相關，而是為了確定環繞文本的相關是否符合選定方法所包含的假設。沿用以上的例子，CatPac假設個別單字或詞語與講者心中的概念之間有著一對一的關係，使用CatPac的人應檢視文獻或其他資料，以決定其假設是否正確，不論一對一的關係是否適用於有關的社會現象，以及更重要的，文本中文字的共現是否可以決定其意義。

文法驅動的分析中，文本的準備功夫與之前提及過記錄工具的發展相似，但不一定供編碼者使用。例如CatPac，分析者剔除了被認為是無關的字（主要是功能字）和透過字根或屈折法排除純是文法上的變奏。其他文本分析軟體分辨「要字」（go-words）和「不要字」（stop-words）、應用字典來標籤文字或識別詞語，或簡化句子（見第十一章）。不那麼硬套的分析技術如偶發分析，需要大量人手編輯文本。文本的轉變，視乎分析者對何是相關、何是無關的判斷，語意效度是一項適用的標準，另一種是人手編輯的信度，最後也是最主要的準則，是按方法作出的演算性。

方法驅動分析中標準的採用，主要遵從上述所論，雖然有些不適用。舉例來說，對電腦分析而言，信度並不是一個問題，但由於電腦不像人類般瞭解文本，語意、結構和功能效度便更加重要。很多電腦輔助工具在語意效度的準則上不及格，但卻以處理大量文本將功補過。

最後，不論是進行問題或方法驅動的分析，研究者都必須分配資源。一旦掌握了演算的方法，比起使用並不專為研究問題而制定的方法會更節省成本。

方法驅動的內容分析者每多維護其採用的方法（見第十三章）。當一項分析方法持續地產生出可以詮釋的結果，它便算是有用。當一項方法

超越了其有用的範圍，它產生出來的結果會是模糊不清和難以詮釋的，CatPac的使用者曾經有過如許經驗，但不幸地，很多研究者都不太想提起他們失敗的經驗，但其實內容分析者可以從他們的失敗中學到特定方法有些什麼侷限。

14.2 撰寫研究建議書

一份研究建議書把內容分析的計畫呈予贊助人、論文委員會或老師——可以批准、提供資源或支配研究者進行探索的時間的人。正因如此，一份建議書有修辭作用，也有合約作用。

14.2.1 修辭功能

研究建議書的修辭功能是要說服贊助人兩件事：

· 建議的研究是有價值和對贊助人是有好處的

· 研究者有能力做出建議的成績

在學術研究中，學者完成上面第一件事，每多靠援引相關的文獻，以證明現有知識或方法有不足之處，可由擬進行的研究填補。理想地，不足之處對社會重要、廣泛和可以導致其他方面的進步，而非僅僅對研究者本人有意義。但所有資助機構都自有其使命，體現在其資助某些研究項目而不資助其他項目，正如有權批核計畫的學者，各有其理論關注和對知識的信念一樣。一份建議書要達到目的，一定要針對這些。在應用研究中，客戶每多要求見到有實際涵義的資料。要成功，建議書應該示範出研究的成果超過其成本。

很多時候，研究者在撰寫研究建議書時會面對不同的期望，這些期望可能是來自資助機構不同部門之間準則有異、論文委員會成員的不同角度，或決策者不能宣之於口的隱蔽議程。在這個情況下，研究者最佳的策略，是在建議書中把所有決策者都牽涉在內，給每一方一個理由去支持計畫。在論文研究中，學生可能要為每一位委員會成員各寫一章。一份商業研究的建議書，可能要說清楚每一方的持分者將會如何從結果中獲益，或最低限度不受損害，或甚至所有持分者會如何因研究計畫而走在一起。

413

過去的成績無疑是研究者能力的最佳佐證。贊助人會留意研究者的學位、著作和關於先前研究獲得的評論，特別是著名學者的評論，還有具權威機構的推薦書。沒有一份亮麗履歷書的研究者所可以做的，是提出具說服力的文獻討論，顯示出其對有關課題的熟悉和其他研究者怎樣解決或受制於類似的研究問題。

研究建議書並不只討論議題，它也需列明研究者準備採取的步驟和解釋為什麼是這樣。其實，對研究者能力最具說服力的，可能是一份仔細的研究計畫，供評核者嚴格審定其成功的機會。建議書也應報告研究者已經完成的準備工作，指出富挑戰性的問題將如何解決。在內容分析中，研究者往往要證明記錄指引是可靠的，和擬使用的分析或演算技術有效，以及解釋作為樣本的文本與研究問題有何關係。

14.2.2　合約功能

一旦獲得批核，一份研究建議書便產生了期望，贊助人或資助機構會提供承諾的東西（財政資源、組織協助或法律支援），而研究者則會做到他所建議的。一份計畫書的批核，製造了合約上的義務，不論建議的研究是為頒予學位給個人、貢獻出理論性的見解，或是提供商業或政治情報。

科學研究的其中一個特點，是在研究完成之前不能保證會取得結果。正如測試一個假設的研究者必須考慮正反兩方證據一樣，解答某一研究問題的內容分析者，也需對可能答案持開放態度，由分析決定。冥冥中自有規律，文本有時不會產生出贊助人希望見到和分析者希望證明的東西。

事實上，文本之間的互不「合作」，每每激起新見解、開拓出意料之外的境地，這帶出科學研究的第二個特點：意外收穫。一份研究建議書必須勾畫出至少一條通往答案的路，但同一時間也必須留有後路，讓分析者在意想不到的捷徑、新方法或估計不到的發現出現時，不用照走舊路，只要研究目標在預期範圍之內，而科學標準也不因而降低。

進行研究而不能保證結果和意外收穫這兩個特點，對結果涉及利益的資助機構來說可能不是好事。草擬建議書的人可能需要說服贊助人所有合理的研究問題都有其他答案，或制定研究問題，使贊助人見到其他可能答

案的價值。

14.2.3　研究建議書大綱

一份典型的內容分析建議書包括所有以下部分：

- 建議分析所針對的「關於普遍知識或方法學議題的陳述」：議題是什麼、為什麼重要，以及對誰重要。

- 「回顧現存文獻關於課題所在的文脈」，列出已經問過和答過的問題種類、之前應用過的研究方法種類，以及什麼成功、什麼不成功，包括分析者本身相關的研究或經驗。

- 建議研究要解答的「具體研究問題的制定」，應置於採用的架構解釋、理解這些問題的「文脈」，以及指向分析者希望用來解答這些問題的「文本體系」中（見第二章）。

- 「對所採用程序的逐步描述」，包括已經或即將進行的任何預備研究、要測試的假設（見第四章4.2節），以及如何和為何測試它們、建議的分析步驟（圖4.2），和每一個步驟採用的標準。這套描述應包括以下：

  - 建議、界定和區分的「分析單元」（見第五章），以及它們各載有及剔除於文本體系以外的東西。

  - 將使用的「抽樣策略」（見第六章），相關文本總體所在，有多輕易取得、足夠樣本大小的準則、修正自我抽樣偏差的方法，以及要達到的抽樣效度（見第十三章13.2.1節）。

  - 將採用的「記錄／編碼類別和數據語言」（見第七章及第八章），不論是給編碼者的指示、現成的電腦字典或文本開採查詢（見第十一章），或從理論、文獻（見第九章9.3節）或文本本身而來（見第一章1.7節；也見14.1.1節）；這些類別保存或剔除些什麼；要達到的語意效度（見第十三章13.2.2節）；保證的信度（見第十二章）；以及任何記錄指示的事前測試的結果。

  - 為「減少」或總結記錄文本總體的演算（統計學或代數）「技術」，以及就已知文本文脈解釋這些技術為何有用。

。分析者最終會使用來解答研究問題的「推斷程序」（見第九章）：背後的分析建構及其結構及功能效度的證據（見第十三章13.2.3節及13.2.4節）、可供使用的電腦程式，以及先前建立的相關或預測效度的證據（見13.2.5節及13.2.6節）。

。研究結果要怎樣和向誰提出：例如以數字、圖表或演算指標等「敘述形式」呈現研究問題的答案，或計畫出版、在會議發表，或向贊助人提交報告；從結果中得出的「結論種類」，不論對理論是否有貢獻、提出行動建議，或解決一個問題；以及對極可能繼續纏繞大議題的問題的一個「嚴謹評估」。

· 對要完成建議分析「所需的具體期間和資源的報告」（工作人員、儀器和外判服務的費用），以不同研究階段的時間表形式，列出里程和每一個階段所需的資源。

· 根據贊助人接受的形式列出「所引文獻的清單」，只包括已出版的文章。

· 載有跟建議書有關的資料，但卻不直接影響贊助人對計畫的理解的「附件」。例如將被分析的文本種類的例子、抽樣文本的清單、分析的建議類別、數據語言及／或已存在的記錄指引、已經取得的初步信度、將使用的軟體設定、初步分析結果，以及支持建議研究的專家的證供。

14.3　應用研究設計

　　理想地，內容分析設計得好，工作便會順利，就算內容分析起先是質化、文本驅動或探索性也好。在設計階段已經解決了所有學術上和方法學上的問題，分析便可以交予一個研究機構。但在現實中，問題總會出現：所需的文本可能拿不到手、變得無關，或受到源頭自我抽樣而出現偏差，而軟體可能不會如預期般運作，但最常見的干擾來自達不到可接受的信度標準（見第十二章）。由於這些問題的解決方法不可預先表明，若不想中止內容分析，研究者可能要重頭來過，修訂有問題的設計部分（見圖4.2），但仍抱著整體的研究目標。常見的是，內容分析要重複幾遍來鎖

定不可信性、修改其成因，和重複這些步驟直至達到適用的標準為止。研究者往往受制於不可靠的編碼指引，因而作出微調但不會大幅度修改原本的方法。除了不可信性外，關於被分析文本的文脈的新實證發現和文獻，也會令分析所假設的世界需要重新建構。內容分析者不要遲疑回到堅實的起步點，因為他們的目標是要揀選出研究問題的可能答案。

14.4　敘述結果

　　研究計畫書是寫來說服贊助人的，但研究報告一般都是面向其他讀者。還有，研究報告通常都並不限於列出事實的發現，而是解釋分析者如何完成其任務；描述研究結果對哪些文獻、判決或決定作出貢獻；以及提出進一步探討的問題。在高度體制化的環境下，如實驗室或民意調查機構，當研究問題得到編碼、研究員皆有名氣，而分析程序亦十分完善時，研究報告只會關於分析跟一般的有何分別。普遍來說，一份研究報告應有足夠細節，說服起碼三類讀者結果是重要的：

　　　　‧批核及／或支持研究的贊助人、機構或客戶

　　　　‧科學界內分析者的同輩

　　　　‧公眾

這些讀者的議程可能會有衝突，需另外處理。

　　贊助人首先關注分析者是否履行其合約義務，一份研究報告需要顯示出分析者有做到這點，適用的話，也應解釋在哪裡及為什麼分析者偏離了原先的計畫書。其次，資助機構很重視因支持有價值的研究而產生的公眾目光，因而往往對結果的社會成效或政治重要性特別感興趣。政治或商業客戶可能對他們可以從研究中獲取的利益更感興趣，而學者感興趣的會是結果帶來的知識增長，一份研究報告可能需要照顧這些關注。第三是實證效度的問題：分析者聲稱取得的結果可信嗎？門外漢的使用者可能會因為分析者的資格或其工作機構的聲譽而接受內容分析的結果，相比起來，法律及科學界的使用者會更嚴謹地看待研究報告，尋找和需要見到相關的細節及證據。

　　對其他科學家來說，最廣被採用的標準是能否在別處重複研究結果。　417

由於舉證的責任落在研究者身上，研究報告必須提出具說服力的證據，證明結果是可以重複的。分析中有機會出錯的元素（如記錄／編碼）的信度測量，可以提供所需的保證。很多學術期刊要見到關於研究發現的信度和統計學上站得住腳的證據，但如上所述，信度只能為研究結果的效度提供一個上限。

由於內容分析以不明式推論取得答案，分析者需要以強有力的論據來建立其推論的有效性，包括重拾每一個分析步驟，並按其是否仿效或代表已知的文本文脈來支持採取的每一個步驟。分析者可使用抽樣、語意、結構和功能效度（見第十三章）來支持其論據，特別是當其結果跟常理有出入時。但內容分析者應該知道，適當的質疑對最合理的研究結果亦有好處。他們見得到的表面效度，受研究影響的人未必可以看到，分析者可能要格外努力提出強有力的論據，雖然在同行中他們發現的效度顯而易見。

研究結果一旦發表，便進入了不同讀者的談論圈子。要令讀者信服，分析者可能要以強有力的敘述，借用對讀者有意義但不會誤導他們的概念、比較或比喻，來解釋研究對讀者的生活有何影響。

14.4.1 研究報告的大綱

一般來說，一份研究報告應載有以下部分（很多也出現在研究計畫書中；見14.2.3節）：

- 為非常繁忙而沒時間看細節的決策者而作的研究「總結或摘要」（這部分通常決定讀者會否繼續看下去）。
- 目錄。
- 貫穿分析的知識或方法學課題的陳述。
- 關於這些課題存在的文脈的「文獻回顧」。
- 對內容分析「採納的架構的陳述」，包括針對的研究問題（附以贊助人或分析者對問題感興趣的解釋）、為解答問題而被分析的文本，以及挑選來證明分析有用的文脈（見第二章）。
- 對真實遵循的「研究設計的描述」，包括進行過的初步研究（見第四章）、過程中遇到的難題、如何解決它們，並附以下面的具體資

料，以便評核過程本身：

◦ 抽樣的「文本體系」：包括什麼、分析者為什麼挑選它們、挑選的策略（見第六章），以及分析者如何處理偏差（見第十三章13.2.1節）。

◦ 使用的「數據語言」（見第八章）：分析者使用的描述類別和測量系統，用以跨越原始文本和應用的演算技術之間的鴻溝。

◦ 「分析單元」（見第五章）：其操作定義、在過程中怎樣運用，以及它們從文本中保存和剔除了些什麼。

◦ 記錄／編碼過程：是否內置於電腦字典或搜尋查詢（見第十一章）或以人手進行（見第七章）、其信度（見第十二章），以及如有評估的話，每一個變數的語意效度（見第十三章13.2.2節）。

◦ 為了從文本體系中「總結、簡化或減少」記錄的數量而「採用的演算（統計學或代數）技術」。

◦ 用以解答研究問題的「推論技術」（電腦程式〔見第十一章〕或其他分析步驟〔見第九章〕）及如有的話，關於結構效度（見第十三章13.2.3節）或功能效度（13.2.4節）的證據。

◦ 研究結果（研究問題的答案）：以資料檔案、總結、統計數字、基於事實的提案、行動建議或判斷（全部以潛在效度計）形式，融入強有力的敘述體中，使目標讀者易於理解。

◦ 自我評估：針對分析（是否有發現新的東西？）、所花的時間和資源（是否值得？）、使用的方法（是否有更適合的技術？）、使用的演算程序（是否做到期望它們做到的？），和分析的宏觀成就（是否對內容分析有所貢獻？有否提出新問題以供後來者探討？）。

・ 額外的東西：

◦ 所引用文獻的清單。

◦ 附件載錄對感興趣讀者的有用資料，例如：記錄指引、使用的電腦字典、達到的信度，以及數字表列，連其他研究者可以使用

的資料（科學探索是開放的，資料可能要供其他地方再分析之用）。

。鳴謝對研究作出過貢獻的人（所有研究計畫都沿人際關係的網絡開展，由於正式的研究報告不會特別提及助手、編碼者、顧問、指導者、圖書館員和老師，所以，研究者若能提及參與的人會是一件美事）。

參考文獻

Abell, Peter. (1987). *The syntax of social life: The theory and method of comparative narratives.* New York: Oxford University Press.

Abell, Peter. (1993). Some aspects of narrative method. *Journal of Mathematical Sociology, 18,* 93–134.

Abelson, Robert P. (1963). Computer simulation of hot cognition. In Silvan S. Tomkins & Samuel Messick (Eds.), *Computer simulation of personality* (pp.277–298). New York: John Wiley.

Abelson, Robert P. (1968). Simulation of social behavior. In Gardner Lindzey & Elliot Aronson (Eds.), *The handbook of social psychology* (pp.274–356). Reading, MA: Addison-Wesley.

Abelson, Robert P., & Rosenberg, Milton J. (1958). Symbolic psychologic: A model of attitude cognition. *Behavioral Science, 3,* 1–13.

Adorno, Theodor W. (1960). Television and the patterns of mass culture. In Bernard Rosenberg & David M. White (Eds.), *Mass culture* (pp.474–488). New York: Free Press.

Albig, William. (1938). The content of radio programs 1925–1935. *Social Forces, 16,* 338–349.

Albrecht, Milton C. (1956). Does literature reflect common values? *American Sociological Review, 21,* 722–729.

Alexa, Melina. (1997). *Computer-assisted text analysis methodology in the social sciences* (Arbeitsbericht 7). Mannheim: Zentrum für Umfragen, Methoden und Analysen.

Alexa, Melina, & Züll, Cornelia. (1999). *A review of software for text analysis* (Nachrichten 5). Mannheim: Zentrum für Umfragen, Methoden und Analysen.

Allen, Liska E. (1963). Automation: Substitute and supplement in legal practice. *American Behavioral Scientist, 7,* 39–44.

Allport, Gordon W. (1942). *The use of personal documents in psychological science.* New York: Social Science Research Council.

Allport, Gordon W. (Ed.). (1965). *Letters from Jenny.* New York: Harcourt Brace Jovanovich.

Allport, Gordon W., & Faden, Janet M. (1940). The psychology of newspapers: Five tentative laws. *Public Opinion Quarterly, 4,* 687–703.

Altheide, David L. (1987). Ethnographic content analysis. *Qualitative Sociology, 10,* 65–77.

Alwin, Duane F. (1974). Approaches to the interpretation of relationships in the multitrait-multimethod matrix. In Herbert L. Costner (Ed.), *Sociological methodology 1973–1974* (pp.79–105). San Francisco: Jossey-Bass.

American Educational Research Association, American Psychological Association, and National Council on Measurement in Education. (1985). *Standards for educational and psychological testing.* Washington, DC: American Psychological Association.

American Educational Research Association, American Psychological Association, and National Council on Measurement in Education. (1999). *Standards for educational and psychological testing.* Washington, DC: American Psychological Association.

American Psychiatric Association. (2000). *Diagnostic and statistical manual of mental disorders* (4th ed., rev.). Washington, DC: Author.

American Psychological Association. (1954). Technical recommendations for psychological tests and diagnostic techniques. *Psychological Bulletin, 51*(Suppl. 2), 200–254.

Andsager, Julie L., & Powers, Angela. (1999). Social or economic concerns: How news and women's magazines framed breast cancer in the

1990s. *Journalism & Mass Communication Quarterly, 76,* 531–550.

Armstrong, Robert P. (1959). Content analysis in folkloristics. In Ithiel de Sola Pool (Ed.), *Trends in content analysis* (pp.151–170). Urbana: University of Illinois Press.

Arnheim, Rudolf, & Bayne, Martha C. (1941). Foreign language broadcasts over local American stations. In Paul F. Lazarsfeld & Frank N. Stanton (Eds.), *Radio research 1941* (pp.3–64). New York: Duell, Sloan & Pearce.

Aron, Betty. (1950). The Thematic Apperception Test in the study of prejudiced and unprejudiced individuals. In Theodor W. Adorno, Else Frenkel-Brunswick, Daniel J. Levinson, & R. Nevitt Sanford, *The authoritarian personality.* New York: Harper.

Ash, Philip. (1948). The periodical press and the Taft-Hartley Act. *Public Opinion Quarterly, 12,* 266–271.

Asheim, Lester. (1950). From book to film. In Bernard Berelson and Morris Janowitz (Eds.), *Reader in public opinion and communication* (pp.299–306). New York: Free Press.

Atkinson, J. Maxwell, & Heritage, John. (Eds.). (1984). *Structures of social action: Studies in conversation analysis.* Cambridge: Cambridge University Press.

Averill, James R. (1985). The social construction of emotions with special reference to love. In Kenneth J. Gergen & Keith E. Davis (Eds.), *The social construction of the person* (pp.89–107). New York: Springer-Verlag.

Baldwin, Alfred L. (1942). Personal structure analysis: A statistical method for investigating the single personality. *Journal of Abnormal and Social Psychology, 37,* 163–183.

Bales, Robert F. (1950). *Interaction process analysis.* Reading, MA: Addison-Wesley.

Barcus, Francis E. (1959). *Communications content: Analysis of the research 1900–1958: A content analysis of content analysis.* Unpublished doctoral dissertation, University of Illinois.

Barnett, George A., & Doerfel, Marya L. (1997, May). *A semantic network analysis of the International Communication Association.* Paper presented at the 47th Annual Meeting of the International Communication Association, Montreal.

Barton, Allen H. (1968). Bringing society back in: Survey research and macro-methodology. *American Behavioral Scientist, 12*(2), 1–9.

Bateson, Gregory. (1972). *Steps to an ecology of mind.* New York: Ballantine.

Bauer, Christian, & Scharl, Arno. (2000). Quantitative evaluation of Web site content and structure. *Internet Research, 10,* 31–41.

Baxter, Leslie A., & Montgomery, Barbara M. (1996). *Relating: Dialogues and dialectics.* New York: Guilford.

Becker, Howard P. (1930). Distribution of space in the *American Journal of Sociology, 1895–1927. American Journal of Sociology, 36,* 461–466.

Becker, Howard P. (1932). Space apportioned forty-eight topics in the *American Journal of Sociology, 1895–1930. American Journal of Sociology, 38,* 71–78.

Bengston, David N., & Xu, Zhi. (1995). *Changing national forest values: A content analysis* (Research Paper NC-323). St. Paul, MN: U.S. Department of Agriculture, Forest Service, North Carolina Forest Experimentation Station.

Bennett, Edward M., Alpert, R., & Goldstein, A. C. (1954). Communications through limited response questioning. *Public Opinion Quarterly, 18,* 303–308.

Benoit, William L., Blaney, Joseph R., & Pier, P. M. (1998). *Campaign'*

96: A functional analysis of acclaiming, attacking, and defending. Westport, CT: Praeger.

Berelson, Bernard. (1949). What "missing the newspaper" means. In Paul F. Lazarsfeld & Frank N. Stanton (Eds.), *Communications research 1948–1949.* New York: Harper Brothers.

Berelson, Bernard. (1952). *Content analysis in communications research.* New York: Free Press.

Berelson, Bernard, & Lazarsfeld, Paul F. (1948). *The analysis of communication content.* Chicago: University of Chicago Press.

Berelson, Bernard, & Salter, Peter J. (1946). Majority and minority Americans: An analysis of magazine fiction. *Public Opinion Quarterly, 10,* 168–190.

Berelson, Bernard, & Steiner, George A. (1964). *Human behavior: An inventory of scientific findings.* New York: Harcourt Brace Jovanovich.

Berger, Peter L., & Luckmann, Thomas. (1966). *The social construction of reality: A treatise in the sociology of knowledge.* Harmondsworth: Penguin.

Berkman, Dave. (1963). Advertising in *Ebony* and *Life:* Negro aspirations vs. reality. *Journalism Quarterly, 40,* 53–64.

Bermejo, Fernando. (1997). *Press self-presentation: Self-reference and reflexivity in newspapers.* Unpublished master's thesis, University of Pennsylvania, Annenberg School for Communication.

Bernard, H. Russell, & Ryan, Gery W. (1998). Text analysis, qualitative and quantitative methods. In H. Russell Bernard (Ed.), *Handbook of methods in cultural anthropology* (pp.595–646). Walnut Creek, CA: AltaMira.

Best, Michael L. (1997). Models for interacting populations of memes: Competition and niche behavior. *Journal of Memetics—Evolutionary Models of Information Transmission, 1,* 80–96.

Best, Michael L. (1998). Corporal ecologies and population fitness on the Net. *Journal of Artificial Life, 3,* 261–287.

Bishop, Stephanie. (1998). *Driving dangerously in the Prozac nation—Road rage: The making of a modern malady.* Unpublished manuscript, University of Pennsylvania, Annenberg School for Communication.

Blalock, Herbert M. (1964). *Causal inferences in non-experimental research.* Chapel Hill: University of North Carolina Press.

Bloch, Daniel A., & Kraemer, Helena Chmura. (1989). 2 × 2 kappa coefficients: Measures of agreement or association. *Biometrics, 45,* 269–287.

Bonfantini, Massimo, & Proni, Giampaolo. (1988). To guess or not to guess? In Umberto Eco & Thomas A. Sebeok (Eds.), *The sign of three: Dupin, Holmes, Peirce* (pp.119–134). Bloomington: Indiana University Press.

Boot, N. (1980). Homography and lemmatization in Dutch texts. *ALLC Bulletin, 8,* 175–189.

Boulding, Kenneth E. (1978). *Ecodynamics.* Beverly Hills, CA: Sage.

Brennan, Robert L., & Prediger, Dale J. (1981). Coefficient kappa: Some uses, misuses, and alternatives. *Educational and Psychological Measurement, 41,* 687–699.

Broder, David P. (1940). The adjective-verb quotient: A contribution to the psychology of language. *Psychological Record, 3,* 310–343.

Broom, Leonard, & Reece, Shirley. (1955). Political and racial interest: A study in content analysis. *Public Opinion Quarterly, 19,* 5–19.

Brouwer, Marten, Clark, Cedric C., Gerbner, George, & Krippendorff, Klaus. (1969). The television world of violence. In Robert K. Baker & Sandra J. Ball (Eds.), *Mass media and violence* (Vol. 9, pp.311–339, 519–591). Washington, DC: Government Printing Office.

Bruner, Jerome S., & Allport, Gordon W. (1940). Fifty years of change in American psychology. *Psychological Bulletin, 37,* 757–776.

Budd, Richard W. (1964). Attention score: A device for measuring news "play." *Journalism Quarterly, 41,* 259–262.

Budge, Ian, Robertson, David, & Hearl, Derek. (1987). *Ideology, strategy and party change: Spatial analyses of post-war election programmes in 19 democracies.* Cambridge: Cambridge University Press.

Cahnman, Werner J. (1948). A note on marriage announcements in the *New York Times. American Sociological Review, 13,* 96–97.

Campbell, Donald T. (1957). Factors relevant to the validity of experiments in social settings. *Psychological Bulletin, 54,* 297–311.

Campbell, Donald T., & Fiske, Donald W. (1959). Convergent and discriminant validation by the multitrait-multimethod matrix. *Psychological Bulletin, 56,* 81–105.

Cappella, Joseph N., Price, Vincent, & Nir, Lilach. (2002). Argument repertoire as a reliable and valid measure of opinion quality: Electronic dialogue during campaign 2000. *Political Communication, 19,* 73–93.

Cappella, Joseph N., Turow, Joseph, & Jamieson, Kathleen Hall. (1996). *Call-in political talk radio: Background, content, audiences, portrayal in mainstream media* (Report series no. 5). Philadelphia: University of Pennsylvania, Annenberg Public Policy Center.

Carletta, Jean, Isard, Amy, Isard, Steven, Kowtko, Jacqueline C., Doherty-Sneddon, Gwyneth, & Anderson, Anne H. (1997). The reliability of a dialogue structure coding scheme. *Computational Linguistics, 23,* 13–31.

Carley, Kathleen M. (1997). Network text analysis: The network positions of concepts. In Carl W. Roberts (Ed.), *Text analysis for the social sciences: Methods for drawing statistical inferences from texts and transcripts* (pp.79–100). Mahwah, NJ: Lawrence Erlbaum.

427

Carmines, Edward G., & Zeller, Richard A. (1979). *Reliability and validity assessment.* Beverly Hills, CA: Sage.

Cartwright, Dorwin P. (1953). Analysis of qualitative material. In Leon Festinger & Daniel Katz (Eds.), *Research methods in the behavioral sciences* (pp.421–470). New York: Holt, Rinehart & Winston.

Chomsky, Noam. (1959). Review of B. F. Skinner *Verbal Behavior. Language, 35,* 26–58.

Cohen, Bernard C. (1957). *The political process and foreign policy: The making of the Japanese peace settlement.* Princeton, NJ: Princeton University Press.

Cohen, Jacob. (1960). A coefficient of agreement for nominal scales. *Educational and Psychological Measurement, 20,* 37–46.

Content analysis: A new evidentiary technique. (1948). *University of Chicago Law Review, 15,* 910–925.

Corsaro, William, & Heise, David R. (1990). Event structure models from ethnographic data. In Clifford Clogg (Ed.), *Sociological methodology, 1990* (pp.1–57). Oxford: Basil Blackwell.

Council on Interracial Books for Children. (1977). *Stereotypes, distortions and omissions in U.S. history textbooks.* New York: Racism and Sexism Resource Center for Educators.

Craig, Robert T. (1981). Generalization of Scott's index of intercoder agreement. *Public Opinion Quarterly, 45,* 260–264.

Cronbach, Lee J. (1951). Coefficient alpha and the internal structure of tests. *Psychometrika, 16,* 297–334.

Cuilenburg, Jan J. van. (1991). Inhoudsanalyse en computer. In Roel Popping & Jules L. Peschcar (Eds.), *Goed Geïnformeerd* (pp.71–82). Houten, Netherlands: Bohn Stafleu Van Loghum.

Cuilenburg, Jan J. van, Kleinnijenhuis, Jan, & De Ridder, Jan A. (1986). A theory of evaluative discourse: Toward a graph theory of journalistic texts. *European Journal of Communication, 1,* 65–96.

Cuilenburg, Jan J. van, Kleinnijenhuis, Jan, & De Ridder, Jan A. (1988). Artificial intelligence and content analysis: Problems of and strategies for computer text analysis. *Quality and Quantity, 22,* 65–97.

Dale, Edgar. (1937). The need for the study of newsreels. *Public Opinion Quarterly, 1,* 122–125.

D'Andrade, Roy. (1991). The identification of schemas in naturalistic data. In Mardi J. Horowitz (Ed.), *Person schemas and maladaptive interpersonal patterns* (pp.279–301). Chicago: University of Chicago Press.

D'Andrade, Roy. (1995). *The development of cognitive anthropology.* Cambridge: Cambridge University Press.

Danielson, Wayne A., Lasorsa, Dominic L., & Im, Dal S. (1992). Journalists and novelists: A study of diverging styles. *Journalism Quarterly, 69,* 436–446.

Danowski, James A. (1982). A network-based content analysis methodology for computer-mediated communication: An illustration with a computer bulletin board. In Michael Burgoon (Ed.), *Communication yearbook 6* (pp.904–925). Beverly Hills, CA: Sage.

Danowski, James A. (1993). Network analysis of message content. In William D. Richards, Jr., & George A. Barnett (Eds.), *Progress in communication sciences* (Vol. 4, pp.197–221). Norwood, NJ: Ablex.

Darnton, Robert. (1999, June 12). No computer can hold the past. *New York Times,* p.-A15.

Dawkins, Richard. (1976). *The selfish gene.* New York: Oxford University Press.

Dawkins, Richard. (1982). *The extended phenotype: The long reach of the gene.* San Francisco: W. H. Freeman.

Deerwester, Scott C., Dumais, Susan T., Furnas, George W., Landauer,

Thomas K., & Harshman, Richard A. (1990). Indexing by latent semantic analysis. *Journal of the American Society for Information Science, 41,* 391–407.

Denzin, Norman K., & Lincoln, Yvonna S. (2000). Introduction: The discipline and practice of qualitative research. In Norman K. Denzin & Yvonna S. Lincoln (Eds.), *Handbook of qualitative research* (2nd ed., pp.1–28). Thousand Oaks, CA: Sage.

DeWeese, L. Carroll, III. (1977). Computer content analysis of "day-old" newspapers: A feasibility study. *Public Opinion Quarterly, 41,* 91–94.

Dibble, Vernon K. (1963). Four types of inferences from documents to events. *History and Theory, 3,* 203–221.

Diefenbach, Donald L. (2001). Historical foundation of computer-assisted content analysis. In Mark D. West (Ed.), *Theory, method, and practice in computer content analysis* (pp.13–41). Westport, CT: Ablex.

Dollard, John, & Auld, Frank, Jr. (1959). *Scoring human motives: A manual.* New Haven, CT: Yale University Press.

Dollard, John, & Mowrer, O. Hobart. (1947). A method of measuring tension in written documents. *Journal of Abnormal and Social Psychology, 42,* 3–32.

Doreian, Patrick. (Ed.). (1993). Narrative methods [Special issue]. *Journal of Mathematical Sociology, 18*(1–2).

Dovring, Karin. (1954–1955). Quantitative semantics in 18th century Sweden. *Public Opinion Quarterly, 18,* 389–394.

Dumais, Susan T. (1992). LSI meets TREC: A status report. In Donna K. Harman (Ed.), *The First Text REtrieval Conference (TREC-1)* (NIST Special Publication 500–207). Washington, DC: U.S. Department of Commerce, National Institute of Standards and Technology.

Dumais, Susan T. (1993). Latent semantic indexing (LSI) and TREC-2.

In Donna K. Harman (Ed.), *The Second Text REtrieval Conference (TREC-2)* (NIST Special Publication 500–215). Washington, DC: U.S. Department of Commerce, National Institute of Standards and Technology.

Dunphy, Dexter C. (1966). The construction of categories for content analysis dictionaries. In Philip J. Stone, Dexter C. Dunphy, Marshall S. Smith, & Daniel M. Ogilvie, *The General Inquirer: A computer approach to content analysis* (pp.134–168). Cambridge: MIT Press.

Durig, Alex. (1995). The event frame. *Research Studies in Symbolic Interactionism, 7,* 243–266.

Dziurzynski, Patricia S. (1977). *Development of a content analytic instrument for advertising appeals used in prime time television commercials.* Unpublished master's thesis, University of Pennsylvania.

Eco, Umberto. (1994). *The limits of interpretation.* Bloomington: Indiana University Press.

Eigen, Manfred J., McCaskill, John, & Schuster, Peter. (1988). Molecular quasi-species. *Journal of Physical Chemistry, 92,* 6881–6891.

Ekman, Paul, & Friesen, Wallace V. (1968). Nonverbal behavior in psychotherapy research. In John Shlien (Ed.), *Research in psychotherapy* (Vol. 3, pp.179–216). Washington, DC: American Psychological Association.

Ekman, Paul, Friesen, Wallace V., & Taussig, Thomas G. (1969). Vid-R and SCAN: Tools and methods for the automated analysis of visual records. In George Gerbner, Ole R. Holsti, Klaus Krippendorff, William J. Paisley, & Philip J. Stone (Eds.), *The analysis of communication content: Developments in scientific theories and computer techniques* (pp.297–312). New York: John Wiley.

Ellison, John W. (1965). Computers and the testaments. In *Proceedings, Conference on Computers for the Humanities* (pp.64–74). New Haven, CT: Yale University Press.

Evans, William. (2002). Computer environments for content analysis: Reconceptualizing the roles of humans and computers. In Orville Vernon Burton (Ed.), *Computing in the social sciences and humanities* (pp.67–83). Urbana: University of Illinois Press.

Fan, David P. (1988). *Predictions of public opinion from the mass media: Computer content analysis and mathematical modeling.* New York: Greenwood.

Fan, David P. (1997). *Predictions of 62 time trends of public opinions and behaviors from persuasive information.* Unpublished manuscript, University of Minnesota, St. Paul.

Fan, David P., & Cook, R. Dennis. (1997). *Predictions of the Michigan Index of Consumer Sentiment from the press.* Unpublished manuscript, University of Minnesota, St. Paul.

Feigl, Herbert. (1952). Validation and vindication: An analysis of the nature and the limits of ethical arguments. In Wilfried Sellars & John Hospers (Eds.), *Readings in ethical theory* (pp.667–680). New York: Appleton-Century-Crofts.

Fellbaum, Christiane. (Ed.). (1998). *WordNet: An electronic lexical database.* Cambridge: MIT Press.

Fenton, Frances. (1910). The influence of newspaper presentations on the growth of crime and other anti-social activity. *American Journal of Sociology, 16,* 342–371, 538–564.

Fleck, Ludwik. (1979). *Genesis and development of a scientific fact.* Chicago: University of Illinois Press. (Original work published 1935)

Fleiss, Joseph L. (1971). Measuring nominal scale agreement among many raters. *Psychological Bulletin, 76,* 378–382.

Fleiss, Joseph L. (1981). *Statistical methods for rates and proportions.* New York: John Wiley.

Flesch, Rudolph. (1948). A new readability yardstick. *Journal of Applied Psychology, 32,* 221–233.

Flesch, Rudolph. (1951). *How to test readability.* New York: Harper & Row.

Flesch, Rudolph. (1974). *The art of readable writing* (Rev. ed.). New York: Harper & Row.

Foltz, Peter W. (1990). Using latent semantic indexing for information filtering. In Proceedings of the 5th Conference on Office Information Systems [Special issue]. *ACM SIGOIS Bulletin, 11*(2–3).

Ford, Sarah, Fallowfield, Leslie, & Lewis, Shon. (1996). Doctor-patient interactions in oncology. *Social Science & Medicine, 42,* 1511–1519.

Foster, Charles R. (1938). *Editorial treatment of education in the American press.* Cambridge, MA: Harvard University Press.

Freeman, Steven F. (2001). *Patterns of executive attention in U.S. auto industry letters to shareholders 1963–1987.* Unpublished manuscript, University of Pennsylvania, Wharton School.

Furnas, George W., Deerwester, Scott C., Dumais, Susan T., Landauer, Thomas K., Harshman, Richard A., Streeter, Lynn A., & Lochbaum, Karen E. (1988). Information retrieval using a singular value decomposition model of latent semantic structure. In Yves Chiaramella (Ed.), *Proceedings of the 11th International ACM SIGIR Conference on Research and Development in Information Retrieval* (pp.465–480). New York: Association for Computing Machinery.

Garfield, Eugene. (1979). *Citation indexing: Its theory and application to science, technology and humanities.* New York: John Wiley.

Geller, A., Kaplan, D., & Lasswell, Harold D. (1942). An experimental comparison of four ways of coding editorial content. *Journalism Quarterly, 19,* 362–370.

George, Alexander L. (1959a). *Propaganda analysis: A study of inferences*

433

made from Nazi propaganda in World War II. Evanston, IL: Row, Peterson.

George, Alexander L. (1959b). Quantitative and qualitative approaches to content analysis. In Ithiel de Sola Pool (Ed.), *Trends in content analysis* (pp.7–32). Urbana: University of Illinois Press.

Gerbner, George. (1958). The social role of the confession magazine. *Social Problems, 6,* 29–40.

Gerbner, George. (1964). Ideological perspectives and political tendencies in news reporting. *Journalism Quarterly, 41,* 495–508.

Gerbner, George. (1966). An institutional approach to mass communications research. In Lee Thayer (Ed.), *Communication: Theory and research* (pp.429–445). Springfield, IL: Charles C Thomas.

Gerbner, George. (1969). Toward "cultural indicators": The analysis of mass mediated public message systems. In George Gerbner, Ole R. Holsti, Klaus Krippendorff, William J. Paisley, & Philip J. Stone (Eds.), *The analysis of communication content: Developments in scientific theories and computer techniques* (pp.123–132). New York: John Wiley.

Gerbner, George. (1985). Mass media discourse: Message system analysis as a component of cultural indicators. In Teun A. Van Dijk (Ed.), *Discourse and communications: New approaches to the analyses of mass media discourse and communication* (pp.13–25). Berlin: Walter de Gruyter.

Gerbner, George, Gross, Larry, Morgan, Michael, & Signorielli, Nancy. (1994). *Television violence profile no. 16: The turning point: From research to action.* Philadelphia: University of Pennsylvania, Annenberg School for Communication.

Gerbner, George, Gross, Larry, Morgan, Michael, & Signorielli, Nancy. (1995). Growing up with television: The cultivation perspective. In

Jennings Bryant & Dolf Zillmann (Eds.), *Media effects: Advances in theory and research.* Mahwah, NJ: Lawrence Erlbaum.

Gerbner, George, Gross, Larry, Signorielli, Nancy, Morgan, Michael, & Jackson-Beeck, Marilyn. (1979). *Violence profile no. 10: Trends in network television drama and viewer conceptions of social reality, 1967–1978.* Philadelphia: University of Pennsylvania, Annenberg School of Communications.

Gerbner, George, Holsti, Ole R., Krippendorff, Klaus, Paisley, William J., & Stone, Philip J. (Eds.). (1969). *The analysis of communication content: Developments in scientific theories and computer techniques.* New York: John Wiley.

Gerbner, George, & Marvanyi, George. (1977). The many worlds of the world's press. *Journal of Communication, 27*(1), 52–75.

Gergen, Kenneth J. (1985). Social constructionist inquiry: Context and implications. In Kenneth J. Gergen & Keith E. Davis (Eds.), *The social construction of the person* (pp.3–18). New York: Springer-Verlag.

Gergen, Kenneth J. (1991). *The saturated self: Dilemmas of identity in contemporary life.* New York: Basic Books.

Gieber, Walter. (1964). News is what newspapermen make it. In Lewis A. Dexter & David M. White (Eds.), *People, society, and mass communication* (pp.173–182). New York: Free Press.

Goodenough, Ward H. (1972). Componential analysis. In James P. Spradley (Ed.), *Culture and cognition* (pp.327–343). San Francisco: Chandler.

Goodwin, Charles. (1977). *Some aspects of the interaction of speaker and hearer in the construction of the turn at talk in natural conversation.* Unpublished doctoral dissertation, University of Pennsylvania, Annenberg School of Communications.

Goodwin, Charles. (1981). *Conversational organization: Interaction between speakers and hearers.* New York: Academic Press.

Gottschalk, Louis A. (1995). *Content analysis of verbal behavior: New findings and clinical applications.* Hillsdale, NJ: Lawrence Erlbaum.

Gottschalk, Louis A., & Bechtel, Robert J. (1982). The measurement of anxiety through the computer analysis of verbal samples. *Comprehensive Psychiatry, 23,* 364–369.

Graham, Todd, & Witschge, Tamara. (2003). In search of online deliberations: Towards a new method for examining the quality of online discussions. *Communications, 28,* 173–204.

Groth, Otto. (1948). *Die Geschichte der deutschen Zeitungswissenschaft, Probleme und Methoden.* Munich: Konrad Weinmayer.

Guetzkow, Harold. (1956). Unitizing and categorizing problems in coding qualitative data. *Journal of Clinical Psychology, 6,* 47–58.

Hackett, Robert, & Zhao, Yaezhi. (1994). Challenging the master narratives: Peace protest and opinion/editorial discourse in the U.S. during the Gulf War. *Discourse & Society,* 5, 509–511.

Hansen, Anders. (1995). Using information technology to analyze newspaper content. In Raymond M. Lee (Ed.), *Information technology for the social scientist* (pp.147–168). London: UCL.

Harary, Frank, Norman, Robert Z., & Cartwright, Dorwin P. (1965). *Structural models: An introduction to the theory of directed graphs.* New York: John Wiley.

Harris, Karen L. (1996). Content analysis in negotiation research: A review and guide. *Behavioral Research Methods, Instruments, & Computers, 28,* 458–467.

Hart, Roderick P. (1985). Systematic analysis of political discourse: The developments of diction. In Keith R. Sanders, Lynda Lee Kaid, & Dan Nimmo (Eds.), *Political communication yearbook 1984* (pp.97–

134). Carbondale: Southern Illinois University Press.

Harwood, Jake, & Giles, Howard. (1992). Don't make me laugh: Age representations in a humorous context. *Discourse & Society, 3,* 403–436.

Hatch, David L., & Hatch, Mary. (1947). Criteria of social status as derived from marriage announcements in the *New York Times. American Sociological Review, 12,* 396–403.

Hawk, Lee. (1997). "Listenability" of network newscasts: The change over sixteen years. *Feedback: Broadcast Education Association, 38*(2), 18–21.

Hays, David C. (1960). *Automatic content analysis.* Santa Monica, CA: Rand Corporation.

Hays, David C. (1969). Linguistic foundations for a theory of content analysis. In George Gerbner, Ole R. Holsti, Klaus Krippendorff, William J. Paisley, & Philip J. Stone (Eds.), *The analysis of communication content: Developments in scientific theories and computer techniques* (pp.57–67). New York: John Wiley.

Heise, David R. (1995). *Specifying event content in narratives.* Unpublished manuscript, Indiana University. Retrieved from http://php.indiana.edu/~heise/eventcontent.html

Herdan, Gustav. (1960). *Type-token mathematics: A textbook of mathematical linguistics.* The Hague: Mouton.

Herma, Hans, Kriss, Ernst, & Shor, Joseph. (1943). Freud's theory of the dream in American textbooks. *Journal of Abnormal and Social Psychology, 38,* 319–334.

Hillman, James. (1995). *Kinds of power: A guide to its intelligent uses.* New York: Doubleday.

Holley, W., & Guilford, J. P. (1964). A note on the G-index of agreement. *Educational and Psychological Measurement, 24,* 749–754.

Holsti, Ole R. (1962). *The belief system and national images: John Foster*

Dulles and the Soviet Union. Unpublished doctoral dissertation, Stanford University.

Holsti, Ole R. (1969). *Content analysis for the social sciences and humanities.* Reading, MA: Addison-Wesley.

Holsti, Ole R., Brody, Richard A., & North, Robert C. (1965). Measuring affect and action in international reaction models: Empirical materials from the 1962 Cuban crisis. *Peace Research Society Papers, 2,* 170–190.

Hopper, Robert, Koch, Susan, & Mandelbaum, Jennifer. (1986). Conversation analysis methods. In Donald G. Ellis & William A. Donahue (Eds.), *Contemporary issues in language and discourse processes* (pp.169–186). Hillsdale, NJ: Lawrence Erlbaum.

Houle, Paul. (2002). [Contribution to a discussion of neural network content analysis programs on CONTENT@sphinx.gsu.edu], March 30.

Hubert, Lawrence. (1977). Kappa revisited. *Psychological Bulletin, 84,* 289–297.

Iker, Howard P. (1974). Select: A computer program to identify associationally rich words for content analysis: I. Statistical results. *Computers and the Humanities, 8,* 313–319.

Iker, Howard P. (1975). *Words system manual.* Rochester, NY: Computer Printout.

Iker, Howard P., & Harway, Norman I. (1969). A computer system approach toward the recognition and analysis of content. In George Gerbner, Ole R. Holsti, Klaus Krippendorff, William J. Paisley, & Philip J. Stone (Eds.), *The analysis of communication content: Developments in scientific theories and computer techniques* (pp.381–405). New York: John Wiley.

Innis, Harold A. (1951). *The bias of communication.* Toronto: University of Toronto Press.

Institute for Propaganda Analysis. (1937). How to detect propaganda. *Propaganda Analysis, 1*, 5–8.

Jamieson, Kathleen Hall. (1984). *Packaging the presidency: A history and criticism of presidential campaign advertising.* New York: Oxford University Press.

Jamieson, Kathleen Hall. (1998). *A preliminary report on so-called "negative" ads and campaigning, October 7, 1998.* Philadelphia: University of Pennsylvania, Annenberg School for Communication.

Janda, Kenneth. (1969). A microfilm and computer system for analyzing comparative politics literature. In George Gerbner, Ole R. Holsti, Klaus Krippendorff, William J. Paisley, & Philip J. Stone (Eds.), *The analysis of communication content: Developments in scientific theories and computer techniques* (pp.407–435). New York: John Wiley.

Janis, Irving L. (1965). The problem of validating content analysis. In Harold D. Lasswell, Nathan Leites, & Associates (Eds.), *Language of politics: Studies in quantitative semantics* (pp.55–82). Cambridge: MIT Press. (Original work published 1943)

Janis, Irving L., & Fadner, Raymond H. (1965). The coefficient of imbalance. In Harold D. Lasswell, Nathan Leites, & Associates (Eds.), *Language of politics: Studies in quantitative semantics* (pp.153–169). Cambridge: MIT Press. (Original work published 1943)

Janson, Svante, & Vegelius, Jan. (1979). On generalizations of the G index and the phi coefficient to nominal scales. *Multivariate Behavioral Research, 14*, 255–269.

Jefferson, Gail. (1978). Sequential aspects of storytelling in conversation. In Jim Schenkein (Ed.), *Studies in the organization of conversational interaction* (pp.219–248). New York: Free Press.

Johnson-Laird, Philip N., Herrmann, Douglas J., & Chaffin, Roger. (1984). Only connections: A critique of semantic networks. *Psychological*

Bulletin, 96, 292–315.

Josephson, John R., & Josephson, Susan G. (1994). Introduction. In John R. Josephson & Susan G. Josephson (Eds.), *Abductive inference: Computation, philosophy, technology.* New York: Cambridge University Press.

Kaplan, Abraham. (1964). *The conduct of inquiry: Methodology for behavioral science.* San Francisco: Chandler.

Kaplan, Abraham, & Goldsen, Joseph M. (1965). The reliability of content analysis categories. In Harold D. Lasswell, Nathan Leites, & Associates (Eds.), *Language of politics: Studies in quantitative semantics* (pp.83–112). Cambridge: MIT Press.

Katz, Elihu, Gurevitch, Michael, Danet, Brenda, & Peled, Tsiyona. (1969). Petitions and prayers: A content analysis of persuasive appeals. *Social Forces, 47,* 447–463.

Katz, Elihu, Gurevitch, Michael, Peled, Tsiyona, & Danet, Brenda. (1969). Exchanges with clients: A diagnostic approach to organizations and professions. *Human Relations, 22,* 309–324.

Katz, Jonathan N. (1995). *The invention of heterosexuality.* New York: Dutton.

Kelly, Edward F., & Stone, Philip J. (1975). *Computer recognition of English word senses.* Amsterdam: North-Holland.

Kenski, Kate (with Jamieson, Kathleen Hall, & Romer, Dan). (1999). *Public smarter than press, pundits, or academics about so-called "negative" ads and campaigning* [Survey, October 6]. Philadelphia: University of Pennsylvania, Annenberg Public Policy Center.

Kim, Joohan, & Gamson, William A. (1999, May). *Computer assisted frame analysis (CAFA) of abortion issues: A pilot study.* Paper presented at the 49th Annual Meeting of the International Communication Association, San Francisco.

Klausner, Samuel Z. (1968). *Two centuries of child-rearing manuals* [Technical report to the Joint Commission on Mental Health of Children]. Philadelphia: University of Pennsylvania, Department of Sociology.

Klein, Malcolm W., & Maccoby, Nathan. (1954). Newspaper objectivity in the 1952 campaign. *Journalism Quarterly, 31,* 285–296.

Kleinnijenhuis, Jan. (1990, June). *Applications of graph theory to cognitive communication research.* Paper presented at the 40th Annual Meeting of the International Communication Association, Dublin.

Kleinnijenhuis, Jan, De Ridder, Jan A., & Rietberg, Edwald M. (1997). Reasoning in economic discourse: An application of the network approach to the Dutch press. In Carl W. Roberts (Ed.), *Text analysis for the social sciences: Methods for drawing statistical inferences from texts and transcripts* (pp.191–207). Mahwah, NJ: Lawrence Erlbaum.

Klir, Jiri, & Valach, Miroslav. (1965). Language as a means of communication between man and machine. In Jiri Klir & Miroslav Valach, *Cybernetic modeling* (pp.315–373). Princeton, NJ: D. Van Nostrand.

Kolbe, Richard H., & Burnett, Melissa S. (1991). Content-analysis research: An examination of applications with directives for improving research reliability and objectivity. *Journal of Consumer Research, 18,* 243–250.

Kracauer, Siegfried. (1947). *From Caligari to Hitler: A psychological history of German film.* London: Dennis Dobson.

Kracauer, Siegfried. (1952–1953). The challenge of quali tative content analysis. *Public Opinion Quarterly, 16,* 631–642.

Krendel, Ezra S. (1970). A case study of citizen complaints as social indicators. *IEEE Transactions on Systems Science and Cybernetics, 6,* 267–272.

Krippendorff, Klaus. (1967). *An examination of content analysis: A pro-*

posal for a general framework and an information calculus for message analytic situations. Unpublished doctoral dissertation, University of Illinois, Urbana.

Krippendorff, Klaus. (1969a). Models of messages: Three prototypes. In George Gerbner, Ole R. Holsti, Klaus Krippendorff, William J. Paisley, & Philip J. Stone (Eds.), *The analysis of communication content: Developments in scientific theories and computer techniques* (pp.69–106). New York: John Wiley.

Krippendorff, Klaus. (1969b). Theories and analytical constructs: Introduction. In George Gerbner, Ole R. Holsti, Klaus Krippendorff, William J. Paisley, & Philip J. Stone (Eds.), *The analysis of communication content: Developments in scientific theories and computer techniques* (pp.3–16). New York: John Wiley.

Krippendorff, Klaus. (1970a). Bivariate agreement coefficients for reliability data. In Edgar F. Borgatta & George W. Bohrnstedt (Eds.), *Sociological methodology 1970* (pp.139–150). San Francisco: Jossey-Bass.

Krippendorff, Klaus. (1970b). Estimating the reliability, systematic error and random error of interval data. *Educational and Psychological Measurement, 30,* 61–70.

Krippendorff, Klaus. (1970c). The expression of value in political documents. *Journalism Quarterly, 47,* 510–518.

Krippendorff, Klaus. (1970d). On generating data in communication research. *Journal of Communication, 20*(3), 241–269.

Krippendorff, Klaus. (1971). Reliability of recording instructions: Multivariate agreement for nominal data. *Behavioral Science, 16,* 222–235.

Krippendorff, Klaus. (1978). Reliability of binary attribute data. *Biometrics, 34,* 142–144.

Krippendorff, Klaus. (1980a). Clustering. In Peter R. Monge & Joseph N. Cappella (Eds.), *Multivariate techniques in communication research* (pp.259–308). New York: Academic Press.

Krippendorff, Klaus. (1980b). *Content analysis: An introduction to its methodology.* Beverly Hills, CA: Sage.

Krippendorff, Klaus. (1986). *Information theory: Structural models for qualitative data.* Beverly Hills, CA: Sage.

Krippendorff, Klaus. (1987). Association, agreement and equity. *Quality and Quantity, 21,* 109–123.

Krippendorff, Klaus. (1991). Reconstructing (some) communication research methods. In Frederick Steier (Ed.), *Research and reflexivity* (pp.115–142). Newbury Park, CA: Sage.

Krippendorff, Klaus. (1992, May). *Recent developments in reliability analysis.* Paper presented at the 42nd Annual Meeting of the International Communication Association, Miami, FL.

Krippendorff, Klaus. (1993). The past of communication's hoped-for future. *Journal of Communication, 43*(3), 34–44.

Krippendorff, Klaus. (1995a). On the Reliability of Unitizing Continuous Data. Chapter 2, pages 47–76 in Peter V. Marsden (Ed.). *Sociological Methodology, 1995,* Vol. 25. Cambridge, MA: Blackwell.

Krippendorff, Klaus. (1995b). Undoing power. *Critical Studies in Mass Communication, 12,* 101–132.

Krippendorff, Klaus. (1999, June). *Writing: Monologue, dialogue, and ecological narrative.* Paper presented at the 4th National Writing Across the Curriculum Conference, Ithaca, NY.

Krippendorff, Klaus. (2004a). Measuring the reliability of qualitative text analysis data. *Quality and Quantity 38*: 787-800.

Krippendorff, Klaus. (2004b). Reliability in content analysis: Some common misconceptions and recommendations. *Human Communication*

Research 30,3: 411-433.

Krippendorff, Klaus. (2006). The dialogical reality of meaning. *American Journal of SEMIOTICS, 19*(1-4), 17-34.

Krippendorff, Klaus, & Eleey, Michael. (1986). Monitoring the symbolic environment of organizations. *Public Relations Review, 12*(1), 13–36.

Kuder, G. F., & Richardson, M. W. (1937). The theory of the estimation of test reliability. *Psychometrika 2*(3), 151–160.

Kuhn, Deanna. (1991). *The skills of argument.* New York: Cambridge University Press.

Labov, William. (1972). *Sociolinguistic patterns.* Philadelphia: University of Pennsylvania Press.

Laffal, Julius. (1993). *A concept dictionary of English.* Essex, CT: Galley.

Landis, H. H., & Burtt, Harold E. (1924). A study of conversations. *Journal of Comparative Psychology, 4,* 81–89.

Landis, J. Richard, & Koch, Gary H. (1977). An application of hierarchical kappa-type statistics in the assessment of majority agreement among multiple observers. *Biometrics, 33,* 363–374.

Lashner, Marilyn A. (1990). Content analysis: A method for analyzing communications. *The Expert and the Law, 10*(1), 2–5.

Lasswell, Harold D. (1927). *Propaganda technique in the world war.* New York: Knopf.

Lasswell, Harold D. (1938). A provisional classification of symbol data. *Psychiatry, 1,* 197–204.

Lasswell, Harold D. (1941). The World Attention Survey: An exploration of the possibilities of studying attention being given to the United States by newspapers abroad. *Public Opinion Quarterly, 5,* 456–462.

Lasswell, Harold D. (1960). The structure and function of communication in society. In Wilbur Schramm (Ed.), *Mass communications* (pp.117–130). Urbana: University of Illinois Press.

Lasswell, Harold D. (1963). *Politics: Who gets what, when, how.* New York: Meridian.

Lasswell, Harold D. (1965a). Detection: Propaganda detection and the courts. In Harold D. Lasswell, Nathan Leites, & Associates (Eds.), *Language of politics: Studies in quantitative semantics* (pp.-173– 232). Cambridge: MIT Press.

Lasswell, Harold D. (1965b). Why be quantitative? In Harold D. Lasswell, Nathan Leites, & Associates (Eds.), *Language of politics: Studies in quantitative semantics* (pp.40–52). Cambridge: MIT Press. (Original work published 1949)

Lasswell, Harold D., & Kaplan, Abraham. (1950). *Power and society: A framework for political inquiry.* New Haven, CT: Yale University Press.

Lasswell, Harold D., Leites, Nathan, & Associates. (Eds.). (1965). *Language of politics: Studies in quantitative semantics.* Cambridge: MIT Press.

Lasswell, Harold D., Lerner, Daniel, & Pool, Ithiel de Sola. (1952). *The comparative study of symbols.* Stanford, CA: Stanford University Press.

Latour, Bruno, & Woolgar, Steve. (1986). *Laboratory life: The construction of scientific facts.* Princeton, NJ: Princeton University Press.

Lazarsfeld, Paul F., Berelson, Bernard, & Gaudet, Hazel. (1948). *The people's choice: How the voter makes up his mind in a presidential campaign.* New York: Columbia University Press.

Lee, Chin-Chuan, Chan, Joseph Man, Pan, Zhongdang, & So, Clement Y. K. (2002). *Global media spectacle: News war over Hong Kong.* Albany: State University of New York Press.

Leites, Nathan, Bernaut, Elsa, & Garthoff, Raymond L. (1951). Politburo images of Stalin. *World Politics, 3,* 317–339.

Leites, Nathan, & Pool, Ithiel de Sola. (1942). *Communist propaganda in reaction to frustration* (Document No. 27). Washington DC: Library of Congress, Experimental Division for Study of Wartime Communications.

Lindsay, Robert K. (1963). Inferential memory as the basis of machines which understand natural language. In Edward A. Feigenbaum & Julian Feldman (Eds.), *Computers and thought* (pp.217–233). New York: McGraw-Hill.

Lippmann, Walter. (1922). *Public opinion.* New York: Macmillan.

Löbl, Eugen. (1903). *Kultur und Presse.* Leipzig, Germany: Duncker & Humblot.

Loeventhal, Leo. (1944). Biographies in popular magazines. In Paul F. Lazarsfeld & Frank N. Stanton (Eds.), *Radio research 1942–1943* (pp.507–548). New York: Duell, Sloan & Pearce.

Lombard, Matthew, Snyder-Duch, Jennifer, & Bracken, Cheryl Campanella. (2002). Content analysis in mass communication research: An assessment and reporting of intercoder reliability. *Human Communication Research, 28,* 587–604.

Lorr, Maurice, & McNair, Douglas M. (1966). Methods relating to evaluation of therapeutic outcome. In Louis A. Gottschalk & Arthur H. Auerbach (Eds.), *Methods of research in psychotherapy* (pp.573–594). Englewood Cliffs, NJ: Prentice Hall.

Lynch, Kevin. (1965). *The image of the city.* Cambridge: MIT Press.

Maccoby, Nathan, Sabghir, F. O., & Cushing, B. (1950). A method for the analysis of news coverage of industry. *Public Opinion Quarterly, 14,* 753–758.

Mahl, George F. (1959). Exploring emotional states by content analysis. In Ithiel de Sola Pool (Ed.), *Trends in content analysis* (pp.89–130). Urbana: University of Illinois Press.

Mann, Mary B. (1944). Studies in language behavior: III. The quantitative differentiation of samples of written language. *Psychological Monographs, 56*(2), 41–47.

Markov, Andrei A. (1913). Essai d'une recherche statistique sur le texte du roman *"Eugene Onegin"* illustrant la liaison des epreuves en chaine (Russian). *Bulletin de L'Académie Impériale des Sciences de St. Pétersbourg 6*(7), 153–162.

Martin, Helen. (1936). Nationalism and children's literature. *Library Quarterly, 6,* 405–418.

Martindale, Colin. (1990). *The clockwork muse: The predictability of artistic change.* New York: Basic Books.

Maruyama, Margoroh. (1963). The second cybernetics: Deviation-amplifying mutual causal processes. *American Scientist, 51,* 164–179.

Mathews, Byron C. (1910). A study of a New York daily. *Independent, 68,* 82–86.

Maxwell, A. E. (1970). Comparing the classification of subjects by two independent judges. *British Journal of Psychiatry, 116,* 651–655.

McClelland, David C. (1958). The use of measures of human motivation in the study of society. In John W. Atkinson (Ed.), *Motives in fantasy, action and society* (pp.518–552). Princeton, NJ: D. Van Nostrand.

McClelland, David C., Atkinson, John W., Clark, Russell A., & Lowell, Edgar L. (1992). A scoring manual for the achievement motive. In Charles P. Smith (Ed.), *Motivation and personality: Handbook of thematic content analysis* (pp.153–178). Cambridge: Cambridge University Press.

McCombs, Maxwell, & Shaw, Donald L. (1972). The agenda-setting function of mass media. *Public Opinion Quarterly, 36,* 176–187.

McCombs, Maxwell, Shaw, Donald L., & Weaver, David. (1997). *Communication and democracy: Exploring the intellectual frontiers in*

447

agenda-setting theory. Mahwah, NJ: Lawrence Erlbaum.

McDiarmid, John. (1937). Presidential inaugural addresses: A study in verbal symbols. *Public Opinion Quarterly, 1,* 79–82.

McKnight, Katherine S., & Walberg, Herbert J. (1994). Neural network analysis of student essays. *Journal of Research and Development in Education, 32,* 26–31.

McTavish, Donald D., Litkowski, Kenneth C., & Schrader, Susan. (1997). A computer content analysis approach to measuring social distance in residential organizations for older people. *Social Science Computer Review, 15,* 170–180.

McTavish, Donald D., & Pirro, Ellen B. (1990). Contextual content analysis. *Quality and Quantity, 24,* 245–265.

Merrill, John C. (1962). The image of the United States in ten Mexican dailies. *Journalism Quarterly, 39,* 203–209.

Merritt, Richard L. (1966). *Symbols of American community, 1735–1775.* New Haven, CT: Yale University Press.

Merten, Klaus. (1991). *Inhaltsanalyse: Eine Einführung in Theorie, Methode und Praxis.* Opladen, Germany: Westdeutscher Verlag.

Miles, Josephine. (1951). The continuity of English poetic language. In *University of California publications in English* (pp.517–535). Berkeley: University of California Press.

Miller, George A. (1951). *Language and communication.* New York: McGraw-Hill.

Miller, George A., Beckwith, Richard, Fellbaum, Christiane, Gross, Derek, Miller, Katherine J., & Tengi, Randee I. (1993). *Five papers on WordNet* (CSL Report 43). Princeton, NJ: Princeton University, Cognitive Science Laboratory.

Miller, Kevin J., Fullmer, Steven L., & Walls, Richard T. (1996). A dozen years of mainstreaming literature: A content analysis. *Exceptionality,*

6(2), 99–109.

Monge, Peter R., & Eisenberg, Erik M. (1987). Emergent communication networks. In Fredric M. Jablin, Linda L. Putnam, Karlene H. Roberts, & Lyman W. Porter (Eds.), *Handbook of organizational and management communication* (pp.204–242). Newbury Park, CA: Sage.

Montgomery, Michael. (1989). *Protocol for using LAGS CodeMap and LagsMap microcomputer programs: CodeMap for a lexical item.* Retrieved July 3, 2003, from http://hyde.park.uga.edu/lags/protocol.txt

Morton, Andrew Q. (1963, November 3). A computer challenges the church. *Observer.*

Morton, Andrew Q., & Levinson, Michael. (1966). Some indications of authorship in green prose. In Jacob Leed (Ed.), *The computer and literary style* (pp.141–179). Kent, OH: Kent State University Press.

Mosteller, Frederick, & Wallace, David L. (1963). Inference in an authorship problem. *Journal of the American Statistical Association, 58,* 275–309.

Mosteller, Frederick, & Wallace, David L. (1964). *Inference and disputed authorship: The Federalist.* Reading, MA: Addison-Wesley.

Murray, Edward J., Auld, Frank, Jr., & White, Alice M. (1954). A psychotherapy case showing progress but no decrease in the discomfort-relief quotient. *Journal of Consulting Psychology, 18,* 349–353.

Murray, Henry A. (1943). *Thematic Apperception Test manual.* Cambridge, MA: Harvard University Press.

Nacos, Brigitte L., Shapiro, Robert Y., Young, John T., Fan, David P., Kjellstrand, Torsten, & McCaa, Craig. (1991). Content analysis of news reports: Comparing human coding and a computer-assisted method. *Communication, 12,* 111–128.

Namenwirth, J. Zvi. (1973). Wheels of time and the interdependence of value change in America. *Journal of Interdisciplinary History, 3,*

649–683.

Namenwirth, J. Zvi, & Weber, Robert P. (1987). *Dynamics of culture.* Boston: Allen & Unwin.

Neuendorf, Kimberly A. (2002). *The content analysis guidebook.* Thousand Oaks, CA: Sage.

Newell, Allen, & Simon, Herbert A. (1956). The logic theory machine. *IRE-Transactions on Information Theory 2*(3), 61–79.

Newell, Allen, & Simon, Herbert A. (1963). General Problem Solver: A program that simulates human thought. In Edward A. Feigenbaum & Julian Feldman (Eds.), *Computers and thought* (pp.279–293). New York: McGraw-Hill.

Nixon, Raymond B., & Jones, Robert L. (1956). The content of non-competitive newspapers. *Journalism Quarterly, 33,* 299–314.

North, Robert C., Holsti, Ole R., Zaninovich, M. George, & Zinnes, Dina A. (1963). *Content analysis: A handbook with applications for the study of international crisis.* Evanston, IL: Northwestern University Press.

Ogden, Charles Kay. (1937). *Basic English and grammatical reform.* Cambridge: Orthological Institute.

Osgood, Charles E. (1959). The representation model and relevant research methods. In Ithiel de Sola Pool (Ed.), *Trends in content analysis* (pp.33–88). Urbana: University of Illinois Press.

Osgood, Charles E. (1974a). Probing subjective culture: Part 1. Cross-linguistic tool- making. *Journal of Communication, 24*(1), 21–35.

Osgood, Charles E. (1974b). Probing subjective culture: Part 2. Cross-cultural tool using. *Journal of Communication, 24*(2), 82–100.

Osgood, Charles E., Saporta, Sol, & Nunnally, Jum C. (1956). Evaluative assertion analysis. *Litera, 3,* 47–102.

450 Osgood, Charles E., Suci, George J., & Tannenbaum, Percy H. (1957).

The measurement of meaning. Urbana: University of Illinois Press.

O'Sullivan, Thomas C., Jr. (1961). *Factor analysis concepts identified in theoretical writings: An experiment design.* Lexington, MA: Itek Laboratories.

Paisley, William J. (1964). Identifying the unknown communicator in painting, literature and music: The significance of minor encoding habits. *Journal of Communication, 14*(4), 219–237.

Palmquist, Michael E., Carley, Kathleen M., & Dale, Thomas A. (1997). Applications of computer-aided text analysis: Analyzing literary and nonliterary texts. In Carl W. Roberts (Ed.), *Text analysis for the social sciences: Methods for drawing statistical inferences from texts and transcripts* (pp.171–189). Mahwah, NJ: Lawrence Erlbaum.

Parsons, Talcott. (1951). *The social system.* New York: Free Press.

Parsons, Talcott, & Bales, Robert F. (1953). The dimensions of action-space. In Talcott Parsons, Robert F. Bales, & Edward A. Shills (Eds.), *Working papers in the theory of action* (pp.63–109). New York: Free Press.

Patterson, Brian R., Neupauer, Nichola C., Burant, Patricia A., Koehn, Steven C., & Reed, April T. (1996). A preliminary examination of conversation analytic techniques: Rates of inter-transcriber reliability. *Western Journal of Communication, 60,* 76–91.

Pearson, Karl, et al. (1901). Mathematical contributions to the theory of evolution: IX. On the principle of homotyposis and its relation to heredity, to variability of the individual, and to that of race. Part I: Homotyposis in the vegetable kingdom. *Philosophical Transactions of the Royal Society, 197*(Series A), 285–379.

Pederson, Lee, McDaniel, Susan Leas, Adams, Carol, & Liao, Caisheng. (Eds.). (1989). *Linguistic atlas of the Gulf states: Vol. 3. Technical index.* Athens: University of Georgia Press.

Péladeau, Normand. (1996). *SimStat for Windows: User's guide.* Montreal: Provalis Research.

Péladeau, Normand. (2003, September 2). [Personal communication.]

Pennebaker, James W. (1997). Writing about emotional experiences as a therapeutic process. *Psychological Science, 8,* 162–166.

Pennebaker, James W., Francis, Martha E., & Booth, Roger J. (2001). *Linguistic Inquiry and Word Count (LIWC)* (2nd ed., PDF manual). Mahwah, NJ: Lawrence Erlbaum.

Pennebaker, James W., & Stone, Lori D. (2001, May). *LIWC 2001.* Contribution to a CATA workshop presented at the 51st Annual Meeting of the International Communication Association, Washington, DC.

Pennings, Paul, & Kcman, Hans. (2002). Towards a new methodology of estimating party policy positions. *Quality and Quantity, 36,* 55–79.

Perreault, William D., & Leigh, Lawrence E. (1989). Reliability of nominal data based on qualitative judgments. *Journal of Marketing Research, 26,* 135–148.

Pescosolido, Bernice A., Grauerholz, Elisabeth, & Milkie, Melissa A. (1996). Culture and conflict: The portrayal of blacks in U.S. children's picture books through the mid- and late twentieth century. *American Sociological Review, 62,* 443–464.

Peter, Jochen, & Lauf, Edmund. (2002). Reliability in cross-national content analysis. *Journalism & Mass Communication Quarterly, 79,* 815–832.

Phillips, David P. (1978). Airplane accident fatalities increase just after newspaper stories about murder and suicide. *Science, 201,* 748–749.

Piault, Collette. (1965). A methodological investigation of content analysis using electronic computers for data processing. In Dell Hymes (Ed.), *The use of computers in anthropology* (pp.273–293). The Hague: Mouton.

Pierce, Bessie L. (1930). *Civic attitudes in American school textbooks.* Chicago: University of Chicago Press.

Ploughman, Penelope. (1995). The American print news media "construction" of five natural disasters. *Disasters, 19,* 308–326.

Pocklington, Richard, & Best, Michael L. (1997). Cultural evolution and units of selection in replicating text. *Journal of Theoretical Biology, 188,* 79–87.

Pool, Ithiel de Sola. (1951). *Symbols of internationalism.* Stanford, CA: Stanford University Press.

Pool, Ithiel de Sola. (1952a). *The prestige papers: A survey of their editorials.* Stanford, CA: Stanford University Press.

Pool, Ithiel de Sola. (1952b). *Symbols of democracy.* Stanford, CA: Stanford University Press.

Pool, Ithiel de Sola. (Ed.). (1959a). *Trends in content analysis.* Urbana: University of Illinois Press.

Pool, Ithiel de Sola. (1959b). Trends in content analysis today: A summary. In Ithiel de Sola Pool (Ed.), *Trends in content analysis* (pp.189–233). Urbana: University of Illinois Press.

Pool, Ithiel de Sola, Abelson, Robert P., & Popkin, Samuel L. (1964). *Candidates, issues and strategies: A computer simulation of the 1960 presidential election.* Cambridge: MIT Press.

Popping, Roel. (1988). On agreement indices for nominal data. In William E. Saris & Irmtraut N. Gallhofer (Eds.), *Sociometric research: Data collection and scaling* (Vol. 1, pp.90–105). New York: St. Martin's.

Popping, Roel. (1997). Computer programs for the analysis of texts and transcripts. In Carl W. Roberts (Ed.), *Text analysis for the social sciences: Methods for drawing statistical inferences from texts and transcripts* (pp.209–221). Mahwah, NJ: Lawrence Erlbaum.

Popping, Roel. (2000). *Computer-assisted text analysis.* London: Sage.

Posen, Solomon. (1997). The portrayal of the doctor in non-medical literature: The impaired doctor. *Medical Journal of Australia, 166,* 48–51.

Potter, W. James, & Levine-Donnerstein, Deborah. (1999). Rethinking reliability and reliability in content analysis. *Journal of Applied Communication Research, 27,* 258–284.

Potter, W. James, & Vaughan, Misha. (1997). Antisocial behaviors in television entertainment: Trends and profiles. *Communication Research Reports, 14*(1), 116–124.

Quillian, M. Ross. (1968). Semantic memory. In Marvin L. Minsky (Ed.), *Semantic information processing* (pp.216–270). Cambridge: MIT Press.

Rainoff, T. J. (1929). Wave-like fluctuations of creative productivity in the development of West-European physics in the eighteenth and nineteenth centuries. *Isis, 12,* 287–307.

Rapoport, Anatol. (1969). A system-theoretic view of content analysis. In George Gerbner, Ole R. Holsti, Klaus Krippendorff, William J. Paisley, & Philip J. Stone (Eds.), *The analysis of communication content: Developments in scientific theories and computer techniques* (pp.17–38). New York: John Wiley.

Reynolds, Henry T. (1977). *Analysis of nominal data.* Beverly Hills, CA: Sage.

Rice, Ronald E. (1990). Hierarchies and clusters in communication and library and information science journals, 1978–1987. In Christine Borgman (Ed.), *Scholarly communication and bibliometrics* (pp.138–153). Newbury Park, CA: Sage.

Rice, Ronald E., Borman, Christine L., & Reeves, Bryan. (1988). Citation networks of communication journals, 1977–1985. *Human Communication Research, 15,* 256–283.

Rice, Ronald E., & Richards, William D., Jr. (1985). An overview of network analysis methods and programs. In Brenda Dervin & Melvin J. Voigt (Eds.), *Progress in communication sciences* (Vol. 6, pp.-105-165). Norwood, NJ: Ablex.

Richards, William D., Jr., & Rice, Ronald E. (1981). NEGOPY network analysis program. *Social Networks, 3,* 215–223.

Riffe, Daniel, & Freitag, Alan. (1996). *Twenty-five years of content analyses in* Journalism & Mass Communication Quarterly. Paper presented at the annual meeting of the Association for Education in Journalism and Mass Communication, Anaheim, CA.

Riffe, Daniel, Lacy, Stephen, & Fico, Frederick G. (1998). *Analyzing media messages: Using quantitative content analysis in research.* Mahwah, NJ: Lawrence Erlbaum.

Rijsbergen, Cornelis J. (1979). *Information retrieval.* London: Butterworth.

Roberts, Carl W. (1989). Other than counting words: A linguistic approach to content analysis. *Social Forces, 68,* 147–177.

Roberts, Carl W. (Ed.). (1997). *Text analysis for the social sciences: Methods for drawing statistical inferences from texts and transcripts.* Mahwah, NJ: Lawrence Erlbaum.

Rogers, Everett M., & Kincaid, D. Lawrence. (1981). *Communication networks: Toward a new paradigm for research.* New York: Free Press.

Rogers, Everett M., & Shoemaker, Floyd F. (1971). *Communication of innovations.* New York: Free Press.

Romme, A. Georges L. (1995). Boolean comparative analysis of qualitative data. *Quality and Quantity, 29,* 317–329.

Rosenberg, Stanley D., Schnurr, Paula P., & Oxman, Thomas E. (1990). Content analysis: A comparison of manual and computerized systems. *Journal of Personality Assessment, 54,* 298–310.

Ruesch, Jürgen, & Bateson, Gregory. (1951). *Communication: The social matrix of psychiatry.* New York: W. W. Norton.

Sacks, Harvey. (1974). An analysis of the course of a joke's telling in conversation. In Joel Sherzer & Richard Bauman (Eds.), *Explorations in the ethnography of speaking* (pp.337–353). London: Cambridge University Press.

Salgado, Jesus F., & Moscoso, Silvia. (1996). Meta-analysis of interrater reliability of job performance ratings in validity studies of personnel selection. *Perceptual and Motor Skills, 83,* 1195–1201.

Salmond, Ann. (1982). Theoretical landscapes. In David Parkin (Ed.), *Semantic anthropology* (pp.65–87). New York: Academic Press.

Samarel, Nelda, Fawcett, Jacqueline, Krippendorff, Klaus, Piacentino, Jayne C., Eliasof, Barbara, Hughes, Phyllis, et al. (1998). Women's perceptions of group support and adaptation to breast cancer. *Journal of Advanced Nursing, 28,* 1259–1268.

Saris-Gallhofer, Irmtraut N., & Morton, E. L. (1978). A validity study of Holsti's content analysis procedure. *Quality and Quantity, 12,* 131–145.

Schank, Roger C., & Abelson, Robert P. (1977). *Scripts, plans, goals and understanding: An inquiry into human knowledge structures.* Hillsdale, NJ: Lawrence Erlbaum.

Schnurr, Paula P., Rosenberg, Stanley D., & Oxman, Thomas E. (1992). Comparison of TAT and free speech techniques for eliciting source materials in computerized content analysis. *Journal of Personality Assessment, 58,* 311–325.

Schnurr, Paula P., Rosenberg, Stanley D., & Oxman, Thomas E. (1993). Issues in the comparison of techniques for eliciting source material in computerized content analysis. *Journal of Personality Assessment, 61,* 337–342.

Schrodt, Philip A., Davis, Shannon G., & Weddle, Judith L. (1994). KEDS: A program for the machine coding of event data. *Social Science Computer Review, 12,* 561–588.

Schutz, William C. (1958). On categorizing qualitative data in content analysis. *Public Opinion Quarterly, 22,* 503–515.

Scott, William A. (1955). Reliability of content analysis: The case of nominal scale coding. *Public Opinion Quarterly, 19,* 321–325.

Searle, John. (1969). *Speech acts: An essay in the philosophy of language.* Cambridge: Cambridge University Press.

Sebeok, Thomas A., & Orzack, Louis H. (1953). The structure and content of Cheremis charms. *Anthropos, 48,* 369–388.

Sebeok, Thomas A., & Zeps, Valdis J. (1958). An analysis of structured content with application of electronic computer research in psycholinguistics. *Language and Speech, 1,* 181–193.

Sedelow, Sally Y. (1967). *Stylistic analysis.* Santa Monica, CA: SDC.

Sedelow, Sally Y. (1989). *The interlingual thesaurus model for global technical communication: Research results.* (ERIC Document Reproduction Service No. ED324936).

Sedelow, Sally Y., & Sedelow, Walter A., Jr. (1986). Thesaural knowledge representation. In *Advances in lexicology: Proceedings of the Second Annual Conference of the UW Centre for the New Oxford English Dictionary* (pp.29–43). Waterloo, ON: UW Centre for the New Oxford English Dictionary.

Sedelow, Sally Y., & Sedelow, Walter A., Jr. (1966). A preface to computational stylistics. In Jacob Leed (Ed.), *The computer and literary style.* Kent, OH: Kent State University Press.

Selltiz, Claire, Jahoda, Marie, Deutsch, Morton, & Cook, Stuart W. (1964). *Research methods in social relations.* New York: Holt, Rinehart & Winston.

Shanas, Ethel. (1945). *The American Journal of Sociology* through fifty years. *American Journal of Sociology, 50,* 522–533.

Shannon, Claude E., & Weaver, Warren. (1949). *The mathematical theory of communication.* Urbana: University of Illinois Press.

Shapiro, Gilbert. (1997). The future of coders: Human judgments in a world of sophisticated software. In Carl W. Roberts (Ed.), *Text analysis for the social sciences: Methods for drawing statistical inferences from texts and transcripts* (pp.225–238). Mahwah, NJ: Lawrence Erlbaum.

Shapiro, Gilbert, & Markoff, John. (1997). A matter of definition. In Carl W. Roberts (Ed.), *Text analysis for the social sciences: Methods for drawing statistical inferences from texts and transcripts* (pp.9–31). Mahwah, NJ: Lawrence Erlbaum.

Shneidman, Edwin S. (1963). The logic of politics. In Leon Arons & Mark A. May (Eds.), *Television and human behavior* (pp.178–199). Englewood Cliffs, NJ: Prentice Hall.

Shneidman, Edwin S. (1966). *The logics of communication: A manual for analysis.* China Lake, CA: U.S. Naval Ordnance Test Station.

Shneidman, Edwin S. (1969). Logical content analysis: An exploration of styles of concludifying. In George Gerbner, Ole R. Holsti, Klaus Krippendorff, William J. Paisley, & Philip J. Stone (Eds.), *The analysis of communication content: Developments in scientific theories and computer techniques* (pp.261–279). New York: John Wiley.

Shuman, Ronald B. (1937). Identification elements of advertising slogans. *Southwestern Social Science Quarterly, 17,* 342–352.

Siegel, Sydney, & Castellan, N. John. (1988). *Nonparametric statistics for the behavioral sciences* (2nd ed.). Boston: McGraw-Hill.

Simon, Herbert A. (1957). *Models of man.* New York: John Wiley.

Simonton, Dean K. (1994). Computer content analysis of melodic structure: Classical composers and their compositions. *Psychology of Music, 22,* 31–43.

Simpson, George E. (1934). *The Negro in the Philadelphia press.* Unpublished doctoral dissertation, University of Pennsylvania.

Singer, J. David. (1964). Soviet and American foreign policy attitudes: A content analysis of elite articulations. *Journal of Conflict Resolution, 8,* 424–485.

Skalski, Paul D. (2002). Message archives. In Kimberly A. Neuendorf, *The content analysis guidebook* (pp.215–218). Thousand Oaks, CA: Sage.

Smith, Charles P. (1992a). Introduction: Inferences from verbal material. In Charles P. Smith (Ed.), *Motivation and personality: Handbook of thematic content analysis.* (pp.1–17). Cambridge: Cambridge University Press.

Smith, Charles P. (Ed.). (1992b). *Motivation and personality: Handbook of thematic content analysis.* Cambridge: Cambridge University Press.

Smythe, Dallas W. (1954). Some observations on communications theory. *Audio-Visual Communication Review, 2,* 248–260.

So, Clement Y. K. (1988). Citation patterns of core communication journals. *Human Communication Research, 15,* 236–255.

So, Clement Y. K. (1995). *Mapping the intellectual landscape of communication studies: An evaluation of its disciplinary status.* Unpublished doctoral dissertation, University of Pennsylvania, Annenberg School for Communication.

Speed, Gilmer J. (1893). Do newspapers now give the news? *Forum, 15,* 705–711.

Spiegelman, Marvin, Terwilliger, Charles, & Fearing, Franklin. (1953a). The content of comics: Goals and means to goals of comic strip char-

459

acters. *Journal of Social Psychology, 37,* 189–203.

Spiegelman, Marvin, Terwilliger, Charles, & Fearing, Franklin. (1953b). The reliability of agreement in content analysis. *Journal of Social Psychology, 37,* 175–187.

Stempel, Guido H., III. (1952). Sample size for classifying subject matter in dailies: Research in brief. *Journalism Quarterly, 29,* 333–334.

Stempel, Guido H., III. (1961). The prestige press covers the 1960 presidential campaign. *Journalism Quarterly, 38,* 157–170.

Stevens, Stanley S. (1946). On the theory of scales of measurement. *Science, 103,* 677–680.

Stone, Philip J. (1975). Report on the Workshop on Content Analysis in the Social Sciences, Pisa, 1974. *Social Science Information, 14,* 107–111.

Stone, Philip J., & Hunt, Earl B. (1963). A computer approach to content analysis using the General Inquirer system. In E. C. Johnson (Ed.), *American Federation of Information Processing Societies, conference proceedings* (pp.241–256). Baltimore: American Federation of Information Processing Societies.

Stone, Philip J., Dunphy, Dexter C., Smith, Marshall S., & Ogilvie, Daniel M. (1966). *The General Inquirer: A computer approach to content analysis.* Cambridge: MIT Press.

Street, Arthur T. (1909, July 25). The truth about newspapers. *Chicago Tribune.*

Strodthoff, Glenn G., Hawkins, Robert P., & Schoenfeld, A. Clay. (1985). Media roles in a social movement: A model of ideology diffusion. *Journal of Communication, 35*(2), 134–153.

Sullivan, Dan. (2001). *Document warehousing and text mining.* New York: John Wiley.

Szykiersky, Dorit, & Raviv, Amiram. (1995). The image of the psychotherapist in literature. *American Journal of Psychotherapy, 49,* 405–415.

Tannenbaum, Percy H., & Greenberg, Bradley S. (1961). *J. Q.* references: A study of professional change. *Journalism Quarterly, 38,* 203–207.

Taylor, Wilson L. (1953). "Cloze procedure": A new tool for measuring readability. *Journalism Quarterly, 30,* 415–433.

ten Have, Paul. (1999). *Doing conversation analysis: A practical guide.* Thousand Oaks, CA: Sage.

Tenney, Alvan A. (1912). The scientific analysis of the press. *Independent, 73,* 895–898.

Tesch, Renata. (1990). *Qualitative research: Analysis types and software tools.* Bristol, PA: Falmer.

Thome, Helmut, & Rahlf, Thomas. (1996). Dubious cycles: A mathematical critique of the Namenwirth/Weber thesis on cultural change with an introduction into filter design methods. *Quality and Quantity, 30,* 427–448.

Thompson, Stith. (1932). *Motif-index of folk literature: A classification of narrative elements in folk-tales, ballads, myths, fables, mediaeval romances, exempla, fabliaux, jest-books, and local legends.* Bloomington: Indiana University Studies.

Tijssen, Robert J. W., & Van Raan, Anthony F. J. (1994). Mapping changes in science and technology: Bibliometric co-occurrences analysis of the R&D literature. *Evaluation Review, 18,* 98–115.

Toulmin, Stephen E. (1958). *The uses of argument.* Cambridge: Cambridge University Press.

Treichler, Paula A. (1988). Aids, homophobia, and biomedical discourse: An epidemic of signification. In Douglas Crimp (Ed.), *Aids, cultural analysis, cultural activism* (pp.31–70). Cambridge: MIT Press.

Truzzi, Marcello. (1988). Sherlock Holmes, applied social psychologist.

In Umberto Eco & Thomas A. Sebeok (Eds.), *The sign of three: Dupin, Holmes, Peirce* (pp.55–80). Bloomington: Indiana University Press.

Tuggle, C. A. (1997). Differences in television sports reporting of men's and women's athletics: ESPN *SportsCenter* and CNN *Sports Tonight. Journal of Broadcasting & Electronic Media, 41,* 14–24.

Tukey, John W. (1980). Methodological comments focused on opportunities. In Peter R. Monge & Joseph N. Cappella (Eds.), *Multivariate techniques in human communication research* (pp.489–528). New York: Academic Press.

Turow, Joseph. (1989). *Playing doctor: Television, storytelling, and medical power.* New York: Oxford University Press.

Valente, Thames W. (1993). Diffusion of innovations and policy decision-making. *Journal of Communication, 43*(1), 30–45.

Van Dijk, Teun A. (1977). *Text and context: Explorations in the semantics and pragmatics of discourse.* New York: Longman.

Van Dijk, Teun A. (1991). *Racism and the press.* New York: Routledge.

Van Dijk, Teun A. (1993). Principles of critical discourse analysis. *Discourse & Society, 4,* 249–283.

Wallace, Anthony F. C. (1961). *Culture and personality.* New York: Random House.

Walworth, Arthur. (1938). *School histories at war: A study of the treatment of our wars in the secondary school history books of the United States and in those of its former enemies.* Cambridge, MA: Harvard University Press.

Waples, Douglas, & Berelson, Bernard. (1941). *What the voters were told: An essay in content analysis.* Unpublished manuscript, University of Chicago, Graduate Library School.

Watzlawick, Paul, Beavin, Janet H., & Jackson, Don D. (1967). *Pragmat-*

ics of human communication: A study of interaction patterns, pathologies, and paradoxes. New York: W. W. Norton.

Weaver, Donald H., Buddenbaum, Judith M., & Fair, Jo Ellen. (1985). Press freedom, media, and development, 1950–1979: A study of 134 nations. *Journal of Communication, 35*(2), 104–117.

Webb, Eugene J., Campbell, Donald T., Schwartz, Richard D., & Sechrest, Lee. (1966). *Unobtrusive measures: Nonreactive research in the social sciences.* Chicago: Rand McNally.

Weber, Max. (1911). "Geschäftsbericht" in Verhandlungen des Ersten Deutschen Soziologietages Vom 19.-22. Oktober 1910 in Frankfurt A. M. In *Schrift der Deutschen Gesellschaft für Soziologie* (pp.39–62).

Weber, Robert P. (1984). Computer-generated content analysis: A short primer. *Qualitative Sociology, 7,* 126–174.

Weber, Robert P. (1990). *Basic content analysis* (2nd ed.). Newbury Park, CA: Sage.

Weick, Karl E. (1968). Systematic observational methods. In Gardner Lindzey & Elliot Aronson (Eds.), *The handbook of social psychology* (pp.357–451). Reading, MA: Addison-Wesley.

Weitzman, Eben A., & Miles, Matthew B. (1995). *Computer programs for qualitative data analysis: A software sourcebook.* Thousand Oaks, CA: Sage.

Wellman, Barry, & Berkowitz, Stephen D. (Eds.). (1988). *Social structures: A network approach.* Cambridge: Cambridge University Press.

Wells, Robert A., & King, Erika G. (1994). Prestige newspaper coverage of foreign affairs in the 1990 congressional campaign. *Journalism Quarterly, 71,* 652–664.

White, David M. (1964). The "gatekeeper": A case study in selection of news. In Lewis A. Dexter & David M. White (Eds.), *People, society and mass communication* (pp.160–172). New York: Free Press.

White, Paul W. (1924, May 31). Quarter century survey of press content shows demand for facts. *Editor and Publisher, 57.*

White, Ralph K. (1947). *Black Boy:* A value analysis. *Journal of Abnormal and Social Psychology, 42,* 440–461.

Wilcox, Dennis F. (1900). The American newspaper: A study in social psychology. *Annals of American Academy of Political and Social Science, 16,* 56–92.

Willey, Malcolm M. (1926). *The country newspaper: A study of socialization and newspaper content.* Chapel Hill: University of North Carolina Press.

Winograd, Terry, & Flores, Fernando. (1986). *Understanding computers and cognition: A new foundation for design.* Norwood, NJ: Ablex.

Woelfel, Joseph. (1993). Artificial neural networks for policy research. *Journal of Communication, 43*(1), 63–80.

Woelfel, Joseph. (1997). Attitudes as nonhierarchical clusters in neural networks. In George A. Barnett & Franklin J. Boster (Eds.), *Progress in communication sciences* (Vol. 13, pp.213–227). Norwood, NJ: Ablex.

Woelfel, Joseph, & Fink, Edward L. (1980). *The measurement of communication processes: Galileo theory and method.* New York: Academic Press.

Wonsek, Pamela. (1992). College basketball on television: A study of racism in the media. *Media, Culture, and Society,* 14, 449–461.

Woodward, Julian L. (1934). Quantitative newspaper analysis as a technique of opinion research. *Social Forces, 12,* 526–537.

Wray, Ricardo, & Hornik, Robert C. (1998, July). *Validation of on-line searches of media coverage: An evaluation approach.* Paper presented at the 48th Annual Meeting of the International Communication Association, Jerusalem.

Wright, Charles E. (1964). Functional analysis and mass communication. In Lewis A. Dexter & David M. White (Eds.), *People, society, and mass communication* (pp.91–109). New York: Free Press.

Yule, George U. (1944). *The statistical study of literary vocabulary.* London: Cambridge University Press.

Zeldow, Peter B., & McAdams, Dan P. (1993). On the comparison of TAT and free speech techniques in personality assessment. *Journal of Personality Assessment, 60,* 181–185.

Zillmann, Dolf. (1964). *Konzept der Semantischen Aspektanalyse.* Unpublished manuscript, Institut für Kommunikationsforschung, Zurich. (Mimeo)

Zipf, George Kingsley. (1935). *The psycho-biology of language: An introduction to dynamic philology.* Boston: Houghton Mifflin.

Zucker, Harold G. (1978). The variable nature of news media influence. In Brent D. Ruben (Ed.), *Communication yearbook 2* (pp.225–240). New Brunswick, NJ: Transaction.

Züll, Cornelia, Weber, Robert P., & Mohler, Peter. (1989). *Computer-assisted text analysis for the social sciences: The General Inquirer III.* Mannheim: Zentrum für Umfragen, Methoden und Analysen.

Zwick, Rebecca. (1988). Another look at interrater agreement. *Psychological Bulletin, 103,* 347–387.

[Please be sure that the revisions in the above are recognized and that the following unsorted references to the above list be entered]

Krippendorff, Klaus & Bock, Mary A. (2009). *The content analysis reader.* Thousand Oaks, CA Sage Publications.

Krippendorff, Klaus (2009). *On Communicating; Otherness, Meaning, and Information.* Fernando Bermejo (Ed.). New York: Routledge.

Bruhn Jensen, Klaus (2006). News as Ideology: Economic statistics and political ritual in television network news. *Journal of Communication 37*(1), 8-27.

Esbensen, Kim H. (2010). *Multivariate Data Analysis in Practice (5th Edition); Esbjerg, Denmark: Aalborg University.*

Rogers, Richard (2004). *Information politics on the web.* Cambridge, MA: MIT Press.

Lowe, Will (2003). Software for content analysis – A review. Cambridge, MA: Harvard University. http://kb.ucla.edu/system/datas/5/original/content_analysis.pdf (Accessed 2011.6.23)

Rogers, Richard et al. (2010a). *Mapping Democracy; 2009 Report on Access to Online Information and Knowledge.* Amsterdam, NL:: Digital Methods Initiative http://www.giswatch.org/fr/node/158 (Accessed 2011.6.23).

Coombs, Clyde. H. (1964). *A Theory of Data.* New York: Wiley.

Krippendorff, Klaus (2004). Measuring the Reliability of Qualitative Text Analysis Data; *Quality and Quantity 38*: 787-800. http://repository.upenn.edu/asc_papers/42/

Gwet, Kilem Li (2008), Computing inter-rater reliability and its variance in the presence of high agreement. *British Journal of Mathematical and Statistical Psychology 61*: 29-48.

Krakauer, Siegfried (1947). Propaganda and the Nazi war film. In his *From Caligary to Hitler: A psychological history of the German film* (pp. 308-331). Princeton, NJ: Princeton University Press.

Krippendorff, Klaus (2011). Agreement and information in the reliability of coding. *Communication Measures and Methods 5*,2: 93-112.

McMillan, Sally J. (2000). The microscope and the moving target: The challenge of applying content analysis to the World Wide Web. *Journalism and Mass Communication Quarterly 77*: 80-98.

Vernadsky Vladimir.I. (1945). The biosphere and the noosphere, *Scientific*

American 33 (1): 1-12.

MacQueen, Kathleen M.; McLellan, Eleanor; Kay, Kelly; & Milstein, Bobby (1998). Codebook development for team-based qualitative analysis. *Cultural Anthropology Methods 10*, 2: 31-36.

Monge, Peter. R. & Contractor, Noshir S. (2003). *Theories of communication networks*. New York : Oxford University Press.

Heclo, Hugh (1978). The Issue-network and the Executive establishment. In, *The New American Political System*. A. King American Enterprise Institute for Public Policy Research, Washington D.C.

Garfield, Eugene (July 15, 1955). Citation indexes for science. *Science* (AAAS) *122*, 3159: 108–111. http://scimaps.org/static/docs/Garfield-1955cit.pdf. (accessed 2011.06.29).

Brin, Sergey & Page, Lawrence (1998). The Anatomy of a Large-Scale Hypertextual Web Search Engine. *Computer Networks and ISDN Systems 30*: 107–117. http://infolab.stanford.edu/pub/papers/google.pdf (accessed 2011.6.29).

Rogers, Richard (2002). The issue crawler: Towards a live social science on the web," *EASST Review, 21*, 3-4, 8-11. http://www.easst.net/review/sept2002/issuecrawler.shtml (accessed 2011.7.1).

Rogers, Richard (2010b). Mapping public web space with the issuecrawler, in: B. Reber & C. Brossard (Eds.), *Digital Cognitive Technologies: Epistemology and Knowledge Society*. London: Wiley: 89-99.

Farrall, Kenneth & Delli Carpini, Michael, X. (2005, October). *Issue Politics, Social Networks and the Web Graph*. Paper presented at annual meeting of the Association of Internet Researchers, Chicago, IL.

Klein, Hans K. (1999). Tocqueville in Cyberspace: Using the Internet for Citizen Associations. *The Information Society* 15(4): 213-220. http://www.indiana.edu/~tisj/readers/full-text/15-4%20klein.pdf (accessed 2011.7.1).

Cheng, Na; Chen, Xiaoling; Chandramouli, R. & Subbalakshmi, K. P. (un-dated). Gender identification from e-mails. http://www.ece.stevens-tech.edu/~mouli/gender-id.pdf (accessed 2011.7.2).

Koppel, Moshe, Argamon, Shlomo & Shimoni, Anat Rachel. (2002). Automatically categorizing written texts by author gender. Literary and Linguistic Computing, 17 (4): 401-412.

Leetaru, Kalev H. (2011). *Data mining methods for the content analyst: An introduction to the computational analysis of content*. New York: Routledge.

Mokotoff, Gary (2007-08). Soundexing and genealogy. http://www.avo-taynu.com/soundex.html. (accessed 2011.7.7).

Whissell, Cynthia.M. (1980). The dictionary of affect in language. In R. Plutchik & H. Kellerman (Eds.). *Emotion: Theory, Research and Experience*. New York: Academic Press,p. 113-131.

Whissell, Cynthia.M., Fournier, M., Pelland, R., Weir, D., & Makarek, K. A. (1986). Dictionary of affect in language: IV. Reliability, validity, and applications. *Perceptual and Motor Skills*, 62, p. 875-888.

Whissell, Cynthia.M. (n.d.). *Whissell's dictionary of affect in language; Technical manual and user's gu*ide. http://www.hdcus.com/manuals/wdalman.pdf, (accessed 2011.7.7).

Heise, David R. (1965). Semantic differential profiles for 1,000 most frequent English words. *Psychological Monographs, 79* (601).

Gottschalk, :Louis A. & Gleser, Goldine C. (1969). The measurement of psychological states through the content analysis of verbal behavior. Los Angeles: University of California Press.

Glaser, Barney G. & Strauss, Anselm L. (1967). The discovery of grounded theory; Strategies for qualitative research. Chicago IL: Aldine.

Eysenbach, Gunther & Till, James E. (2001). Ethical issues in qualitative research in internet communities. Britisch Medical Journal 323,

7321: 1103.

Sixsmith, Judith & Murray Craig D. (2001). Ethical Issues in the Documentary Data Analysis of Internet Posts and Archives. Qualitative Health Research 11:423. http://qhr.sagepub.com/content/11/3/423, (accessed 2011.8.5).

MacQueen, Kathleen M.; McLellan, Kay, Kelly & Milstein, Bobby (1998). Codebook development for team-based qualitative analysis. *Cultural Anthropology Methods 10*, 2: 31-36.

專門詞彙

（註：解釋後括號內的數字，爲詳論有關概念的章節。）

不明式推論（Abductive inference）

由一個邏輯範疇的眞確命題，得出另一個邏輯範疇命題的過程，並因著其實證關係而被認爲是眞確的——即是由個案到個案，中間並無歸納出普遍定律。（2.4.3）

準確度（Accuracy）

三類*信度*之一。準確度是一個製造數據的工具（例如：*編碼*指示、量度儀器、觀察性會計實務），根據某一標準產生出準確數據的程度。*標準*可以源自一群專家、一個既定方法或是一套規範。如果標準被認爲是眞確的，準確度便是產生出來的數據有多有效的指標。（12.2.1）

α（Alpha）

用來計算*單元化*、*編碼*及*數據*的信度的一致性係數。Alpha代表的是*觀察者*、編碼者或分析者之間相對於或然率而言的一致性，即是以從總體中隨機指派估計的數值予特定*單元*，或藉把一個連續體隨機分離成不同類的單元而觀察到的一致性，可應用於任何數目的觀察者、所有標準量法、缺少的數據，以及*小樣本*。Alpha歸納出幾個特殊目的的係數，但卻超越其中任何一個。（12）

分析架構（Analytical construct）

把內容分析者對文本在選定文脈中如何被使用的認識操作化（形式化），肯定了可以從特定文本以*不明式推論*得出值得內容分析研究物事的未被觀察的特點。一個分析架構近乎關於現有文本與分析者的*研究問題*之間穩定相關網絡的一個可演算模型。（2.4.4; 4.2.1; 9）

關聯（Association）

起碼有兩種：(1)可以推斷出在認知上有多接近的單字、概念或象徵符號的共同出現（10.6; 11.4.2）；及(2)以語言表達出態度對象之間的聯繫，程度上可以是連接性的（如：「是」、「有」、「喜歡」、「屬於」）或分離性的（如：「不是」、「討厭」、「反對」）。（9.2.3; 11.4.3）

關聯結構（Association structures）

一群物件、概念或象徵符號加上它們配對之間不同強度的*關聯*（11.4.2）；不可與*語意網絡*混淆，後者的關係有截然不同的意義。（10.5; 11.4.3）

關注（Attention）

從一個來源報導某一事件的數量或相對頻度來作出的一般*推斷*。

歸因（Attribution）

使用語言（包括形容詞及故事）來宣稱物件、事件或人物是屬於某一類別或有著某些特質。（10.5）

CATA（CATA）

見*電腦輔助文本分析*。

歸類（Categorizing）

把意念、物品和數據歸類的過程。在*內容分析*中，歸類把眾多不同的*記錄／編碼單元*簡約成易於處理的種類──一個名類*變數*的數值。

集群抽樣（Cluster sample）

一個由普遍到附屬*單元*，符合總體等級安排的樣本。舉例來說，從一

個地方所有主要報章的清單中抽取報章的*樣本*，接著從報章的樣本中抽

取特別期數,再從期數的樣本中抽取特定的報導,如此一路下去。每個步驟,可供揀選的單元被抽上的機會均等。(6.2.5)

編碼者(Coder)
見*觀察者*。

編碼(Coding)
把未經詳細描述的分析*單元歸類*、描述、評價、裁斷或量度的過程,藉此對它們作出精準的分析。(7; 12.2.3)

失衡係數(Coefficient of imbalance)
就一個事件來說,有利的因素多於不利因素程度的量數。(3.3.2)

疊合矩陣(Coincidence matrix)
任何數目的*觀察者*,對特定單元集每一個單元指派的類別或數字數值,一對對的疊合表列起來。這個矩陣的橫直行以類別或數值為名,矩陣是正方和對稱的,對角線單格載有絕對一致,非對角線單格則是不一致性。它令表列的*數據*的*信度*一目瞭然(12.3.2; 12.4.4)。不可與*偶發矩陣*混淆。

電腦輔助文本分析(Computer-aided text analysis (CATA))
文本分析的一種,分別由人手和電腦進行,後者主要在大量文獻中作出搜尋,高速處理字體串,但處理字義的能力非常有限。(11.4)

語詞索引(Concordance)
一位作家的單字、詞語,以及這些字詞的文脈和在其作品中出現位置的一個文字庫。為製造語詞索引而設計的軟體也曾用於*內容分析*,特別是用來檢列一個文本體系的字彙。

內容（Content）

一般人普遍以爲，不論由誰來解讀，訊息或文本都裝載著的東西。內容分析者避免使用這個把內容客觀化的比喻，反而注重分析者對文本的取態，和不同讀者、作者和使用者的不同世界。（2.2）

內容分析（Content analysis）

從文本（或其他含意義的物事）得出其*文脈*可重複及有效*推論*的一項*研究*技術。

文脈（Context）

一般來說，是一個文本體系有角色可演，或對關注它的人造成意義的世界。*內容分析*必須分清其他人的世界和分析者的世界，文本在前者扮演不同角色，供作分析的文本也是從前者抽樣（去文脈化）而來；在分析者的世界提出的*研究問題*，以現有文本來解答。分析者的文脈與其他人的不一定相同，但一定要對內容分析者的同行及使用其結果的人有意義。（2.4.3）

文脈單元（Context units）

文本材料，給界定來限制*觀察者*或讀者在*歸類*或描述*記錄／編碼單元*的過程中要考慮的事。文脈單元的大小很重要，過大會影響編碼的信度，過小或欠缺則會令記錄單元失去一些來自文本環境的資訊。舉個例，如果抽離了所在的文脈，個人代名詞便沒有多大意義。（5.2.3）

列聯分析（Contingency analysis）

一個文本體系中單字、概念或象徵符號共同出現的分析，特別是相對於它們在或然率上的共同出現，爲求推斷出該文本作者或讀者的*關聯結構*。（10.6）

列聯矩陣（Contingency matrix）

被觀察分析*單元*的交叉表列，用來分析兩個描述這些單元的類別或名類*變數*之間的統計學依賴。列聯多以關聯統計學進行分析，如X^2或積矩相關。當*信度*數據被記錄在列聯矩陣中，這些矩陣是正方的，橫直行分別代表不同的*觀察者*，對角線單格的類別是絕對配對的，非對角線單格的則是有系統地錯配的。然而，以關聯統計學分析信度是會出錯的，因為信度要求觀察者可以互相對調，而其統計學上的依賴不是信度的保證。（12.3.4.2; 12.3.5）一個列聯矩陣不可跟*偶發矩陣*混淆，後者是把單元的數值表列出來，用來評估信度。（12.3.2; 12.4.4）

交談（Conversation）

相對開放及自行調節，主要但非完全依賴口語或文本的互動。交談主要是人與人之間的，但內容分析者也可從外交交流、小組商議和心理治療中*推斷*出關係互動發展的過程。（3.6）

數據（Data）

半恆持的記錄，作推理、討論或計算之用。數據必須多元（傳遞資訊）、可互相比較。如果是科學數據，更必須能以重複手段或由多位分析者作出分析。在*內容分析*中，文本就是數據。（4.1; 8）

數據語言（Data language）

*數據*的組織形式——例如：一個分類及量度的系統。一個數據語言有其語法及語意系統，前者令數據適合用作分析（可以作出演算），後者把數據與其代表的現象聯繫起來，形式通常是訂明每個數據與*觀察者*見到或讀到，或與量度工具之間的關係的*編碼*指示。（8）

數據簡約（Data reduction）

等於把大量*數據*簡化——方法包括點算、撮要、計算指標、以統計學形式提出分析結果，或以其參數描述一個統計學分布。在更質化的方法

中，數據簡約指從被分析的文本中，揀選具代表性的引述或原型案例，以總結或簡述分析者的心得。所有內容分析都以一定數量的文本開始，然後簡約成*研究問題*的答案。（4.1.1; 10）

演繹式推論（Deductive inference）
從一個被認為是真確的普遍定案，在邏輯上推斷出其他也被認為是真確的特定定案的過程。（2.4.5）

CATA字典（Dictionary (CATA)）
對一個文本體系內的單字或複合字進行演算上的標籤，可以由使用者訂定。標籤的意義比文本中的更簡明普遍，很適合保存與*研究問題*有關的意義。CATA字典利用同類詞彙編、*字根還原法*、*屈折變化歸類法*，以及依賴被標籤文本*單元*的語言環境的釋疑法則，以提供文本中的標籤頻度來進行*數據簡約*。標籤與被標籤之間的關係，代表著其*語意效度*。（11.4.1）

差別函數（Difference functions）
在計算*Alpha*時，差別函數以疊合數值之間的*量法*差別來為這些數值的頻度加權。（12.3.4）

直接／間接指標（Direct/indirect indicators）
文本特性與被研究現象之間以相關形式表現的*分析建構*，稱為直接指標（見*指標*）；以網絡形式（包括介入*變數*）表現的，則稱為間接指標。從*內容分析*的歷史中，可以見到*研究問題*答案的間接指標，已漸漸取代直接指標。（9.3.3）

評價主張分析（Evaluative assertion analysis）
以雙數值的謂詞來從其語言上的關聯（也見*關聯*）推斷出一件物品的估值。（9.2.3; 11.5.3）

外推法（Extrapolations）

就觀察與觀察之間的盲點作出的推論，包括數據點之間的（內推法），或超越記錄觀察歷史的（預測）。外推法假設過去的行為、趨勢、模式或差別有連貫性。（3.2; 9.3.1）

一般查詢（General Inquirer）

演算內容分析歷史上首個操作性的字典取向；可應用數個CATA字典。（11.4.1）

要字（Go-words）

收進分析的單字的清單。（11.3.1）

指標（Index）

以文本特質計算的一個變數，與文本以外現象或有關變數相關，把邏輯上排除的區分開，因而可以用來推斷特定現象或以幾個文本的準則來比較它們。（3.4; 9.3.3）

歸納式推論（Inductive inference）

從特定定案（例如：一些觀察的樣本）到普遍定案（例如：這個樣本的統計學定律）的過程，在所有方面都解釋了這些觀察。（2.4.5）

推論（Inference）

由真確的提案、陳述或數據發展出其他真確性得以保存的提案或數據的過程，分為演繹式、歸納式和不明式推論。內容分析的推論屬不明式，由現有文本發展至關於分析者研究特定文脈中難求特性的研究問題。（2.1; 2.4.5）

體制（Institutions）

一個社團進行的慣性社會行為，對社團成員如何組織及建構現實有規

範作用。內容分析者可推斷出文本材料的交換如何鼓勵、建構或削弱特定的體制現實。（3.7）

關鍵字脈一覽表（KWIC (keyword in context) lists）
一定長度以內在文本中出現的特選關鍵字詞字體串的表列。關鍵字脈一覽表顯露出特選字詞的多重用法或意義。（11.3）

隱藏內容（Latent content）
見相反語*明顯內容*。（2.1）

屈折變化歸類法（Lemmatization）
在考慮了一個單字在句子中的文法功能之後，把它還原為其詞幹或字根的過程。（11.3; 11.4.1）

測量水平（Levels of measurement）
見*量法*。

LexisNexis
供應可能是全球最大型英語電子文本檔案庫的公司，Lexis的可供搜尋數據庫載有美國的法律及法庭判詞，Nexis提供的公開數據，來自超過兩萬個多語言的新聞網絡、期刊、傳記及參考材料、商業報告和監管結果。

語言查詢及單字點算（LIWC）（Linguistic Inquiry and Word Count））
一項*CATA字典*取向。（11.4.1）

明顯內容（Manifest content）
那些容易閱讀、理解、毫不含糊，因而就算在未經訓練的編碼者之間

也容易得出一致意見的文本。*內容分析*早期的定義，每每對*隱藏內容*避而不談，因為後者在方法學上困難得多，往往需要專家來辨識和編碼。（2.1）

矩陣（Matrix）

把數字或符號縱橫排列成長方陣，每列數字總和通常置於陣邊。（見*疊合矩陣、列聯矩陣*及*相異函數*）

謎米（Meme）

一個廣泛存在於人心的單一主意、訊息、行為或風格。基因傳遞生物資訊，謎米傳遞文化資訊，影響人心的內容及組成。（11.4.4）

量法（Metric）

一個*變數*中的數值的明確排列，按保存數值排列的方法而分（8.7）。最常見的有二分、名類、次序、等隔和等比量法，也稱*量度級別*（8.6）。分析方法每每影響它們可以處理數據的量法，倒過來看，數據的量法也限制了可供選擇的分析／演算技術。

觀察者（Observer）

對編碼者、單元設計者、謄抄員、評判、打分者──任何接觸到未區分現象並把其轉化成可分析*數據*的人──的統稱。（資歷，7.2；培訓，7.3；信度，12.2）

抄襲（Plagiarism）

考慮到共同的文化背景或經歷，一位作者的作品跟另一位較早出版的作者作品的相似程度。（10.5）

統戰分析（Propaganda analysis）

在*內容分析*中，這個詞指的有三樣東西：(1)從印刷品或演說中找出

有政治圖謀或暗地裡爲外國政府服務的統戰者，主要看其不尋常的遊說技巧；(2)從敵國本土的廣播中推斷出軍事調動、政府的支持度、政權更替的預測，以及反政府勢力；(3)衡量己方的統戰成效。（1.4）

QDA軟體（QDA software）
見*質化數據分析軟體*。

質化內容分析（Qualitative content analysis）
　　一般相對於*量化內容分析*而言，著重細讀文本，重組其相關部分成分析類別，得出就被分析文本的意義及用途在學術上有意義的敘事，這個敘事是一個*推論*，必須有*語意效度*，即必須合理地跟原本的文本有關係。爲了示範這個關係，質化內容分析者多以引述分類的文本來支持其發現，他們並不反對點算，但其推斷很少依賴頻度。（1.7）

質化數據分析軟體（Qualitative data analysis (QDA) software）
　　爲進行文本驅動的*質化內容分析*而可以有效率地處理文本體系以及圖表和影音數據的軟體，涵蓋分析者引入文本元素關係的單元化、編碼、注解、檢索、分類、點算和製表。（11.5）

量化內容分析（Quantitative content analysis）
　　一般相對於*質化內容分析*而言，著重點算被編碼的文本材料。然而，所有文本的*編碼*都牽涉質化判斷或辨識步驟，質化與量化方法因而沒有絕對分野，而是視乎重點放在哪，但容易被誤以爲一個是詮釋，一個是科學。（2.1）

量化報章分析（Quantitative newspaper analysis）
　　十九世紀末出現*內容分析*的先驅，它量度報章中不同題材所占的篇幅，主要是想呈現當時報業的發展並把它客觀化。（1.2）

隨機樣本（Random sample）

從已知的整體中被抽出機會均等的單元中抽出作分析的*單元樣本*。
（6.2.1）

記錄（Recording）

把稍縱即逝或難以作出分析的現象化成較持恆的記錄，包括使用機械
性工具（錄音機）和謄抄至到*文本的單元化*和*編碼*。持恆性是所有研究工
夫特別是*數據*的先決條件，後者且要能夠以現有技術來進行分析。（7）

記錄／編碼單元（Recording/coding units）

在未經分析的文本中界定，記錄單元給分開來描述、謄抄、分類和編
碼，每一個記錄或編碼單元由一個記錄、代碼或數據（見*數據*）代表。爲
保存記錄或編碼單元周圍的文本環境的資訊，內容分析者通常都要連同它
們出現的*文脈單元*來描述它們。（5.2.2）

關係內容分析（Relational content analysis）

內容分析的一種，有別於把文本元素歸類那些，反而集中文本元素之
間的關係、偶發或語意關聯。它支持*偶發分析*、*評價主張分析*、*語意網絡*
和*網表*。

信度（Reliability）

研究者可以用來解答*研究問題*的*數據*特性。不可信性來自兩個因素：
(1)對有關現象分開獨立的評估之間的不一致性；以及(2)數據中缺少資訊
（變異）去代表多個現象。在*內容分析*中，第一個因素以應用於幾位*觀察*
*者*如何對同一個連續體進行單元化，及／或編碼者描述或對同一組*單元*編
碼的一致性係數（如*Alpha*）來衡量。第二個因素令一致性係數可以表明
數據信度的能力降低（沒有變異，數據便不能與任何東西相關，其提供*研*
*究問題*的答案的能力也有限）。信度有三類：*穩定性*、*可重複性*和*準確*
度。高信度是*效度*的先決條件，但卻不保證必有效度。（12）

可重複性（Replicability）

三類*信度*之一。可重複性量度的是一個製造數據的工具（*編碼*指引、測量工具或以觀察為主的做法）可否應用在不同情況下，以不同的獨立*觀察者*、編碼者、評判或測量工具就同一現象產生同樣*數據*，代表就同一現象取得個別不同觀察結果的相近程度。（12.2.1）

再表述（Re-presentation）

以文本喚起一些曾經經驗過的東西，令該經驗重現。跟表述不同，後者使人認為文本與它所代表的事物之間有客觀的關係。（3.5）

研究或再搜尋（Research or re-search）

在*數據*之中重複搜尋，找出解釋它們的模式。內容分析者再進一步，以文本中可辨識的特性，解答關於這些文本的文脈的*研究問題*。

研究設計（Research design）

研究者計畫採取的步驟方案，以產生*數據*及得出研究結果。研究設計應該清晰，好讓其他人可以重複研究，或對結果作出嚴謹評估。（4; 14.1）

研究問題（Research questions）

在*內容分析*中，研究問題一定要符合三個要求：(1)必須與被分析文本的文脈中未知的現象有關；(2)必須令分析者可以在幾個可能的答案中作出選擇；以及(3)必須提供（起碼在理論上）最低限度一個另類方法去解答研究問題。第一個要求隱含在內容分析的定義中，第二個要求令研究者不囿於已知的事物，第三個要求保證研究問題的答案可以在理論上以內容分析以外的方法或更多同樣的文本來核證。（2.4.2; 14.1.2.1）

抽樣（Sampling）

從一個較大的*單元總體*中揀選一個具代表性的樣本的過程，目的是分

析該樣本可令研究者就總體得出結論。應用的*推論*是歸納式而非演繹式或不明式。（6）

抽樣單元（Sampling units）
揀選出來用作分析的單元。（5.2.1）

抽樣效度（Sampling validity）
一個樣本有足夠大小去代表一個現象總體，令樣本可以取代總體而被研究的保證。由於*內容分析*是從文本中得出有關非文本現象的*推論*，所以有兩個總體是很重要的：(1)真實被抽樣及分析的文本總體；以及(2)從文本樣本中推斷出來的總體現象。被研究現象在樣本中有足夠的代表性，抽樣效度便有保證。（13.2.1）

語意分析標尺（Semantic differential scales）
七分標尺，兩端為相反的特性（好－壞、強－弱、主動－被動），一般由－3至＋3，廣泛應用於量度受訪者對字義或態度物的評價。（7.4.4）

語意網絡（Semantic networks）
以語言學上有意義的二分關係（如二位賓詞）維繫的物品、概念或象徵符號組群（11.4.3）；不可與二分關係僅限於長短不一的*關聯結構*混為一談。

語意效度（Semantic validity）
內容分析獨有的一個*效度*準則，量度的是文本的相關閱讀在*單元化*、*編碼*和分析過程中被保存下來的程度。（13.2.2）

情感分析（Sentiment analysis）
以選定態度物或議題的「快樂－不快樂」、「主動－被動」和「易於

想像－難於想像」等特性的字典來進行演算的*內容分析*，用來推斷出它們的情感數值。（11.4.1）

雪球樣本（Snowball sample）

審視*單元*的最初樣本，從而不斷尋求其他*抽樣單*元直至實際上不可行為止，以這方法得出的一個多階段樣本。（6.2.6）

穩定性（Stability）

三類*信度*中的一類，量度的是研究者或製造數據的工具從同一個現象中重複得出相同*數據*的程度。內容分析單有穩定性並不足夠，因為對*編碼*指示的偏差、偏見或誤解，在信度數據中不易為人察覺。分散依賴多位編碼者的*重複性*較為有用。（12.2.1）

標準（Standards）

由權威人士建立或協商出來用以評價離正常有多遠的規矩、原則或量度方法。*信度*和*效度*是兩種用來評斷*內容分析*質素的標準（12.1）。內容分析也可在其*研究問題*中使用標準來評定偏差，如證明*抄襲*（*失衡係數*），或判斷一個說法是真是假。（3.3; 9.3.2）

字根還原（Stemming）

把單字文法上的變異簡約成其詞幹、基礎或字根的過程，用來簡化CATA*字典*。（11.3）

不要字（Stop-words）

由於與*研究問題*無關，因而沒有收進分析的單字的清單。（11.3.1）

分層樣本（Stratified sample）

*單元*來自總體幾個已知的分層（隨機或有系統地抽取）的樣本，從而令每個次總體在樣本中都有代表出現，不論機會均等還是按大小比例。

（6.2.3）

系統樣本（Systematic sample）
從序列整體或文本單位清單中，每隔一特定位置選取出一個*單元*得出的樣本。（6.2.2）

TAT（TAT）
見*主題能力測驗*。

文本分析（Text analysis）
對特定文本中的字體串、組成、疊合、語法結構和版面設計的敘述。字數點算和*關鍵字脈*一覽表是基本的東西。*文本開採*和*網表*以搜尋器和較複雜的算法來分析文本。電腦文本分析對理解意義幫助不大，詮釋分析結果的責任落在內容分析者身上。（11.3）

文本開採（Text mining）
主要以電腦在特定文本體系內搜尋及辨識出罕有的文本元素，搜尋的結果相信會得出主導分析的*研究問題*的資訊。（11.3.2）

文本（Texts）
任何有變異及有結構，對人包括分析者有意義，又可以檢視或重複閱讀的東西：信件、電郵、網誌、文獻、影像、錄像、談話謄本、政治演說、歷史紀錄、警察報告、訴訟檔案、企業聲明、廣告、醫療文件、攝影影像、海報、文物等等。（2.4.1）

主題能力測驗（Thematic Apperception Text, TAT）
心理測試的一種，藉實驗對象對模稜兩可影像的詮釋作出內容分析，從而探索他們隱藏的態度、偏見、動機和性格變數。

趨勢（Trends）
見外推法。

單元化（Unitizing）
在一個未經描述的文本連續體或其他有空間結構的事物上辨識出毗鄰及不重疊的部分，從而產生記錄或編碼單元——單字、句子、說話、演說策略、比喻、影像、任何東西——以供整個編碼及分析之用。（5.3;12.4.1）

單元（Units）
從本無區分的連續體中區分出來、脫離文脈、互相獨立但又富有資訊的文本整體（5.1）。內容分析者按其分析功能分出三類單元：抽樣、記錄或編碼，和文脈單元（5.2）。單元可按物理性（5.3.1）、語法（5.3.2）、類別（5.3.3）、提案（5.3.4）和主題（5.3.5）區分。

列舉單元（Units of enumeration）
真實經點算或量度的單元。雖然記錄／編碼單元可以數字表達，例如以其大小、位置或統計學特性，但列舉通常都隨編碼出現，而列舉的單元大多與記錄／編碼單元重疊。（5.2.3）

非干擾性（Unobtrusiveness）
一項研究方法的特性，利用受訪者或被研究對象不知道的數據，蒐集過程也不影響他們。內容分析大多是非干擾性的，它所依賴的文本並非應分析而生。相對之下，調查研究和心理實驗則是干擾性的，因為向研究對象提出問題或指示會影響到他們。（2.5）

無結構性（Unstructuredness）
尚未有分析技術可以處理的現象特性。無結構的現象可以是稍縱即逝的，如人類的說話；或擁有變異及複雜的屬性，如大部分人類的傳播行為

一樣。內容分析很多時候都要把無結構的事物轉換成可供分析的文本。
（2.5）

核證證據（Validating evidence）
以有別於分析中採用的方法來支持分析者的發現的*數據*。在*內容分析*
中，核證證據主要是事後追溯的，因為提出*研究問題*時沒有直接證據可以
從現有文本中作出推論。（2.4.6）

效度（Validity）
一個聲稱有多真確或正確的程度。一項*內容分析*的效度，視乎其對被分
析文本的文脈作出的*推論*，是否經得起獨立取得的*效度證據*的考驗。（13）

變數（Variable）
一個包含另類選擇、會變異的東西的概念整體。變數對任何*數據語言*
都至關重要。開放變數收文本中觀察到或找到的*單元*；封閉變數則留有事
先界定幅度，或一連串概念上可行的數值（8.3）。一個變數的數值可以
不分次序（8.4），或以不同方式排列（8.5），*量法*也不一（8.6）。

變異機率樣本（Varying probability sample）
其*單元*是以其對*研究問題*的相關機率來抽取的樣本，它可以抵銷單元
在資訊性、重要性或自我抽樣偏差方面的參差。（6.2.4）

網表（Webgraphs）
網際網路上網頁與網頁之間的連結的圖表展示。由於連結是網頁設計
者用來把讀者帶到其他相關事物的東西，所以，網表代表了網頁的交通流
量和使用者的意義網絡。（11.3.3）

字彙網（WordNet）
一個英語字彙數據庫，如同類詞彙編般把英文單字分作一組組近義

詞，提供簡短定義，並按語意關係排列。字彙網根據語文常見用法，對文本*開採*以及以演算語言學方法處理資訊很有幫助，在內容分析工具的開發上有一定角色。（11.3.2）

國家圖書館出版品預行編目資料

內容分析：方法學入門／Klaus Krippendorff
著;曹永強譯 — 初版. — 臺北市：五南，
2014.11
　面；　公分
譯自：Content analysis:an introduction
to its methodology, 3rd ed.
ISBN 978-957-11-7877-6（平裝）
1.傳播　2.研究方法
541.8301　　　　　　　　　103020518

1JDM

內容分析：方法學入門

作　　者 ― Klaus Krippendorff

譯　　者 ― 曹永強(227.5)

發 行 人 ― 楊榮川

總 編 輯 ― 王翠華

主　　編 ― 陳念祖

責任編輯 ― 劉芸蓁　李敏華

封面設計 ― 童安安

出 版 者 ― 五南圖書出版股份有限公司

地　　址：106台北市大安區和平東路二段339號4樓

電　　話：(02)2705-5066　　傳　　真：(02)2706-6100

網　　址：http://www.wunan.com.tw

電子郵件：wunan@wunan.com.tw

劃撥帳號：01068953

戶　　名：五南圖書出版股份有限公司

台中市駐區辦公室/台中市中區中山路6號

電　　話：(04)2223-0891　　傳　　真：(04)2223-3549

高雄市駐區辦公室/高雄市新興區中山一路290號

電　　話：(07)2358-702　　傳　　真：(07)2350-236

法律顧問　林勝安律師事務所　林勝安律師

出版日期　2014年11月初版一刷

定　　價　新臺幣650元